こうぶん
エデュ

プレ漢字ワーク 3年

読み書きが苦手な子どもに
漢字を楽しむ1冊を！

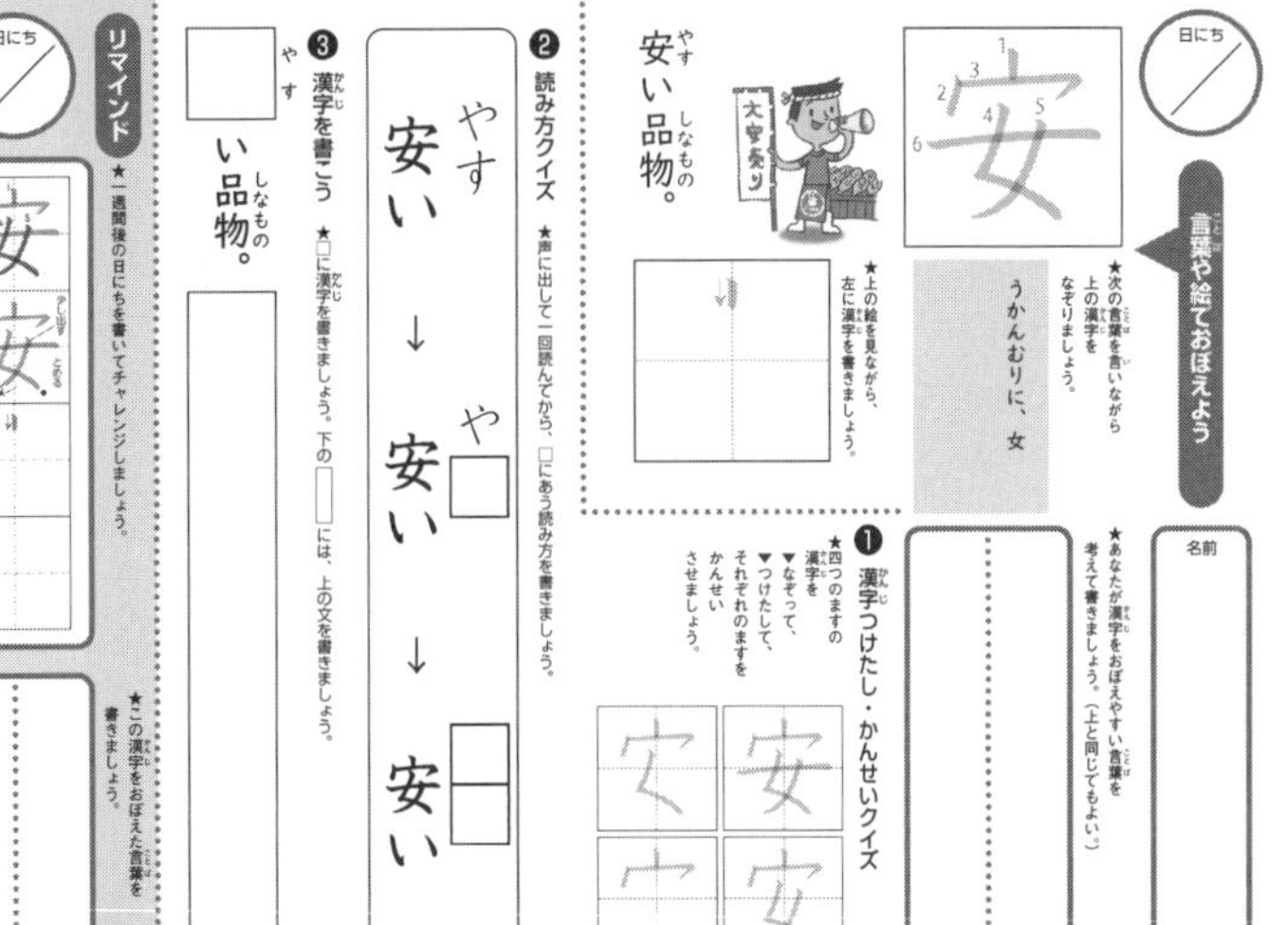

3大ポイント

- 何度でも使える コピーフリー！
- 負担のない 1漢字で1枚〜！
- 楽しみながら取り組める クイズ形式！

【監修】
小池 敏英 特別支援教育
尚絅学院大学教授
東京学芸大学名誉教授

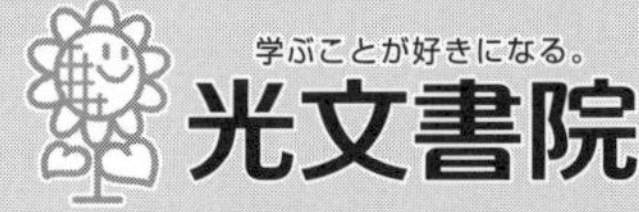

学ぶことが好きになる。
光文書院

はじめに

漢字の書き取りは、子どもにとって大切な学習課題です。はじめて読む文でも、漢字単語を読むだけで、何について書いているのか、すぐに知ることができます。それだけ大切な学習なので、努力して繰り返し練習することを、子どもに求めてきました。

しかし、繰り返し練習だけでは、うまく習得できない場合があります。うまく習得できない場合には、はじめは積極的に練習しても、すぐにドリルを放り出してしまいます。

そのような子どもの中には、「読み間違いが多く、教科書の音読が苦手」という子どもがいます。また、「読むことは苦手でないが、書くことが苦手」という子どもや「漢字の小テストが半分もできない」という子どもがいます。「ノートの文字がぐちゃぐちゃで、後で読むことができない」という子どももいます。

苦手の原因や背景には、「学習障害（ＬＤ）」だけではなく、読み書きの発達の偏りがあります。また、注意の困難、社会性の困難も関係します。背景はさまざまですが、支援する上で共通して大切なことは、子どもが取り組むことのできる教材を通して、読み書きに対する苦手意識の軽減を図ることです。

この「プレ漢字ワーク」では、子どもがチャレンジできて、読み書きの基礎スキルを伸ばすことができるような課題を作りました。「部品を意識し、視覚的に慣れる課題」や、「書字の手がかりとなる言葉を覚えたりする課題」を含むワークを通して、読み書きの基礎スキルを伸ばします。これらのワークは、「漢字をすぐに書き始めて反復練習する」段階の前段階にある漢字ワーク（プレ漢字ワーク）として位置づけました。また、漢字書字の手がかりをリマインドできるように、ワークの構成を工夫しました。学習努力に応じた定着を経験する中で、子どもの注意力と学習に向かう力を促します。

【プレ漢字ワークの目的と期待される効果】

漢字学習が苦手な子どもでは、注意力の維持に配慮した課題の中で、読み書きの基礎スキルの形成を促すことが効果的です。また、学習努力に応じて、学習漢字が定着できるように配慮することが大切です。

「プレ漢字ワーク」は、読み書きの基礎スキルを促す中で、読み書きの力を伸ばすことを目的としました。また、リマインドの手続きを通して、学習漢字の定着をはかることを目的としました。

期待される効果は、次の３つです。

①読み書きの基礎スキルを促し、漢字学習を改善します。

文字をまとまりとして読むスキルを促す課題により、漢字を読む力の基礎を育てます。また、漢字の部品を意識して組み立てるスキルを促すことにより、複雑な漢字を意識して書く力を育てます。

②リマインドの手続きにより、漢字の定着をはかります。

漢字書字の手がかりを無理なくリマインドできるように、ワークの構成を工夫しました。これにより、学習努力に応じた定着を経験する中で、子どもの注意力と学習に向かう力を促します。

③「くりかえし」による漢字ドリルの学習に、無理なくつなげます。

漢字の読み書きの基礎スキルを身につけ、漢字の部品を組み立てる力が育つことを通して、「くりかえし」による漢字ドリルでも、効果的に学習できるようになります。

【監修：小池敏英】

中学年（三・四年生）の読み書き

ここでは、小学校中学年で読み書きの苦手を示す子どものうちで、代表的な事例や、その支援について考えます。また、そのなかで、本ワークブックが効果的な事例について述べます。

【1】三年生のAさんは、国語が苦手で、教科書の音読に苦労しています。漢字単語と特殊音節の単語の読みが苦手です。「にゃ」や「みゃ」などの特殊音節表記の読み書きに誤りが多いので、作文を書くことを嫌がります。

◆◆支援の考え方◆◆

特殊音節単語の習得が難しい子どもに対しては、音記号カードの利用が効果的です。清音、促音（っ）、はつ音（ん）は、一文字に一枚、よう音（きゃ等）は二文字で一枚の音記号カードにします。指導者が単語を言い、それに対応した音記号カードを選んで組立てさせます（図1）。その後、ひらがなカードを組み立てるようにします（図2）。

【2】四年生のBさんは、漢字単語の読みに強い苦手を示します。B君は、視覚的にイメージしやすい単語（「家族」「公園」「交番」「銀行」「写真」）を読めますが、視覚的にイメージしにくい単語（「年代」「市立」「地区」「世代」「意見」等）を読めません。また、Bさんは聴覚記憶に弱さをもっています。

◆◆支援の考え方◆◆

聴覚記憶に弱さをもつ子どもでは、教材の視覚的イメージを高めることにより、記憶しやすくなることが分かっています。教材の視覚的イメージを高める手続きを紹介します。

絵カードを見せ、何の絵かを確認します。次に、絵カードの上に、漢字カードをずらして置き、漢字カードを読ませます。子どもは、絵を手がかりに、漢字カードを読みます。

その後、絵の面積が小さくなるように漢字カードをずらして読ませます（図3）。子どもは、絵の記憶に基づいて読むようになります。この手続きを繰り返すことで、漢字カードだけで読めるようになります。

教科書の中の漢字単語の読みの改善には、スマイル・プラネットからダウンロードできるプリント教材も利用できます（図4）。

このプリントでは、単語を検索する課題や単語を完成させる課題により、漢字の読みの定着を図ります。

漢字単語の読み書きの支援を行う上で、弱さを把握することは、支援のステップとして大切です。

スマイル・プラネットでは、読み書きスキル簡易アセスメントを利用できます（図4）。

これによって、在籍学年の前の漢字について、読み書きの弱さを的確に把握できます。

【3】三年生のCさんは、教科書の音読に苦手を示しますが、漢字の書字の習得にも強い苦手を示します。また、四年生のDさんは、教科書の音読に苦手を示すことはないのですが、反復書字の練習が困難です。

　このような子どもでは、筆順に従って書くことが苦手で、絵のように書字する子どももいます。ADHDの傾向が強い子どもの中には、枠内に字を書くことが困難な子どもがいます（図5）。

◆◆支援の考え方◆◆

　本ワークブックは、このような漢字の書字の苦手を示す子どもが、効果的に書字習得できるように作成しました。その背景について述べます。

　漢字の書字習得を促す方法として、部品を絵で表し、その絵を手がかりとする方法と、部品を表す言葉を利用する方法があります。図6は、絵を手がかりとする方法の例で、手がかりとして用いられた「雪」を表す絵です。

　部品を表す言葉を利用する方法では、子どもの認知スキルによって、部品を表す言葉が違うことが分かっています。

　言語記憶が苦手な子どもでは、視覚的表現を言葉の手がかりとして利用します。例えば「雪」であれば、「上から雨のように降ってきて、下に雪だるまがある」というような表現をします。また、言語記憶が比較的良好な子どもでは、「雨の下に、カタカナのヨ」のような表現をします。

　私たちの取り組みから、学習してから一週間と二週間目に、その言葉の手がかりについて、思い出させるということ（リマインド）をしました。その結果、リマインドから四週間でもよく保持できていることが分かりました（図7）。

　本ワークブックでは、運筆での覚え言葉や部品を意識した覚え言葉など、子どもにとって覚えやすい言葉を決めて、その言葉を手がかりに書字練習するとともに、リマインドを行うことで保持を促すという方法を用いて、漢字の書字の促進を図っています。

図5

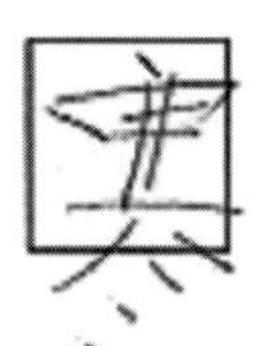

図6

図7

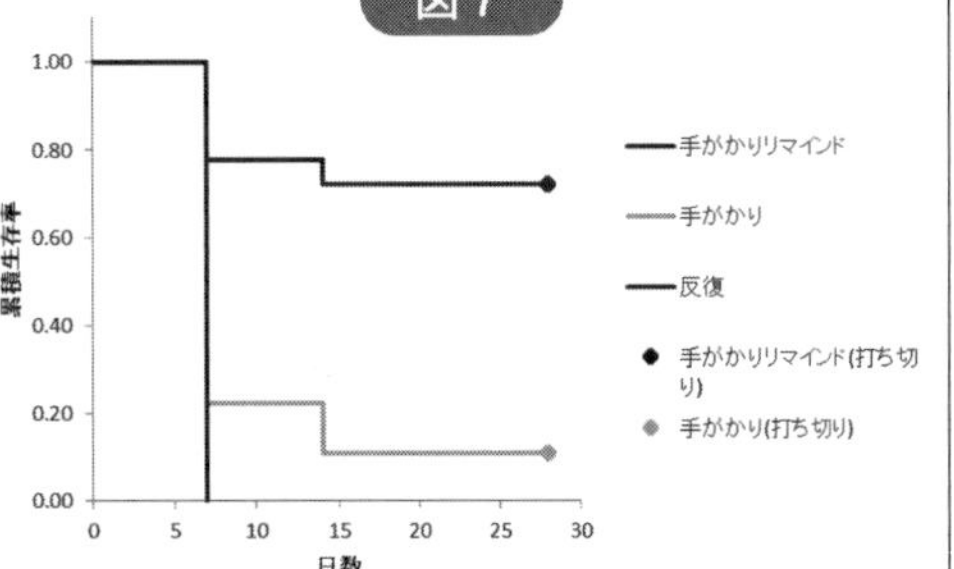

三年「漢」の例

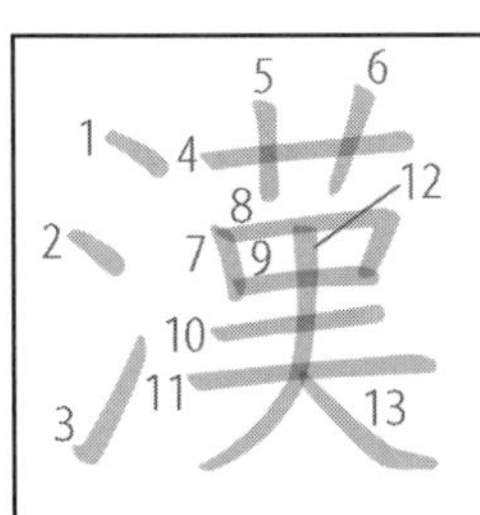

★次の言葉を言いながら上の漢字をなぞりましょう。

シ、よこ、たて、たて、口、よこ、よこ、よこ、人

おススメの覚え言葉を提示しています。まず，この言葉で，「漢」をなぞって，漢字の形に馴染みます。

★あなたが漢字をおぼえやすい言葉を考えて書きましょう。（上と同じでもよい。）

シ、くさかんむり、よこながの口、二、人

子どもたちなりに，この漢字を覚えやすい言葉を考えて書きます。漢字のイメージを言葉に置き換えることで，保持・定着が進みます。
リマインドの際も，この覚え方で，漢字を思い出せるようになります。

目次……6

【三漢字一まい】

【六漢字一まい】

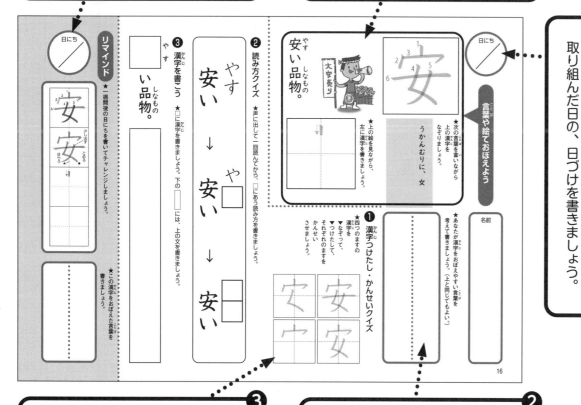

使い方❶ 言葉や絵でおぼえよう

視覚的イメージや言葉のてがかりを大切に

【本プリントの意図】

漢字の読みの定着は、漢字の書きの学習のためにも大切です。読みの習得を促進する上で、読みの視覚的イメージを高める方法はとても効果的です。視覚的イメージを高めるために、このプリントでは、絵を利用しています（❶）。また、言葉の手がかりの例を示し、言葉の手がかりを言いながら書くことを促しています（❷）。そして、漢字の画要素をおぎないながら書字する課題（❸）は、取り組みやすく、まちがえた字で練習することを防ぎます。

このプリントでは、さらに、1週間後に、思い出す手続き（リマインド）を取り入れました（❹）。リマインドにより、漢字の定着が促進されます。

※■の言葉の手がかりには，正しい漢字の形と同じではない場合があるので，注意しましょう。

❶
- 左上の絵を見ながら，■の言葉を声に出して読み，上の漢字を書き順通りなぞりましょう。次に，絵を見ながら，絵の下の□に書きましょう。

❷
- ここには，この漢字を覚えやすい言葉を自分なりに考えて，書きましょう。
- 上と同じでもよいです。

❸
- うすいところもなぞりながら，漢字を完成させましょう。
- 完成させるときに，右上の書き順も確かめながら書きましょう。

❹
- 右上の日にちから，一週間後の日にちを書きましょう。
- 一週間後に忘れずに，もう一度，この漢字を書きましょう。

取り組んだ日の、日づけを書きましょう。

日にち

言葉や絵でおぼえよう

名前

★次の言葉を言いながら上の漢字をなぞりましょう。

うかんむりに、女

安

安い品物。

★上の絵を見ながら、左に漢字を書きましょう。

★あなたが漢字をおぼえやすい言葉を考えて書きましょう。（上と同じでもよい。）

❶ 漢字つけたし・かんせいクイズ

★四つのますの漢字を
▼なぞって、
▼つけたして、
それぞれのますをかんせいさせましょう。

❷ 読み方クイズ ★声に出して一回読んでから、□にあう読み方を書きましょう。

やす 安い → や□ 安い → □□ 安い

❸ 漢字を書こう ★□に漢字を書きましょう。下の□には、上の文を書きましょう。

やす □い品物。

リマインド ★一週間後の日にちを書いてチャレンジしましょう。

★この漢字をおぼえた言葉を書きましょう。

16

使い方❷ 部分（部品）で、おぼえよう

部品のたし算は能動的な学習に役立つ

【本プリントの意図】

漢字が部品からできていることを、部品のたし算で確認することで、書きの定着が促進されます。手がかり（漢字の部品）が示されている中で、必要な部品を選んで組み立てるという活動は、子どもにとって取り組みやすく、学習に対する能動的な気持ちを維持するのに効果的です。漢字の書き順に従って、部品の足し算を行うように、教示します。

この方法は複数の漢字の書きのリマインドに効果的です。今まで学習してきた漢字についても、この形式のプリントを作成して用いると、能動的な学習を促すことができます。

・３つの漢字について，部品が並べられています。漢字の形がわかると，部品を早く探すことができます。部品を早く探してみましょう。

学習漢字

取り組んだ日の、日づけを書きましょう。

部分（部品）でおぼえよう

日にち

名前

悪 安 暗

亖 日 宀 リ 日
女 心 立 一

★上の［　］から、下の読みになる漢字の部分をえらんで□に書き、たしてできる漢字を右はしの田に書きましょう。

できる漢字の読み

わるい　□＋□＋□＋□ → 田

やすい　□＋□ → 田

くらい　□＋□＋□ → 田

215

・上の囲みから，学習漢字の部品を選んで，□に１つずつ書き入れましょう。
・書き順に従って，部品を書きましょう。
・□の部品をたしてできる漢字を，右の田に書きましょう。

使い方③ ぐるぐる漢字・文作り

経験を手がかりにした文作りを大切に

【本プリントの意図】

漢字の意味を考えながら書くことで、書きの定着が促進されます。このプリントでは、漢字の意味を考える手がかりとして、「生活の中で、どんなことに使うか」「どんな絵でこの漢字を覚えたか、思い出す」という手続きを、お勧めしています。子どもが文を思いつくことがむずかしい場合には、大人が見本を示して、望ましい文を作って見せてあげてください。「話し合いながら、子どもと一緒に考えること」そのものが、楽しいエピソードになり、漢字の書きの定着を促します。

このプリントでは、ぐるぐる漢字で部品の位置情報を示すことで、子どもが「ていねいに書くこと」を、容易にしています。

取り組んだ日の、日づけを書きましょう。

・上に6つある，「ぐるぐる漢字」の　ゆがんだ形を正しくして，下のマスに書きましょう。
・ぐるぐる漢字をてがかりに、正しい漢字の形を思い出しましょう。部品の位置に注意をして，正しい漢字を書きましょう。

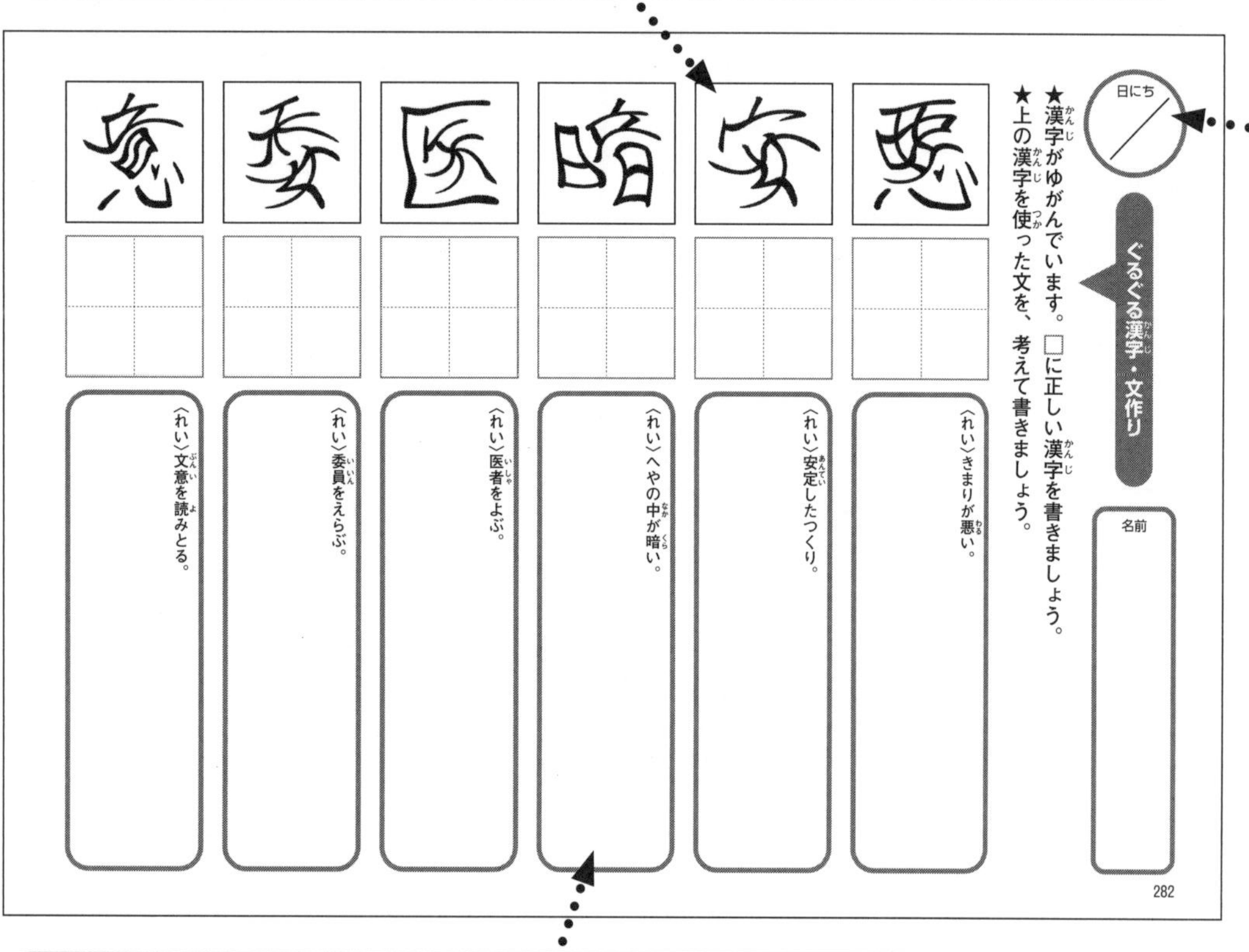

日にち
ぐるぐる漢字・文作り
名前
★漢字がゆがんでいます。□に正しい漢字を書きましょう。
★上の漢字を使った文を、考えて書きましょう。
〈れい〉きまりが悪い。
〈れい〉安定したつくり。
〈れい〉へやの中が暗い。
〈れい〉医者をよぶ。
〈れい〉委員をえらぶ。
〈れい〉文意を読みとる。
282

・それぞれの漢字の下には，その漢字を使った文を，考えて書きましょう。
・生活の中で，どんなことに使うか，どんな絵でこの漢字を覚えたか，思い出すのもよいでしょう。
・よい文が思いつかなかったら，<れい>をもう一度，書きましょう。

言葉や絵でおぼえよう

★次の言葉を言いながら上の漢字をなぞりましょう。

よこ、口、たて、たて、よこ＋心

悪い人。

★上の絵を見ながら、左に漢字を書きましょう。

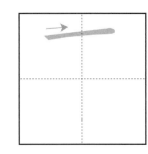

★あなたが漢字をおぼえやすい言葉を考えて書きましょう。（上と同じでもよい。）

名前

❶ 漢字つけたし・かんせいクイズ

★四つのますの漢字を
▼なぞって、
▼つけたして、
それぞれのますをかんせいさせましょう。

❷ 読み方クイズ

★声に出して一回読んでから、□にあう読み方を書きましょう。

悪い（わる）
↓
悪い（わ□）
↓
悪い（□□）

❸ 漢字を書こう

★□に漢字を書きましょう。下の□には、上の文を書きましょう。

□（わる）い人。

リマインド

★一週間後の日にちを書いてチャレンジしましょう。

日にち

悪　はねる

★この漢字をおぼえた言葉を書きましょう。

言葉(ことば)や絵でおぼえよう

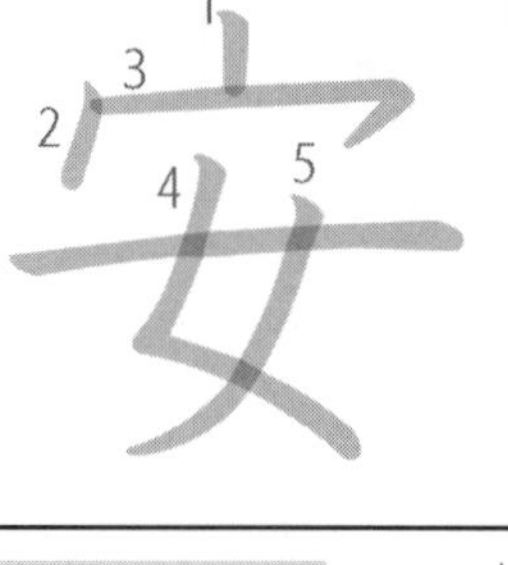

★次の言葉(ことば)を言(い)いながら上の漢字(かんじ)をなぞりましょう。

うかんむりに、女

安(やす)い品物(しなもの)。

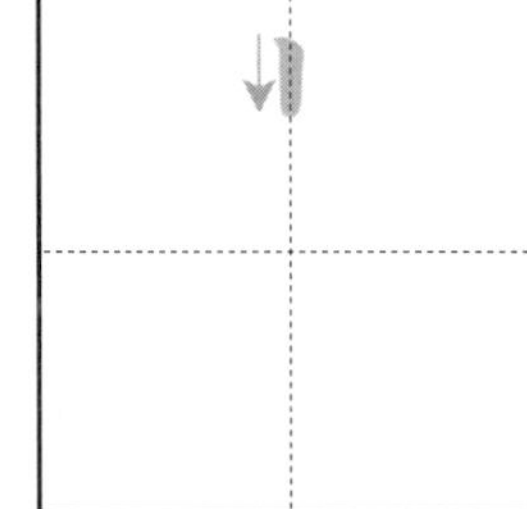

★上の絵を見ながら、左に漢字(かんじ)を書きましょう。

名前

★あなたが漢字(かんじ)をおぼえやすい言葉(ことば)を考えて書きましょう。（上と同じでもよい。）

❶ 漢字(かんじ)つけたし・かんせいクイズ

★四つのますの漢字(かんじ)を
▼なぞって、
▼つけたして、
それぞれのますをかんせいさせましょう。

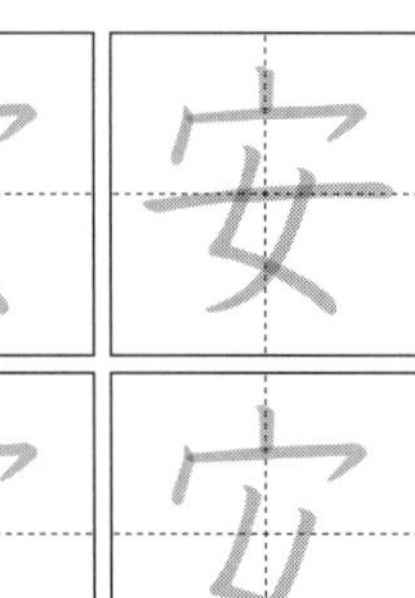

❷ 読み方クイズ

★声に出して一回読んでから、□にあう読み方を書きましょう。

安(やす)い → 安(や□)い → 安(□□)い

❸ 漢字(かんじ)を書こう

★□に漢字(かんじ)を書きましょう。下の□には、上の文を書きましょう。

□(やす)い品物(しなもの)。

リマインド

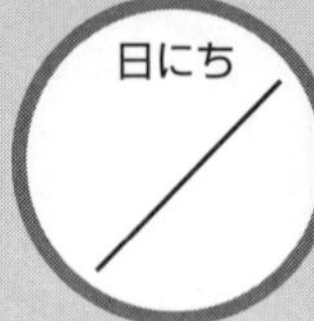

★一週間後の日にちを書いてチャレンジしましょう。

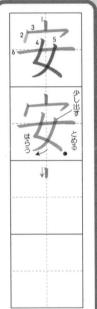

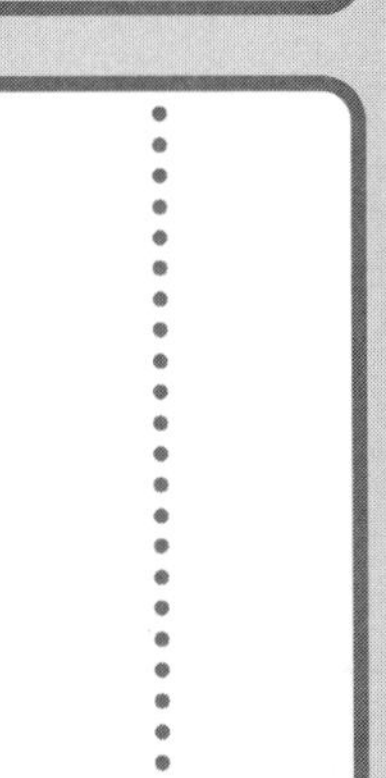

★この漢字(かんじ)をおぼえた言葉(ことば)を書きましょう。

日にち

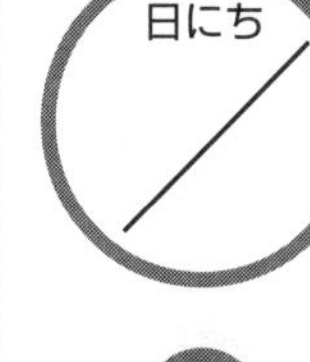

名前

言葉や絵でおぼえよう

★次の言葉を言いながら上の漢字をなぞりましょう。

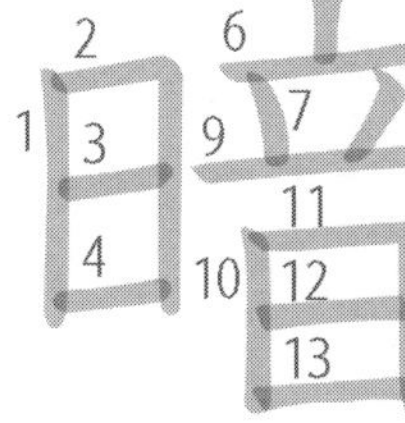

日に、音

★上の絵を見ながら、左に漢字を書きましょう。

暗(くら)い道。

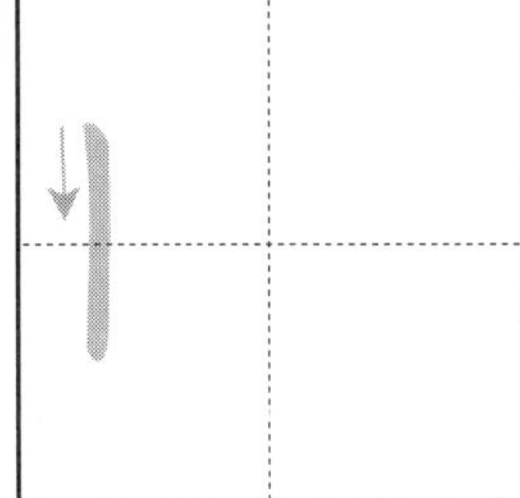

★あなたが漢字をおぼえやすい言葉を考えて書きましょう。（上と同じでもよい。）

❶ 漢字つけたし・かんせいクイズ

★四つのますの漢字を
▼なぞって、
▼つけたして、
それぞれのますをかんせいさせましょう。

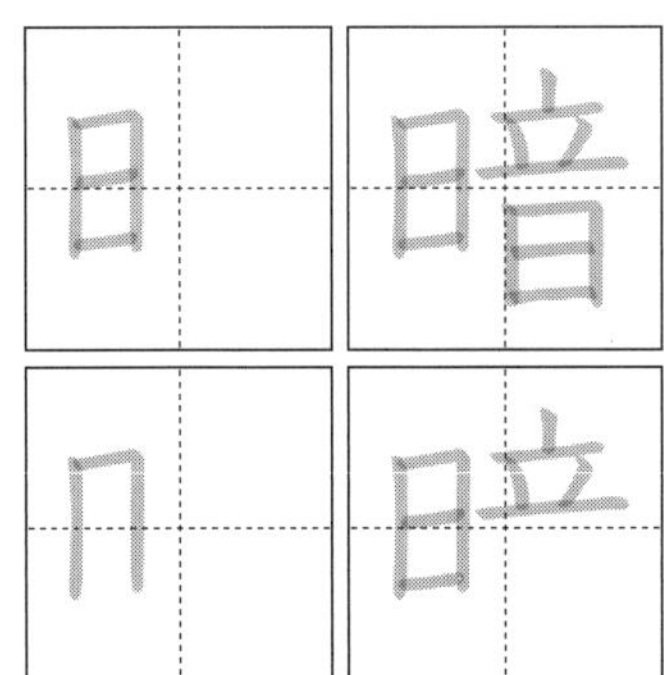

❷ 読み方クイズ

★声に出して一回読んでから、□にあう読み方を書きましょう。

暗(くら)い
↓
暗(く□)い
↓
暗(□□)い

❸ 漢字を書こう

★□に漢字を書きましょう。下の□には、上の文を書きましょう。

□(くら)い道。

リマインド

日にち

★一週間後の日にちを書いてチャレンジしましょう。

暗 暗

★この漢字をおぼえた言葉を書きましょう。

日にち

名前

言葉(ことば)や絵でおぼえよう

★次の言葉(ことば)を言(い)いながら上の漢字(かんじ)をなぞりましょう。

よこ、矢、たてよこ

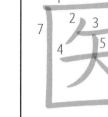

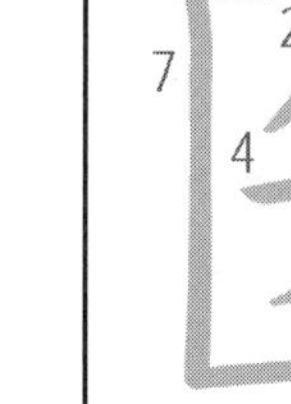

★あなたが漢字(かんじ)をおぼえやすい言葉(ことば)を考えて書きましょう。（上と同じでもよい。）

お医者(いしゃ)さん

★上の絵を見ながら、左に漢字(かんじ)を書きましょう。

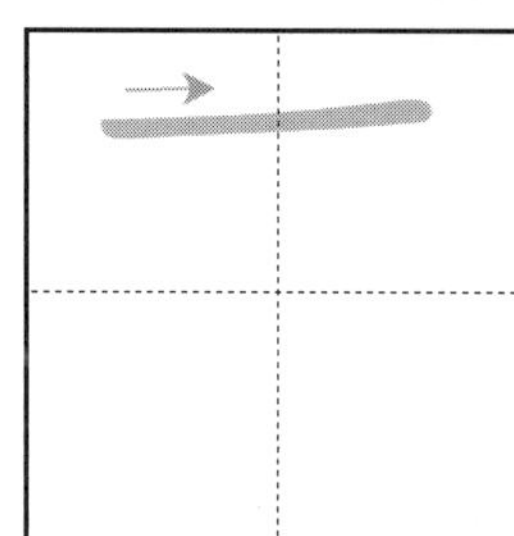

❶ 漢字(かんじ)つけたし・かんせいクイズ

★四つのますの漢字(かんじ)を
▼なぞって、
▼つけたして、
それぞれのますを
かんせい
させましょう。

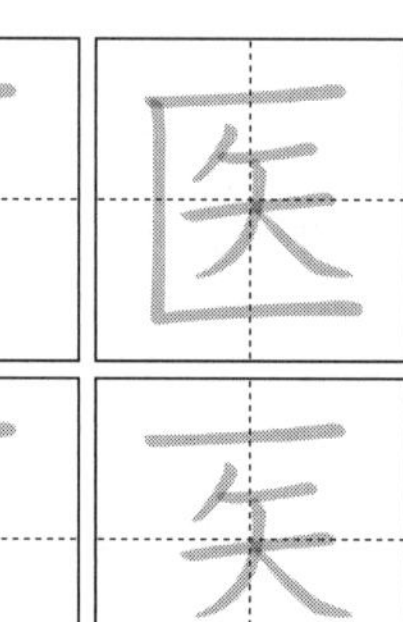

❷ 読み方クイズ

★声に出して一回読んでから、□にあう読み方を書きましょう。

医者(い)

↓

医者□

↓

医者□

❸ 漢字(かんじ)を書こう

★□に漢字(かんじ)を書きましょう。下の□には、上の文を書きましょう。

お□(い)者(しゃ)さん

リマインド

★一週間後の日にちを書いてチャレンジしましょう。

日にち

医　はらう

★この漢字(かんじ)をおぼえた言葉(ことば)を書きましょう。

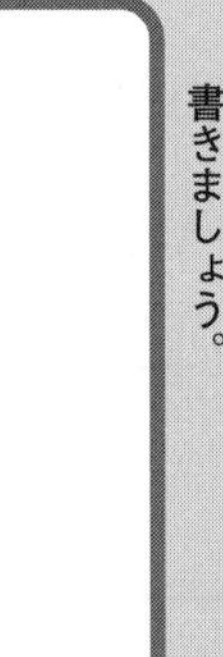

言葉や絵でおぼえよう

★次の言葉を言いながら上の漢字をなぞりましょう。

委

ノに、木、女

学級委いん

★上の絵を見ながら、左に漢字を書きましょう。

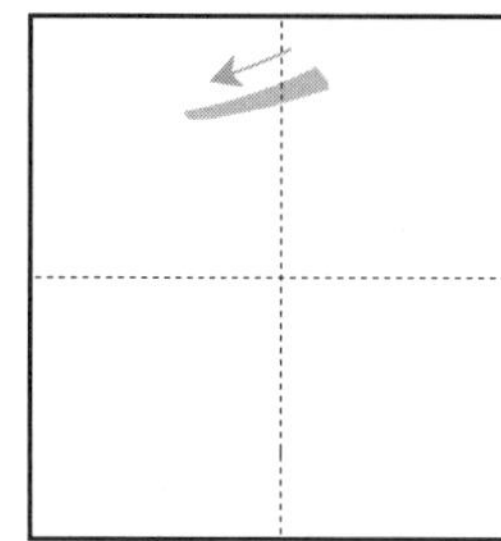

名前

★あなたが漢字をおぼえやすい言葉を考えて書きましょう。（上と同じでもよい。）

❶ 漢字つけたし・かんせいクイズ

★四つのますの漢字を
▼なぞって、
▼つけたして、
それぞれのますをかんせいさせましょう。

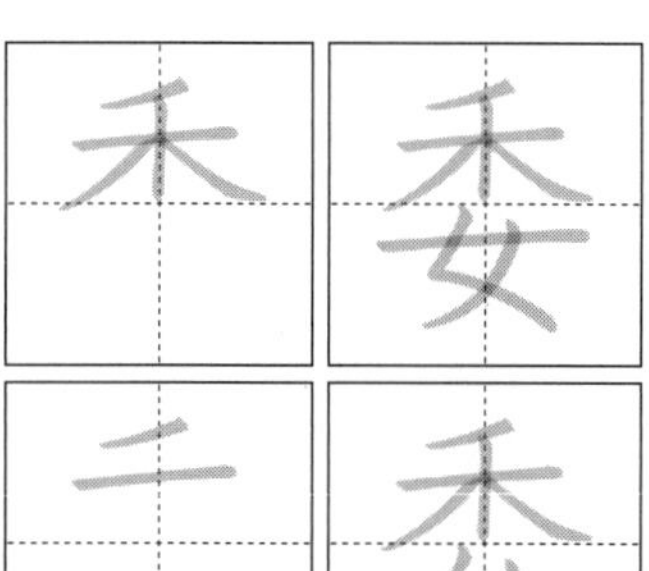

日にち

リマインド

★一週間後の日にちを書いてチャレンジしましょう。

はらう

少し出す

★この漢字をおぼえた言葉を書きましょう。

❷ 読み方クイズ

★声に出して一回読んでから、□にあう読み方を書きましょう。

委いん（い）

↓

委□いん

↓

委□いん

❸ 漢字を書こう

★□に漢字を書きましょう。下の□には、上の文を書きましょう。

学級□いん（い）

言葉や絵でおぼえよう

★次の言葉を言いながら上の漢字をなぞりましょう。

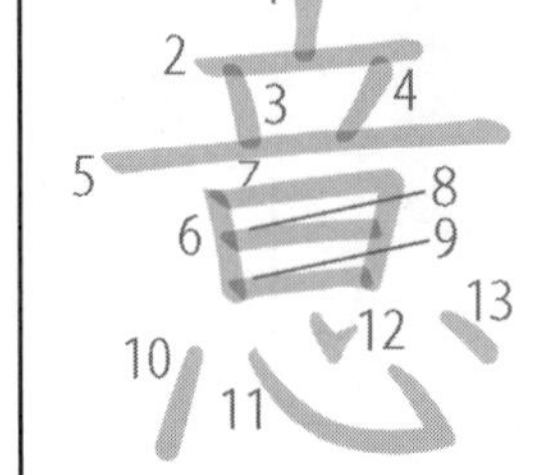

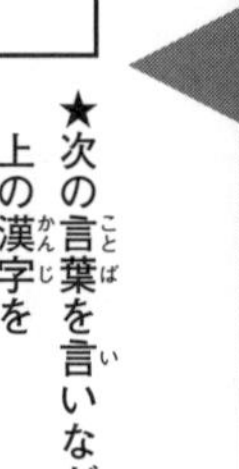

意見（いけん）をいう。

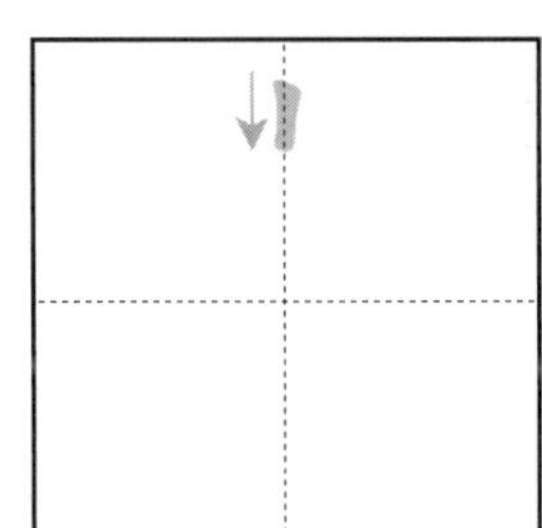

★上の絵を見ながら、左に漢字を書きましょう。

名前

★あなたが漢字をおぼえやすい言葉を考えて書きましょう。（上と同じでもよい。）

❶ 漢字つけたし・かんせいクイズ

★四つのますの漢字を
▼なぞって、
▼つけたして、
それぞれのますをかんせいさせましょう。

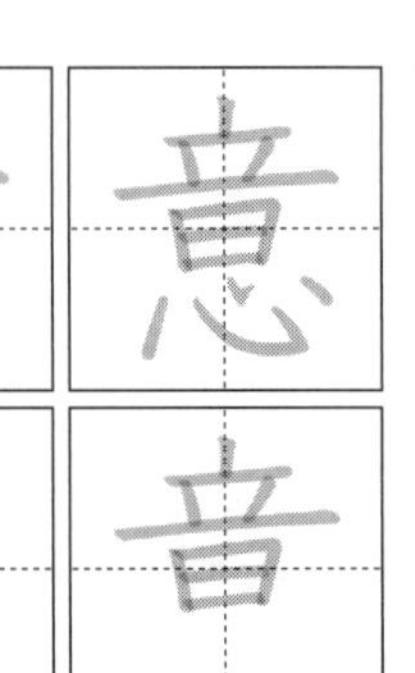

❷ 読み方クイズ

★声に出して一回読んでから、□にあう読み方を書きましょう。

意見（い）

↓

意見□

↓

意見□

❸ 漢字を書こう

★□に漢字を書きましょう。下の□には、上の文を書きましょう。

□（い）見（けん）をいう。

リマインド

★一週間後の日にちを書いてチャレンジしましょう。

日にち

意 長く はねる

★この漢字をおぼえた言葉を書きましょう。

言葉や絵でおぼえよう

★次の言葉を言いながら上の漢字をなぞりましょう。

たて、よこ、ム、月

★あなたが漢字をおぼえやすい言葉を考えて書きましょう。（上と同じでもよい。）

名前

体育の運動

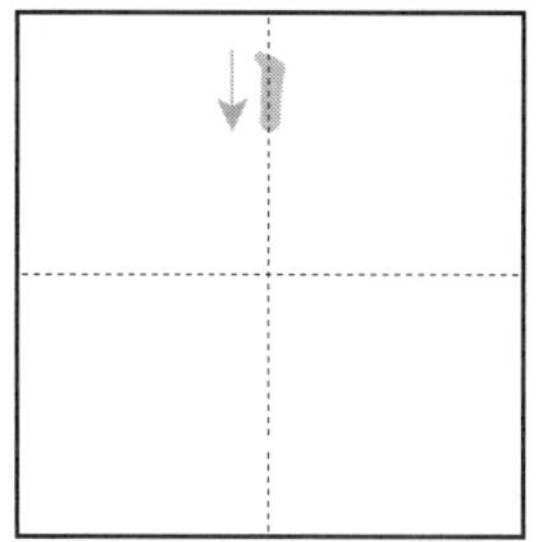

★上の絵を見ながら、左に漢字を書きましょう。

❶ 漢字つけたし・かんせいクイズ

★四つのますの漢字を
▼なぞって、
▼つけたして、
それぞれのますをかんせいさせましょう。

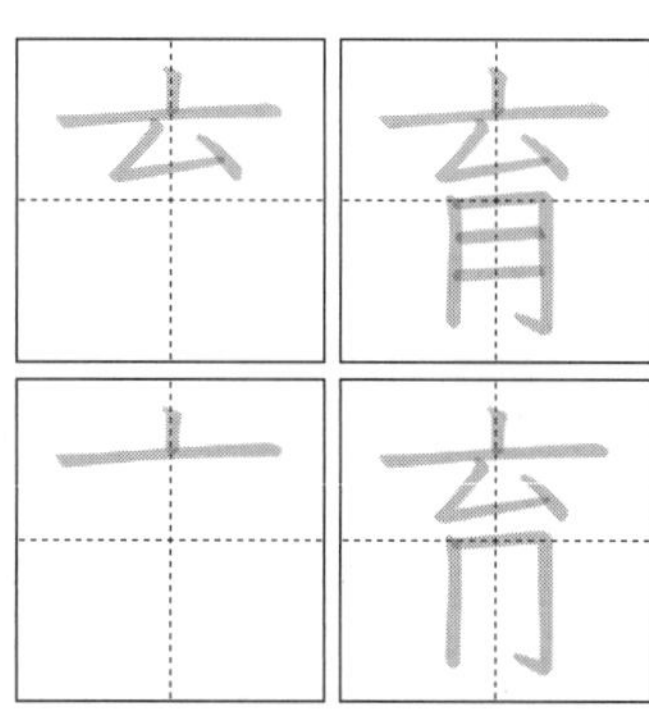

❷ 読み方クイズ

★声に出して一回読んでから、□にあう読み方を書きましょう。

体育 いく
↓
体育 い□
↓
体育 □□

❸ 漢字を書こう

★□に漢字を書きましょう。下の□には、上の文を書きましょう。

体□の運動

リマインド

★一週間後の日にちを書いてチャレンジしましょう。

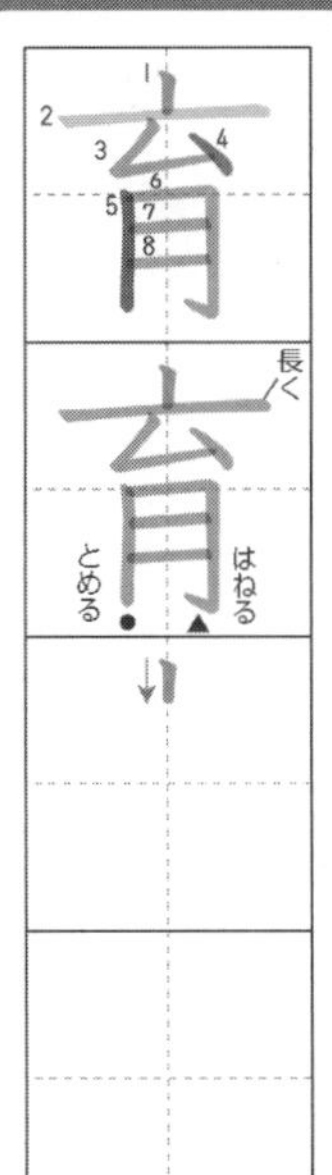

★この漢字をおぼえた言葉を書きましょう。

日にち ／

言葉（ことば）や絵でおぼえよう

★次の言葉（ことば）を言（い）いながら上の漢字（かんじ）をなぞりましょう。

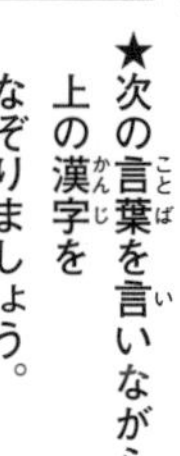

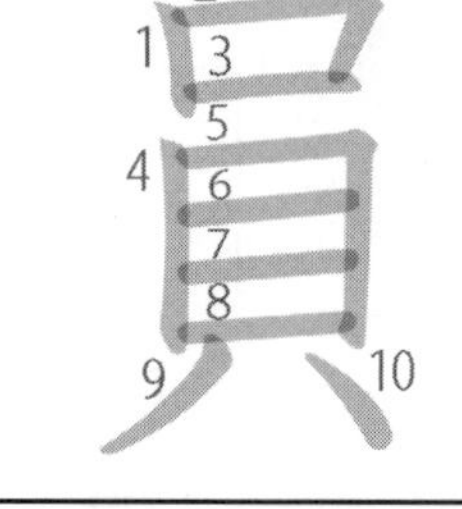

口に、貝

お店の店員（てんいん）。

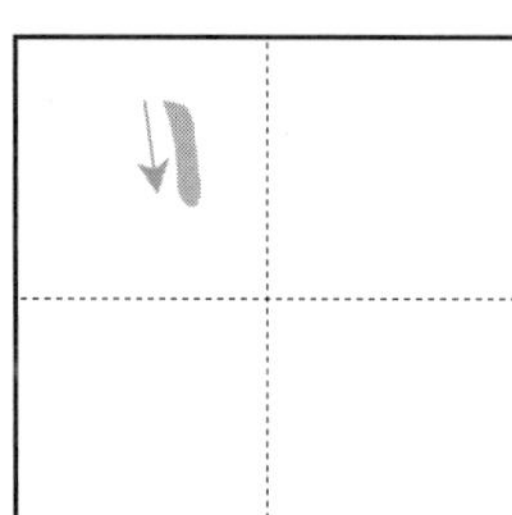

★上の絵を見ながら、左に漢字（かんじ）を書きましょう。

名前

★あなたが漢字（かんじ）をおぼえやすい言葉（ことば）を考えて書きましょう。（上と同じでもよい。）

❶ 漢字（かんじ）つけたし・かんせいクイズ

★四つのますの漢字（かんじ）を
▼なぞって、
▼つけたして、
それぞれのますをかんせいさせましょう。

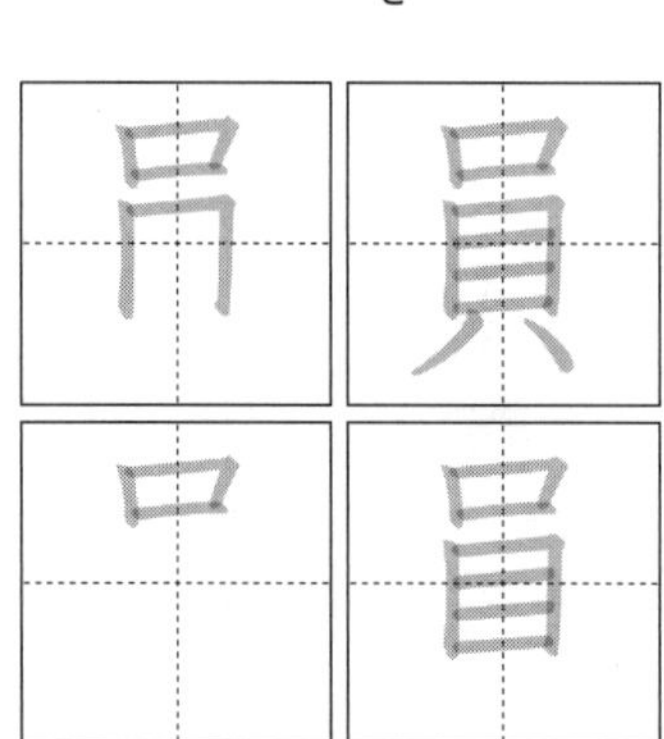

❷ 読み方クイズ

★声に出して一回読んでから、□にあう読み方を書きましょう。

店員　いん
↓
店員　い□
↓
店員　□□

❸ 漢字（かんじ）を書こう

★□に漢字（かんじ）を書きましょう。下の□には、上の文を書きましょう。

お店の店（てん）□（いん）。

日にち ／

リマインド

★一週間後の日にちを書いてチャレンジしましょう。

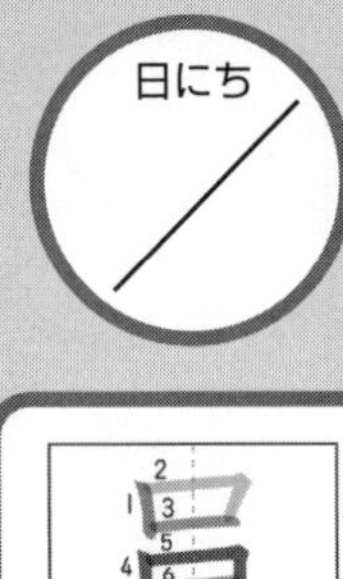

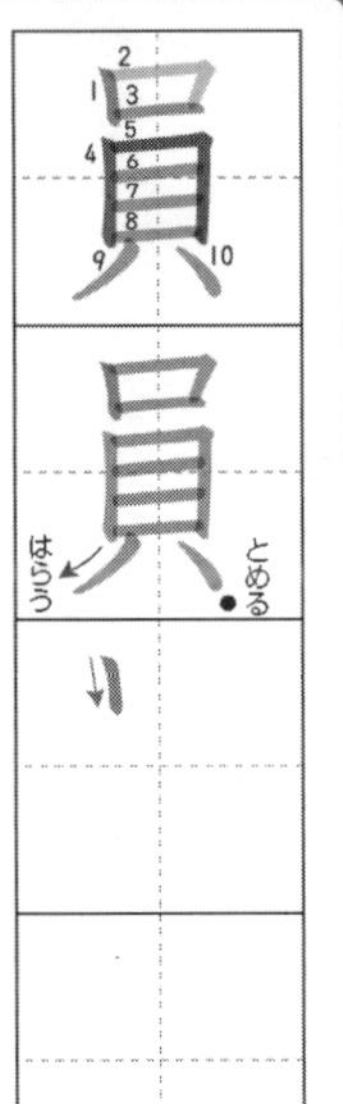

★この漢字（かんじ）をおぼえた言葉（ことば）を書きましょう。

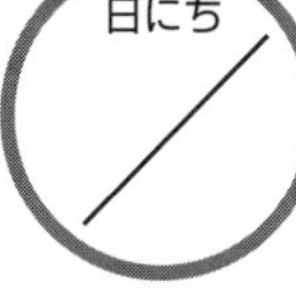
日にち

院

言葉や絵でおぼえよう

★次の言葉を言いながら上の漢字をなぞりましょう。

こざとへんに、ウ、元

病院に行く。

★上の絵を見ながら、左に漢字を書きましょう。

★あなたが漢字をおぼえやすい言葉を考えて書きましょう。（上と同じでもよい。）

名前

❶ 漢字つけたし・かんせいクイズ

★四つのますの漢字を
▼なぞって、
▼つけたして、
それぞれのますをかんせいさせましょう。

❷ 読み方クイズ

★声に出して一回読んでから、□にあう読み方を書きましょう。

病院 びょういん
↓
病院 びょうい□
↓
病院 びょう□□

❸ 漢字を書こう

★□に漢字を書きましょう。下の□には、上の文を書きましょう。

病□に行く。

日にち

リマインド

★一週間後の日にちを書いてチャレンジしましょう。

院 院 はねる はらう

★この漢字をおぼえた言葉を書きましょう。

言葉(ことば)や絵でおぼえよう

★次の言葉(ことば)を言(い)いながら上の漢字(かんじ)をなぞりましょう。

食べるに、ノ、よこはね、人

ミルクを飲(の)む。

★上の絵を見ながら、左に漢字(かんじ)を書きましょう。

名前

★あなたが漢字(かんじ)をおぼえやすい言葉(ことば)を考えて書きましょう。(上と同じでもよい。)

❶ 漢字(かんじ)つけたし・かんせいクイズ

★四つのますの漢字(かんじ)を
▼なぞって、
▼つけたして、
それぞれのますをかんせいさせましょう。

❷ 読み方クイズ

★声に出して一回読んでから、□にあう読み方を書きましょう。

飲(の)む → 飲□む → 飲□む

❸ 漢字(かんじ)を書こう

★□に漢字(かんじ)を書きましょう。下の□には、上の文を書きましょう。

ミルクを□(の)む。

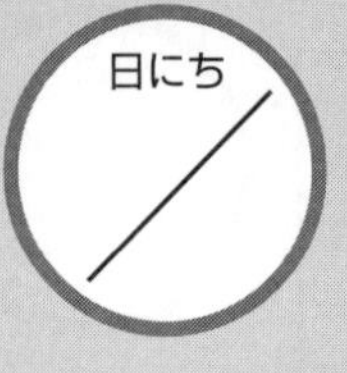

リマインド

★一週間後の日にちを書いてチャレンジしましょう。

はらう

★この漢字(かんじ)をおぼえた言葉(ことば)を書きましょう。

言葉(ことば)や絵でおぼえよう

★次の言葉(ことば)を言(い)いながら上の漢字(かんじ)をなぞりましょう。

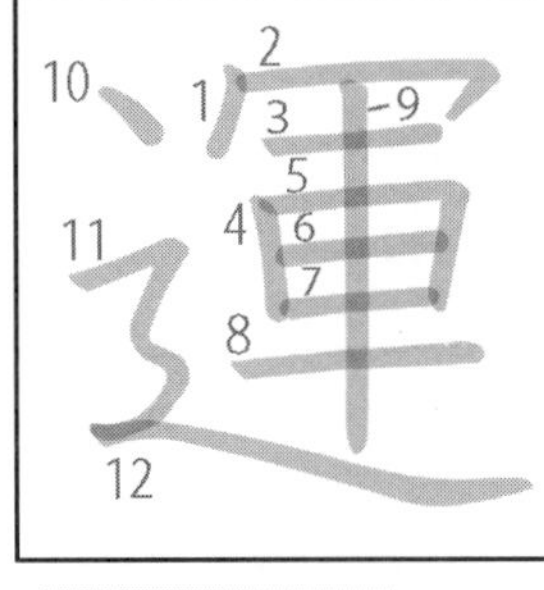

ワに、車、しんにょう

★上の絵を見ながら、左に漢字(かんじ)を書きましょう。

運動(うんどう)をする。

★あなたが漢字(かんじ)をおぼえやすい言葉(ことば)を考えて書きましょう。(上と同じでもよい。)

名前

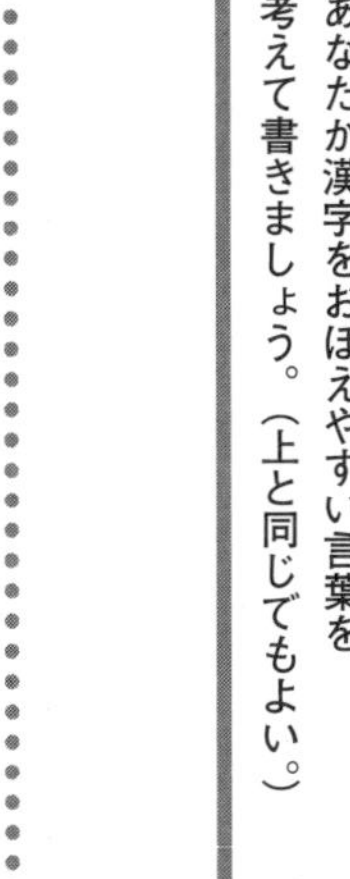

❶ 漢字(かんじ)つけたし・かんせいクイズ

★四つのますの漢字(かんじ)を
▼なぞって、
▼つけたして、
それぞれのますをかんせいさせましょう。

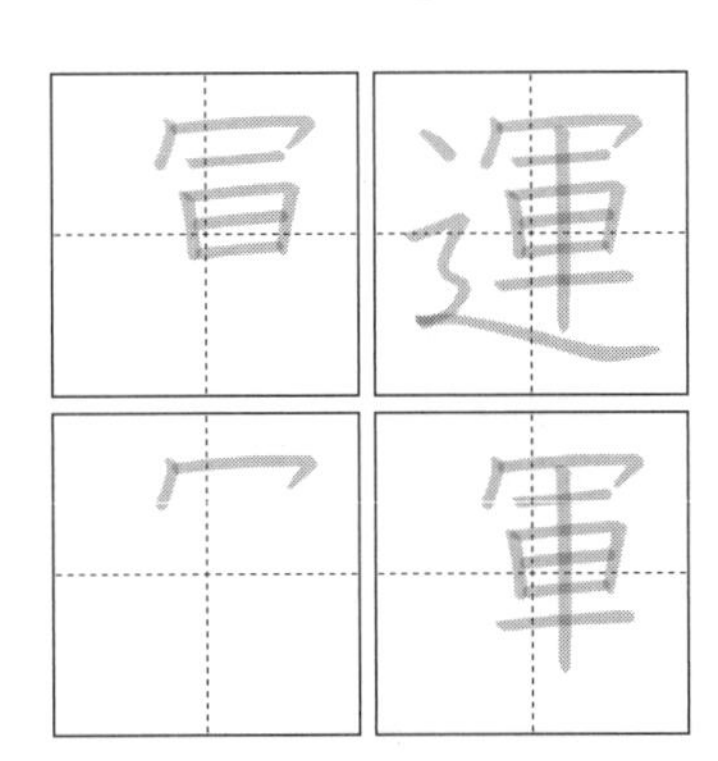

❷ 読み方クイズ

★声に出して一回読んでから、□にあう読み方を書きましょう。

運動(うん)
↓
運動(う□)
↓
運動(□□)

❸ 漢字(かんじ)を書こう

★□に漢字(かんじ)を書きましょう。下の□には、上の文を書きましょう。

□(うん)動(どう)をする。

リマインド

日にち

★一週間後の日にちを書いてチャレンジしましょう。

★この漢字(かんじ)をおぼえた言葉(ことば)を書きましょう。

日にち

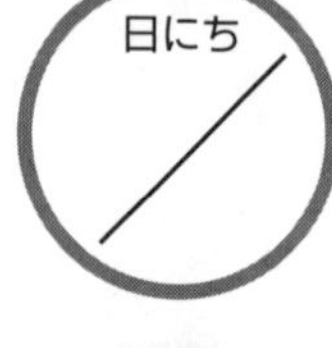

名前

言葉や絵でおぼえよう

★次の言葉を言いながら上の漢字をなぞりましょう。

シ、てん、かくはね、フ、ノ、右はらい

水泳をする。

★上の絵を見ながら、左に漢字を書きましょう。

★あなたが漢字をおぼえやすい言葉を考えて書きましょう。（上と同じでもよい。）

❶ 漢字つけたし・かんせいクイズ

★四つのますの漢字を
▼なぞって、
▼つけたして、
それぞれのますをかんせいさせましょう。

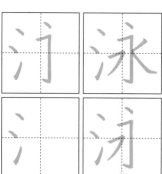

❷ 読み方クイズ

★声に出して一回読んでから、□にあう読み方を書きましょう。

水泳（えい）
↓
水泳（え□）
↓
水泳（□□）

❸ 漢字を書こう

★□に漢字を書きましょう。下の□には、上の文を書きましょう。

水（すい）□（えい）をする。

リマインド

日にち

★一週間後の日にちを書いてチャレンジしましょう。

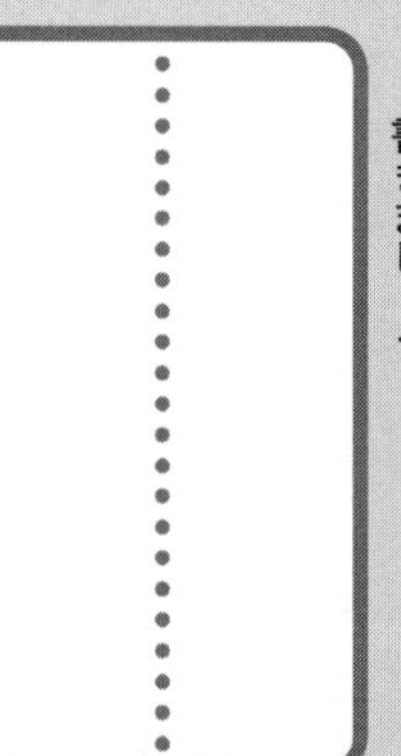

★この漢字をおぼえた言葉を書きましょう。

名前

言葉(ことば)や絵でおぼえよう

駅

★次の言葉(ことば)を言(い)いながら上の漢字(かんじ)をなぞりましょう。

馬、かく、よこ、ノ、ノ、右はらい

★あなたが漢字(かんじ)をおぼえやすい言葉(ことば)を考えて書きましょう。（上と同じでもよい。）

駅(えき)につく。

★上の絵を見ながら、左に漢字(かんじ)を書きましょう。

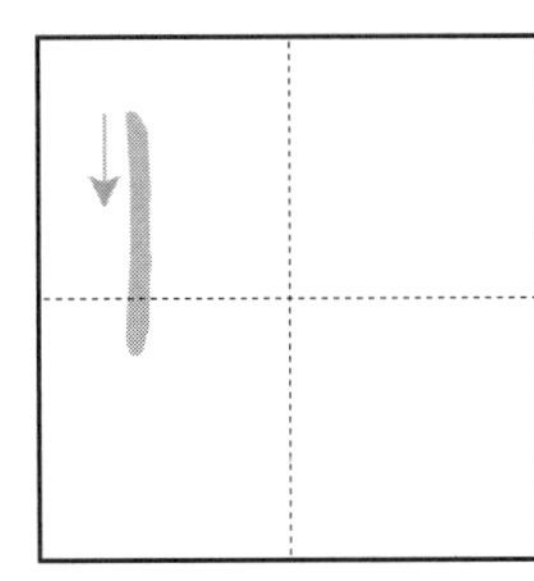

❶ 漢字(かんじ)つけたし・かんせいクイズ

★四つのますの漢字(かんじ)を
▼なぞって、
▼つけたして、
それぞれのますをかんせいさせましょう。

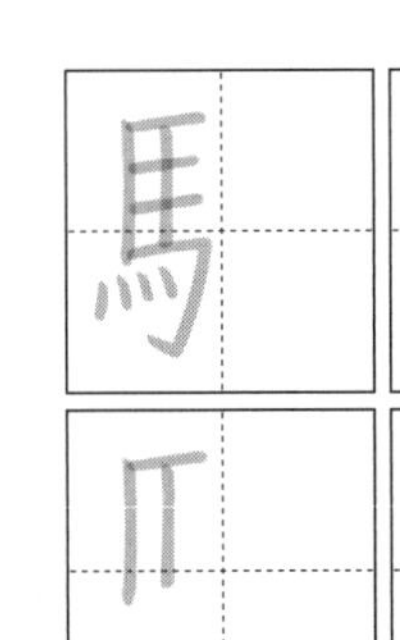

❷ 読み方クイズ

★声に出して一回読んでから、□にあう読み方を書きましょう。

駅　えき
↓
駅　え□
↓
駅　□□

❸ 漢字(かんじ)を書こう

★□に漢字(かんじ)を書きましょう。下の□には、上の文を書きましょう。

□(えき)につく。

□

リマインド

日にち

★一週間後の日にちを書いてチャレンジしましょう。

駅

はねる　はらう

★この漢字(かんじ)をおぼえた言葉(ことば)を書きましょう。

日にち

言葉や絵でおぼえよう

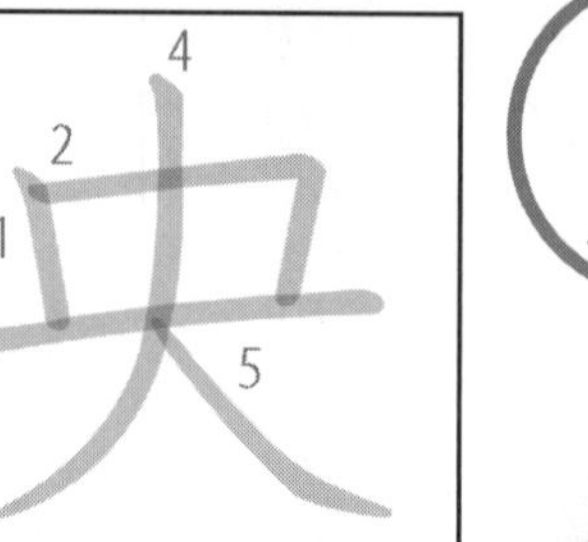

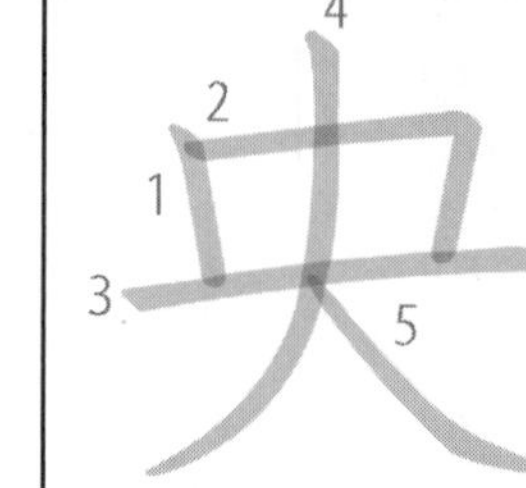

★次の言葉を言いながら上の漢字をなぞりましょう。

たて、かく、大

中央のふん水。

★上の絵を見ながら、左に漢字を書きましょう。

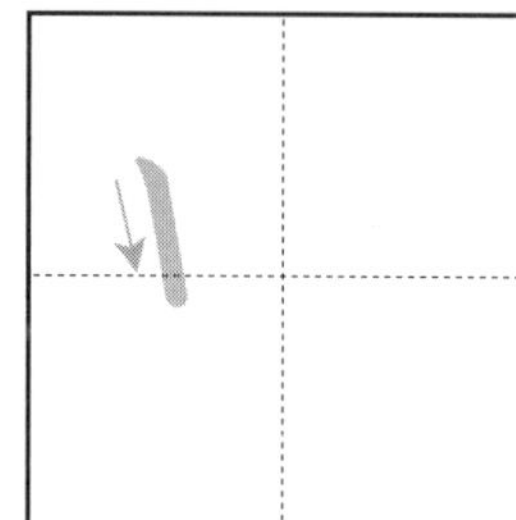

名前

★あなたが漢字をおぼえやすい言葉を考えて書きましょう。（上と同じでもよい。）

❶ 漢字つけたし・かんせいクイズ

★四つのますの漢字を
▼なぞって、
▼つけたして、
それぞれのますをかんせいさせましょう。

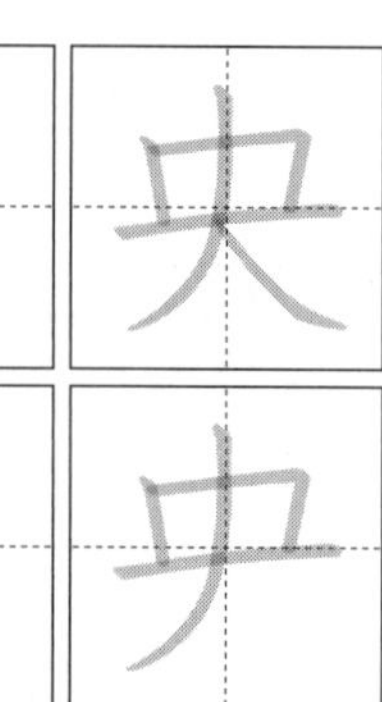

❷ 読み方クイズ

★声に出して一回読んでから、□にあう読み方を書きましょう。

中央（おう）

↓

中央（お□）

↓

中央（□□）

❸ 漢字を書こう

★□に漢字を書きましょう。下の□には、上の文を書きましょう。

中□（おう）のふん水。

リマインド

日にち

★一週間後の日にちを書いてチャレンジしましょう。

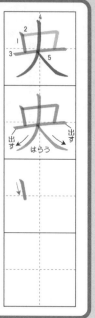

★この漢字をおぼえた言葉を書きましょう。

日にち　／

言葉や絵でおぼえよう

★次の言葉を言いながら上の漢字をなぞりましょう。

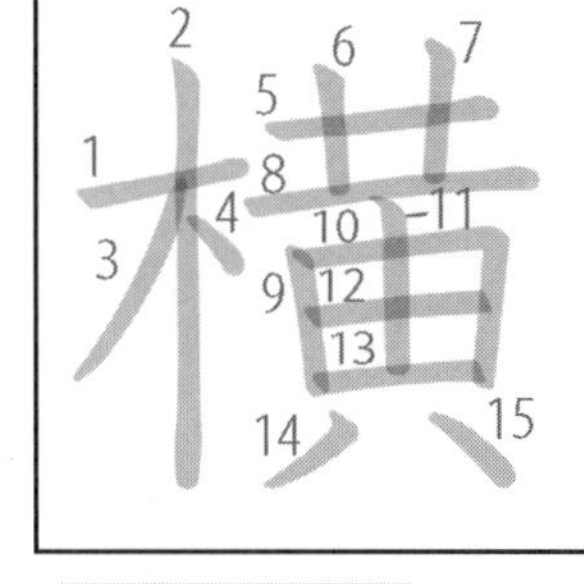

木に、黄

名前

★あなたが漢字をおぼえやすい言葉を考えて書きましょう。(上と同じでもよい。)

横になる。

★上の絵を見ながら、左に漢字を書きましょう。

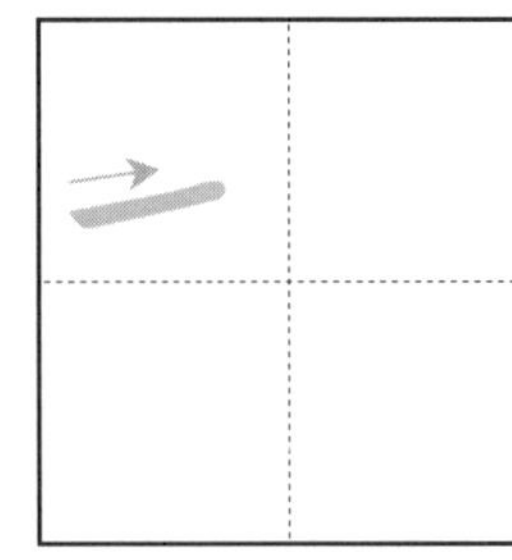

❶ 漢字つけたし・かんせいクイズ

★四つのますの漢字を
▼なぞって、
▼つけたして、
それぞれのますをかんせいさせましょう。

❷ 読み方クイズ

★声に出して一回読んでから、□にあう読み方を書きましょう。

よこ 横 → 横 よ□ → 横□□

❸ 漢字を書こう

★□に漢字を書きましょう。下の□には、上の文を書きましょう。

よこ□になる。

リマインド

日にち　／

★一週間後の日にちを書いてチャレンジしましょう。

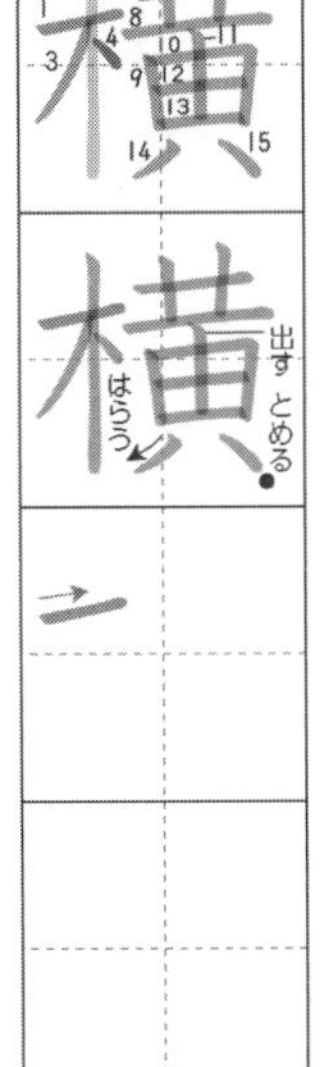

★この漢字をおぼえた言葉を書きましょう。

名前

言葉や絵でおぼえよう

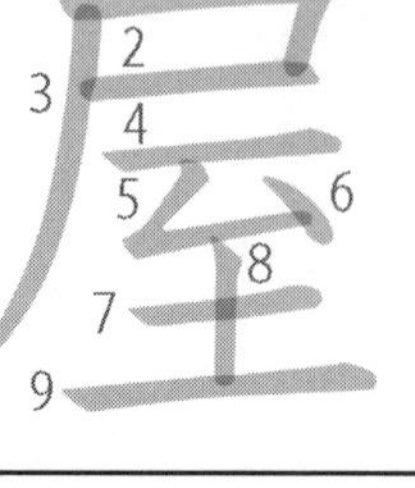

★次の言葉を言いながら上の漢字をなぞりましょう。

かく、よこ、ノ、一、ム、土

屋根にのぼる。

★上の絵を見ながら、左に漢字を書きましょう。

★あなたが漢字をおぼえやすい言葉を考えて書きましょう。（上と同じでもよい。）

❶ 漢字つけたし・かんせいクイズ

★四つのますの漢字を▼なぞって、▼つけたして、それぞれのますをかんせいさせましょう。

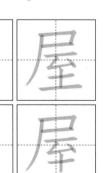

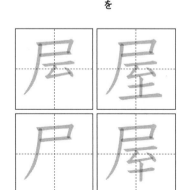

❷ 読み方クイズ

★声に出して一回読んでから、□にあう読み方を書きましょう。

や
屋根
↓
屋根□
↓
屋根□

❸ 漢字を書こう

★□に漢字を書きましょう。下の□には、上の文を書きましょう。

□（や）根（ね）にのぼる。

リマインド

日にち

★一週間後の日にちを書いてチャレンジしましょう。

はらう　とめる

★この漢字をおぼえた言葉を書きましょう。

日にち ／

言葉や絵でおぼえよう

★次の言葉を言いながら上の漢字をなぞりましょう。

温

シ、日、たて、たて、かく、たて、たて、よこ

温度をはかる。

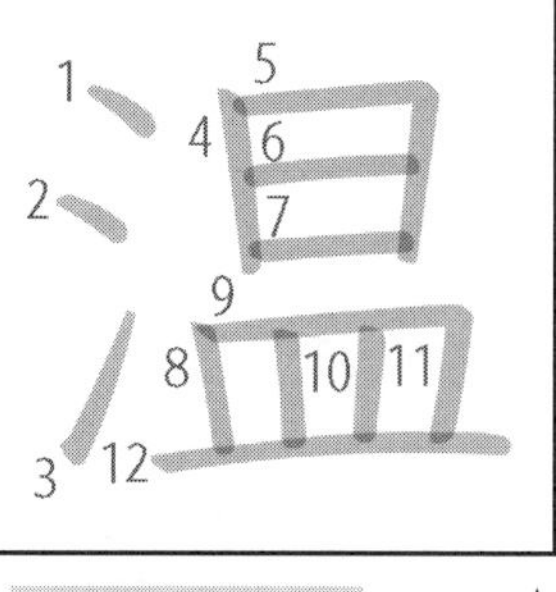

★上の絵を見ながら、左に漢字を書きましょう。

名前

★あなたが漢字をおぼえやすい言葉を考えて書きましょう。（上と同じでもよい。）

❶ 漢字つけたし・かんせいクイズ

★四つのますの漢字を
▼なぞって、
▼つけたして、
それぞれのますをかんせいさせましょう。

❷ 読み方クイズ

★声に出して一回読んでから、□にあう読み方を書きましょう。

おん
温度
↓
お□
温度
↓
□□
温度

❸ 漢字を書こう

★□に漢字を書きましょう。下の□には、上の文を書きましょう。

おん
□度をはかる。

リマインド

★一週間後の日にちを書いてチャレンジしましょう。

日にち ／

温

出す

★この漢字をおぼえた言葉を書きましょう。

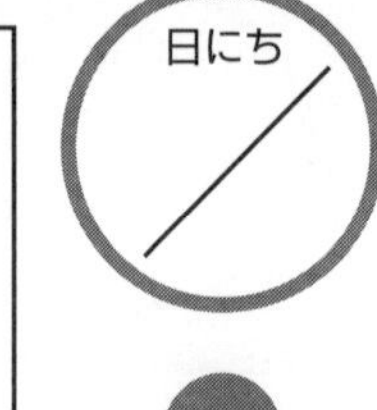

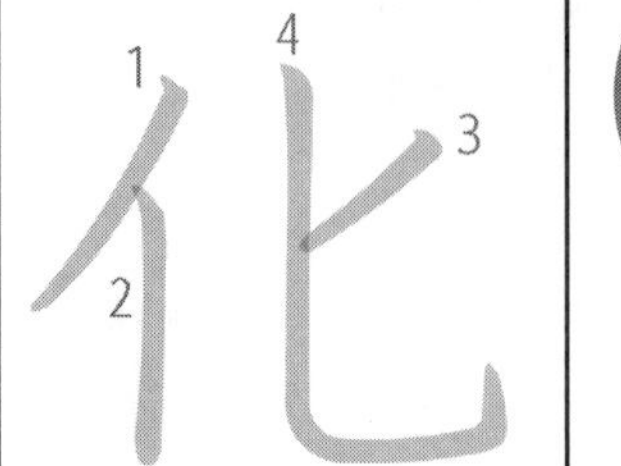

言葉や絵でおぼえよう

★次の言葉を言いながら上の漢字をなぞりましょう。

イ、ノ、ヒはね

化石をほる。

★上の絵を見ながら、左に漢字を書きましょう。

名前

★あなたが漢字をおぼえやすい言葉を考えて書きましょう。（上と同じでもよい。）

❶ 漢字つけたし・かんせいクイズ

★四つのますの漢字を▼なぞって、▼つけたして、それぞれのますをかんせいさせましょう。

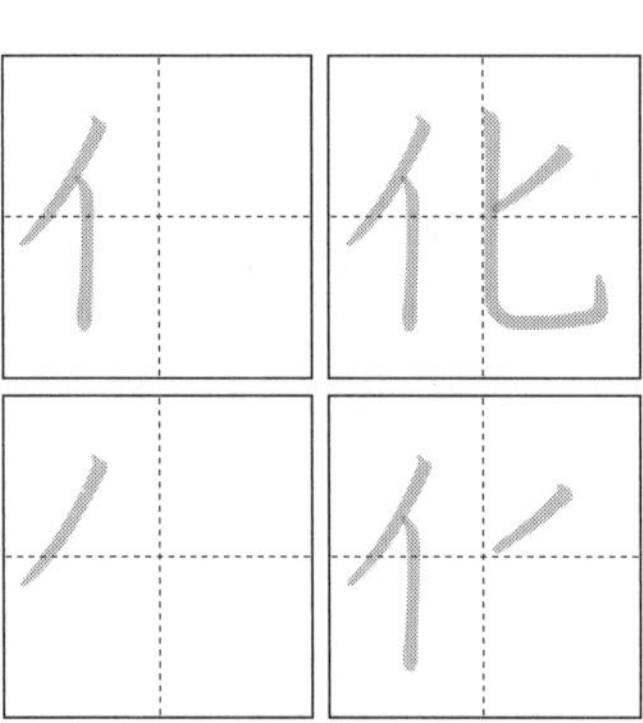

❷ 読み方クイズ

★声に出して一回読んでから、□にあう読み方を書きましょう。

化石（か）
↓
化□石
↓
化□石

❸ 漢字を書こう

★□に漢字を書きましょう。下の□には、上の文を書きましょう。

□（か）石（せき）をほる。

日にち

リマインド

★一週間後の日にちを書いてチャレンジしましょう。

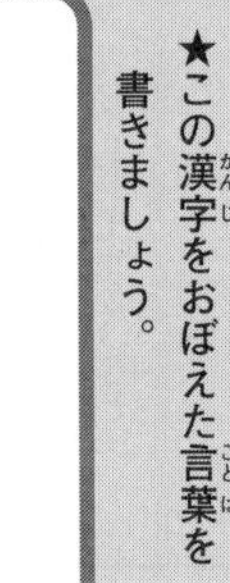

★この漢字をおぼえた言葉を書きましょう。

日にち　／

名前

言葉や絵でおぼえよう

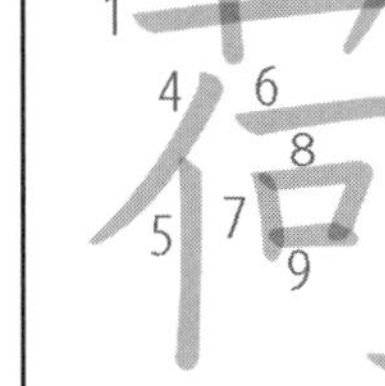

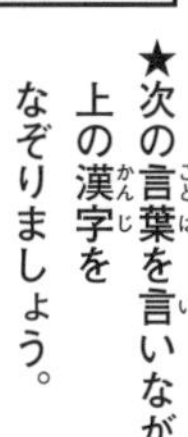

★次の言葉を言いながら上の漢字をなぞりましょう。

よこ、たて、たて、何

荷物がとどく。

★上の絵を見ながら、左に漢字を書きましょう。

★あなたが漢字をおぼえやすい言葉を考えて書きましょう。（上と同じでもよい。）

❶ 漢字つけたし・かんせいクイズ

★四つのますの漢字を
▼なぞって、
▼つけたして、
それぞれのますをかんせいさせましょう。

❷ 読み方クイズ

★声に出して一回読んでから、□にあう読み方を書きましょう。

荷物　に

↓

荷物　□

↓

荷物　□

❸ 漢字を書こう

★□に漢字を書きましょう。下の□には、上の文を書きましょう。

□に物がとどく。

リマインド

日にち　／

★一週間後の日にちを書いてチャレンジしましょう。

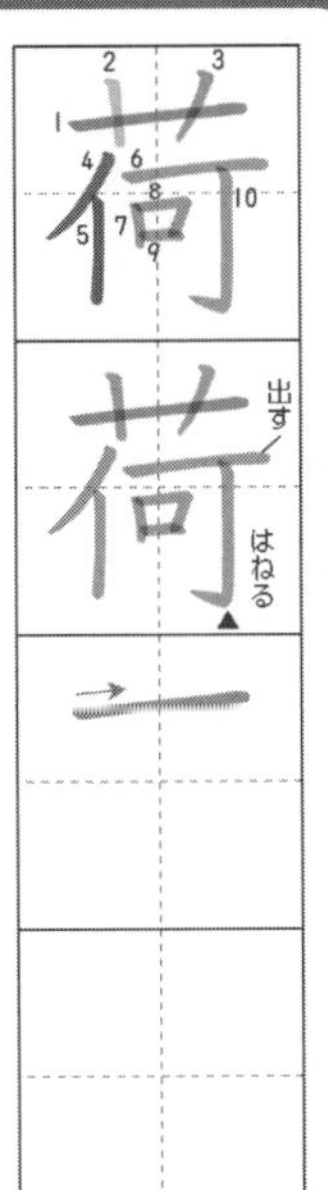

★この漢字をおぼえた言葉を書きましょう。

言葉や絵でおぼえよう

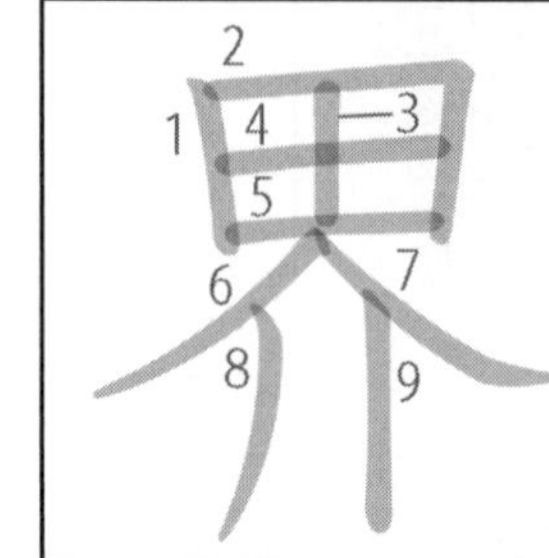

★次の言葉を言いながら上の漢字をなぞりましょう。

田、はらい、はらい、はらい、
たてはらい、たて

世界地図（せかいちず）

★上の絵を見ながら、左に漢字を書きましょう。

名前

★あなたが漢字をおぼえやすい言葉を考えて書きましょう。（上と同じでもよい。）

❶ 漢字つけたし・かんせいクイズ

★四つのますの漢字を
▼なぞって、
▼つけたして、
それぞれのますをかんせいさせましょう。

❷ 読み方クイズ

★声に出して一回読んでから、□にあう読み方を書きましょう。

世界（かい）
↓
世界（か□）
↓
世界（□□）

❸ 漢字を書こう

★□に漢字を書きましょう。下の□には、上の文を書きましょう。

世（せ）□（かい）地図

リマインド

日にち

★一週間後の日にちを書いてチャレンジしましょう。

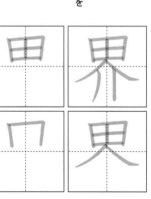

はらう
はらう
とめる

★この漢字をおぼえた言葉を書きましょう。

日にち　／

言葉や絵でおぼえよう

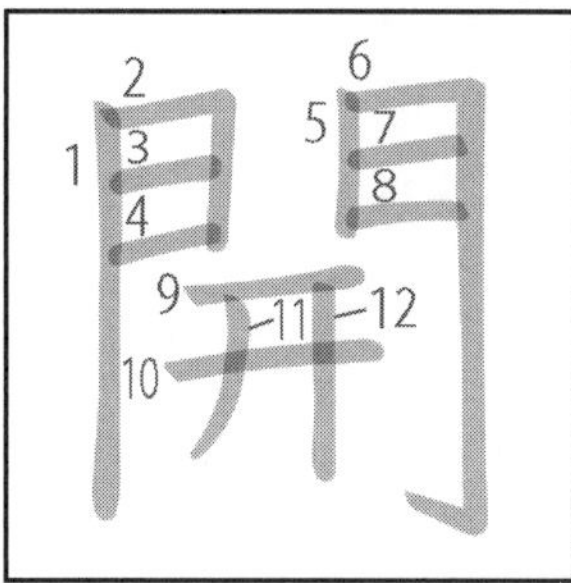

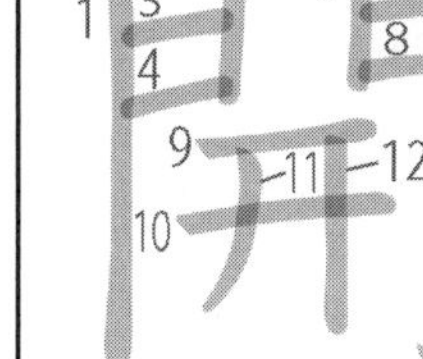

★次の言葉を言いながら上の漢字をなぞりましょう。

門に、とりい

名前

★あなたが漢字をおぼえやすい言葉を考えて書きましょう。（上と同じでもよい。）

とびらを開く。

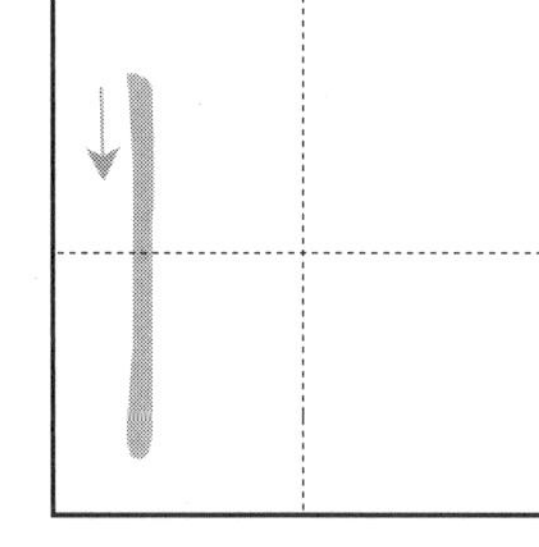

★上の絵を見ながら、左に漢字を書きましょう。

❶ 漢字つけたし・かんせいクイズ

★四つのますの漢字を
▼なぞって、
▼つけたして、
それぞれのますをかんせいさせましょう。

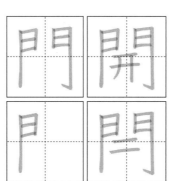

❷ 読み方クイズ

★声に出して一回読んでから、□にあう読み方を書きましょう。

開く（ひら）→ 開く（ひ□）→ 開く（□□）

❸ 漢字を書こう

★□に漢字を書きましょう。下の□には、上の文を書きましょう。

とびらを□（ひら）く。

リマインド

日にち　／

★一週間後の日にちを書いてチャレンジしましょう。

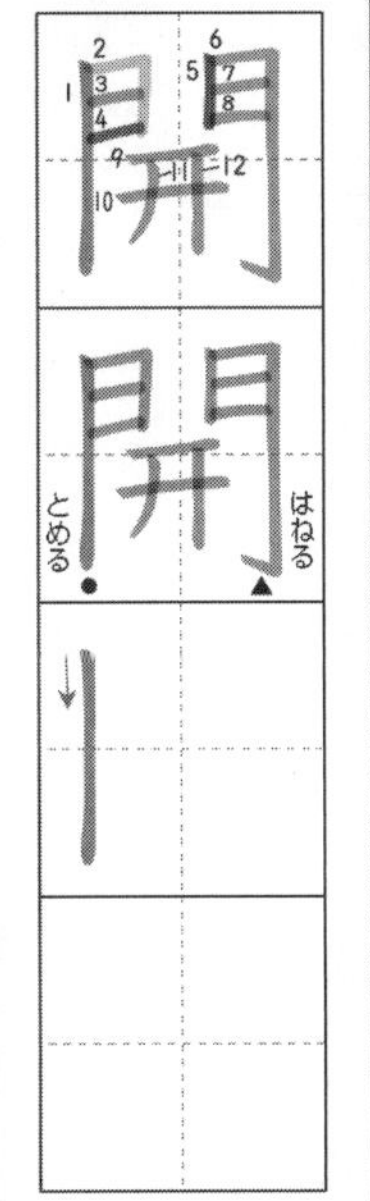

とめる　はねる

★この漢字をおぼえた言葉を書きましょう。

日にち　／

言葉や絵でおぼえよう

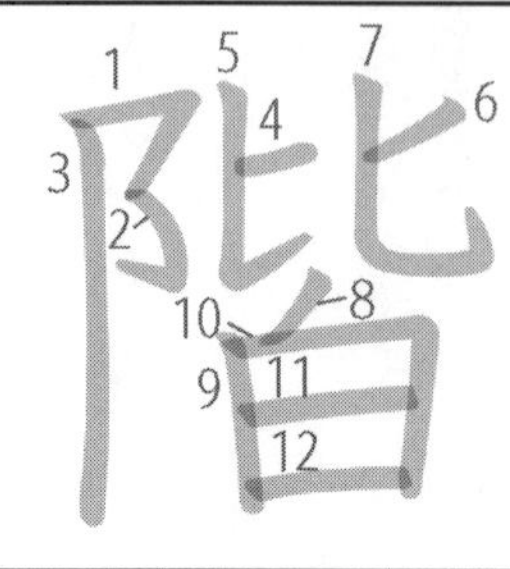

★次の言葉を言いながら上の漢字をなぞりましょう。

こざとへんに、ヒ、ヒ、白

階だんをのぼる。

★上の絵を見ながら、左に漢字を書きましょう。

名前

★あなたが漢字をおぼえやすい言葉を考えて書きましょう。（上と同じでもよい。）

❶ 漢字つけたし・かんせいクイズ

★四つのますの漢字を
▼なぞって、
▼つけたして、
それぞれのますをかんせいさせましょう。

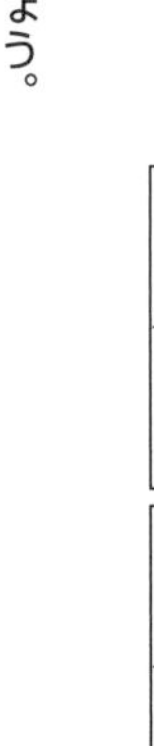

❷ 読み方クイズ

★声に出して一回読んでから、□にあう読み方を書きましょう。

かい
階だん

↓

か□
階だん

↓

□□
階だん

❸ 漢字を書こう

★□に漢字を書きましょう。下の□には、上の文を書きましょう。

□（かい）だんをのぼる。

□

リマインド

日にち　／

★一週間後の日にちを書いてチャレンジしましょう。

階　はねる　はねる

★この漢字をおぼえた言葉を書きましょう。

日にち　／

言葉や絵でおぼえよう

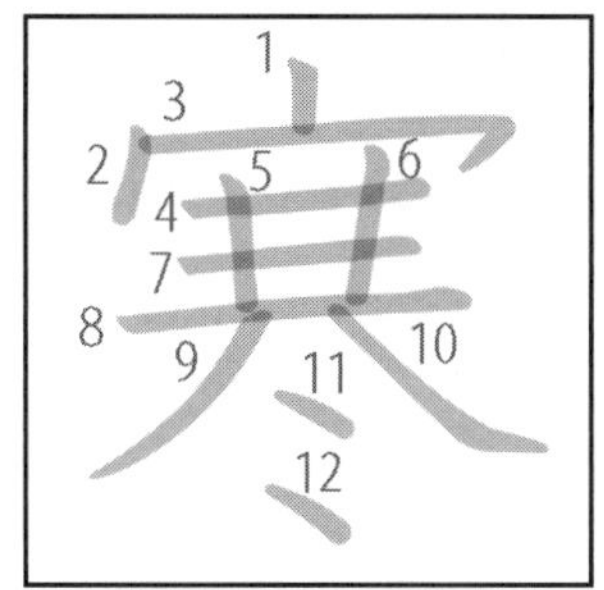

★次の言葉を言いながら上の漢字をなぞりましょう。

うかんむり、よこ、たて二つ、よこ二つ、はらい、はらい、てん、てん

寒くなる

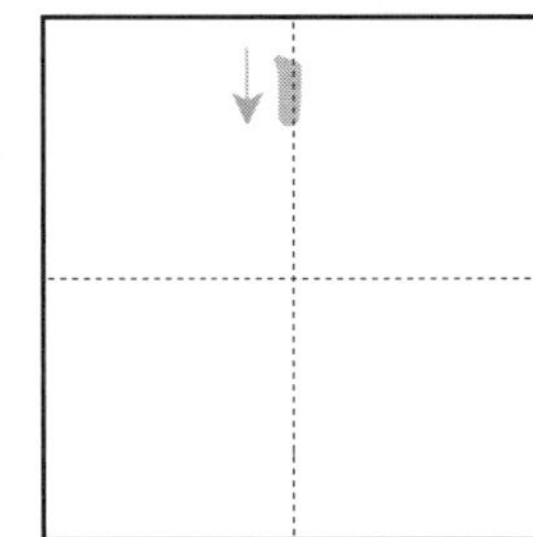

★上の絵を見ながら、左に漢字を書きましょう。

名前

★あなたが漢字をおぼえやすい言葉を考えて書きましょう。（上と同じでもよい。）

❶ 漢字つけたし・かんせいクイズ

★四つのますの漢字を
▼なぞって、
▼つけたして、
それぞれのますをかんせいさせましょう。

❷ 読み方クイズ

★声に出して一回読んでから、□にあう読み方を書きましょう。

寒い（さむ）→寒い（さ□）→寒い（□□）

❸ 漢字を書こう

★□に漢字を書きましょう。下の□には、上の文を書きましょう。

□（さむ）くなる

リマインド

日にち　／

★一週間後の日にちを書いてチャレンジしましょう。

はらう　はらう

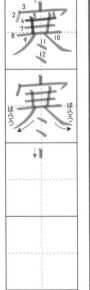

★この漢字をおぼえた言葉を書きましょう。

日にち

名前

言葉(ことば)や絵でおぼえよう

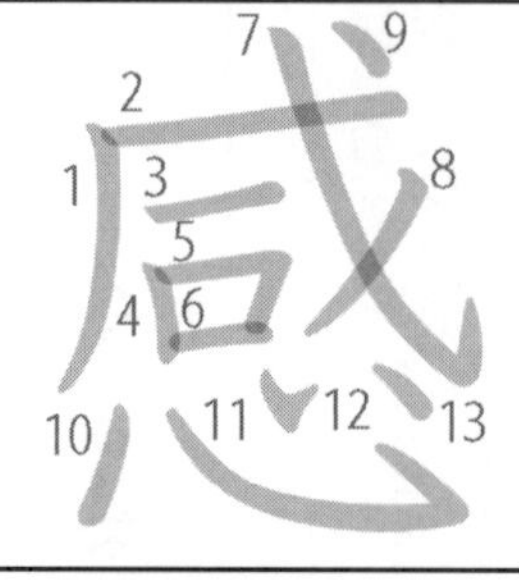

★次の言葉(ことば)を言(い)いながら上の漢字(かんじ)をなぞりましょう。

ななめ、よこ、よこ、ロ、つりばり、ななめ、てん、心

★あなたが漢字(かんじ)をおぼえやすい言葉(ことば)を考えて書きましょう。（上と同じでもよい。）

あつく感(かん)じる。

★上の絵を見ながら、左に漢字(かんじ)を書きましょう。

❶ 漢字(かんじ)つけたし・かんせいクイズ

★四つのますの漢字(かんじ)を
▼なぞって、
▼つけたして、
それぞれのますをかんせいさせましょう。

❷ 読み方クイズ

★声に出して一回読んでから、□にあう読み方を書きましょう。

感(かん)じる → 感(か□)じる → 感(□□)じる

❸ 漢字(かんじ)を書こう

★□に漢字(かんじ)を書きましょう。下の□には、上の文を書きましょう。

あつく□(かん)じる。

リマインド

日にち

★一週間後の日にちを書いてチャレンジしましょう。

感 はねる

★この漢字(かんじ)をおぼえた言葉(ことば)を書きましょう。

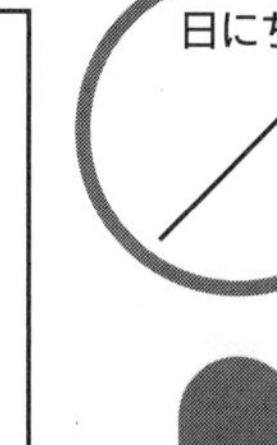

言葉や絵でおぼえよう

漢

★次の言葉を言いながら上の漢字をなぞりましょう。

シ、よこ、たて、たて、ロ、よこ、よこ、よこ、人

漢字を読む。

★上の絵を見ながら、左に漢字を書きましょう。

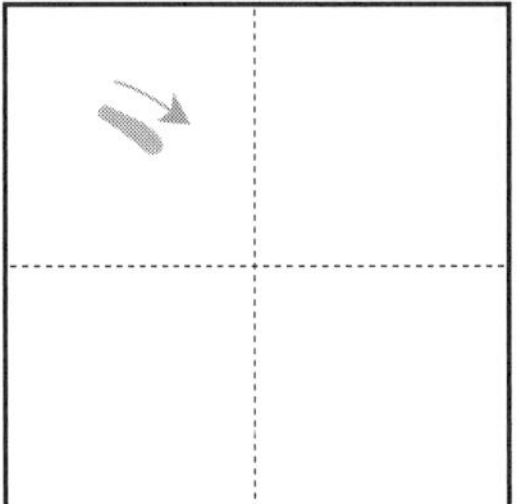

名前

★あなたが漢字をおぼえやすい言葉を考えて書きましょう。（上と同じでもよい。）

❶ 漢字つけたし・かんせいクイズ

★四つのますの漢字を
▼なぞって、
▼つけたして、
それぞれのますをかんせいさせましょう。

❷ 読み方クイズ

★声に出して一回読んでから、□にあう読み方を書きましょう。

漢字（かん）
↓
漢字（か□）
↓
漢字（□□）

❸ 漢字を書こう

★□に漢字を書きましょう。下の□には、上の文を書きましょう。

□（かん）字を読む。

リマインド

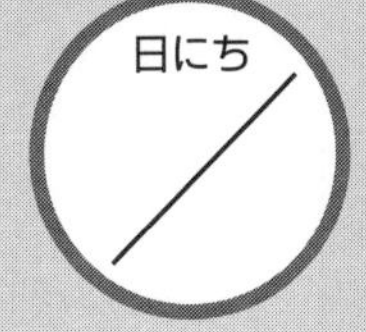

★一週間後の日にちを書いてチャレンジしましょう。

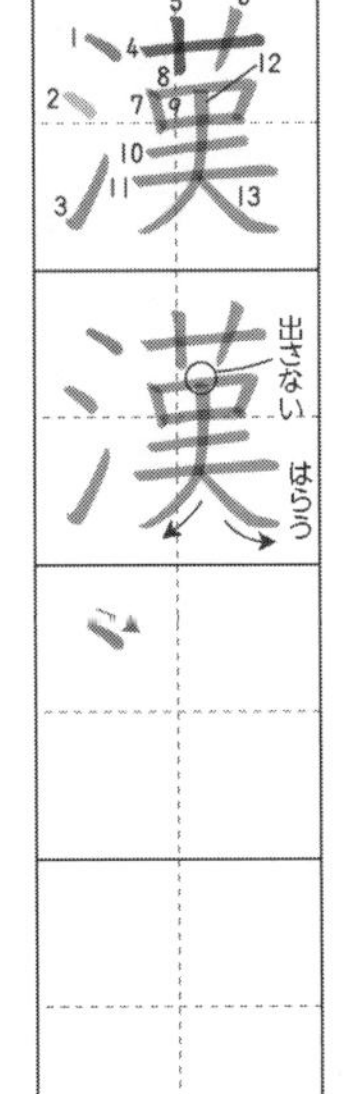

★この漢字をおぼえた言葉を書きましょう。

名前

言葉や絵でおぼえよう

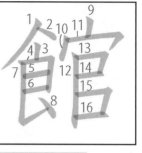

★次の言葉を言いながら上の漢字をなぞりましょう。

食べる、うかんむり、たて、コ、コ

★あなたが漢字をおぼえやすい言葉を考えて書きましょう。（上と同じでもよい。）

洋館（ようかん）のたてもの。

★上の絵を見ながら、左に漢字を書きましょう。

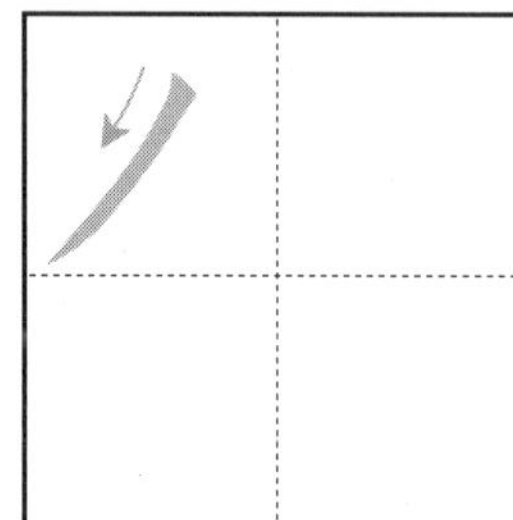

❶ 漢字つけたし・かんせいクイズ

★四つのますの漢字を
▼なぞって、
▼つけたして、
それぞれのますをかんせいさせましょう。

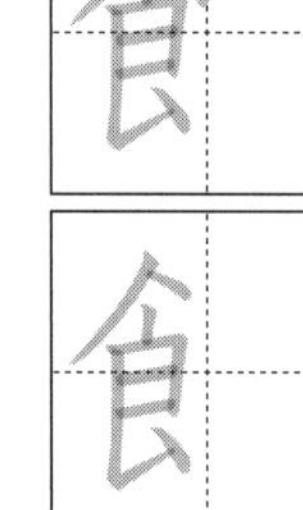

❷ 読み方クイズ

★声に出して一回読んでから、□にあう読み方を書きましょう。

洋館（かん）
↓
洋館（か□）
↓
洋館（□□）

❸ 漢字を書こう

★□に漢字を書きましょう。下の□には、上の文を書きましょう。

洋（よう）□（かん）のたてもの。

□

リマインド

日にち

★一週間後の日にちを書いてチャレンジしましょう。

★この漢字をおぼえた言葉を書きましょう。

日にち

名前

言葉や絵でおぼえよう

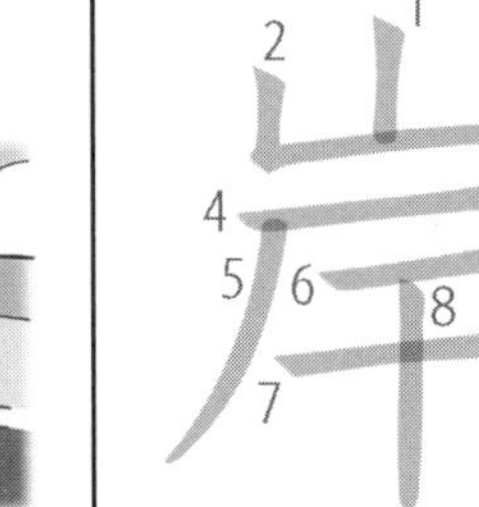

★次の言葉を言いながら上の漢字をなぞりましょう。

山、よこ、ななめ、一に、十

★あなたが漢字をおぼえやすい言葉を考えて書きましょう。（上と同じでもよい。）

海岸（かいがん）を歩く。

★上の絵を見ながら、左に漢字を書きましょう。

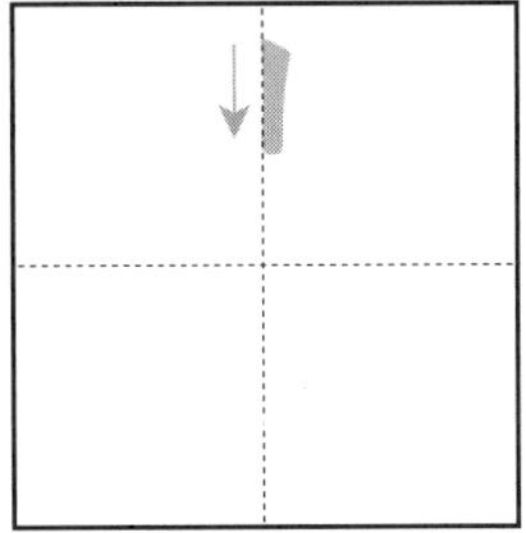

❶ 漢字つけたし・かんせいクイズ

★四つのますの漢字を
▼なぞって、
▼つけたして、
それぞれのますをかんせいさせましょう。

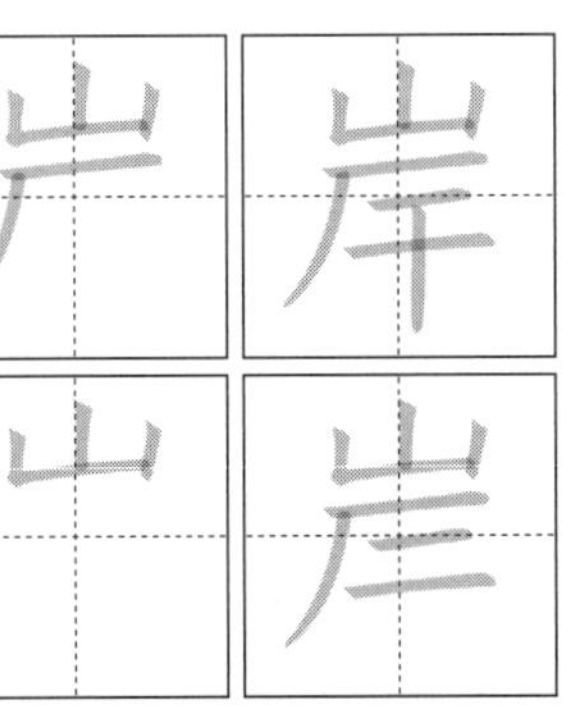

❷ 読み方クイズ

★声に出して一回読んでから、□にあう読み方を書きましょう。

海岸（がん）
↓
海岸（が□）
↓
海岸（□□）

❸ 漢字を書こう

★□に漢字を書きましょう。下の□には、上の文を書きましょう。

海（かい）□（がん）を歩く。

□

リマインド

日にち

★一週間後の日にちを書いてチャレンジしましょう。

少し長く
はらう

★この漢字をおぼえた言葉を書きましょう。

日にち

名前

言葉（ことば）や絵でおぼえよう

★次の言葉（ことば）を言（い）いながら上の漢字（かんじ）をなぞりましょう。

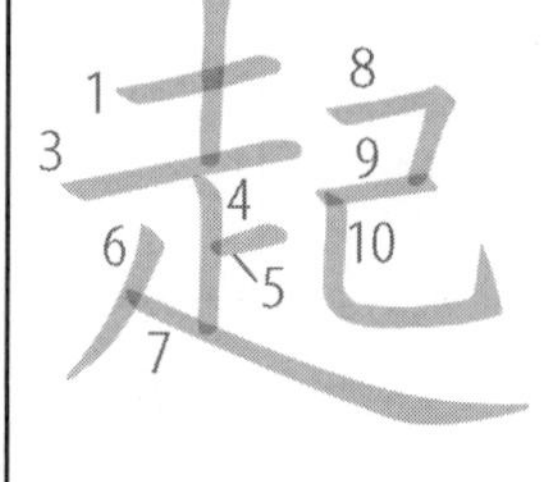

走るを長く、かく、よこ、たてかくはね

★あなたが漢字（かんじ）をおぼえやすい言葉（ことば）を考えて書きましょう。（上と同じでもよい。）

朝、起（お）きる。

★上の絵を見ながら、左に漢字（かんじ）を書きましょう。

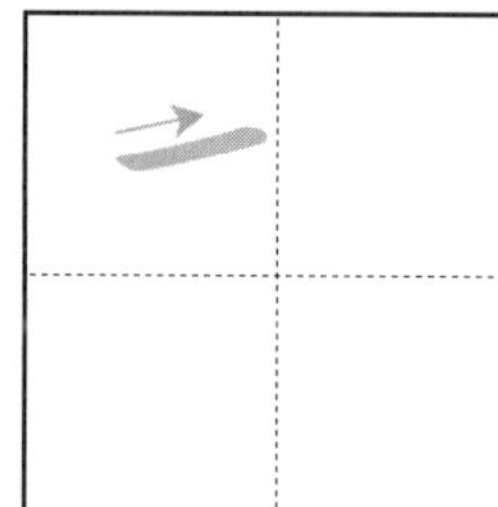

❶ 漢字（かんじ）つけたし・かんせいクイズ

★四つのますの漢字（かんじ）を
▼なぞって、
▼つけたして、
それぞれのますをかんせいさせましょう。

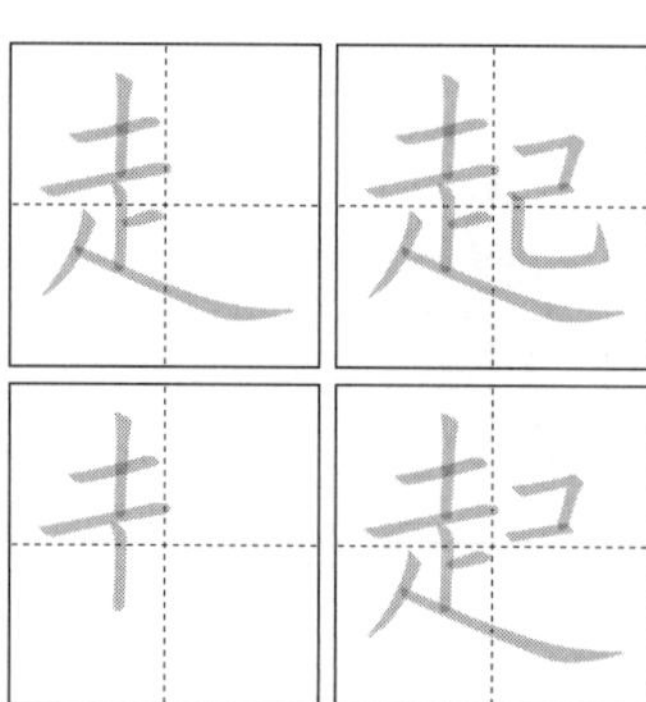

❷ 読み方クイズ

★声に出して一回読んでから、□にあう読み方を書きましょう。

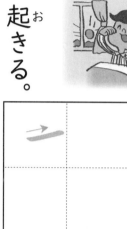

起（お）きる
↓
起（□）きる
↓
起（□）きる

❸ 漢字（かんじ）を書こう

★□に漢字（かんじ）を書きましょう。下の□には、上の文を書きましょう。

朝、□（お）きる。

リマインド

日にち

★一週間後の日にちを書いてチャレンジしましょう。

はねる
はらう

★この漢字（かんじ）をおぼえた言葉（ことば）を書きましょう。

言葉や絵でおぼえよう

名前

★次の言葉を言いながら上の漢字をなぞりましょう。

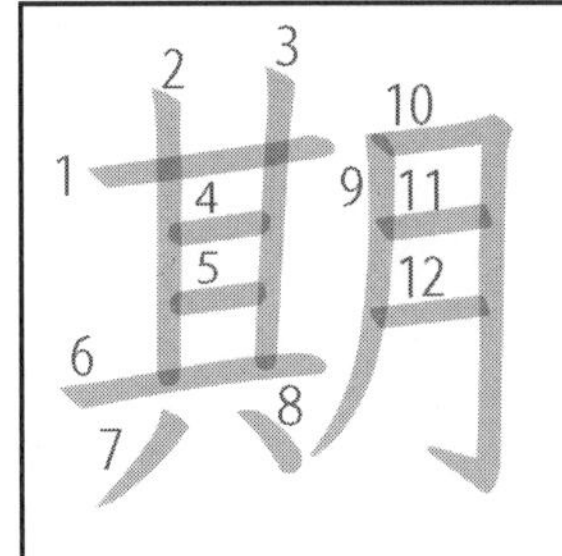

よこ、たて、たて、三、八、月

★あなたが漢字をおぼえやすい言葉を考えて書きましょう。（上と同じでもよい。）

一学期のせいせき。

★上の絵を見ながら、左に漢字を書きましょう。

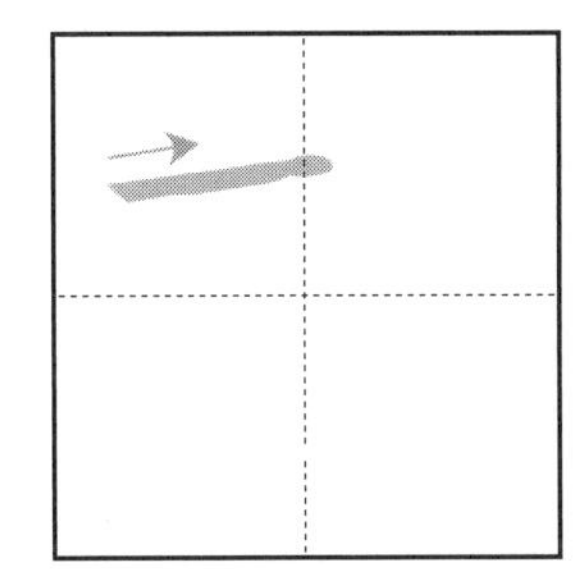

❶ 漢字つけたし・かんせいクイズ

★四つのますの漢字を
▼なぞって、
▼つけたして、
それぞれのますをかんせいさせましょう。

其　期　甘　朞

❷ 読み方クイズ

★声に出して一回読んでから、□にあう読み方を書きましょう。

一学期　き
↓
一学期□
↓
一学期□

❸ 漢字を書こう

★□に漢字を書きましょう。下の□には、上の文を書きましょう。

一学□のせいせき。

リマインド

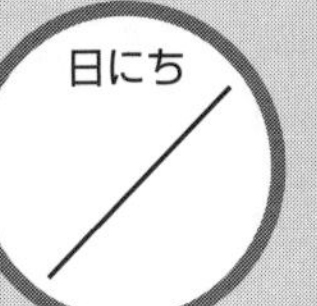

★一週間後の日にちを書いてチャレンジしましょう。

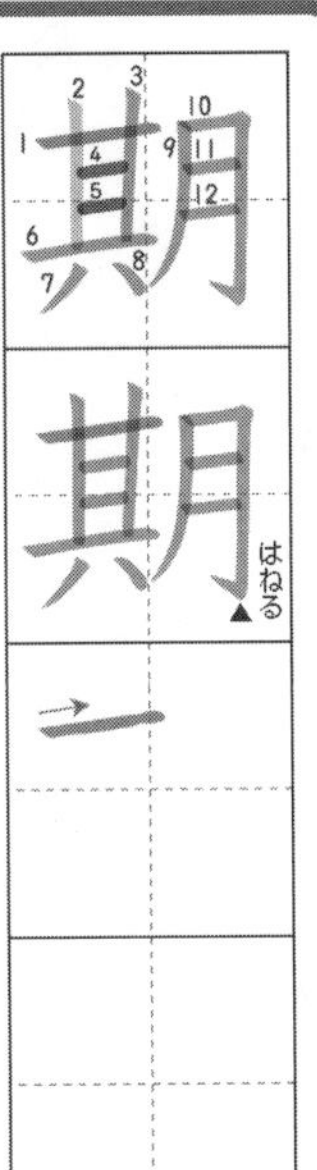

★この漢字をおぼえた言葉を書きましょう。

言葉や絵でおぼえよう

★次の言葉を言いながら上の漢字をなぞりましょう。

うかんむりに、ク、右
はらい、口

客（きゃく）がくる。

★上の絵を見ながら、左に漢字を書きましょう。

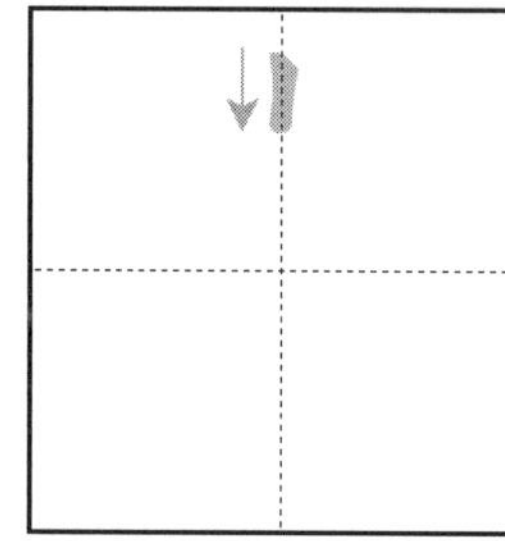

名前

★あなたが漢字をおぼえやすい言葉を考えて書きましょう。（上と同じでもよい。）

❶ 漢字つけたし・かんせいクイズ

★四つのますの漢字を▼なぞって、▼つけたして、それぞれのますをかんせいさせましょう。

❷ 読み方クイズ

★声に出して一回読んでから、□にあう読み方を書きましょう。

客（きゃく）
↓
客（き□□）
↓
客（□□□）

❸ 漢字を書こう

★□に漢字を書きましょう。下の□には、上の文を書きましょう。

□（きゃく）がくる。

リマインド

★一週間後の日にちを書いてチャレンジしましょう。

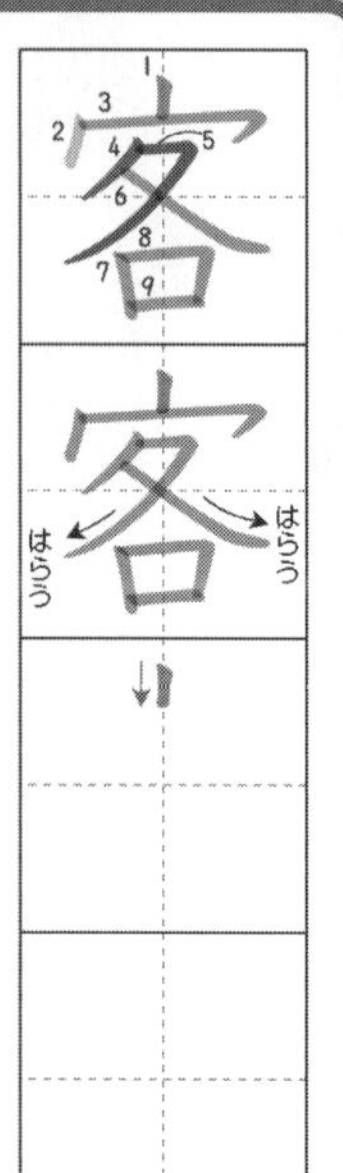

★この漢字をおぼえた言葉を書きましょう。

日にち

言葉や絵でおぼえよう

究

★次の言葉を言いながら上の漢字をなぞりましょう。

うかんむりに、ル、九

研究をする。

★上の絵を見ながら、左に漢字を書きましょう。

名前

★あなたが漢字をおぼえやすい言葉を考えて書きましょう。（上と同じでもよい。）

❶ 漢字つけたし・かんせいクイズ

★四つのますの漢字を
▼なぞって、
▼つけたして、
それぞれのますをかんせいさせましょう。

❷ 読み方クイズ

★声に出して一回読んでから、□にあう読み方を書きましょう。

研究　きゅう
↓
研究　き□□
↓
研究　□□□

❸ 漢字を書こう

★□に漢字を書きましょう。下の□には、上の文を書きましょう。

研（けん）□（きゅう）をする。

リマインド

★一週間後の日にちを書いてチャレンジしましょう。

日にち

究　はねる

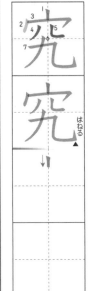

★この漢字をおぼえた言葉を書きましょう。

日にち

名前

言葉や絵でおぼえよう

★次の言葉を言いながら上の漢字をなぞりましょう。

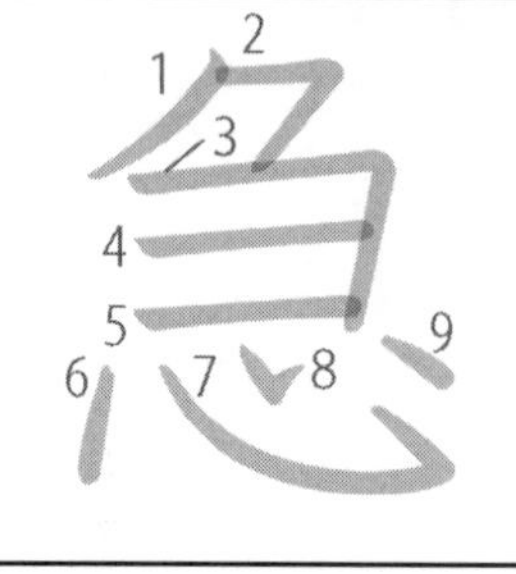

ク、ヨ、心

★上の絵を見ながら、左に漢字を書きましょう。

急用ができる。

★あなたが漢字をおぼえやすい言葉を考えて書きましょう。（上と同じでもよい。）

❶ 漢字つけたし・かんせいクイズ

★四つのますの漢字を
▼なぞって、
▼つけたして、
それぞれのますをかんせいさせましょう。

❷ 読み方クイズ

★声に出して一回読んでから、□にあう読み方を書きましょう。

急用（きゅう）→ 急用（き□□）→ 急用（□□□）

❸ 漢字を書こう

★□に漢字を書きましょう。下の□には、上の文を書きましょう。

□（きゅう）用ができる。

リマインド

日にち

★一週間後の日にちを書いてチャレンジしましょう。

急　出さない　はねる

★この漢字をおぼえた言葉を書きましょう。

日にち

言葉や絵でおぼえよう

級

1 2 3 4 5 6 7 8 9

★次の言葉を言いながら上の漢字をなぞりましょう。

糸、ななめ、かくかくはらい、右はらい

★あなたが漢字をおぼえやすい言葉を考えて書きましょう。（上と同じでもよい。）

名前

一級になる。

★上の絵を見ながら、左に漢字を書きましょう。

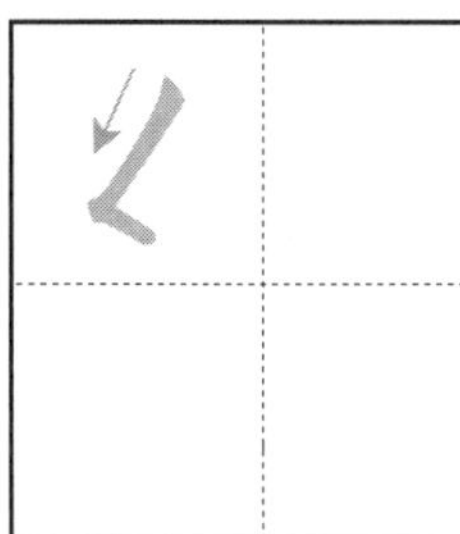

❶ 漢字つけたし・かんせいクイズ

★四つのますの漢字を
▼なぞって、
▼つけたして、
それぞれのますをかんせいさせましょう。

級 糸 級 幺

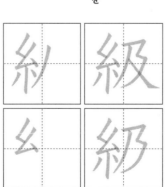

❷ 読み方クイズ

★声に出して一回読んでから、□にあう読み方を書きましょう。

一級（きゅう）→ 一級（き□□）→ 一級（□□□）

❸ 漢字を書こう

★□に漢字を書きましょう。下の□には、上の文を書きましょう。

一（いっ）□（きゅう）になる。

日にち

リマインド

★一週間後の日にちを書いてチャレンジしましょう。

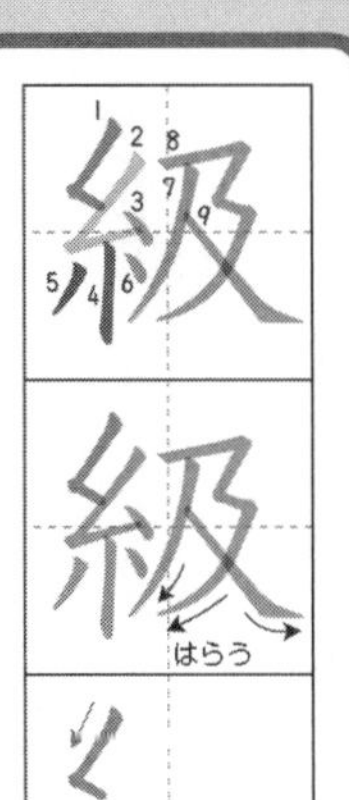

★この漢字をおぼえた言葉を書きましょう。

日にち

言葉や絵でおぼえよう

★次の言葉を言いながら上の漢字をなぞりましょう。

うかんむりに、口、ノ、口

お宮にまいる。

★上の絵を見ながら、左に漢字を書きましょう。

名前

★あなたが漢字をおぼえやすい言葉を考えて書きましょう。（上と同じでもよい。）

❶ 漢字つけたし・かんせいクイズ

★四つのますの漢字を
▼なぞって、
▼つけたして、
それぞれのますをかんせいさせましょう。

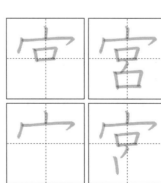

❷ 読み方クイズ

★声に出して一回読んでから、□にあう読み方を書きましょう。

お宮（みや）
↓
お宮（み□）
↓
お宮（□□）

❸ 漢字を書こう

★□に漢字を書きましょう。下の□には、上の文を書きましょう。

お□（みや）にまいる。

リマインド

日にち

★一週間後の日にちを書いてチャレンジしましょう。

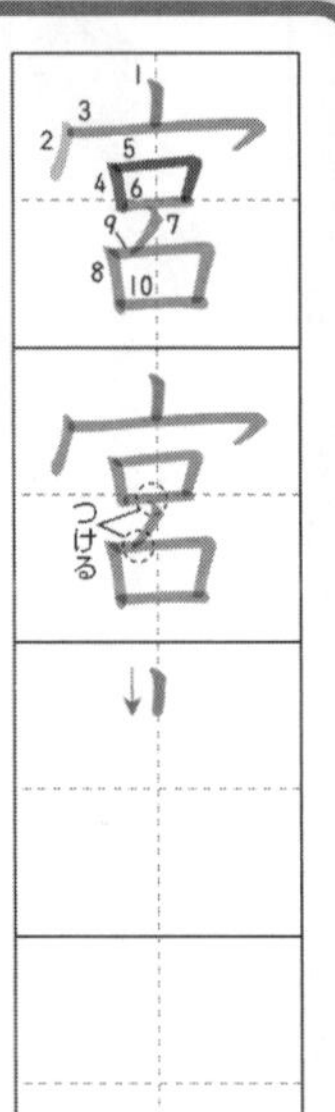

★この漢字をおぼえた言葉を書きましょう。

言葉や絵でおぼえよう

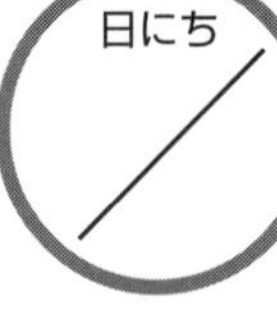

★次の言葉を言いながら上の漢字をなぞりましょう。

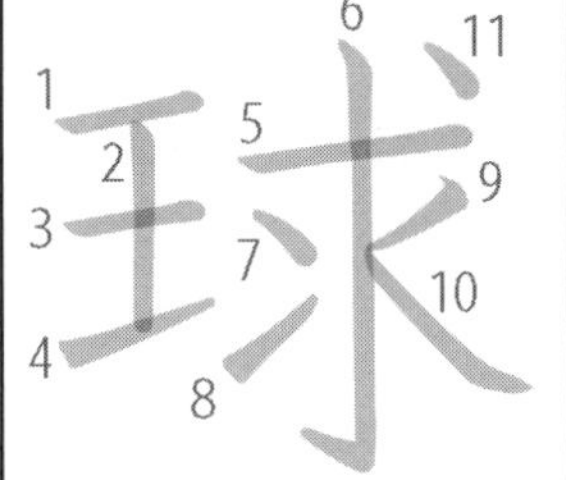

王、よこ、たてはね、ン、ノ、右はらい、てん

球ぎのボール。

★上の絵を見ながら、左に漢字を書きましょう。

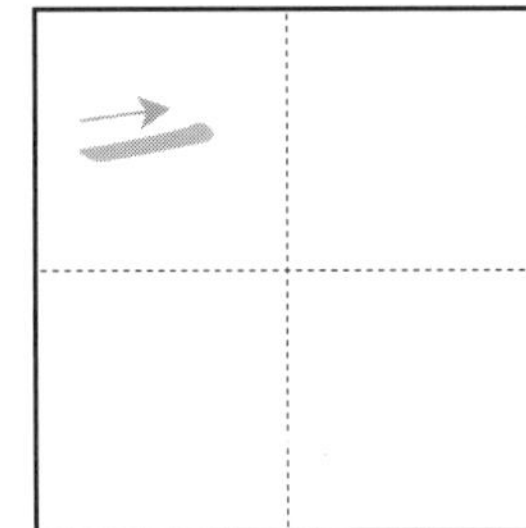

名前

★あなたが漢字をおぼえやすい言葉を考えて書きましょう。（上と同じでもよい。）

❶ 漢字つけたし・かんせいクイズ

★四つのますの漢字を▼なぞって、▼つけたして、それぞれのますをかんせいさせましょう。

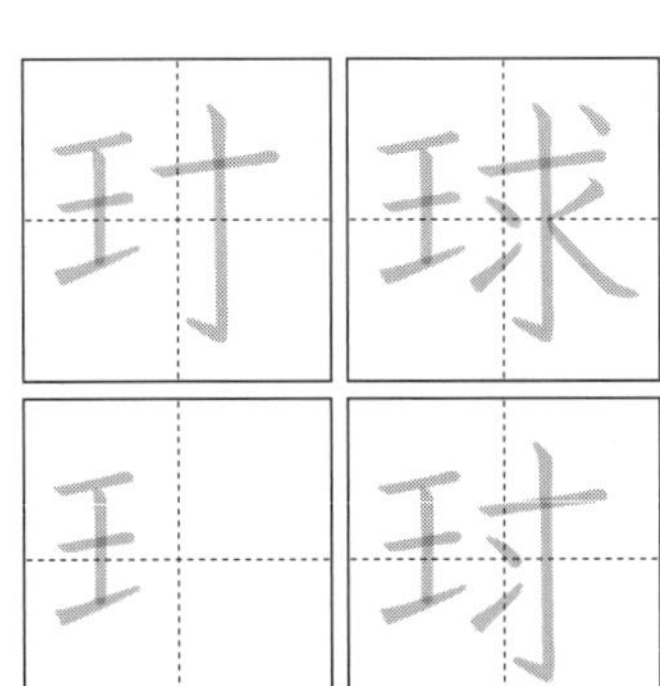

❷ 読み方クイズ

★声に出して一回読んでから、□にあう読み方を書きましょう。

きゅう
球ぎ
↓
き□□
球ぎ
↓
□□□
球ぎ

❸ 漢字を書こう

★□に漢字を書きましょう。下の□には、上の文を書きましょう。

きゅう
□ぎのボール。

リマインド

日にち

★一週間後の日にちを書いてチャレンジしましょう。

はらう
はねる

★この漢字をおぼえた言葉を書きましょう。

日にち　／

名前

言葉（ことば）や絵でおぼえよう

★次の言葉（ことば）を言（い）いながら上の漢字（かんじ）をなぞりましょう。

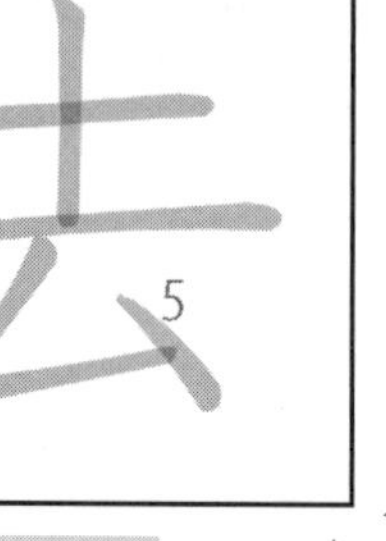

土に、ム

★あなたが漢字（かんじ）をおぼえやすい言葉（ことば）を考えて書きましょう。（上と同じでもよい。）

鳥（とり）が去（さ）る。

★上の絵を見ながら、左に漢字（かんじ）を書きましょう。

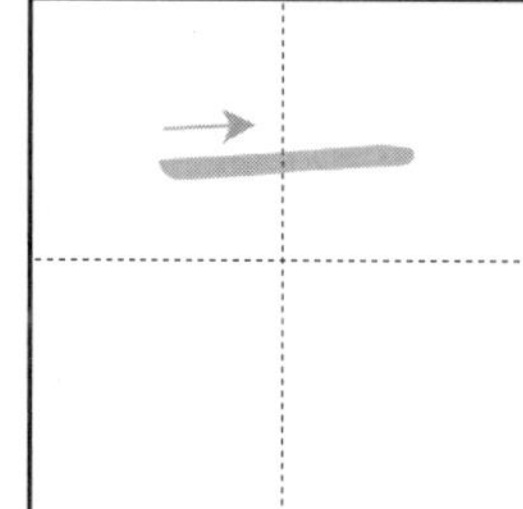

❶ 漢字（かんじ）つけたし・かんせいクイズ

★四つのますの漢字（かんじ）を
▼なぞって、
▼つけたして、
それぞれのますをかんせいさせましょう。

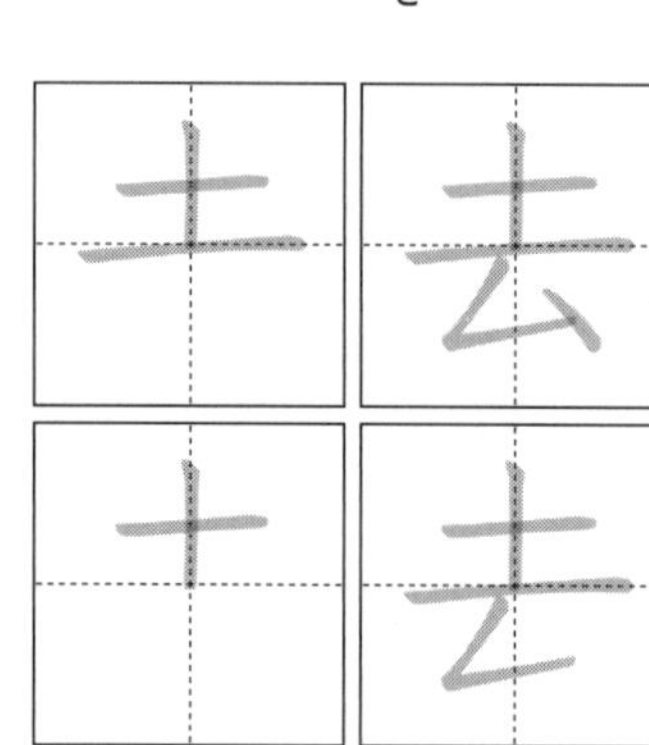

❷ 読み方クイズ

★声に出して一回読んでから、□にあう読み方を書きましょう。

さ
去る
↓
去□る
↓
去□る

❸ 漢字（かんじ）を書こう

★□に漢字（かんじ）を書きましょう。下の□には、上の文を書きましょう。

鳥（とり）が□（さ）る。

リマインド

日にち　／

★一週間後の日にちを書いてチャレンジしましょう。

1 2 3 4 5 去
長く
とめる

★この漢字（かんじ）をおぼえた言葉（ことば）を書きましょう。

言葉や絵でおぼえよう

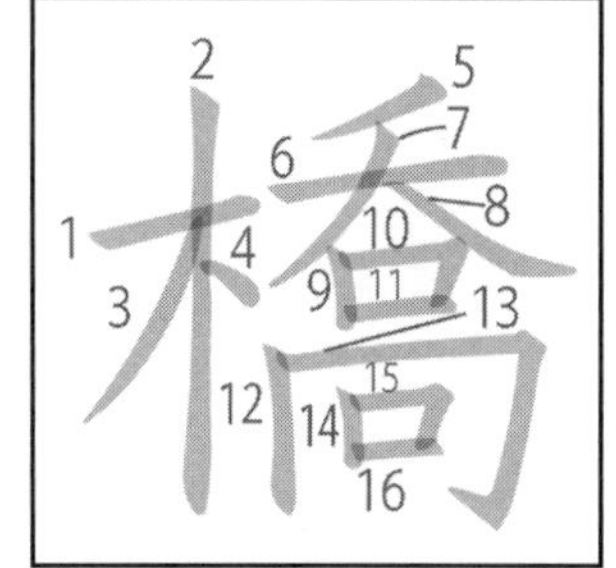
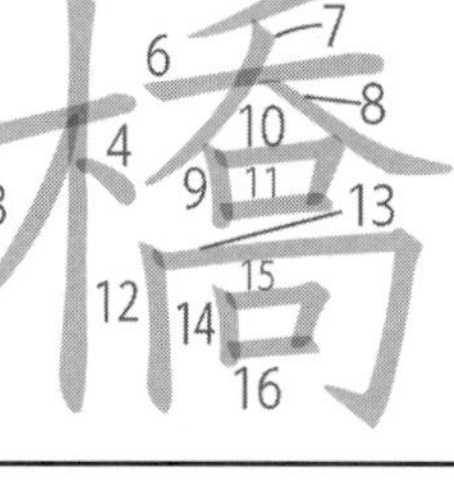

★次の言葉を言いながら上の漢字をなぞりましょう。

木、ノ、大、口、たて、かくはね、口

大きな橋。

★上の絵を見ながら、左に漢字を書きましょう。

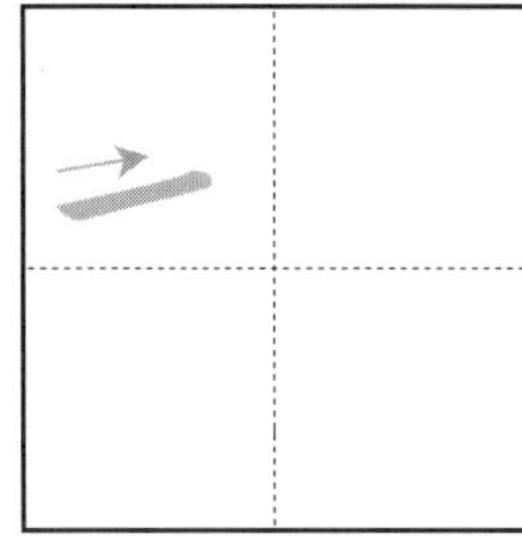

名前

★あなたが漢字をおぼえやすい言葉を考えて書きましょう。（上と同じでもよい。）

❶ 漢字つけたし・かんせいクイズ

★四つのますの漢字を
▼なぞって、
▼つけたして、
それぞれのますをかんせいさせましょう。

❷ 読み方クイズ

★声に出して一回読んでから、□にあう読み方を書きましょう。

橋（はし）
↓
橋（は□）
↓
橋（□□）

❸ 漢字を書こう

★□に漢字を書きましょう。下の□には、上の文を書きましょう。

大きな□（はし）。

リマインド

★一週間後の日にちを書いてチャレンジしましょう。

はらう
はねる

★この漢字をおぼえた言葉を書きましょう。

日にち ／

名前

言葉や絵でおぼえよう

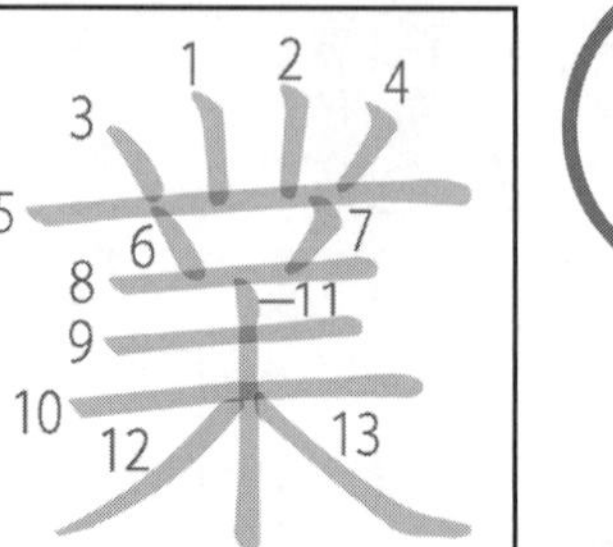

★次の言葉を言いながら上の漢字をなぞりましょう。

たて、たて、てん、てん、
よこ、てん、てん、三、
たて、はらい、はらい

じゅ業が始まる。

★上の絵を見ながら、左に漢字を書きましょう。

★あなたが漢字をおぼえやすい言葉を考えて書きましょう。（上と同じでもよい。）

❶ 漢字つけたし・かんせいクイズ

★四つのますの漢字を
▼なぞって、
▼つけたして、
それぞれのますをかんせいさせましょう。

❷ 読み方クイズ

★声に出して一回読んでから、□にあう読み方を書きましょう。

じゅ業（ぎょう）→じゅ業（ぎ□□）→じゅ業（□□□）

❸ 漢字を書こう

★□に漢字を書きましょう。下の□には、上の文を書きましょう。

じゅ□（ぎょう）が始まる。

リマインド

日にち ／

★一週間後の日にちを書いてチャレンジしましょう。

★この漢字をおぼえた言葉を書きましょう。

日にち

言葉や絵でおぼえよう

局

★次の言葉を言いながら
上の漢字を
なぞりましょう。

かく、よこ、ノ、かく
はね、口

ゆうびん局（きょく）

★上の絵を見ながら、
左に漢字を書きましょう。

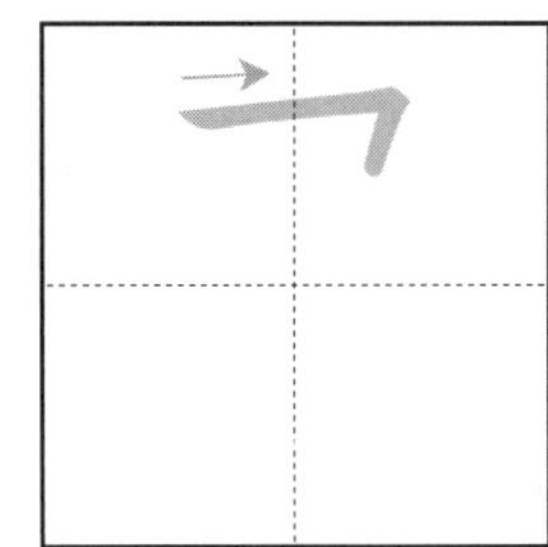

名前

★あなたが漢字をおぼえやすい言葉を
考えて書きましょう。（上と同じでもよい。）

❶ 漢字つけたし・かんせいクイズ

★四つのますの
漢字を
▼なぞって、
▼つけたして、
それぞれのますを
かんせい
させましょう。

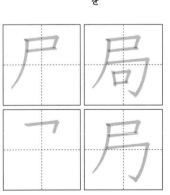

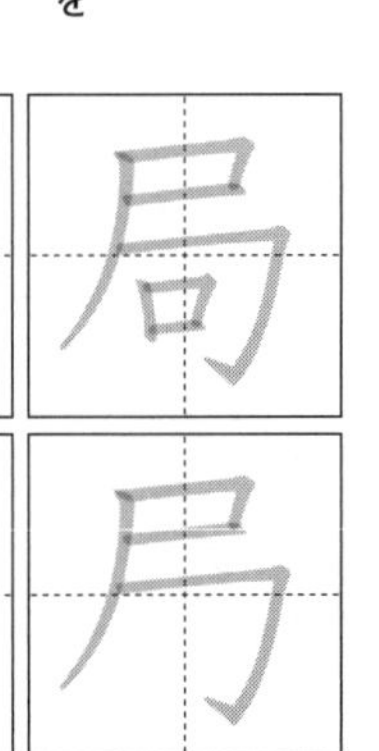

❷ 読み方クイズ

★声に出して一回読んでから、□にあう読み方を書きましょう。

局　きょく
↓
局　き□□
↓
局　□□□

❸ 漢字を書こう

★□に漢字を書きましょう。下の□には、上の文を書きましょう。

ゆうびん□（きょく）

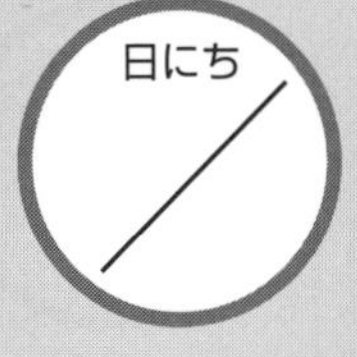

日にち

リマインド

★一週間後の日にちを書いてチャレンジしましょう。

局　はらう　はねる

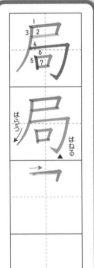

★この漢字をおぼえた言葉を書きましょう。

言葉や絵でおぼえよう

★次の言葉を言いながら上の漢字をなぞりましょう。

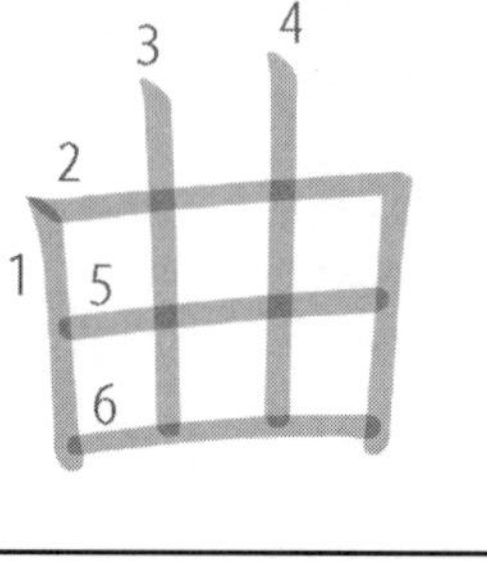

たて、かく、たて、たて、よこ、よこ

曲（ま）がった道

★上の絵を見ながら、左に漢字を書きましょう。

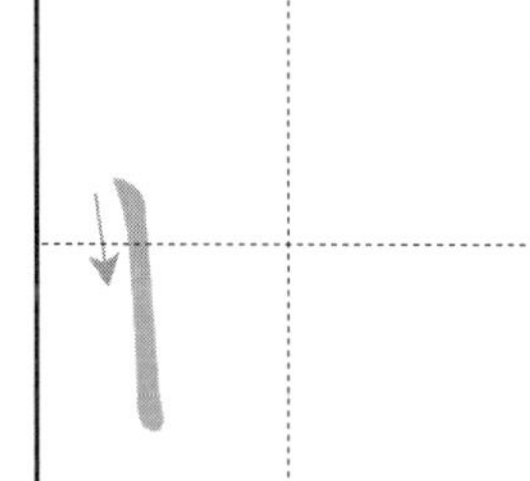

名前

★あなたが漢字をおぼえやすい言葉を考えて書きましょう。（上と同じでもよい。）

❶ 漢字つけたし・かんせいクイズ

★四つのますの漢字を
▼なぞって、
▼つけたして、
それぞれのますをかんせいさせましょう。

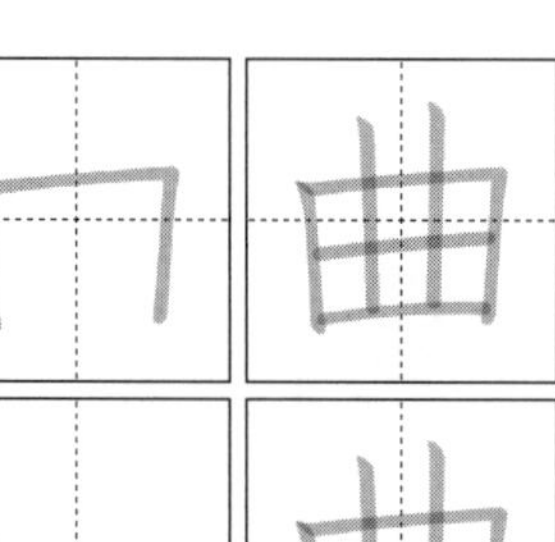

❷ 読み方クイズ

★声に出して一回読んでから、□にあう読み方を書きましょう。

曲（ま）がる
↓
曲□がる
↓
曲□がる

❸ 漢字を書こう

★□に漢字を書きましょう。下の□には、上の文を書きましょう。

□（ま）がった道

リマインド

★一週間後の日にちを書いてチャレンジしましょう。

★この漢字をおぼえた言葉を書きましょう。

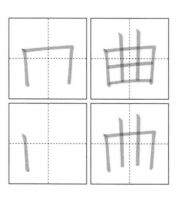

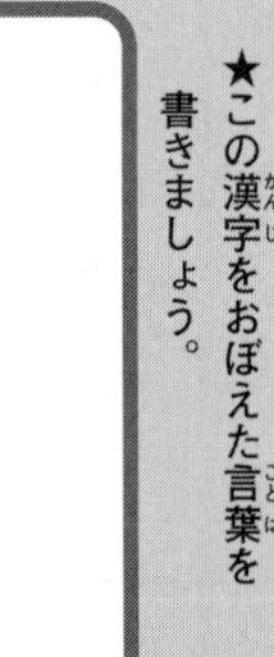

言葉や絵でおぼえよう

★次の言葉を言いながら上の漢字をなぞりましょう。

銀

1 2 3 4 5 6 7 8 9 10 11 12 13 14

金、かく、よこ、よこ、たて右はね、ノ、なな め

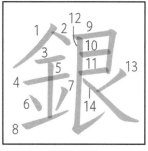

★上の絵を見ながら、左に漢字を書きましょう。

銀行に行く。

名前

★あなたが漢字をおぼえやすい言葉を考えて書きましょう。（上と同じでもよい。）

❶ 漢字つけたし・かんせいクイズ

★四つのますの漢字を
▼なぞって、
▼つけたして、
それぞれのますをかんせいさせましょう。

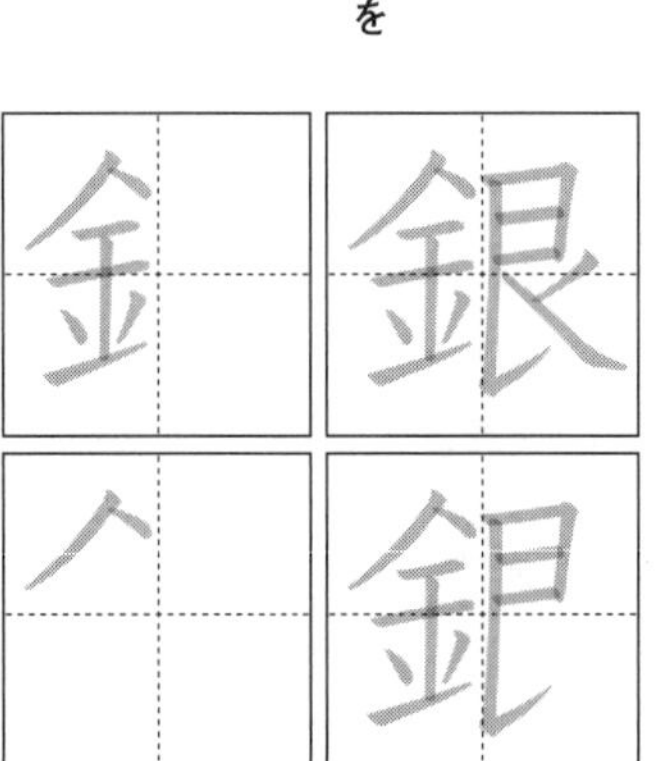

❷ 読み方クイズ

★声に出して一回読んでから、□にあう読み方を書きましょう。

ぎん 銀行 → ぎ□ 銀行 → □□ 銀行

❸ 漢字を書こう

★□に漢字を書きましょう。下の□には、上の文を書きましょう。

□（ぎん）行に行く。

リマインド

日にち

★一週間後の日にちを書いてチャレンジしましょう。

銀

はらう

★この漢字をおぼえた言葉を書きましょう。

日にち

名前

言葉（ことば）や絵でおぼえよう

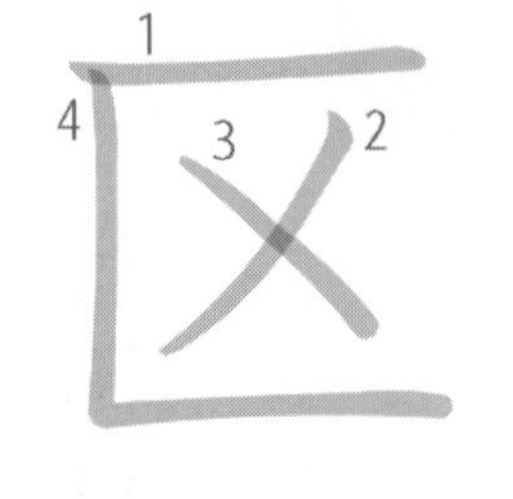

★次の言葉（ことば）を言（い）いながら上の漢字（かんじ）をなぞりましょう。

よこ、メ、たてよこ

★あなたが漢字（かんじ）をおぼえやすい言葉（ことば）を考えて書きましょう。（上と同じでもよい。）

四つに区（く）切（ぎ）る。

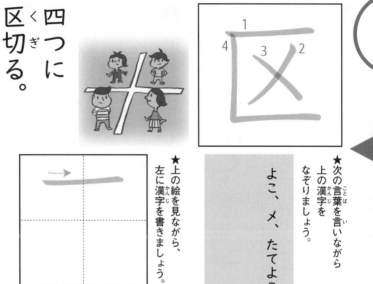

★上の絵を見ながら、左に漢字（かんじ）を書きましょう。

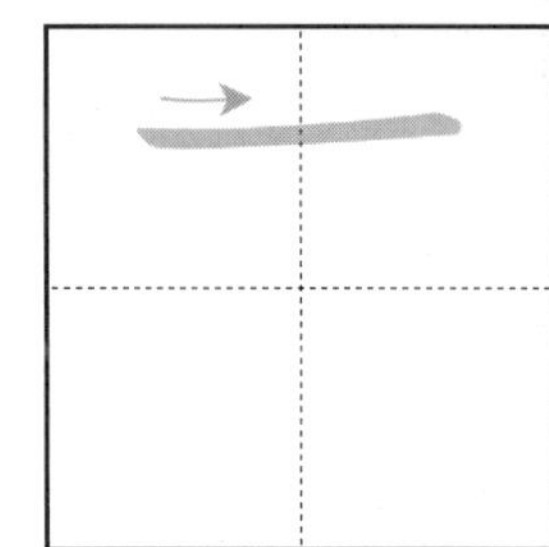

❶ 漢字（かんじ）つけたし・かんせいクイズ

★四つのますの漢字（かんじ）を
▼なぞって、
▼つけたして、
それぞれのますをかんせいさせましょう。

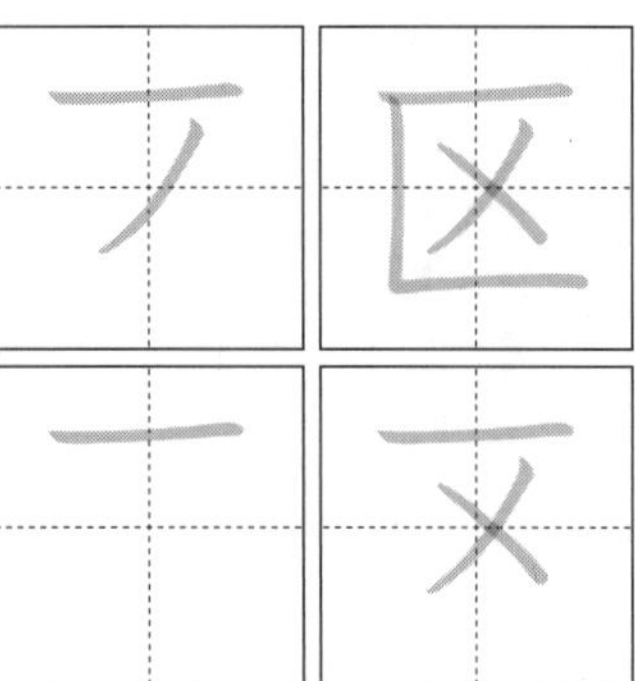

❷ 読み方クイズ

★声に出して一回読んでから、□にあう読み方を書きましょう。

区（く）切る
↓
区□切る
↓
区□切る

❸ 漢字（かんじ）を書こう

★□に漢字（かんじ）を書きましょう。下の□には、上の文を書きましょう。

四つに□（く）切（ぎ）る。

リマインド

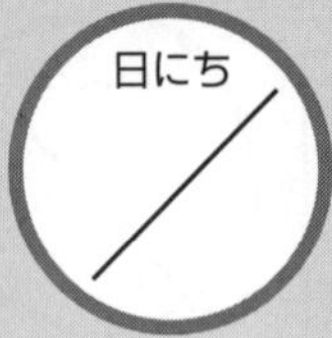

日にち

★一週間後の日にちを書いてチャレンジしましょう。

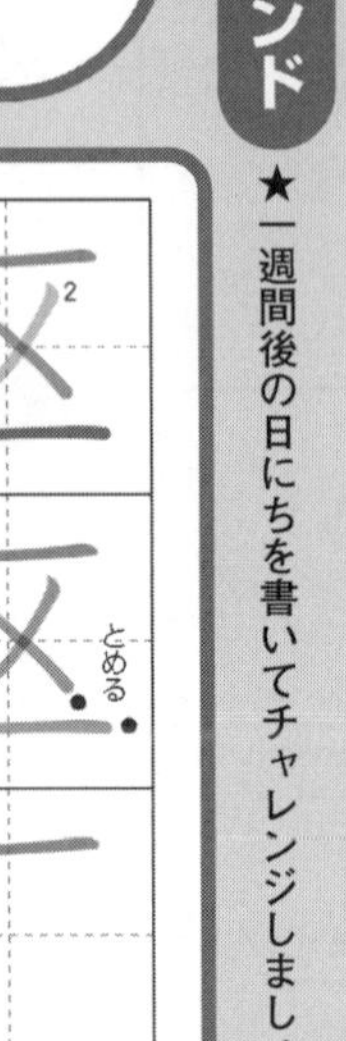

★この漢字（かんじ）をおぼえた言葉（ことば）を書きましょう。

日にち　／

言葉や絵でおぼえよう

★次の言葉を言いながら上の漢字をなぞりましょう。

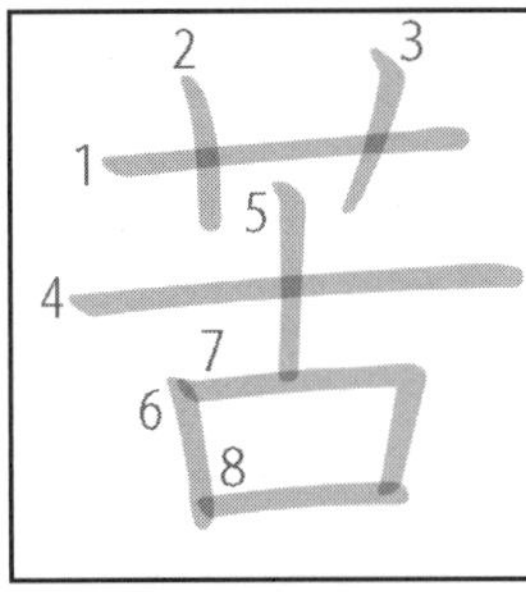

よこ、たて、たて、古い

苦労が多い。

★上の絵を見ながら、左に漢字を書きましょう。

名前

★あなたが漢字をおぼえやすい言葉を考えて書きましょう。（上と同じでもよい。）

❶ 漢字つけたし・かんせいクイズ

★四つのますの漢字を
▼なぞって、
▼つけたして、
それぞれのますをかんせいさせましょう。

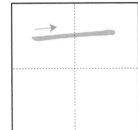

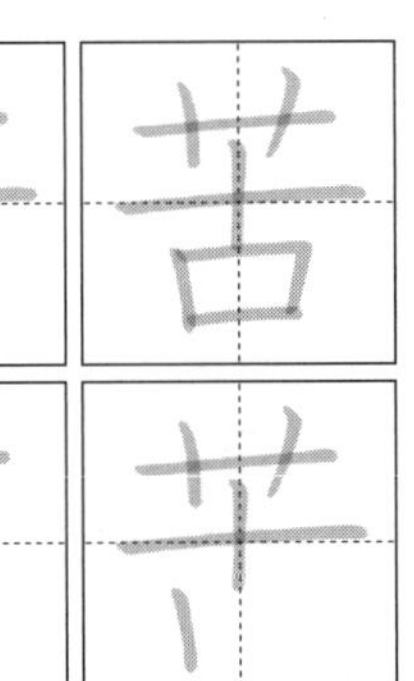

❷ 読み方クイズ

★声に出して一回読んでから、□にあう読み方を書きましょう。

苦労　くろう
↓
苦労　□ろう
↓
苦労　□ろう

❸ 漢字を書こう

★□に漢字を書きましょう。下の□には、上の文を書きましょう。

□労が多い。

日にち　／

リマインド

★一週間後の日にちを書いてチャレンジしましょう。

苦　苦　一（長く）

★この漢字をおぼえた言葉を書きましょう。

言葉（ことば）や絵でおぼえよう

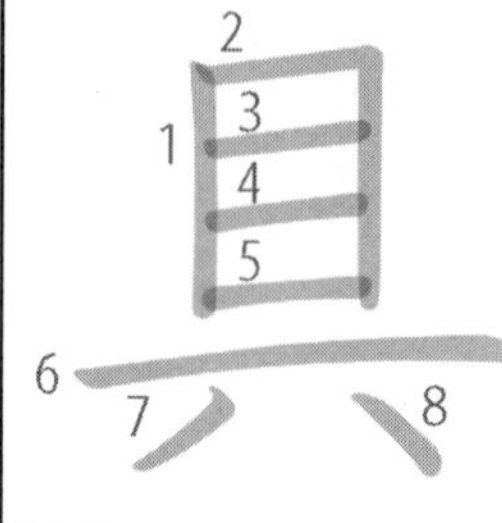

★次の言葉（ことば）を言いながら上の漢字（かんじ）をなぞりましょう。

目に、一、ハ

★あなたが漢字（かんじ）をおぼえやすい言葉（ことば）を考えて書きましょう。（上と同じでもよい。）

名前

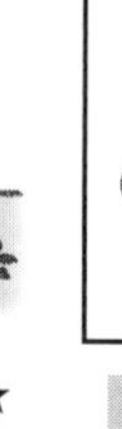

絵の具（ぐ）でぬる。

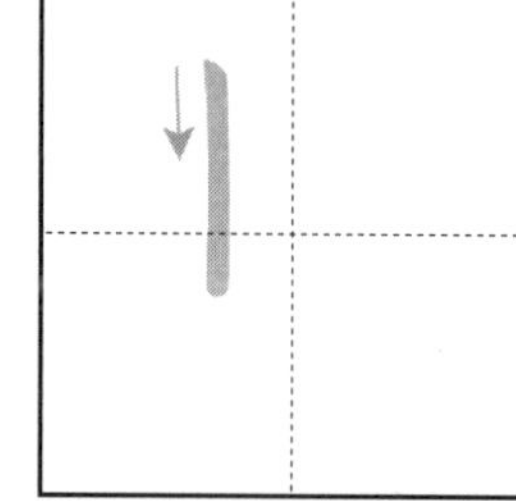

★上の絵を見ながら、左に漢字（かんじ）を書きましょう。

❶ 漢字（かんじ）つけたし・かんせいクイズ

★四つのますの漢字（かんじ）を
▼なぞって、
▼つけたして、
それぞれのますをかんせいさせましょう。

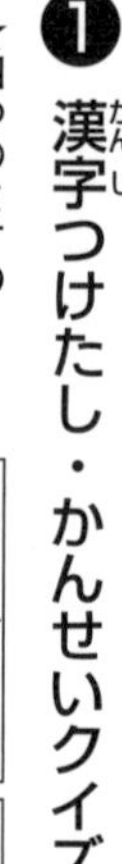
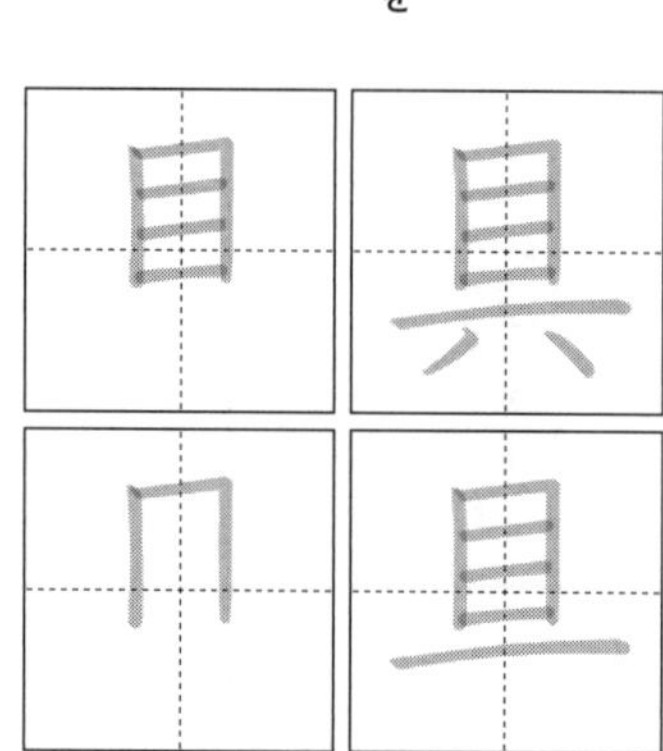

❷ 読み方クイズ

★声に出して一回読んでから、□にあう読み方を書きましょう。

絵の具（ぐ）
↓
絵の具□
↓
絵の具□

❸ 漢字（かんじ）を書こう

★□に漢字（かんじ）を書きましょう。下の□には、上の文を書きましょう。

絵の□（ぐ）でぬる。

リマインド

★一週間後の日にちを書いてチャレンジしましょう。

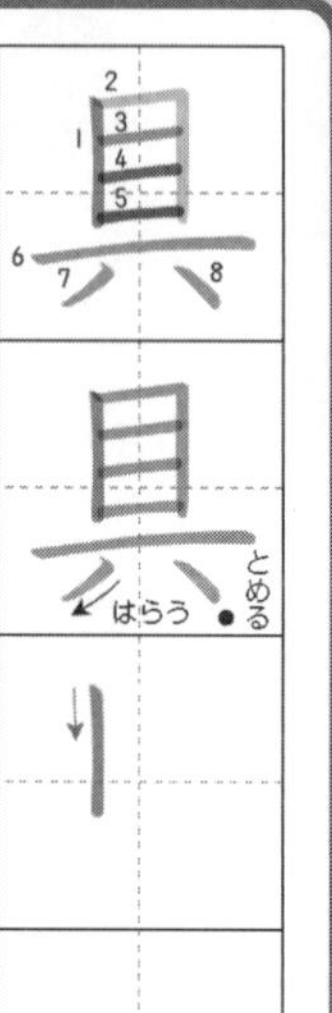

★この漢字（かんじ）をおぼえた言葉（ことば）を書きましょう。

日にち

名前

言葉（ことば）や絵でおぼえよう

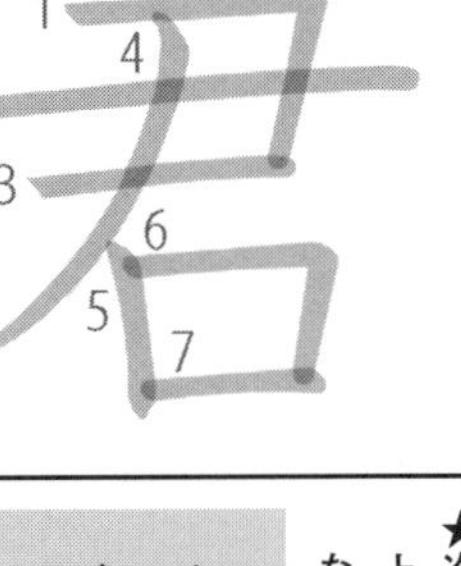

★次の言葉（ことば）を言（い）いながら上の漢字（かんじ）をなぞりましょう。

★あなたが漢字（かんじ）をおぼえやすい言葉（ことば）を考えて書きましょう。（上と同じでもよい。）

山田（やまだ）君（くん）への手紙。

★上の絵を見ながら、左に漢字（かんじ）を書きましょう。

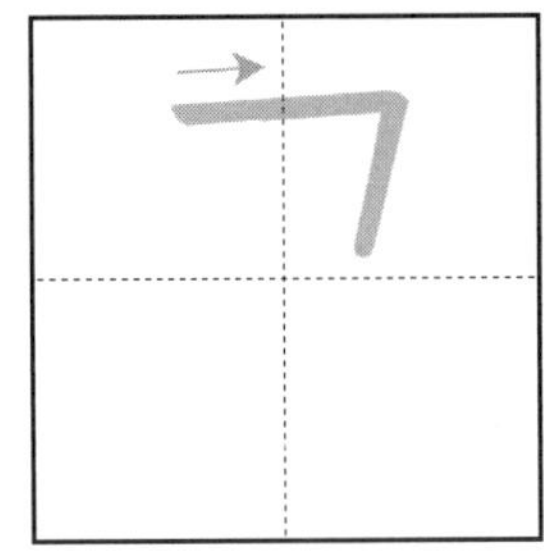

❶ 漢字（かんじ）つけたし・かんせいクイズ

★四つのますの漢字（かんじ）を
▼なぞって、
▼つけたして、
それぞれのますを
かんせい
させましょう。

❷ 読み方クイズ

★声に出して一回読んでから、□にあう読み方を書きましょう。

君　くん
↓
君　く□
↓
君　□□

❸ 漢字（かんじ）を書こう

★□に漢字（かんじ）を書きましょう。下の□には、上の文を書きましょう。

山田（やまだ）□くんへの手紙。

日にち

リマインド

★一週間後の日にちを書いてチャレンジしましょう。

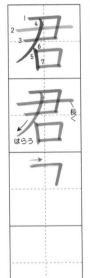

長く
はらう

★この漢字（かんじ）をおぼえた言葉（ことば）を書きましょう。

言葉や絵でおぼえよう

★次の言葉を言いながら上の漢字をなぞりましょう。

イ、ノ、糸

いろいろなかん係（けい）

★上の絵を見ながら、左に漢字を書きましょう。

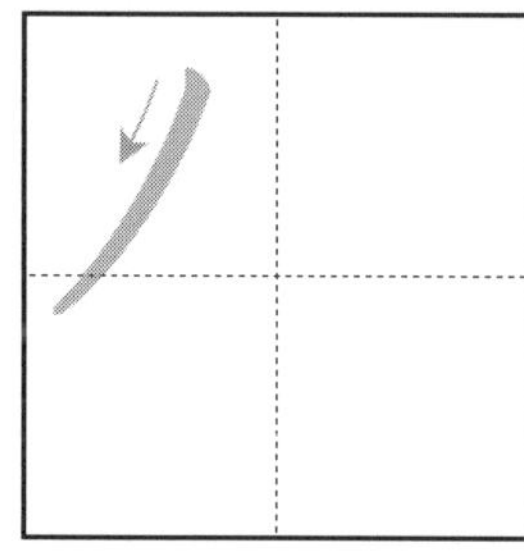

名前

★あなたが漢字をおぼえやすい言葉を考えて書きましょう。（上と同じでもよい。）

❶ 漢字つけたし・かんせいクイズ

★四つのますの漢字を
▼なぞって、
▼つけたして、
それぞれのますをかんせいさせましょう。

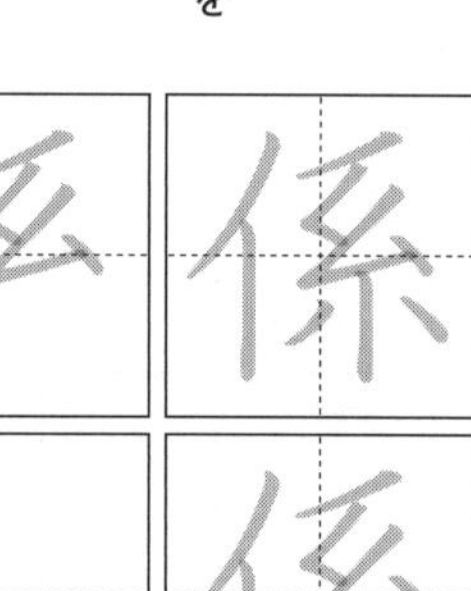

❷ 読み方クイズ

★声に出して一回読んでから、□にあう読み方を書きましょう。

かん係（けい）
↓
かん係（け□）
↓
かん係（□□）

❸ 漢字を書こう

★□に漢字を書きましょう。下の□には、上の文を書きましょう。

いろいろなかん□（けい）

□

リマインド

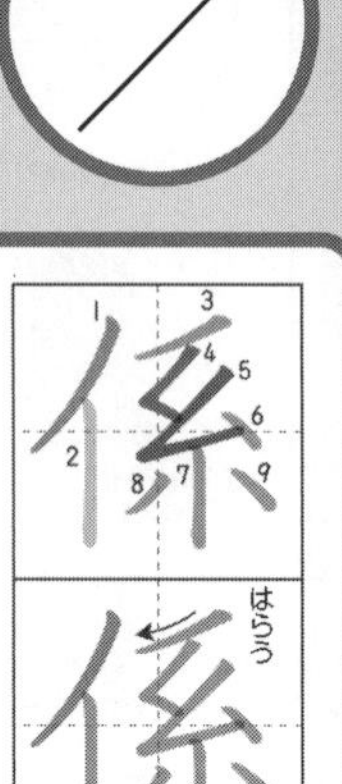

★一週間後の日にちを書いてチャレンジしましょう。

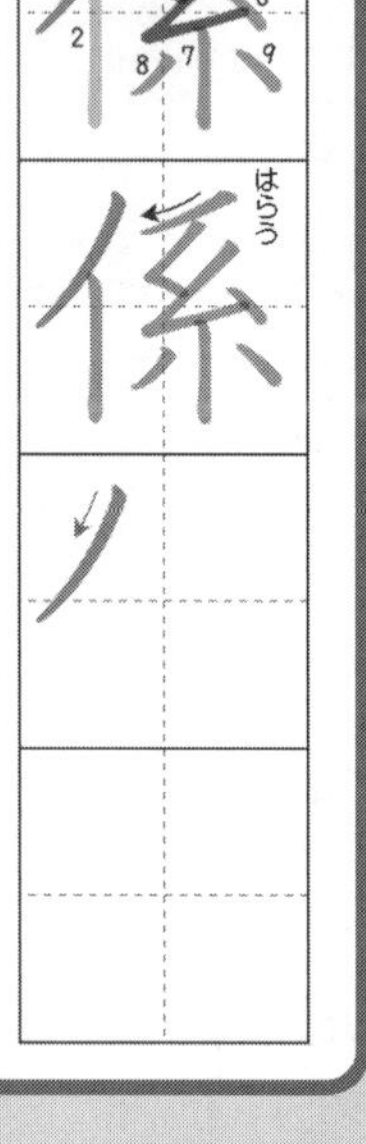

★この漢字をおぼえた言葉を書きましょう。

日にち

言葉や絵でおぼえよう

★次の言葉を言いながら上の漢字をなぞりましょう。

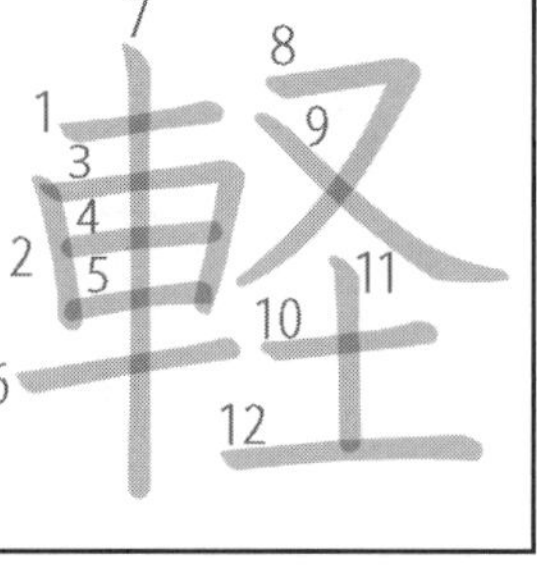

車、フ、右はらい、土

名前

★あなたが漢字をおぼえやすい言葉を考えて書きましょう。（上と同じでもよい。）

体が軽（かる）い。

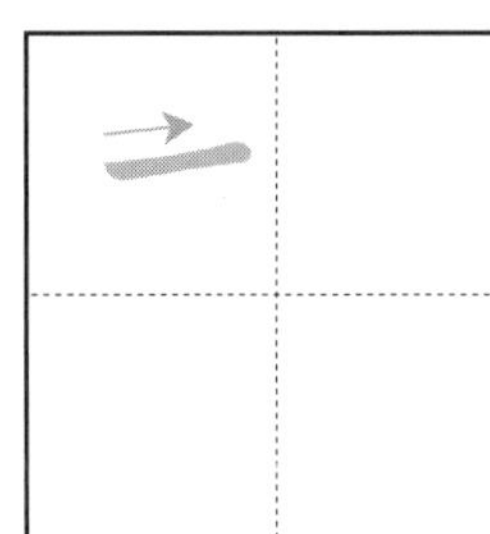

★上の絵を見ながら、左に漢字を書きましょう。

❶ 漢字つけたし・かんせいクイズ

★四つのますの漢字を
▼なぞって、
▼つけたして、
それぞれのますをかんせいさせましょう。

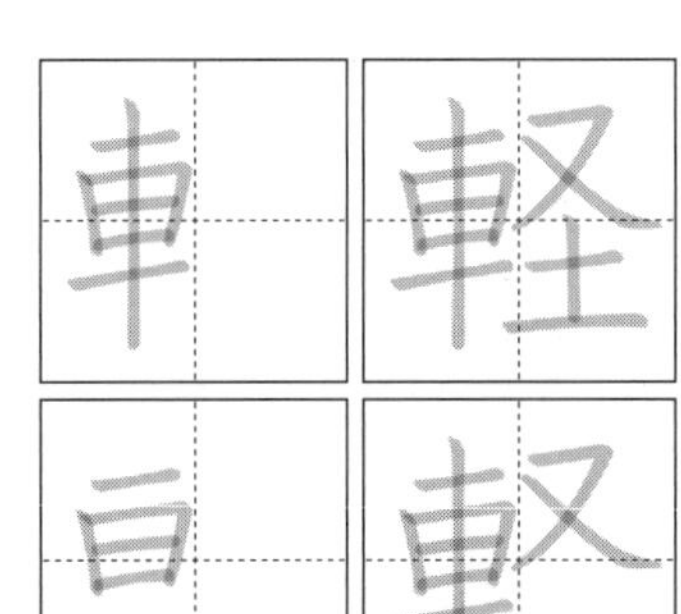

❷ 読み方クイズ

★声に出して一回読んでから、□にあう読み方を書きましょう。

かる
軽い
↓
か□
軽い
↓
□□
軽い

❸ 漢字を書こう

★□に漢字を書きましょう。下の□には、上の文を書きましょう。

体が□（かる）い。

リマインド

日にち

★一週間後の日にちを書いてチャレンジしましょう。

★この漢字をおぼえた言葉を書きましょう。

日にち　／

言葉や絵でおぼえよう

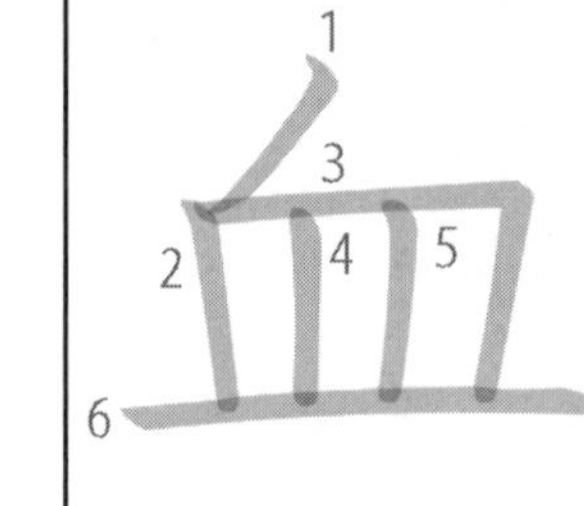

★次の言葉を言いながら上の漢字をなぞりましょう。

ノ、たて、かく、たて、たて、
たて、よこ

名前

★あなたが漢字をおぼえやすい言葉を考えて書きましょう。（上と同じでもよい。）

血（ち）が出る。

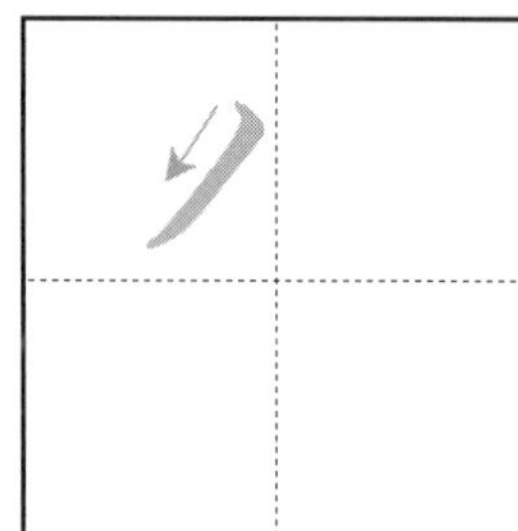

★上の絵を見ながら、左に漢字を書きましょう。

❶ 漢字つけたし・かんせいクイズ

★四つのますの漢字を
▼なぞって、
▼つけたして、
それぞれのますをかんせいさせましょう。

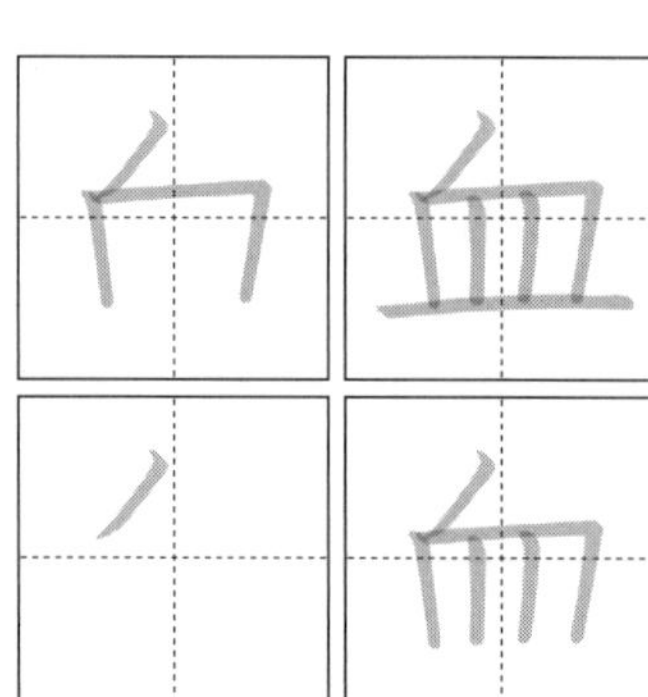

❷ 読み方クイズ

★声に出して一回読んでから、□にあう読み方を書きましょう。

血　ち
↓
血□
↓
血□

❸ 漢字を書こう

★□に漢字を書きましょう。下の□には、上の文を書きましょう。

□（ち）が出る。

リマインド

日にち　／

★一週間後の日にちを書いてチャレンジしましょう。

★この漢字をおぼえた言葉を書きましょう。

日にち

言葉や絵でおぼえよう

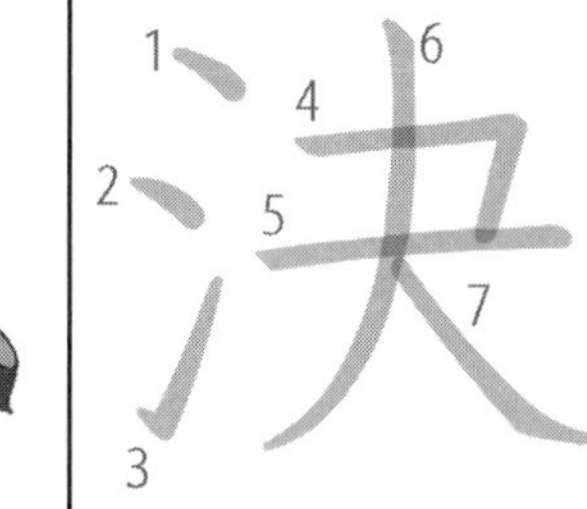

★次の言葉を言いながら上の漢字をなぞりましょう。

シ、ユ、人

★あなたが漢字をおぼえやすい言葉を考えて書きましょう。（上と同じでもよい。）

名前

たいせんが決まる。

★上の絵を見ながら、左に漢字を書きましょう。

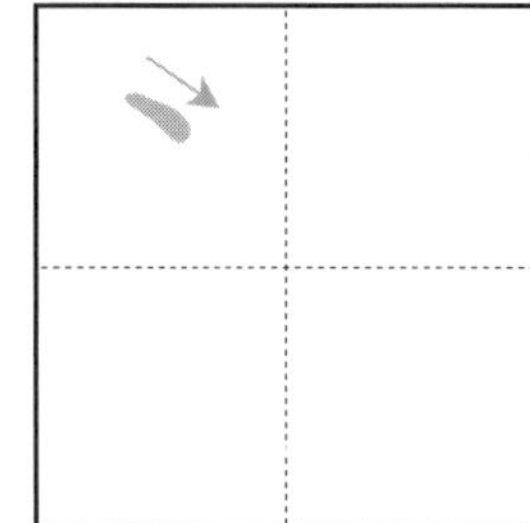

❶ 漢字つけたし・かんせいクイズ

★四つのますの漢字を
▼なぞって、
▼つけたして、
それぞれのますをかんせいさせましょう。

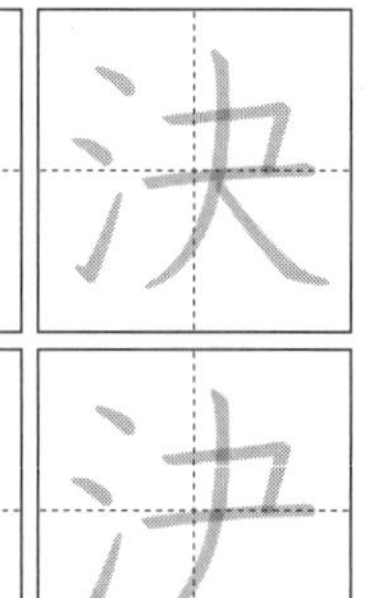

❷ 読み方クイズ

★声に出して一回読んでから、□にあう読み方を書きましょう。

決まる（き）
↓
決□まる
↓
決□まる

❸ 漢字を書こう

★□に漢字を書きましょう。下の□には、上の文を書きましょう。

たいせんが□（き）まる。

リマインド

★一週間後の日にちを書いてチャレンジしましょう。

日にち

決（出す・はらう）

★この漢字をおぼえた言葉を書きましょう。

日にち

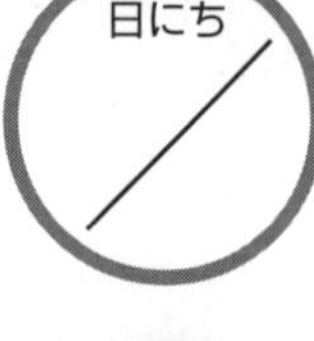

言葉（ことば）や絵でおぼえよう

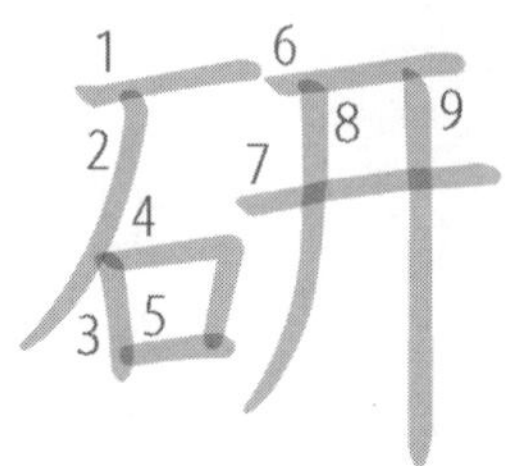

★次の言葉（ことば）を言（い）いながら上の漢字（かんじ）をなぞりましょう。

石に、とりい

生き物の研究（けんきゅう）。

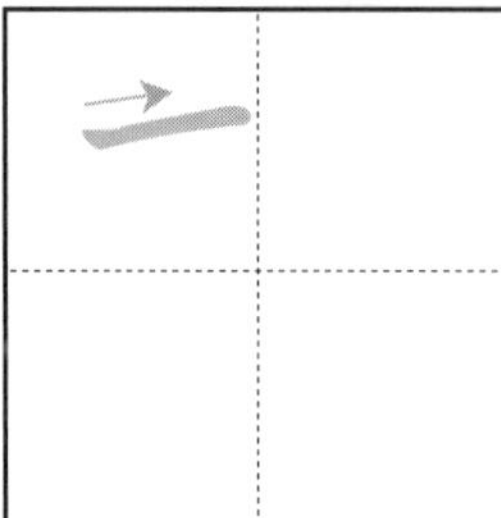

★上の絵を見ながら、左に漢字（かんじ）を書きましょう。

名前

★あなたが漢字（かんじ）をおぼえやすい言葉（ことば）を考えて書きましょう。（上と同じでもよい。）

❶ 漢字（かんじ）つけたし・かんせいクイズ

★四つのますの漢字（かんじ）を
▼なぞって、
▼つけたして、
それぞれのますをかんせいさせましょう。

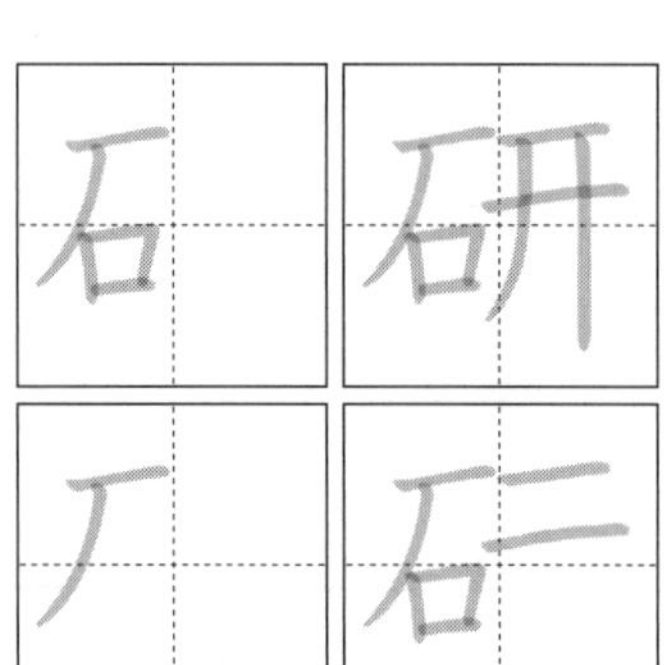

❷ 読み方クイズ

★声に出して一回読んでから、□にあう読み方を書きましょう。

研究（けん）

↓

研究（け□）

↓

研究（□□）

❸ 漢字（かんじ）を書こう

★□に漢字（かんじ）を書きましょう。下の□には、上の文を書きましょう。

生き物の□（けん）究（きゅう）。

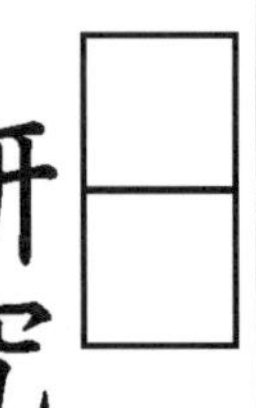

リマインド

★一週間後の日にちを書いてチャレンジしましょう。

日にち

★この漢字（かんじ）をおぼえた言葉（ことば）を書きましょう。

日にち　／

言葉や絵でおぼえよう

★次の言葉を言いながら上の漢字をなぞりましょう。

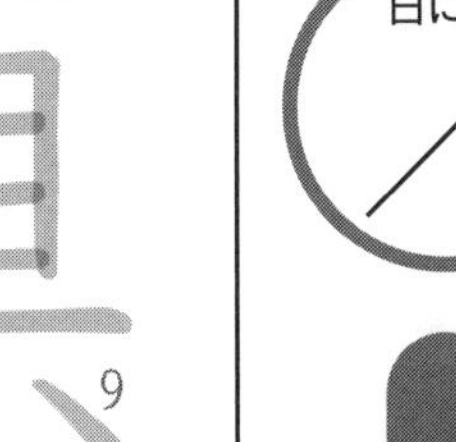

目、たてよこ、小

名前

★あなたが漢字をおぼえやすい言葉を考えて書きましょう。（上と同じでもよい。）

県(けん)の役所(やくしょ)。

★上の絵を見ながら、左に漢字を書きましょう。

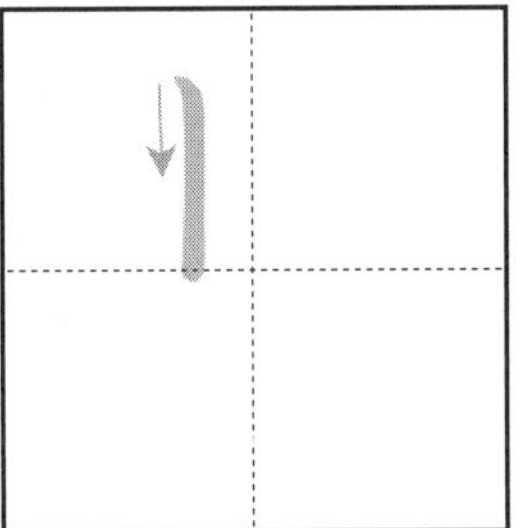

❶ 漢字つけたし・かんせいクイズ

★四つのますの漢字を
▼なぞって、
▼つけたして、
それぞれのますをかんせいさせましょう。

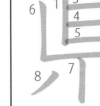

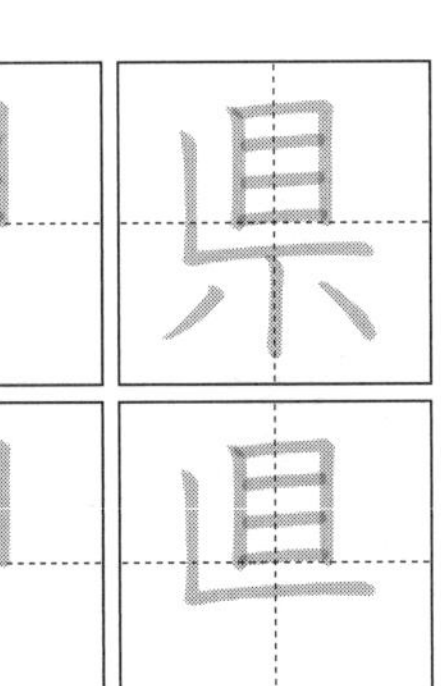

❷ 読み方クイズ

★声に出して一回読んでから、□にあう読み方を書きましょう。

県（けん）
↓
県（け□）
↓
県（□□）

❸ 漢字を書こう

★□に漢字を書きましょう。下の□には、上の文を書きましょう。

□(けん)の役所(やくしょ)。

□

リマインド

★一週間後の日にちを書いてチャレンジしましょう。

日にち　／

県　はらう　とめる

★この漢字をおぼえた言葉を書きましょう。

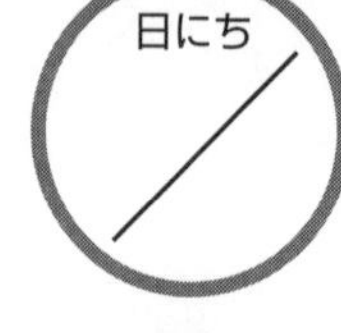

言葉や絵でおぼえよう

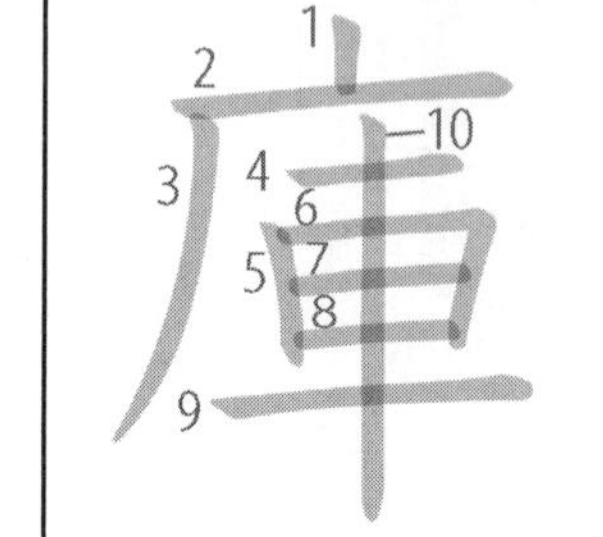

★次の言葉を言いながら上の漢字をなぞりましょう。

たて、よこ、ノ、車

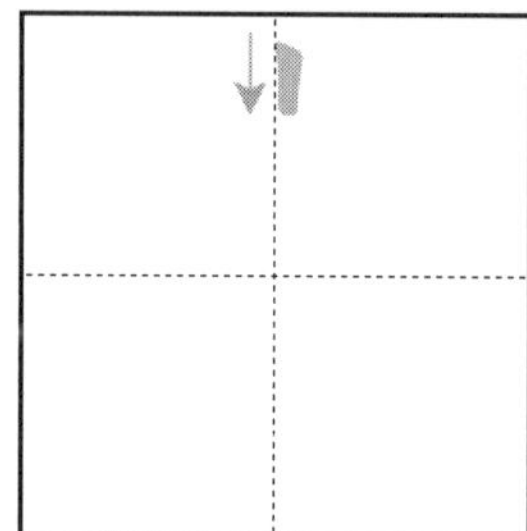

金庫をあける。

★上の絵を見ながら、左に漢字を書きましょう。

名前

★あなたが漢字をおぼえやすい言葉を考えて書きましょう。（上と同じでもよい。）

❶ 漢字つけたし・かんせいクイズ

★四つのますの漢字を
▼なぞって、
▼つけたして、
それぞれのますをかんせいさせましょう。

庫　庫　广　亠

❷ 読み方クイズ

★声に出して一回読んでから、□にあう読み方を書きましょう。

金庫（こ）
↓
金庫□
↓
金庫□

❸ 漢字を書こう

★□に漢字を書きましょう。下の□には、上の文を書きましょう。

金（きん）□（こ）をあける。

リマインド

★一週間後の日にちを書いてチャレンジしましょう。

庫　庫　とめる

★この漢字をおぼえた言葉を書きましょう。

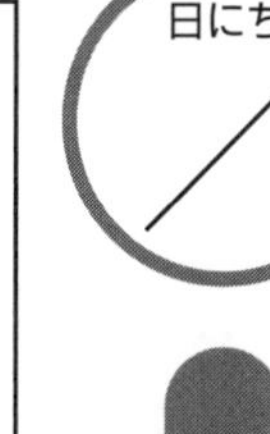

日にち

言葉や絵でおぼえよう

★次の言葉を言いながら上の漢字をなぞりましょう。

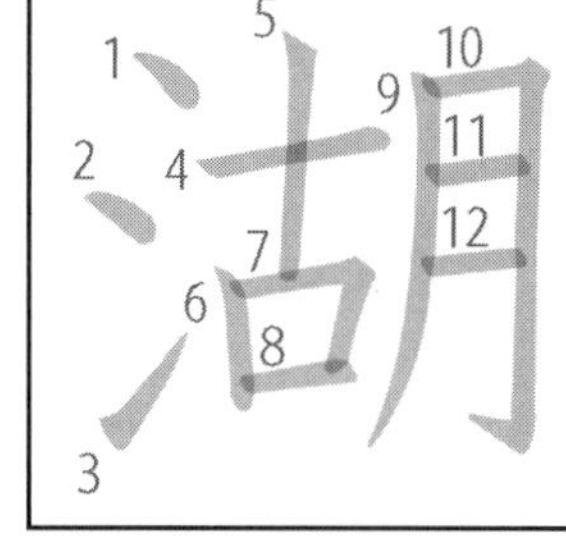

シ、古い、月

広い湖（みずうみ）。

★上の絵を見ながら、左に漢字を書きましょう。

名前

★あなたが漢字をおぼえやすい言葉を考えて書きましょう。（上と同じでもよい。）

❶ 漢字つけたし・かんせいクイズ

★四つのますの漢字を
▼なぞって、
▼つけたして、
それぞれのますをかんせいさせましょう。

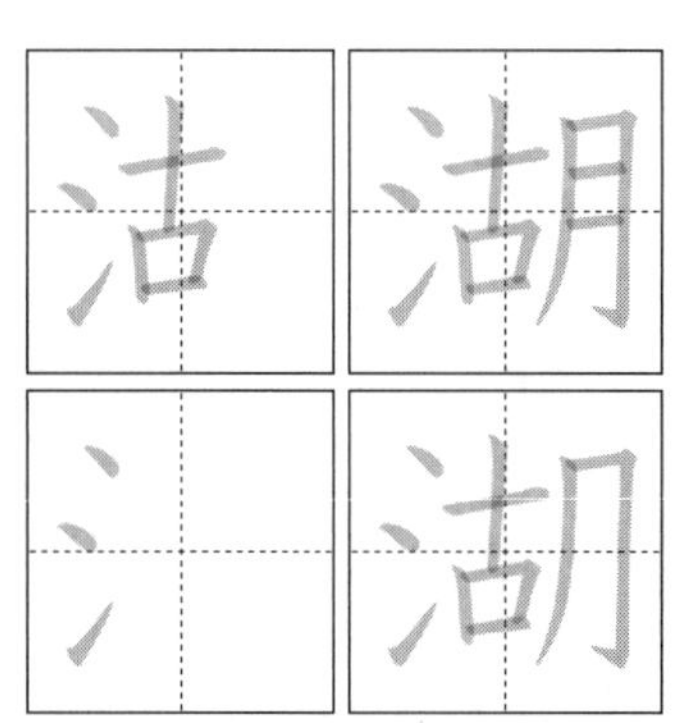

❷ 読み方クイズ

★声に出して一回読んでから、□にあう読み方を書きましょう。

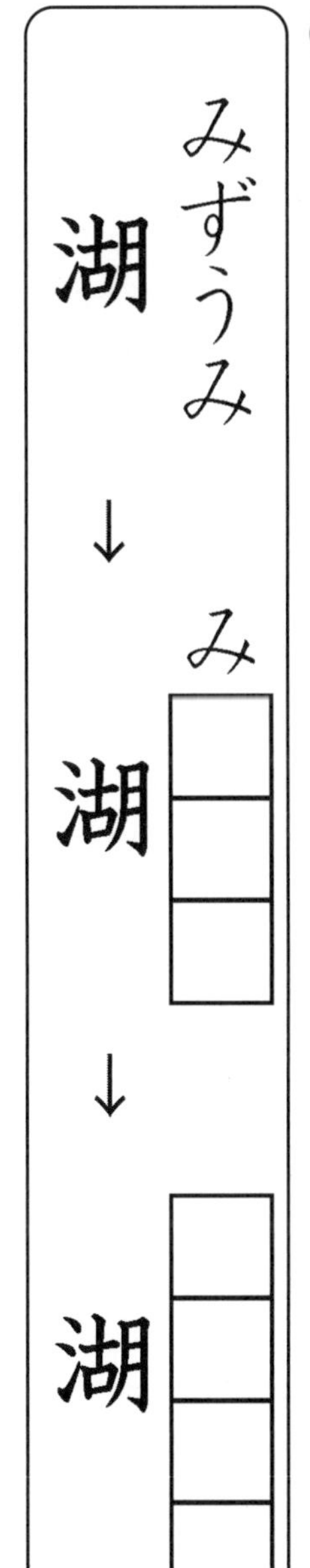

❸ 漢字を書こう

★□に漢字を書きましょう。下の□には、上の文を書きましょう。

広い□（みずうみ）。

日にち

リマインド

★一週間後の日にちを書いてチャレンジしましょう。

★この漢字をおぼえた言葉を書きましょう。

言葉や絵でおぼえよう

日にち　／

★次の言葉を言いながら上の漢字をなぞりましょう。

ノ、たて、かくはね、中に口

北に向かう。

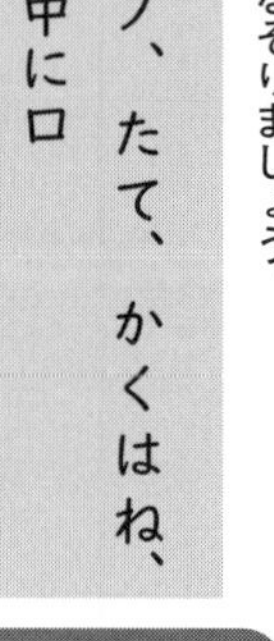

★上の絵を見ながら、左に漢字を書きましょう。

名前

★あなたが漢字をおぼえやすい言葉を考えて書きましょう。（上と同じでもよい。）

❶ 漢字つけたし・かんせいクイズ

★四つのますの漢字を
▼なぞって、
▼つけたして、
それぞれのますをかんせいさせましょう。

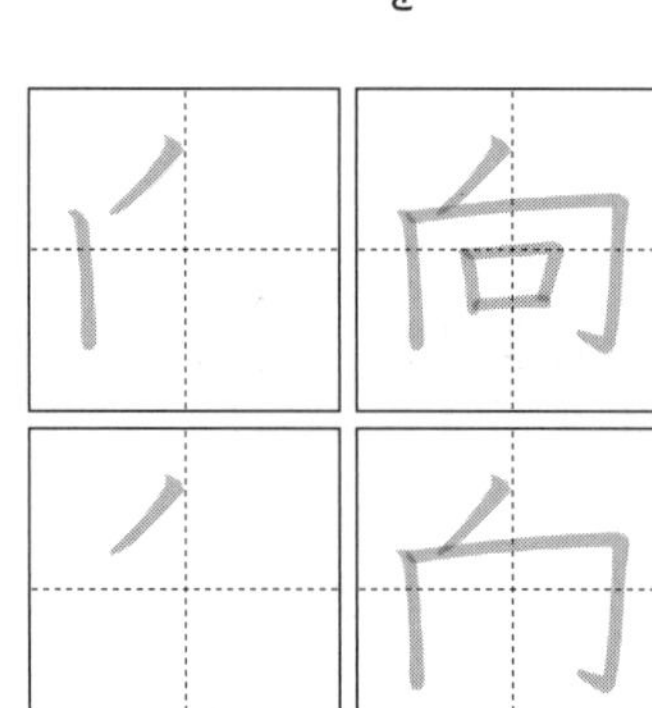

❷ 読み方クイズ

★声に出して一回読んでから、□にあう読み方を書きましょう。

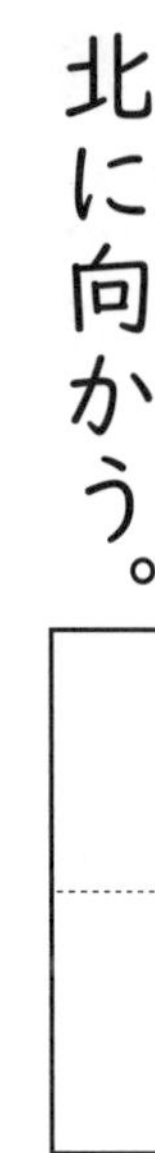

向かう（む）→ 向□かう → 向□かう

❸ 漢字を書こう

★□に漢字を書きましょう。下の□には、上の文を書きましょう。

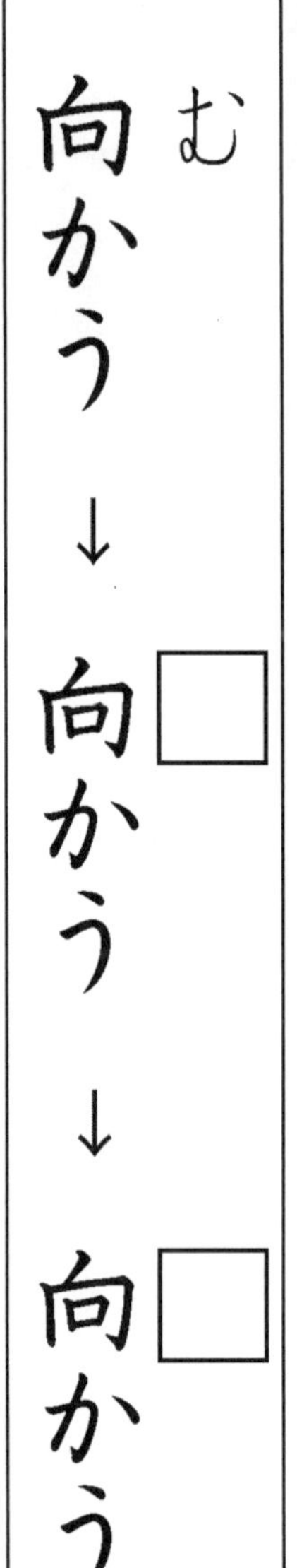

北に□（む）かう。

リマインド

日にち　／

★一週間後の日にちを書いてチャレンジしましょう。

はねる　とめる

★この漢字をおぼえた言葉を書きましょう。

言葉や絵でおぼえよう

★次の言葉を言いながら
上の漢字を
なぞりましょう。

土に、てん、てん、てん、
一に、十

幸せな
くらし。

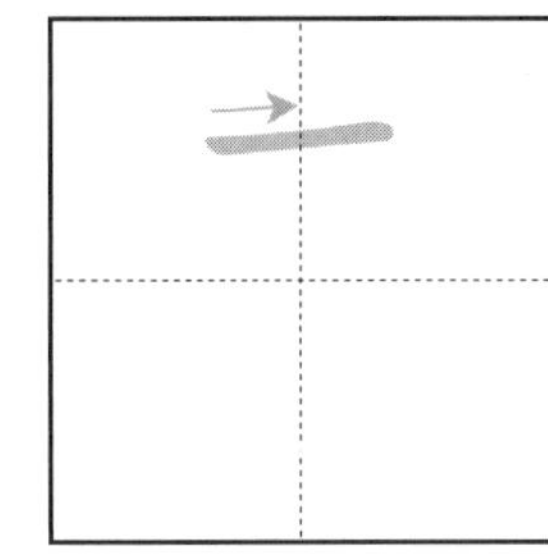

★上の絵を見ながら、
左に漢字を書きましょう。

名前

★あなたが漢字をおぼえやすい言葉を
考えて書きましょう。（上と同じでもよい。）

❶ 漢字つけたし・かんせいクイズ

★四つのますの
漢字を
▼なぞって、
▼つけたして、
それぞれのますを
かんせい
させましょう。

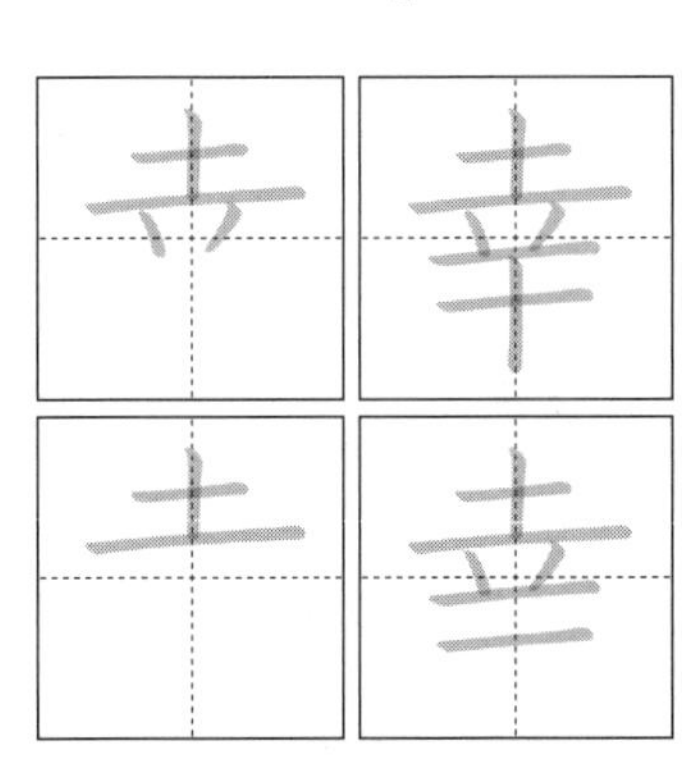

❷ 読み方クイズ

★声に出して一回読んでから、□にあう読み方を書きましょう。

しあわ
幸せ
↓
し□□
幸せ
↓
□□□
幸せ

❸ 漢字を書こう

★□に漢字を書きましょう。下の□には、上の文を書きましょう。

しあわ
□せなくらし。

リマインド

★一週間後の日にちを書いてチャレンジしましょう。

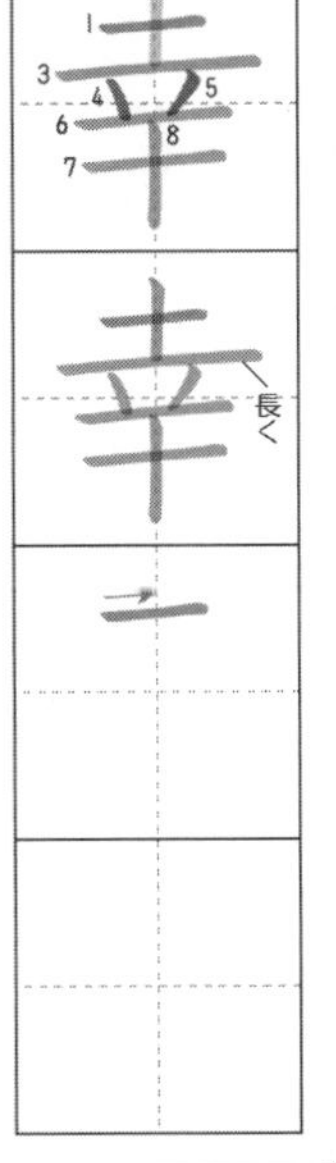

★この漢字をおぼえた言葉を
書きましょう。

言葉や絵でおぼえよう

日にち　／

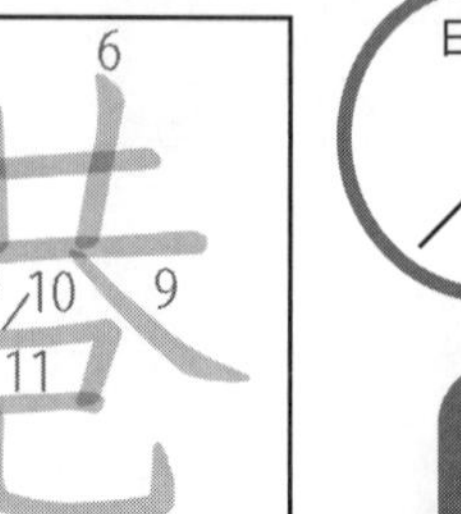

★次の言葉を言いながら上の漢字をなぞりましょう。

シ、よこ、たて、たて、
よこ、はらい、はらい、
かく、よこ、たてよこ
はね

港の船。

★上の絵を見ながら、左に漢字を書きましょう。

名前

★あなたが漢字をおぼえやすい言葉を考えて書きましょう。（上と同じでもよい。）

❶ 漢字つけたし・かんせいクイズ

★四つのますの漢字を
▼なぞって、
▼つけたして、
それぞれのますをかんせいさせましょう。

❷ 読み方クイズ

★声に出して一回読んでから、□にあう読み方を書きましょう。

港 → 港□□ → 港□□□

❸ 漢字を書こう

★□に漢字を書きましょう。下の□には、上の文を書きましょう。

□の船。

リマインド

日にち　／

★一週間後の日にちを書いてチャレンジしましょう。

★この漢字をおぼえた言葉を書きましょう。

日にち

言葉や絵でおぼえよう

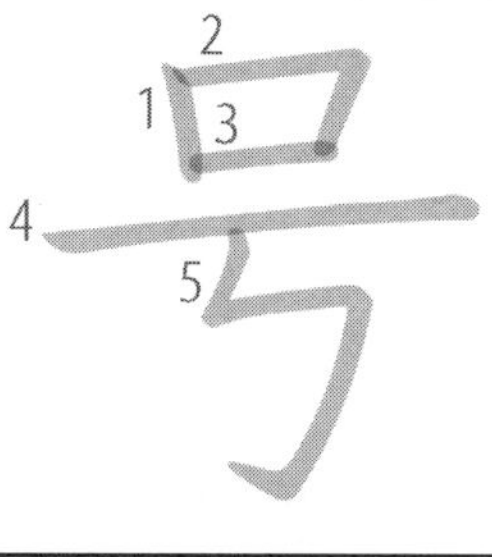

★次の言葉を言いながら上の漢字をなぞりましょう。

ロ、一、たてかくはね

しん号(ごう)がかわる。

★上の絵を見ながら、左に漢字を書きましょう。

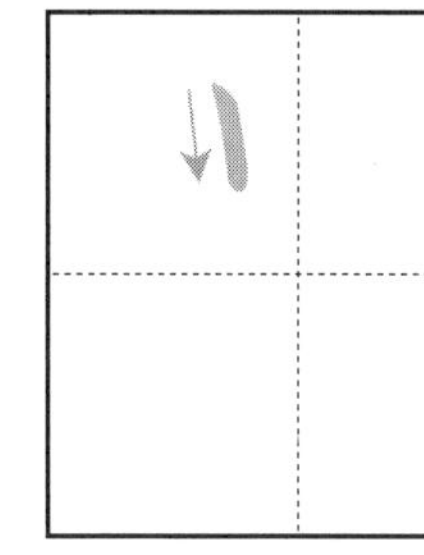

名前

★あなたが漢字をおぼえやすい言葉を考えて書きましょう。(上と同じでもよい。)

❶ 漢字つけたし・かんせいクイズ

★四つのますの漢字を
▼なぞって、
▼つけたして、
それぞれのますをかんせいさせましょう。

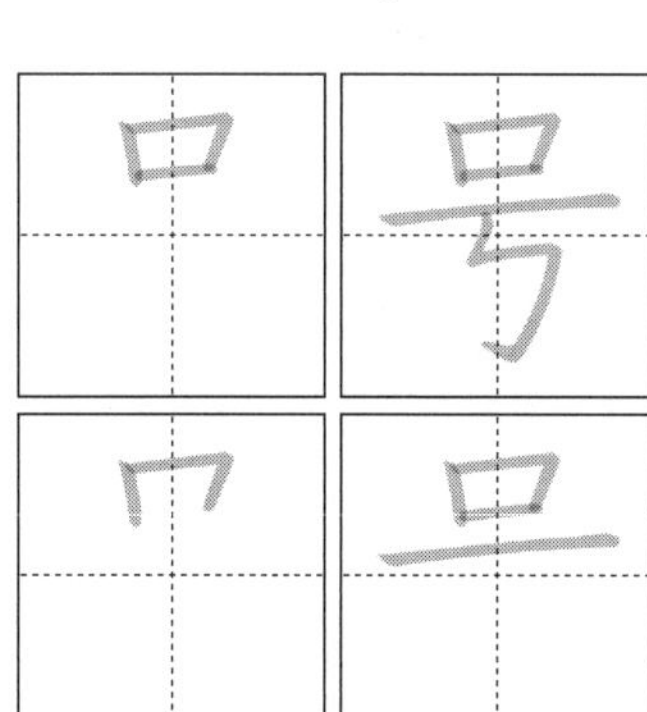

日にち

リマインド

★一週間後の日にちを書いてチャレンジしましょう。

★この漢字をおぼえた言葉を書きましょう。

❷ 読み方クイズ

★声に出して一回読んでから、□にあう読み方を書きましょう。

しん号(ごう) ↓ しん号(ご□) ↓ しん号(□□)

❸ 漢字を書こう

★□に漢字を書きましょう。下の□には、上の文を書きましょう。

しん□(ごう)がかわる。

日にち　／

言葉や絵でおぼえよう

★次の言葉を言いながら上の漢字をなぞりましょう。

木、かく、よこ、よこ、たて右はね、ノ、右はらい

木の根。

★上の絵を見ながら、左に漢字を書きましょう。

名前

★あなたが漢字をおぼえやすい言葉を考えて書きましょう。（上と同じでもよい。）

❶ 漢字つけたし・かんせいクイズ

★四つのますの漢字を▼なぞって、▼つけたして、それぞれのますをかんせいさせましょう。

❷ 読み方クイズ

★声に出して一回読んでから、□にあう読み方を書きましょう。

根　ね
↓
根□
↓
根□

❸ 漢字を書こう

★□に漢字を書きましょう。下の□には、上の文を書きましょう。

木の□（ね）。

日にち　／

リマインド

★一週間後の日にちを書いてチャレンジしましょう。

はらう

★この漢字をおぼえた言葉を書きましょう。

日にち　／

言葉や絵でおぼえよう

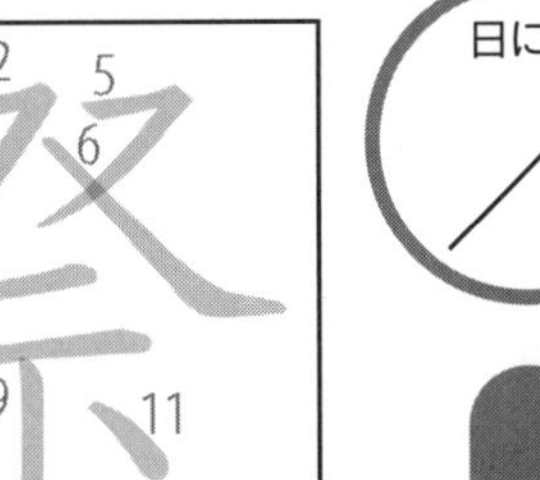

★次の言葉を言いながら上の漢字をなぞりましょう。

まがった月に、フ、右
はらい、よこ、よこ、小

祭り（まつ）に出る。

★上の絵を見ながら、左に漢字を書きましょう。

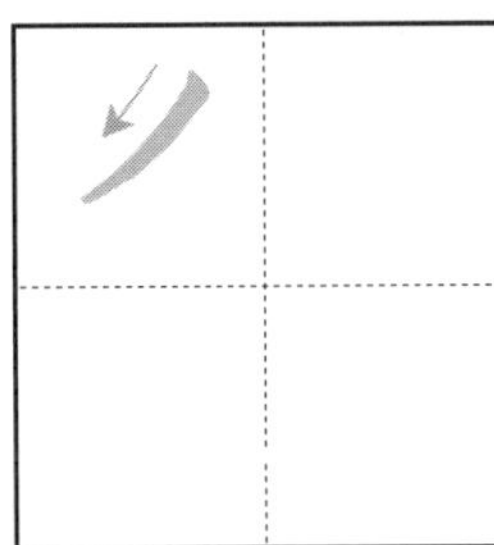

名前

★あなたが漢字をおぼえやすい言葉を考えて書きましょう。（上と同じでもよい。）

❶ 漢字つけたし・かんせいクイズ

★四つのますの漢字を
▼なぞって、
▼つけたして、
それぞれのますをかんせいさせましょう。

❷ 読み方クイズ

★声に出して一回読んでから、□にあう読み方を書きましょう。

まつ
祭り
↓
ま□
祭り
↓
□□
祭り

❸ 漢字を書こう

★□に漢字を書きましょう。下の□には、上の文を書きましょう。

□（まつ）りに出る。

リマインド

日にち　／

★一週間後の日にちを書いてチャレンジしましょう。

はねる

★この漢字をおぼえた言葉を書きましょう。

言葉や絵でおぼえよう

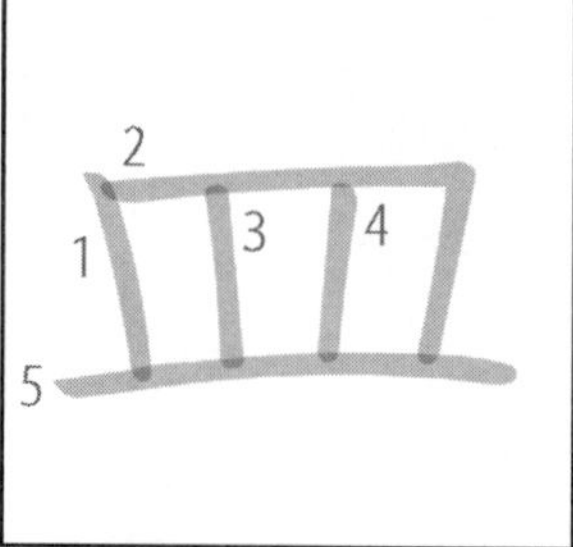

★次の言葉を言いながら上の漢字をなぞりましょう。

たて、かく、たて、たて、よこ

皿（さら）をおく。

★上の絵を見ながら、左に漢字を書きましょう。

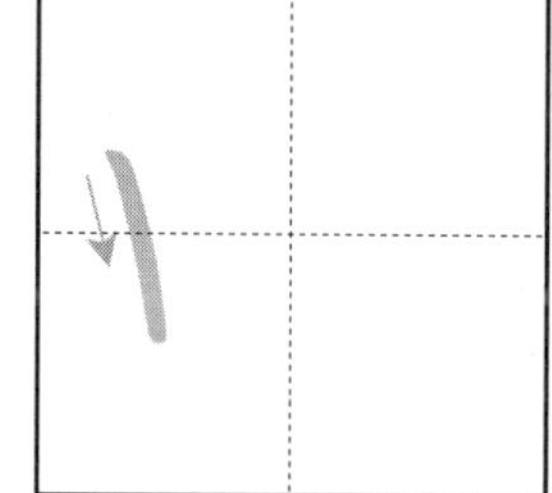

名前

★あなたが漢字をおぼえやすい言葉を考えて書きましょう。（上と同じでもよい。）

❶ 漢字つけたし・かんせいクイズ

★四つのますの漢字を
▼なぞって、
▼つけたして、
それぞれのますをかんせいさせましょう。

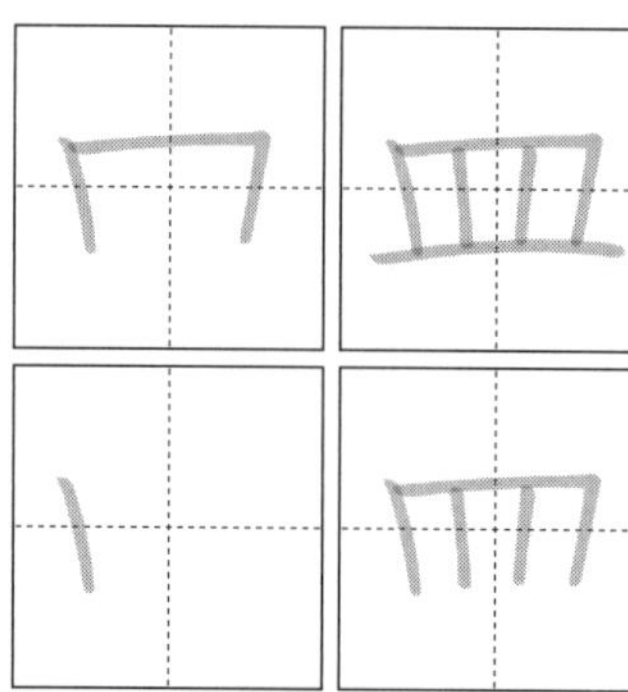

❷ 読み方クイズ

★声に出して一回読んでから、□にあう読み方を書きましょう。

さら
皿
↓
さ□
皿
↓
□□
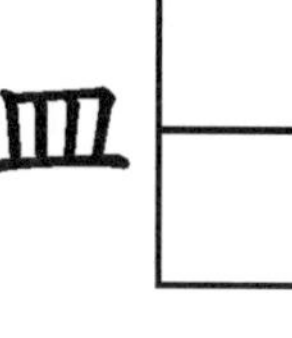

❸ 漢字を書こう

★□に漢字を書きましょう。下の□には、上の文を書きましょう。

さら
□をおく。

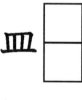

リマインド

日にち

★一週間後の日にちを書いてチャレンジしましょう。

1 2 3 4 5
とめる

★この漢字をおぼえた言葉を書きましょう。

言葉や絵でおぼえよう

★次の言葉を言いながら上の漢字をなぞりましょう。

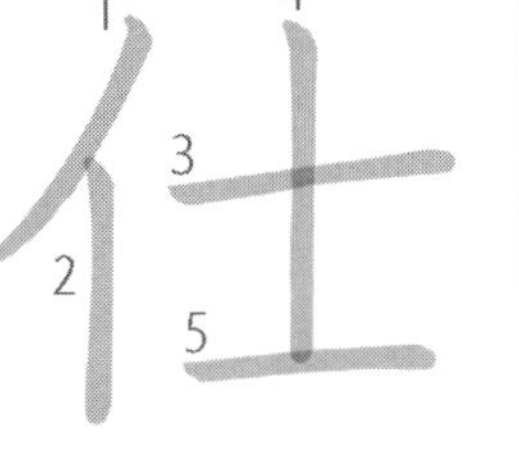

イ、よこ、たて、よこ

★上の絵を見ながら、左に漢字を書きましょう。

仕事に行く。

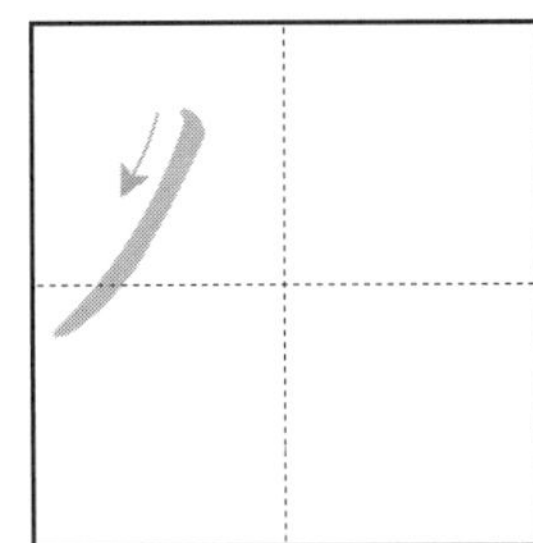

★あなたが漢字をおぼえやすい言葉を考えて書きましょう。（上と同じでもよい。）

名前

日にち　／

❶ 漢字つけたし・かんせいクイズ

★四つのますの漢字を
▼なぞって、
▼つけたして、
それぞれのますをかんせいさせましょう。

❷ 読み方クイズ

★声に出して一回読んでから、□にあう読み方を書きましょう。

仕事（し）
↓
仕事（□）
↓
仕事（□）

❸ 漢字を書こう

★□に漢字を書きましょう。下の□には、上の文を書きましょう。

□（し）事に行く。

リマインド

日にち　／

★一週間後の日にちを書いてチャレンジしましょう。

仕　仕（長く）　ノ

★この漢字をおぼえた言葉を書きましょう。

日にち

言葉（ことば）や絵でおぼえよう

★次の言葉（ことば）を言い（い）ながら上の漢字（かんじ）をなぞりましょう。

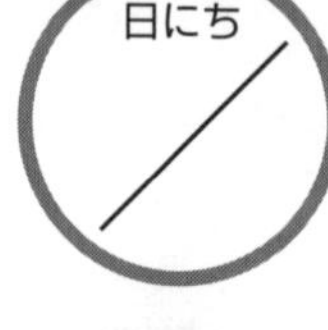

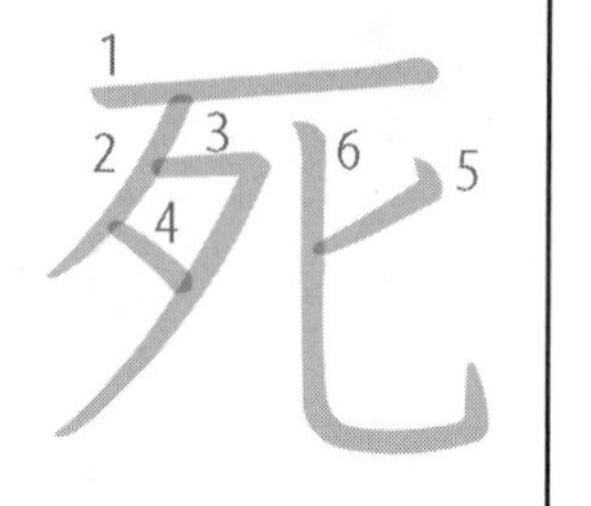

よこ、タ、ヒはね

母が死（し）ぬ。

★上の絵を見ながら、左に漢字（かんじ）を書きましょう。

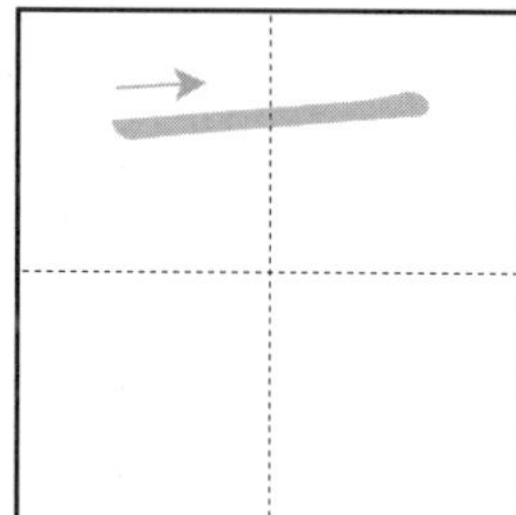

名前

★あなたが漢字（かんじ）をおぼえやすい言葉（ことば）を考えて書きましょう。（上と同じでもよい。）

❶ 漢字（かんじ）つけたし・かんせいクイズ

★四つのますの漢字（かんじ）を▼なぞって、▼つけたして、それぞれのますをかんせいさせましょう。

❷ 読み方クイズ

★声に出して一回読んでから、□にあう読み方を書きましょう。

死（し）ぬ
↓
死□ぬ
↓
死□ぬ

❸ 漢字（かんじ）を書こう

★□に漢字（かんじ）を書きましょう。下の□には、上の文を書きましょう。

母が□（し）ぬ。

リマインド

日にち

★一週間後の日にちを書いてチャレンジしましょう。

★この漢字（かんじ）をおぼえた言葉（ことば）を書きましょう。

言葉や絵でおぼえよう

★次の言葉を言いながら上の漢字をなぞりましょう。

イ、一、口、たてはらい、右はらい

使

ペンキを使う。

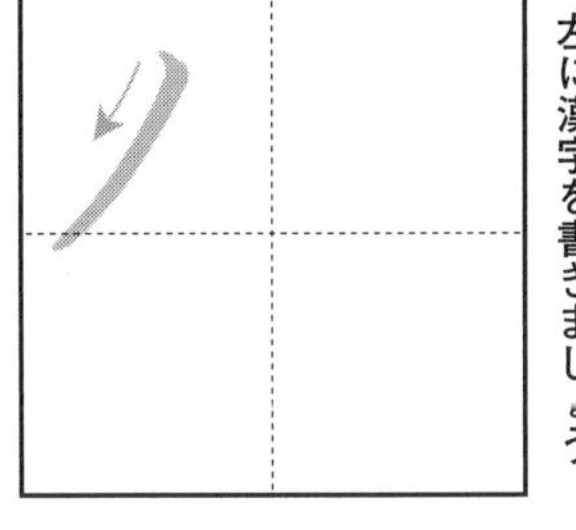

★上の絵を見ながら、左に漢字を書きましょう。

名前

★あなたが漢字をおぼえやすい言葉を考えて書きましょう。（上と同じでもよい。）

❶ 漢字つけたし・かんせいクイズ

★四つのますの漢字を
▼なぞって、
▼つけたして、
それぞれのますをかんせいさせましょう。

❷ 読み方クイズ

★声に出して一回読んでから、□にあう読み方を書きましょう。

使う（つか）
↓
使う（つ□）
↓
使う（□□）

❸ 漢字を書こう

★□に漢字を書きましょう。下の□には、上の文を書きましょう。

ペンキを□（つか）う。

リマインド

日にち

★一週間後の日にちを書いてチャレンジしましょう。

はらう

★この漢字をおぼえた言葉を書きましょう。

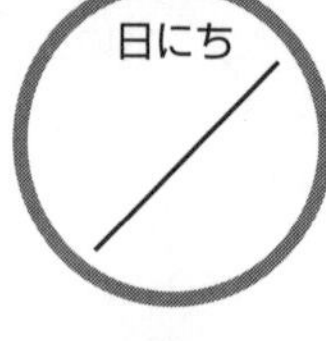

言葉や絵でおぼえよう

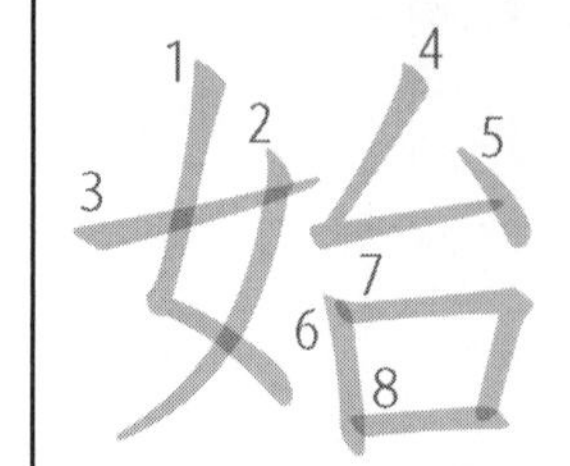

★次の言葉を言いながら上の漢字をなぞりましょう。

女にム、口

勉強を始める。

★上の絵を見ながら、左に漢字を書きましょう。

★あなたが漢字をおぼえやすい言葉を考えて書きましょう。（上と同じでもよい。）

名前

❶ 漢字つけたし・かんせいクイズ

★四つのますの漢字を
▼なぞって、
▼つけたして、
それぞれのますをかんせいさせましょう。

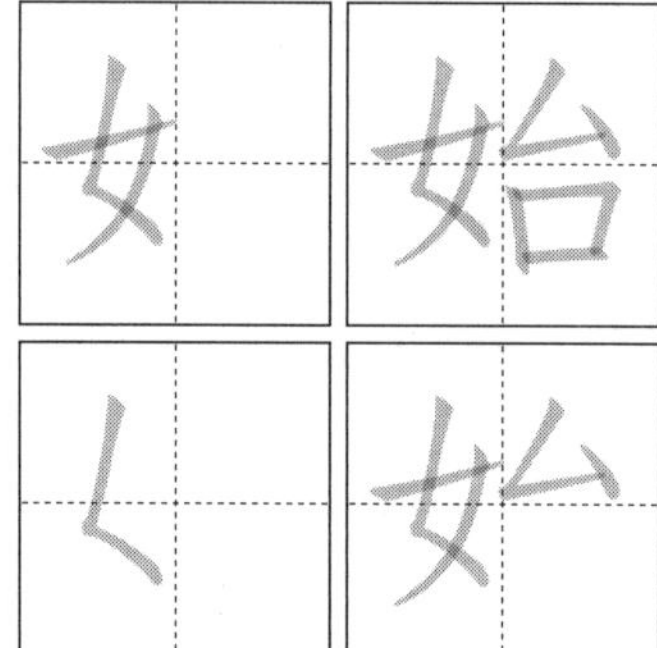

❷ 読み方クイズ

★声に出して一回読んでから、□にあう読み方を書きましょう。

始める（はじ）
↓
始める（は□）
↓
始める（□□）

❸ 漢字を書こう

★□に漢字を書きましょう。下の□には、上の文を書きましょう。

勉強を□（はじ）める。

□

リマインド

日にち

★一週間後の日にちを書いてチャレンジしましょう。

★この漢字をおぼえた言葉を書きましょう。

日にち　／

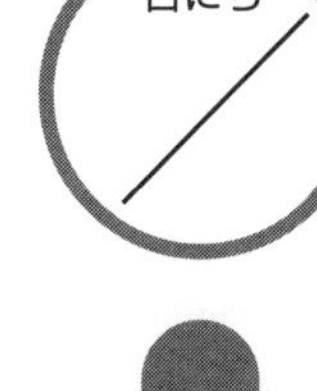
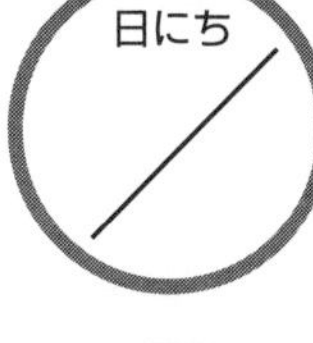
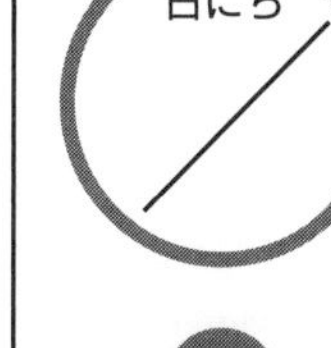

言葉や絵でおぼえよう

★次の言葉を言いながら上の漢字をなぞりましょう。

てへんに、ヒはね、日

指でかくにん。

★上の絵を見ながら、左に漢字を書きましょう。

名前

★あなたが漢字をおぼえやすい言葉を考えて書きましょう。（上と同じでもよい。）

❶ 漢字つけたし・かんせいクイズ

★四つのますの漢字を
▼なぞって、
▼つけたして、
それぞれのますをかんせいさせましょう。

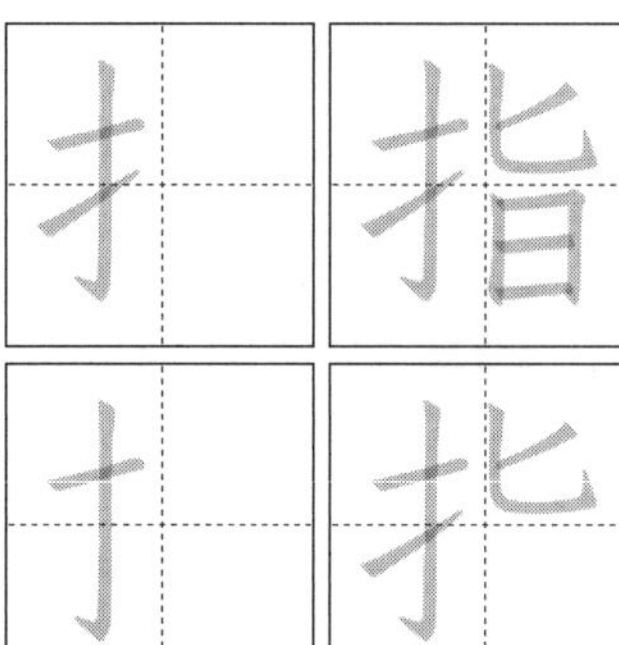

❷ 読み方クイズ

★声に出して一回読んでから、□にあう読み方を書きましょう。

指（ゆび）
↓
指（ゆ□）
↓
指（□□）

❸ 漢字を書こう

★□に漢字を書きましょう。下の□には、上の文を書きましょう。

□（ゆび）でかくにん。

リマインド

日にち　／

★一週間後の日にちを書いてチャレンジしましょう。

指　はねる　はねる

★この漢字をおぼえた言葉を書きましょう。

日にち

名前

言葉や絵でおぼえよう

★次の言葉を言いながら上の漢字をなぞりましょう。

止めるに、米、下かく、たて

★あなたが漢字をおぼえやすい言葉を考えて書きましょう。（上と同じでもよい。）

歯（は）をみがく。

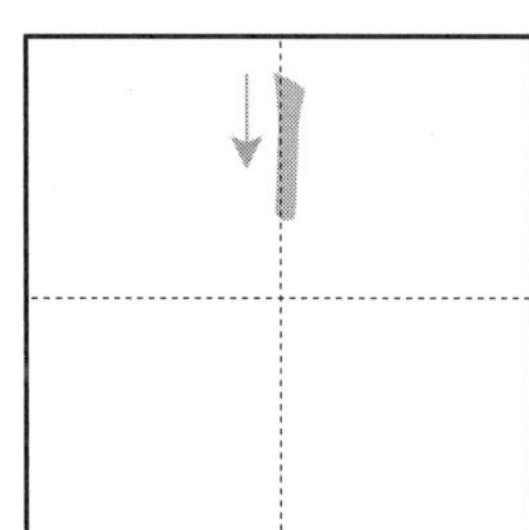

★上の絵を見ながら、左に漢字を書きましょう。

❶ 漢字つけたし・かんせいクイズ

★四つのますの漢字を
▼なぞって、
▼つけたして、
それぞれのますを
かんせいさせましょう。

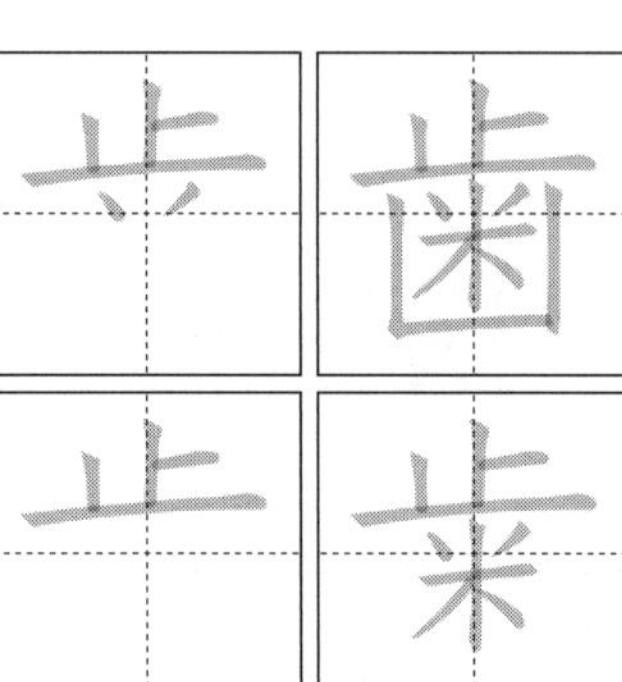

❷ 読み方クイズ

★声に出して一回読んでから、□にあう読み方を書きましょう。

歯 は

↓

歯 □

↓

歯 □

❸ 漢字を書こう

★□に漢字を書きましょう。下の□には、上の文を書きましょう。

□は をみがく。

□

リマインド

★一週間後の日にちを書いてチャレンジしましょう。

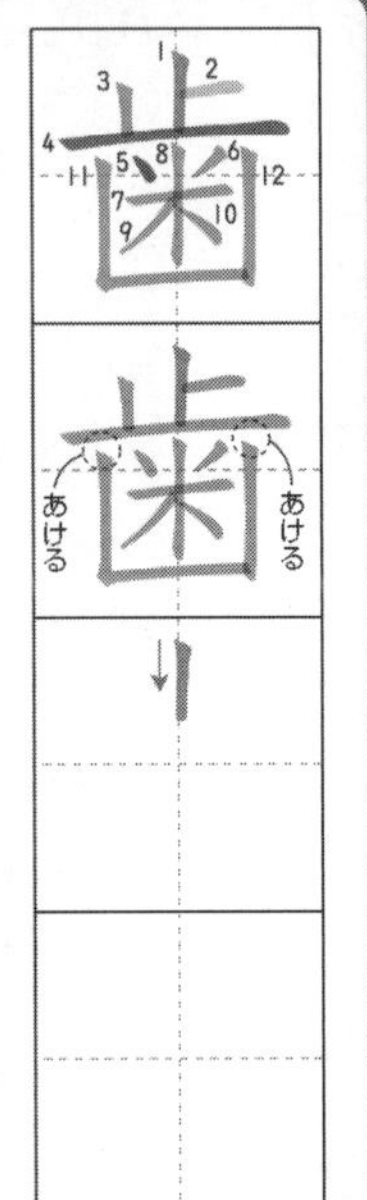

★この漢字をおぼえた言葉を書きましょう。

日にち

名前

言葉や絵でおぼえよう

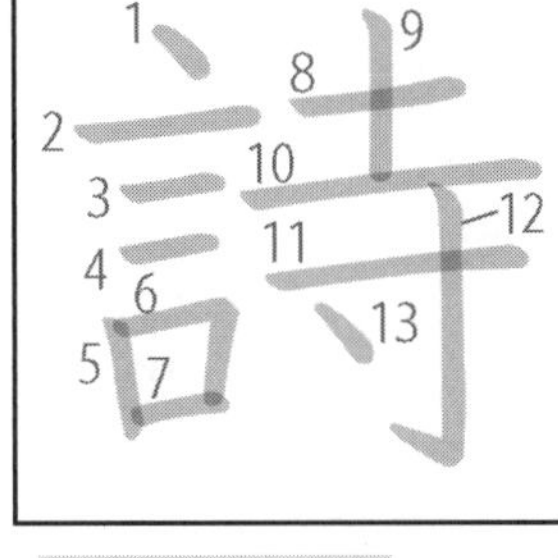

★次の言葉を言いながら上の漢字をなぞりましょう。

言うに、寺

★あなたが漢字をおぼえやすい言葉を考えて書きましょう。（上と同じでもよい。）

詩を読む。

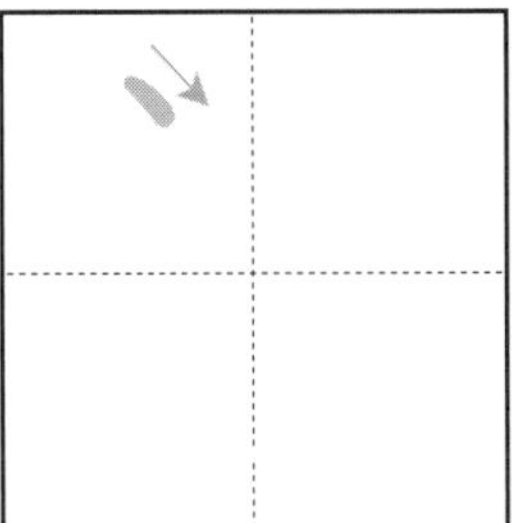

★上の絵を見ながら、左に漢字を書きましょう。

❶ 漢字つけたし・かんせいクイズ

★四つのますの漢字を▼なぞって、▼つけたして、それぞれのますをかんせいさせましょう。

言　詩　言　詩

❷ 読み方クイズ

★声に出して一回読んでから、□にあう読み方を書きましょう。

詩　し

↓

詩□

↓

詩□

❸ 漢字を書こう

★□に漢字を書きましょう。下の□には、上の文を書きましょう。

□（し）を読む。

リマインド

日にち

★一週間後の日にちを書いてチャレンジしましょう。

詩　詩　はねる

★この漢字をおぼえた言葉を書きましょう。

日にち

言葉や絵でおぼえよう

★次の言葉を言いながら上の漢字をなぞりましょう。

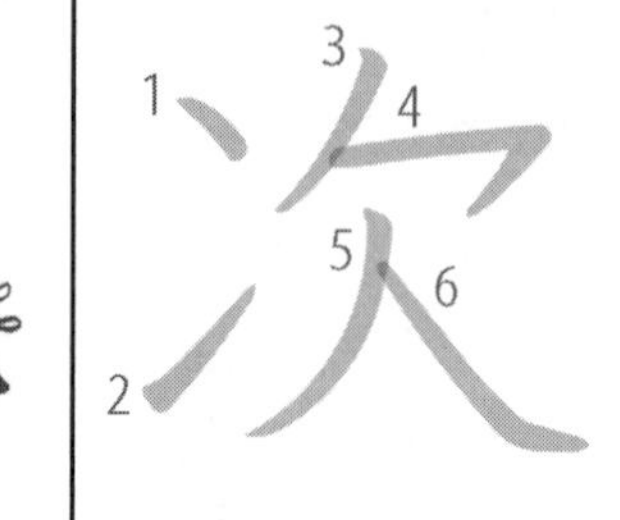

ン、ノ、フ、人

次の番。

★上の絵を見ながら、左に漢字を書きましょう。

名前

★あなたが漢字をおぼえやすい言葉を考えて書きましょう。（上と同じでもよい。）

❶ 漢字つけたし・かんせいクイズ

★四つのますの漢字を
▼なぞって、
▼つけたして、
それぞれのますをかんせいさせましょう。

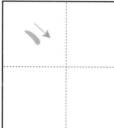

❷ 読み方クイズ

★声に出して一回読んでから、□にあう読み方を書きましょう。

次（つぎ）
↓
次□（つ）
↓
次□□

❸ 漢字を書こう

★□に漢字を書きましょう。下の□には、上の文を書きましょう。

□（つぎ）の番。

リマインド

日にち

★一週間後の日にちを書いてチャレンジしましょう。

はらう

★この漢字をおぼえた言葉を書きましょう。

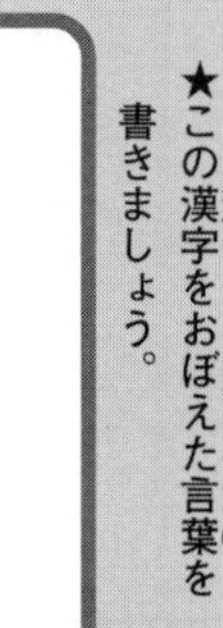

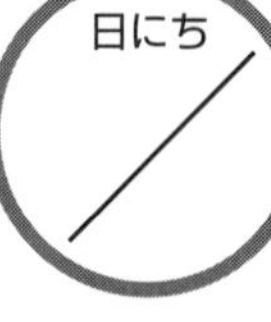

日にち

言葉や絵でおぼえよう

★次の言葉を言いながら上の漢字をなぞりましょう。

一、ロ、かく、よこ、よこ、よこ、たてはね

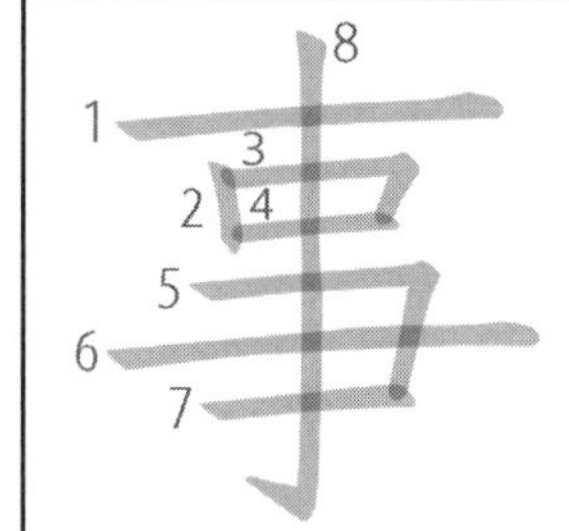

名前

★あなたが漢字をおぼえやすい言葉を考えて書きましょう。（上と同じでもよい。）

思い出の出来事（できごと）。

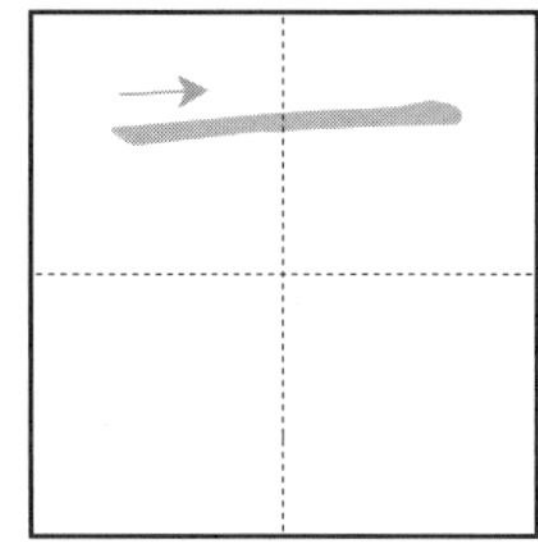

★上の絵を見ながら、左に漢字を書きましょう。

❶ 漢字つけたし・かんせいクイズ

★四つのますの漢字を
▼なぞって、
▼つけたして、
それぞれのますをかんせいさせましょう。

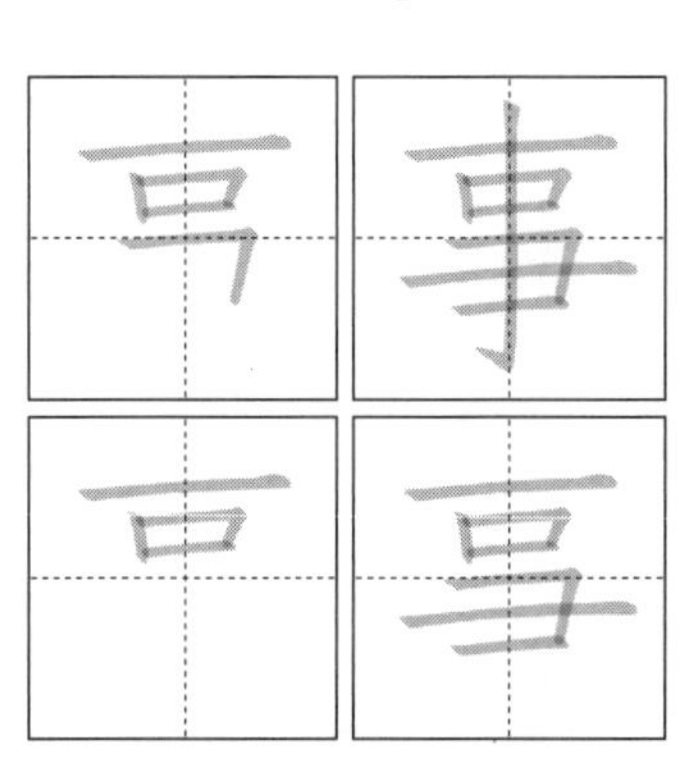

❷ 読み方クイズ

★声に出して一回読んでから、□にあう読み方を書きましょう。

出来事（ごと）
↓
出来事（ご□）
↓
出来事（□□）

❸ 漢字を書こう

★□に漢字を書きましょう。下の□には、上の文を書きましょう。

思い出の出来（でき）□（ごと）。

リマインド

日にち

★一週間後の日にちを書いてチャレンジしましょう。

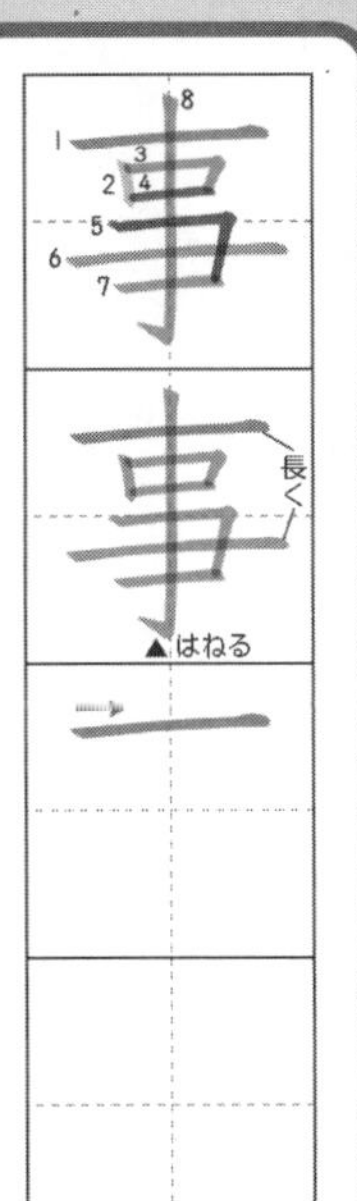

★この漢字をおぼえた言葉を書きましょう。

日にち　／

言葉や絵でおぼえよう

★次の言葉を言いながら上の漢字をなぞりましょう。

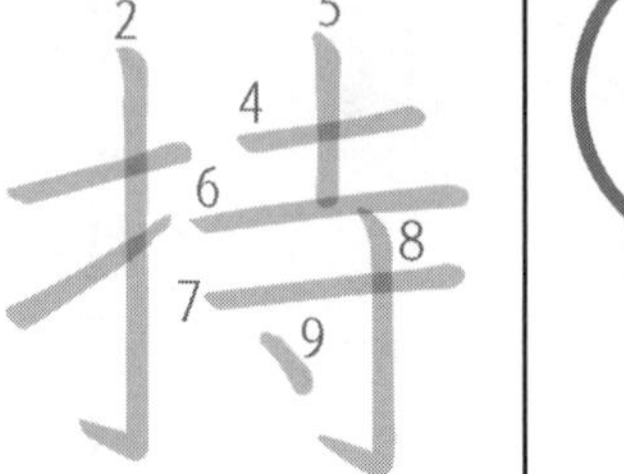

てへんに、寺

★上の絵を見ながら、左に漢字を書きましょう。

本を持つ。

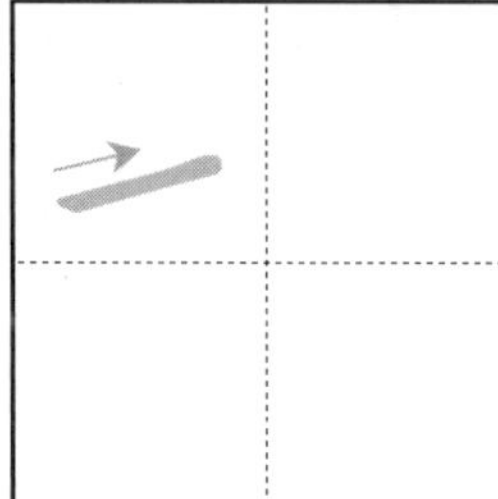

名前

★あなたが漢字をおぼえやすい言葉を考えて書きましょう。（上と同じでもよい。）

❶ 漢字つけたし・かんせいクイズ

★四つのますの漢字を
▼なぞって、
▼つけたして、
それぞれのますをかんせいさせましょう。

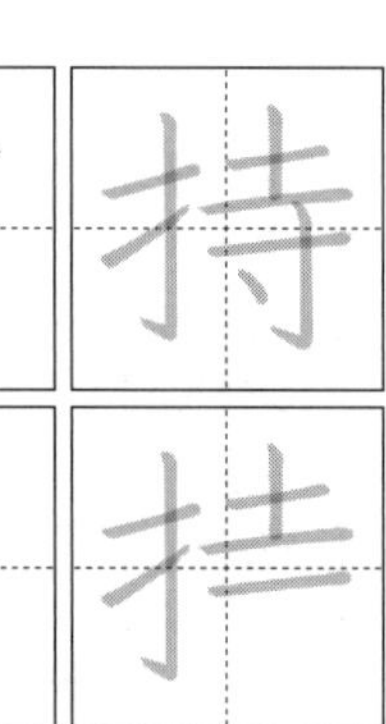

❷ 読み方クイズ

★声に出して一回読んでから、□にあう読み方を書きましょう。

持つ（も）
↓
持□つ
↓
持□つ

❸ 漢字を書こう

★□に漢字を書きましょう。下の□には、上の文を書きましょう。

本を□（も）つ。

日にち　／

リマインド

★一週間後の日にちを書いてチャレンジしましょう。

★この漢字をおぼえた言葉を書きましょう。

言葉(ことば)や絵でおぼえよう

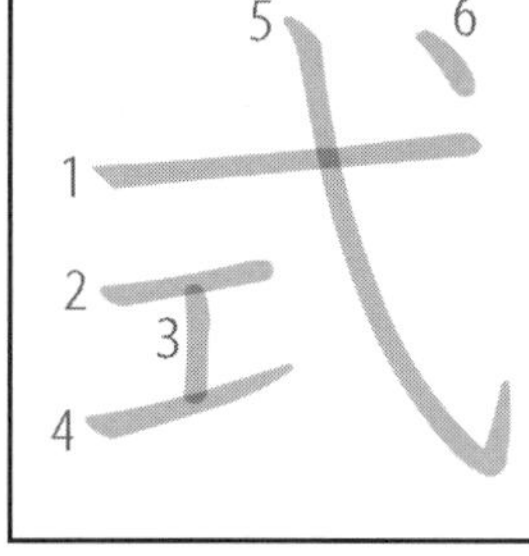

★次の言葉(ことば)を言(い)いながら上の漢字(かんじ)をなぞりましょう。

よこ、エ、つりばり、てん

名前

★あなたが漢字(かんじ)をおぼえやすい言葉(ことば)を考えて書きましょう。（上と同じでもよい。）

入学式(にゅうがくしき)

★上の絵を見ながら、左に漢字(かんじ)を書きましょう。

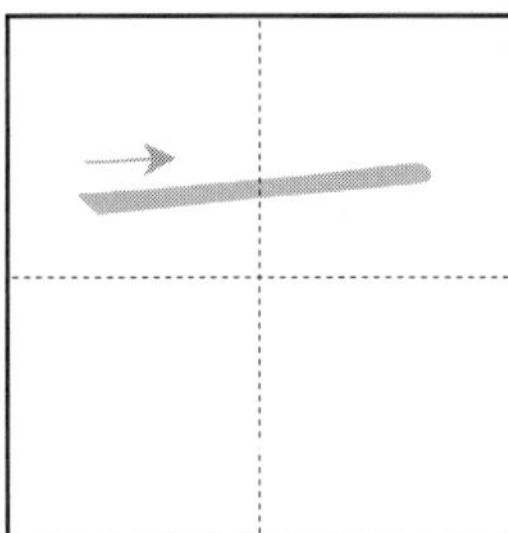

❶ 漢字(かんじ)つけたし・かんせいクイズ

★四つのますの漢字(かんじ)を
▼なぞって、
▼つけたして、
それぞれのますをかんせいさせましょう。

❷ 読み方クイズ

★声に出して一回読んでから、□にあう読み方を書きましょう。

式　しき
↓
式　し□
↓
式　□□

❸ 漢字(かんじ)を書こう

★□に漢字(かんじ)を書きましょう。下の□には、上の文を書きましょう。

入学(にゅうがく)□(しき)

リマインド

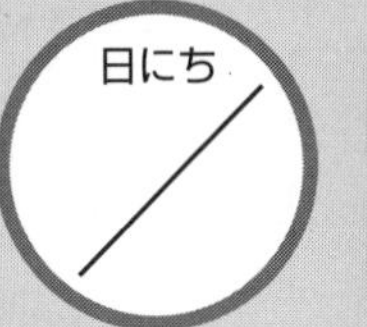

★一週間後の日にちを書いてチャレンジしましょう。

★この漢字(かんじ)をおぼえた言葉(ことば)を書きましょう。

日にち ／

言葉（ことば）や絵でおぼえよう

★次の言葉（ことば）を言い（い）ながら
上の漢字（かんじ）を
なぞりましょう。

うかんむりに、三、人

★上の絵を見ながら、
左に漢字（かんじ）を書きましょう。

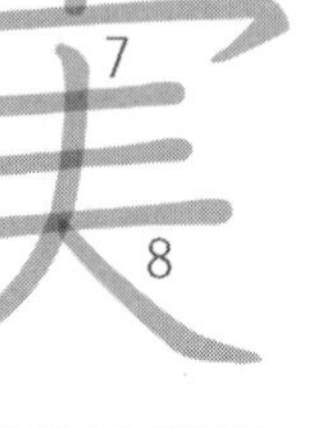

木の実（み）

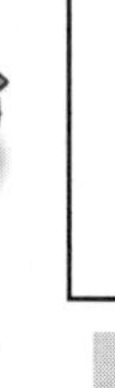

名前

★あなたが漢字（かんじ）をおぼえやすい言葉（ことば）を
考えて書きましょう。（上と同じでもよい。）

❶ 漢字（かんじ）つけたし・かんせいクイズ

★四つのますの
漢字（かんじ）を
▼なぞって、
▼つけたして、
それぞれのますを
かんせい
させましょう。

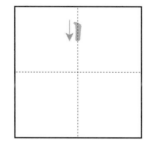

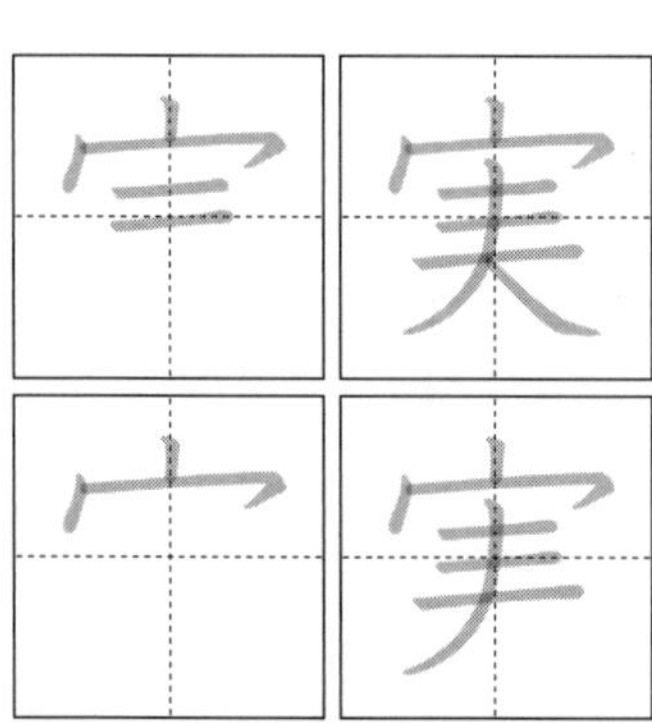

❷ 読み方クイズ

★声に出して一回読んでから、□にあう読み方を書きましょう。

実 み
↓
実□
↓
実□

❸ 漢字（かんじ）を書こう

★□に漢字（かんじ）を書きましょう。下の□には、上の文を書きましょう。

木の□（み）

リマインド

日にち ／

★一週間後の日にちを書いてチャレンジしましょう。

実 はらう

★この漢字（かんじ）をおぼえた言葉（ことば）を
書きましょう。

日にち ／

言葉（ことば）や絵でおぼえよう

★次の言葉（ことば）を言（い）いながら上の漢字（かんじ）をなぞりましょう。

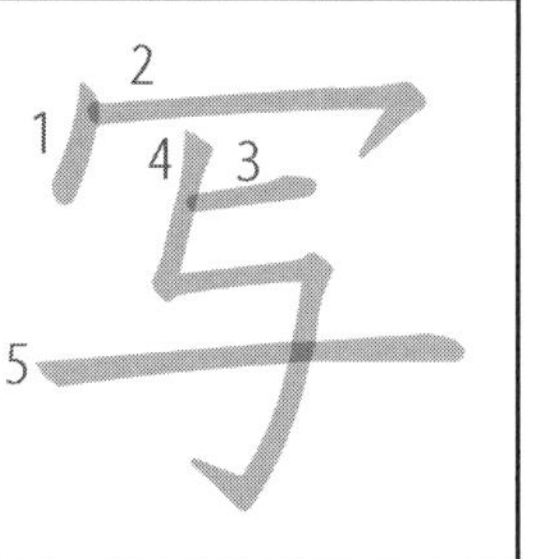

ワ、よこ、たてかくは
ね、よこ

★上の絵を見ながら、左に漢字（かんじ）を書きましょう。

写真（しゃしん）をとる。

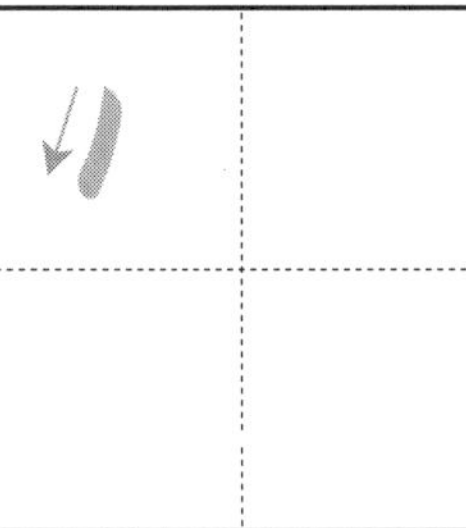

名前

★あなたが漢字（かんじ）をおぼえやすい言葉（ことば）を考えて書きましょう。（上と同じでもよい。）

❶ 漢字（かんじ）つけたし・かんせいクイズ

★四つのますの漢字（かんじ）を
▼なぞって、
▼つけたして、
それぞれのますをかんせいさせましょう。

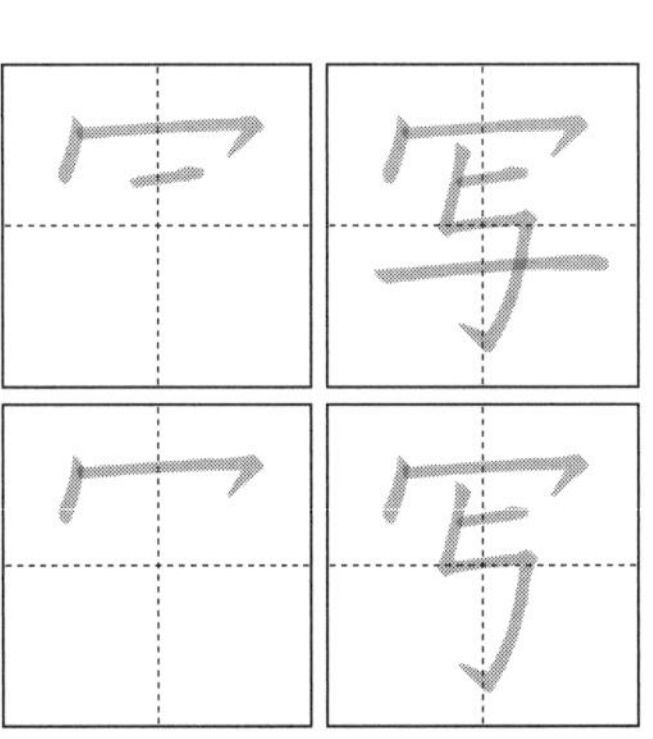

❷ 読み方クイズ

★声に出して一回読んでから、□にあう読み方を書きましょう。

しゃ
写真
↓
し□
写真
↓
□□
写真

❸ 漢字（かんじ）を書こう

★□に漢字（かんじ）を書きましょう。下の□には、上の文を書きましょう。

しゃ
□真（しん）をとる。

日にち ／

リマインド

★一週間後の日にちを書いてチャレンジしましょう。

★この漢字（かんじ）をおぼえた言葉（ことば）を書きましょう。

日にち

言葉や絵でおぼえよう

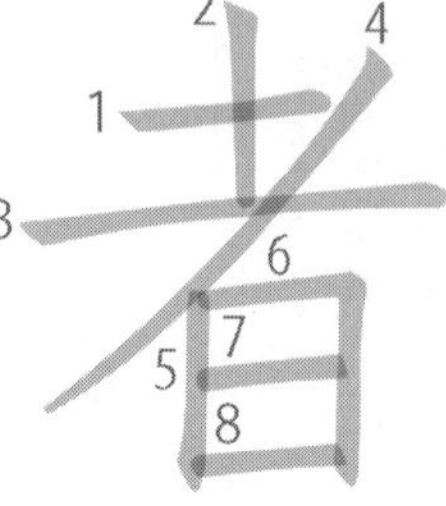

★次の言葉を言いながら上の漢字をなぞりましょう。

土、ノ、日

★あなたが漢字をおぼえやすい言葉を考えて書きましょう。（上と同じでもよい。）

名前

研究者

★上の絵を見ながら、左に漢字を書きましょう。

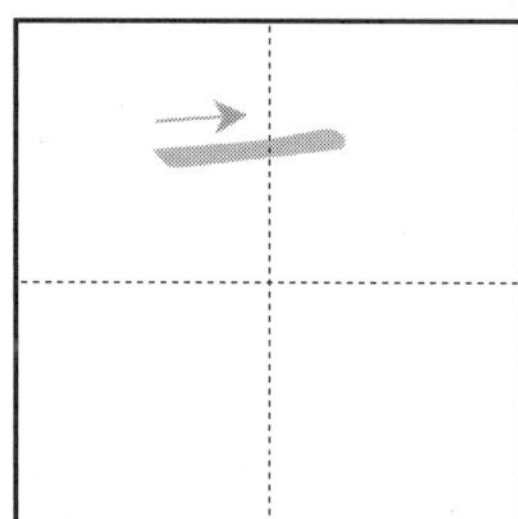

❶ 漢字つけたし・かんせいクイズ

★四つのますの漢字を
▼なぞって、
▼つけたして、
それぞれのますをかんせいさせましょう。

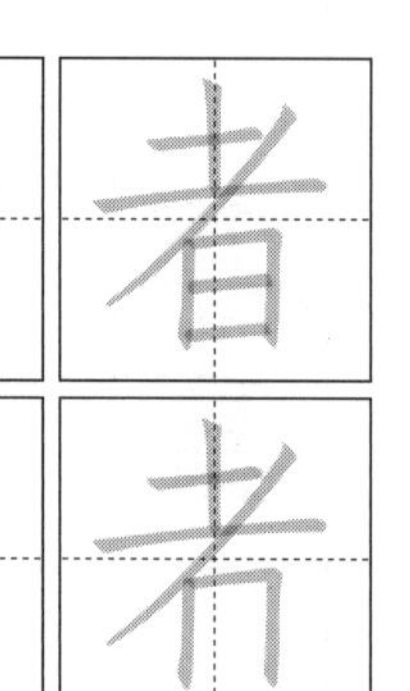

❷ 読み方クイズ

★声に出して一回読んでから、□にあう読み方を書きましょう。

者　しゃ

↓

者　し□

↓

者　□□

❸ 漢字を書こう

★□に漢字を書きましょう。下の□には、上の文を書きましょう。

研究□（しゃ）

リマインド

日にち

★一週間後の日にちを書いてチャレンジしましょう。

★この漢字をおぼえた言葉を書きましょう。

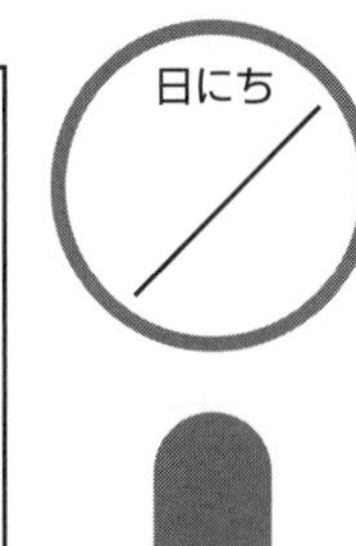

日にち　／

名前

言葉（ことば）や絵でおぼえよう

★次の言葉（ことば）を言（い）いながら上の漢字（かんじ）をなぞりましょう。

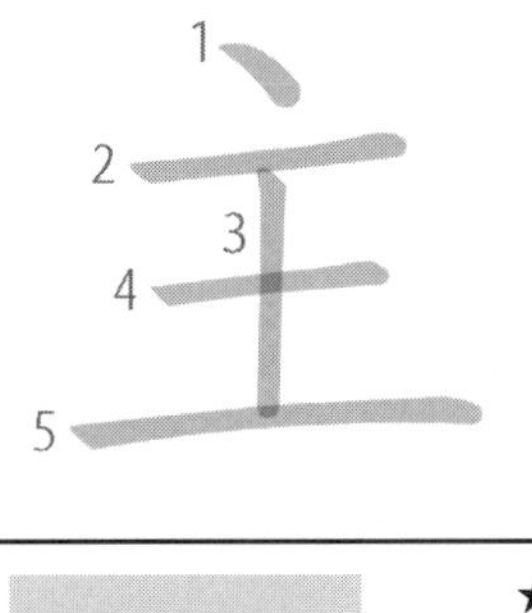

てんに、王

★あなたが漢字（かんじ）をおぼえやすい言葉（ことば）を考えて書きましょう。（上と同じでもよい。）

店の主人（しゅじん）。

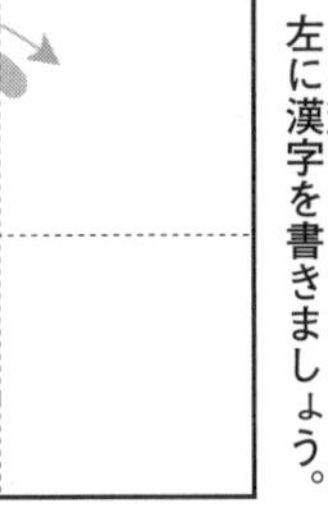

★上の絵を見ながら、左に漢字（かんじ）を書きましょう。

❶ 漢字（かんじ）つけたし・かんせいクイズ

★四つのますの漢字（かんじ）を
▼なぞって、
▼つけたして、
それぞれのますをかんせいさせましょう。

❷ 読み方クイズ

★声に出して一回読んでから、□にあう読み方を書きましょう。

主人（しゅ）
↓
主人（し□）
↓
主人（□□）

❸ 漢字（かんじ）を書こう

★□に漢字（かんじ）を書きましょう。下の□には、上の文を書きましょう。

店の□（しゅ）人（じん）。

日にち　／

リマインド

★一週間後の日にちを書いてチャレンジしましょう。

1 2 3 4 5 主　長く

★この漢字（かんじ）をおぼえた言葉（ことば）を書きましょう。

言葉(ことば)や絵でおぼえよう

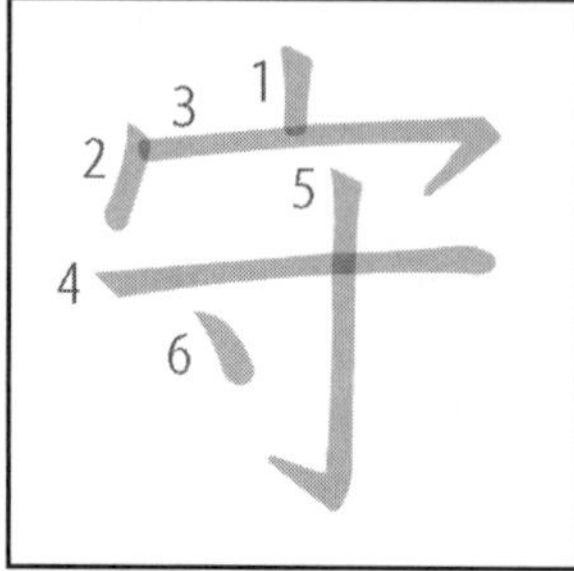

★次の言葉(ことば)を言い(い)ながら上の漢字(かんじ)をなぞりましょう。

うかんむりに、よこ、たてはね、てん

名前

★あなたが漢字(かんじ)をおぼえやすい言葉(ことば)を考えて書きましょう。（上と同じでもよい。）

★上の絵を見ながら、左に漢字(かんじ)を書きましょう。

ゴールを守(まも)る。

❶ 漢字(かんじ)つけたし・かんせいクイズ

★四つのますの漢字(かんじ)を
▼なぞって、
▼つけたして、
それぞれのますをかんせいさせましょう。

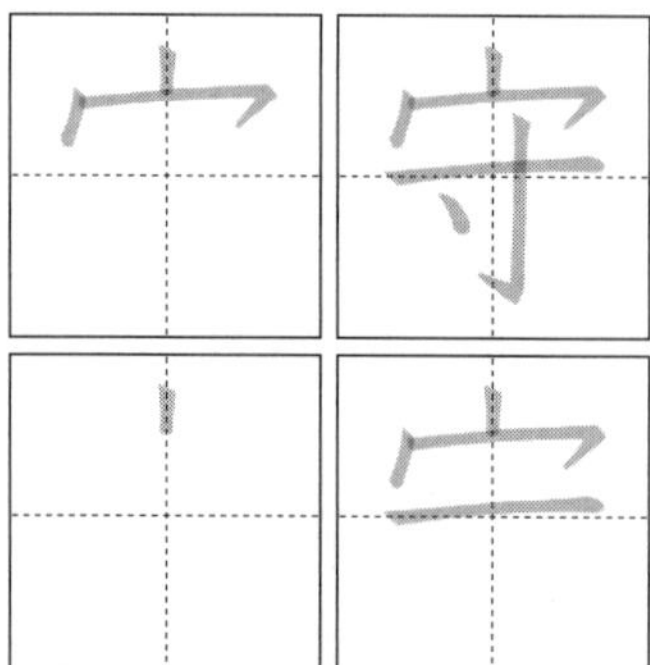

❷ 読み方クイズ

★声に出して一回読んでから、□にあう読み方を書きましょう。

まも
守る
↓
ま□
守る
↓
□□
守る

❸ 漢字(かんじ)を書こう

★□に漢字(かんじ)を書きましょう。下のには、上の文を書きましょう。

ゴールを□(まも)る。

リマインド

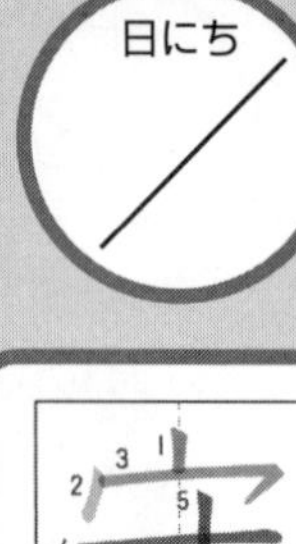

★一週間後の日にちを書いてチャレンジしましょう。

守
はねる

★この漢字(かんじ)をおぼえた言葉(ことば)を書きましょう。

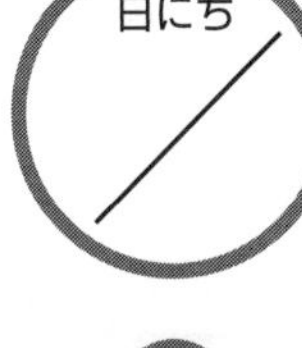
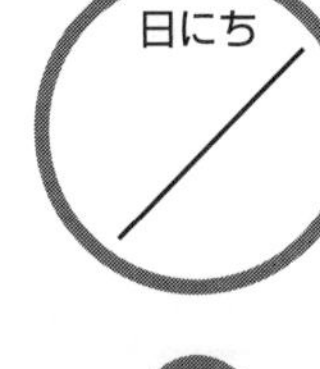

日にち

名前

言葉や絵でおぼえよう

★次の言葉を言いながら上の漢字をなぞりましょう。

耳、フ、右はらい

★あなたが漢字をおぼえやすい言葉を考えて書きましょう。（上と同じでもよい。）

取りあげる

取と

★上の絵を見ながら、左に漢字を書きましょう。

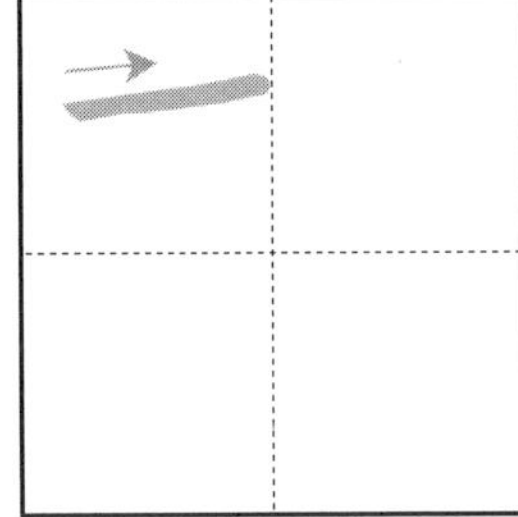

❶ 漢字つけたし・かんせいクイズ

★四つのますの漢字を
▼なぞって、
▼つけたして、
それぞれのますをかんせいさせましょう。

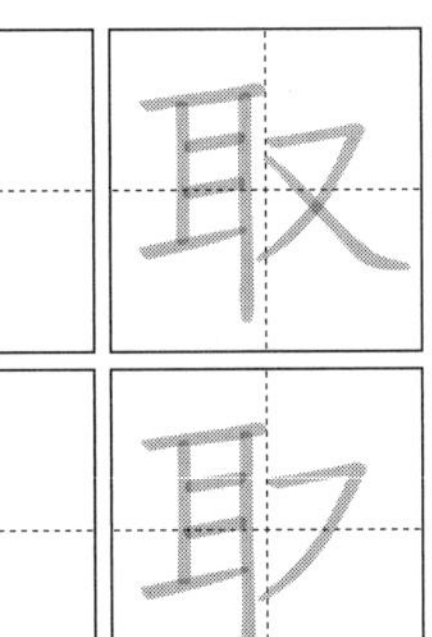

❷ 読み方クイズ

★声に出して一回読んでから、□にあう読み方を書きましょう。

取る と

↓

取□る

↓

取□る

❸ 漢字を書こう

★□に漢字を書きましょう。下の□には、上の文を書きましょう。

□と

りあげる

リマインド

日にち

★一週間後の日にちを書いてチャレンジしましょう。

出さない

★この漢字をおぼえた言葉を書きましょう。

日にち

言葉（ことば）や絵でおぼえよう

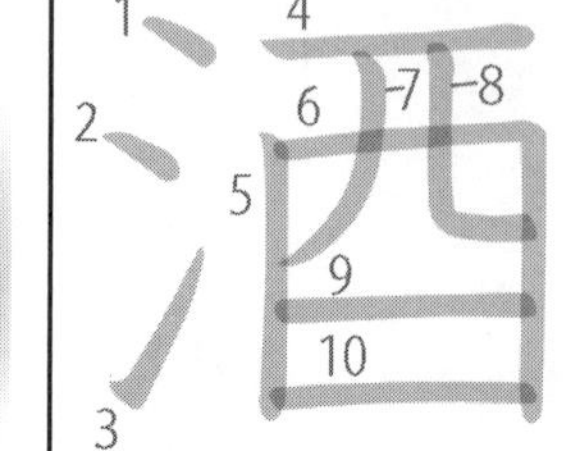

★次の言葉（ことば）を言（い）いながら上の漢字（かんじ）をなぞりましょう。

シに、西のよこ2つ

★上の絵を見ながら、左に漢字（かんじ）を書きましょう。

酒（さけ）を飲（の）む。

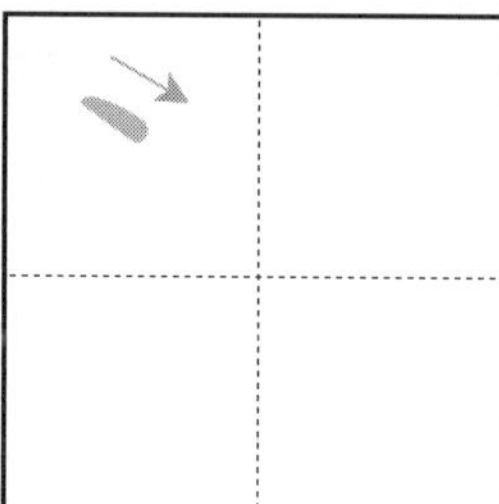

名前

★あなたが漢字（かんじ）をおぼえやすい言葉（ことば）を考えて書きましょう。（上と同じでもよい。）

❶ 漢字（かんじ）つけたし・かんせいクイズ

★四つのますの漢字（かんじ）を
▼なぞって、
▼つけたして、
それぞれのますをかんせいさせましょう。

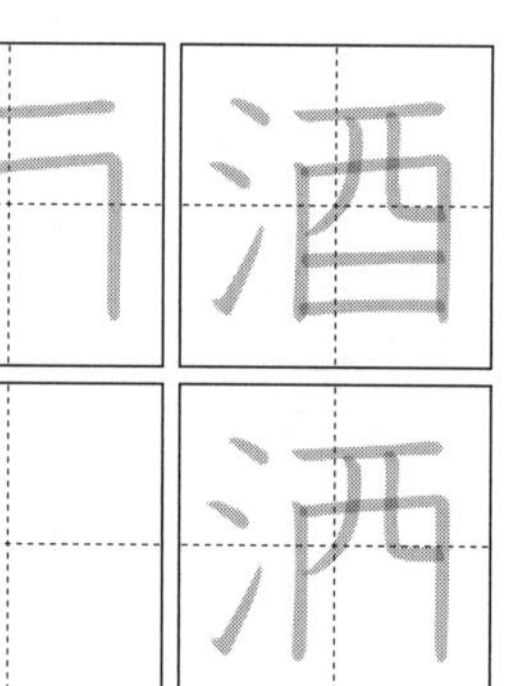

❷ 読み方クイズ

★声に出して一回読んでから、□にあう読み方を書きましょう。

酒（さけ）
↓
酒（さ□）
↓
酒（□□）

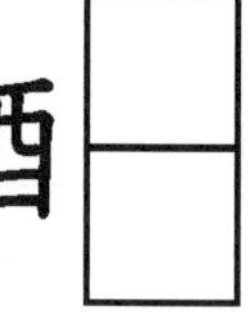

❸ 漢字（かんじ）を書こう

★□に漢字（かんじ）を書きましょう。下の□には、上の文を書きましょう。

□（さけ）を飲（の）む。

□

リマインド

日にち

★一週間後の日にちを書いてチャレンジしましょう。

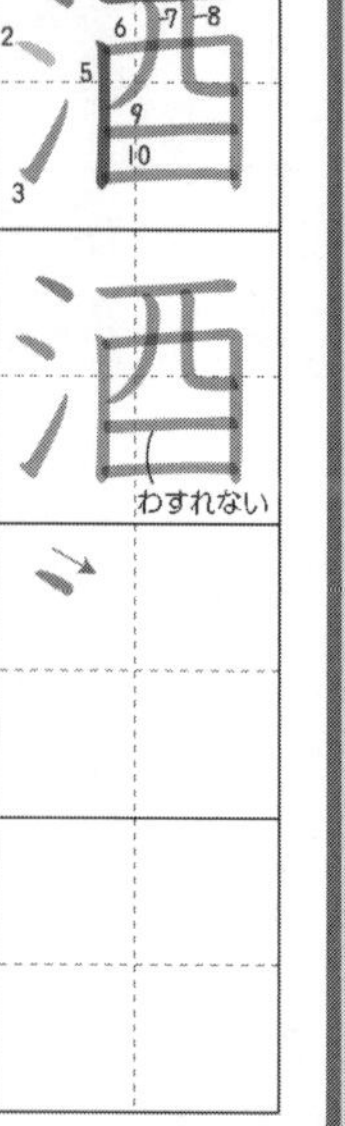

わすれない

★この漢字（かんじ）をおぼえた言葉（ことば）を書きましょう。

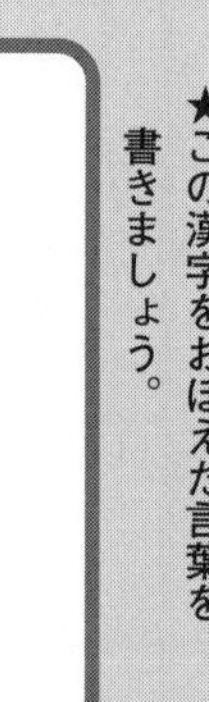

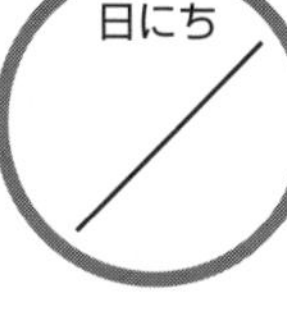

日にち

言葉や絵でおぼえよう

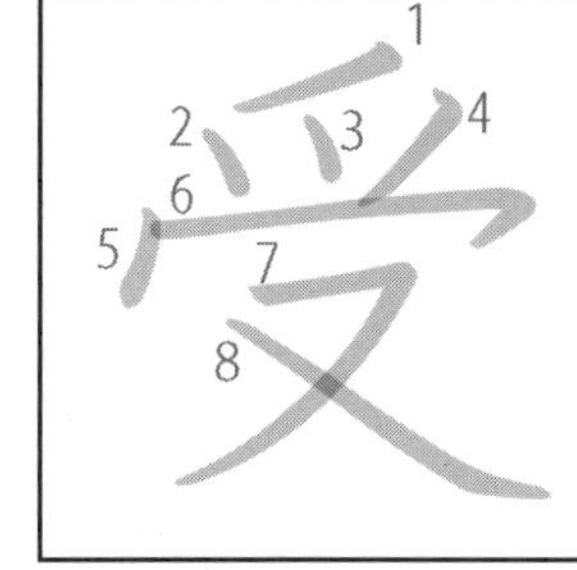

★次の言葉を言いながら上の漢字をなぞりましょう。

ノ、ツ、ワ、フ、右は らい

★上の絵を見ながら、左に漢字を書きましょう。

表しょうを受ける。

名前

★あなたが漢字をおぼえやすい言葉を考えて書きましょう。（上と同じでもよい。）

❶ 漢字つけたし・かんせいクイズ

★四つのますの漢字を
▼なぞって、
▼つけたして、
それぞれのますを
かんせいさせましょう。

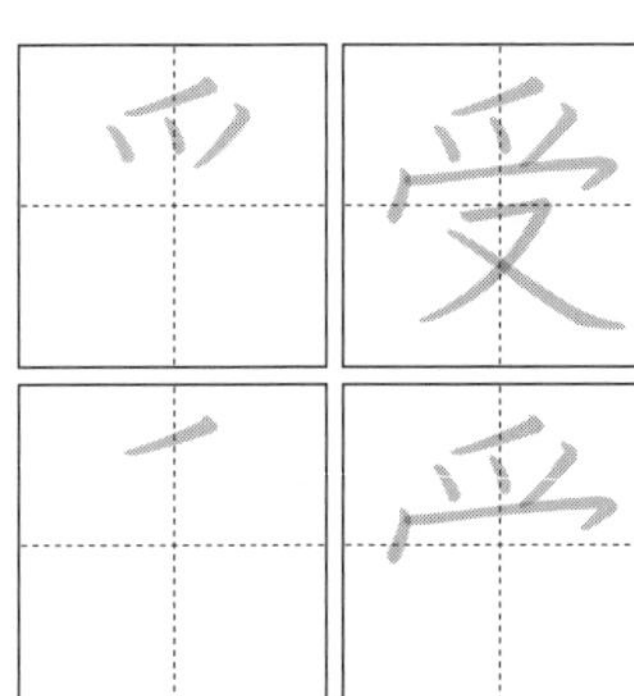

❷ 読み方クイズ

★声に出して一回読んでから、□にあう読み方を書きましょう。

う
受ける → 受□る → 受□る

❸ 漢字を書こう

★□に漢字を書きましょう。下の□には、上の文を書きましょう。

表しょうを□ける。

リマインド

日にち

★一週間後の日にちを書いてチャレンジしましょう。

はらう
はらう

★この漢字をおぼえた言葉を書きましょう。

日にち

言葉や絵でおぼえよう

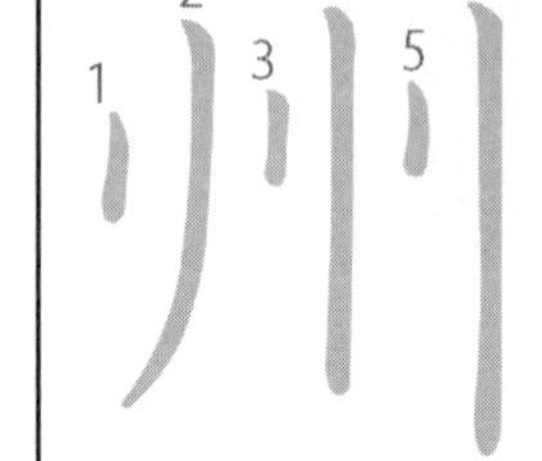

★次の言葉を言いながら上の漢字をなぞりましょう。

てん、たてはらい、てん、たて、てん、たて

九州の地図。

★上の絵を見ながら、左に漢字を書きましょう。

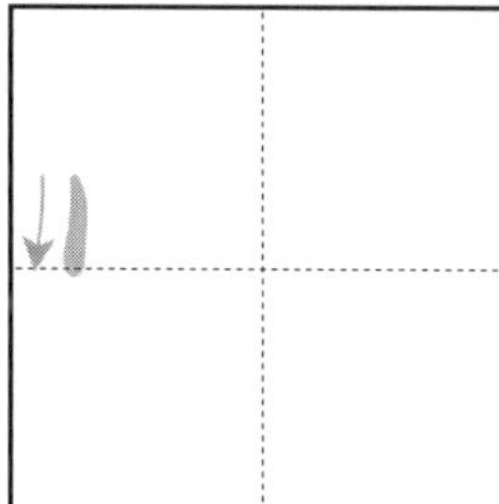

名前

★あなたが漢字をおぼえやすい言葉を考えて書きましょう。(上と同じでもよい。)

❶ 漢字つけたし・かんせいクイズ

★四つのますの漢字を
▼なぞって、
▼つけたして、
それぞれのますをかんせいさせましょう。

❷ 読み方クイズ

★声に出して一回読んでから、□にあう読み方を書きましょう。

九州 しゅう
↓
九州 し□□
↓
九州 □□□

❸ 漢字を書こう

★□に漢字を書きましょう。下の□には、上の文を書きましょう。

九□(しゅう)の地図。

リマインド

日にち

★一週間後の日にちを書いてチャレンジしましょう。

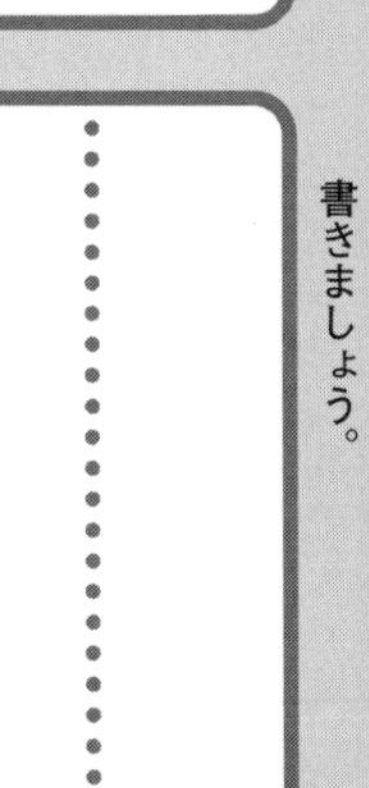

★この漢字をおぼえた言葉を書きましょう。

言葉や絵でおぼえよう

★次の言葉を言いながら上の漢字をなぞりましょう。

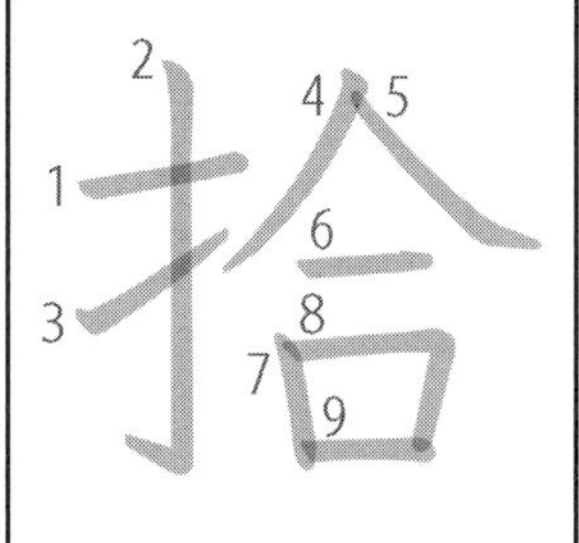

てへんに、合う

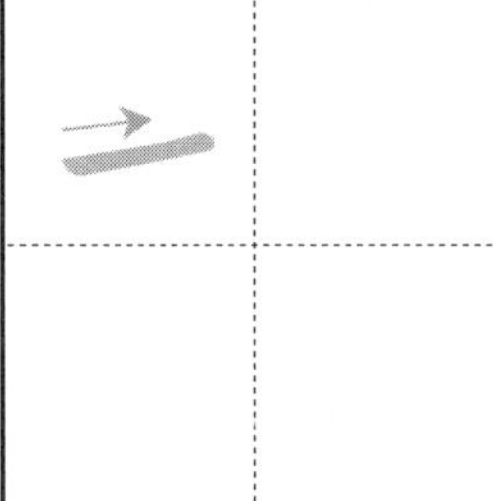

さいふを拾（ひろ）う。

★上の絵を見ながら、左に漢字を書きましょう。

名前

★あなたが漢字をおぼえやすい言葉を考えて書きましょう。（上と同じでもよい。）

❶ 漢字つけたし・かんせいクイズ

★四つのますの漢字を▼なぞって、▼つけたして、それぞれのますをかんせいさせましょう。

❷ 読み方クイズ

★声に出して一回読んでから、□にあう読み方を書きましょう。

ひろ
拾う
↓
ひ□
拾う
↓
□□
拾う

❸ 漢字を書こう

★□に漢字を書きましょう。下の□には、上の文を書きましょう。

さいふを□（ひろ）う。

リマインド

★一週間後の日にちを書いてチャレンジしましょう。

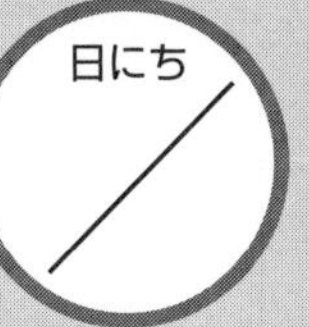

はねる

★この漢字をおぼえた言葉を書きましょう。

日にち　／

言葉や絵でおぼえよう

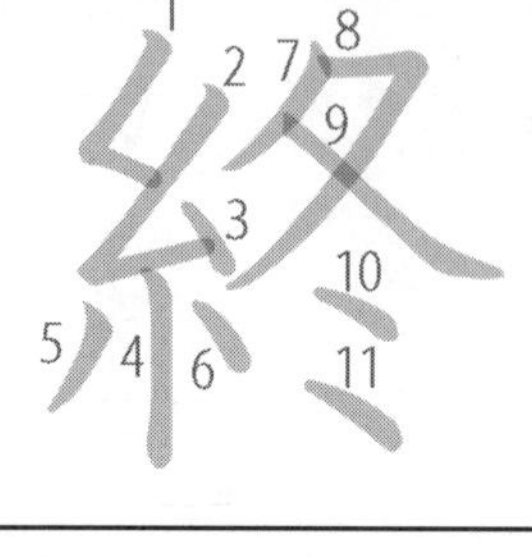

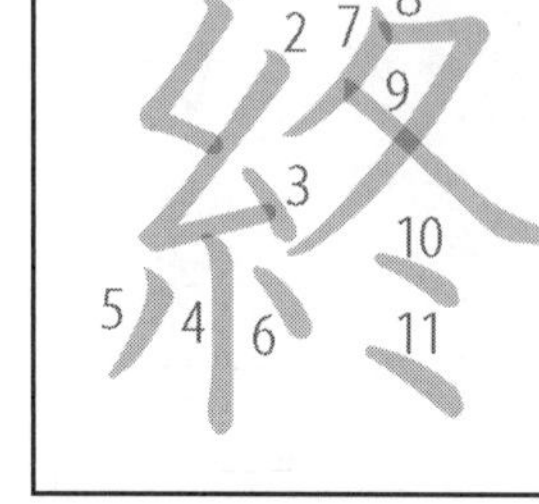

★次の言葉を言いながら上の漢字をなぞりましょう。

糸に、冬

★あなたが漢字をおぼえやすい言葉を考えて書きましょう。（上と同じでもよい。）

名前

これで終わり。

★上の絵を見ながら、左に漢字を書きましょう。

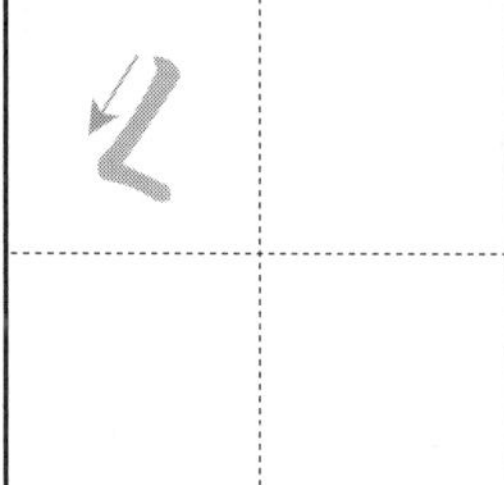

❶ 漢字つけたし・かんせいクイズ

★四つのますの漢字を▼なぞって、▼つけたして、それぞれのますをかんせいさせましょう。

❷ 読み方クイズ

★声に出して一回読んでから、□にあう読み方を書きましょう。

終わり → 終□わり → 終□わり

❸ 漢字を書こう

★□に漢字を書きましょう。下の□には、上の文を書きましょう。

これで□わり。

リマインド

日にち　／

★一週間後の日にちを書いてチャレンジしましょう。

とめる

★この漢字をおぼえた言葉を書きましょう。

言葉や絵でおぼえよう

★次の言葉を言いながら上の漢字をなぞりましょう。

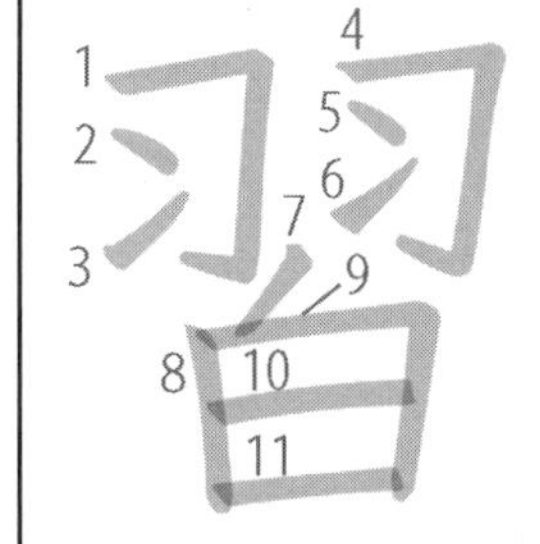

羽に、白

習字をする。

★上の絵を見ながら、左に漢字を書きましょう。

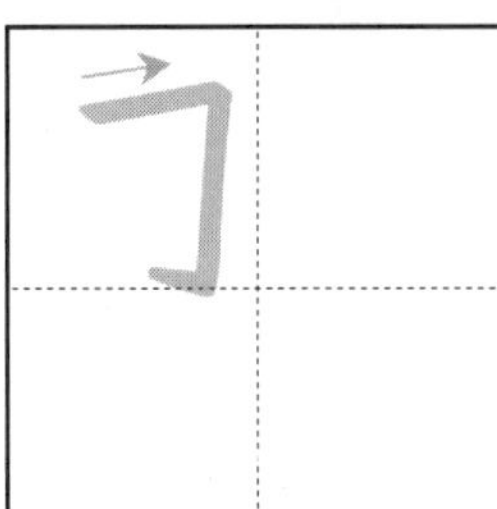

名前

★あなたが漢字をおぼえやすい言葉を考えて書きましょう。（上と同じでもよい。）

❶ 漢字つけたし・かんせいクイズ

★四つのますの漢字を
▼なぞって、
▼つけたして、
それぞれのますをかんせいさせましょう。

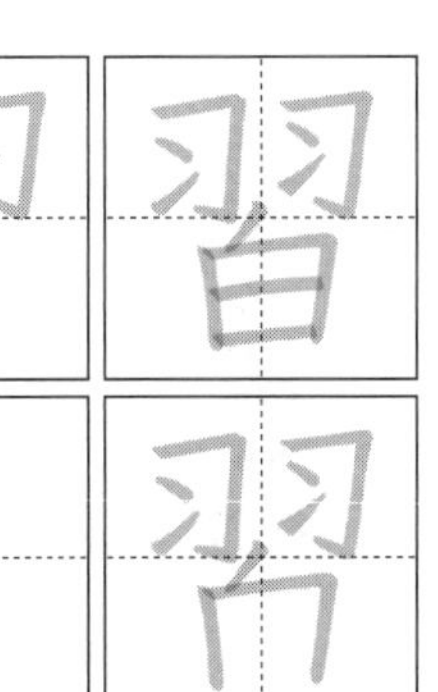

❷ 読み方クイズ

★声に出して一回読んでから、□にあう読み方を書きましょう。

しゅう
習字
↓
し□□
習字
↓
□□□
習字

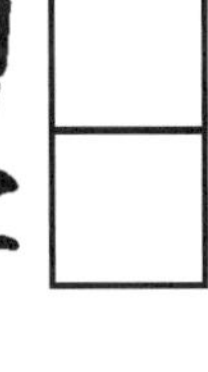

❸ 漢字を書こう

★□に漢字を書きましょう。下の□には、上の文を書きましょう。

しゅう
□字をする。

リマインド

★一週間後の日にちを書いてチャレンジしましょう。

日にち

習 はねる はねる

★この漢字をおぼえた言葉を書きましょう。

言葉（ことば）や絵でおぼえよう

★次の言葉（ことば）を言（い）いながら上の漢字（かんじ）をなぞりましょう。

ノ、たて、てん、よこ、たて、三、木

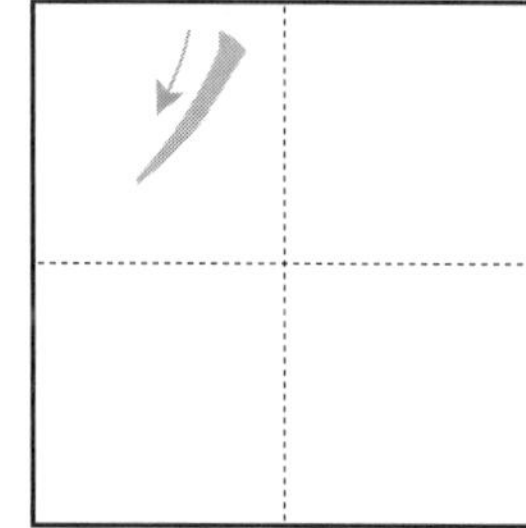

★上の絵を見ながら、左に漢字（かんじ）を書きましょう。

こちらに集（あつ）まれ。

名前

★あなたが漢字（かんじ）をおぼえやすい言葉（ことば）を考えて書きましょう。（上と同じでもよい。）

❶ 漢字（かんじ）つけたし・かんせいクイズ

★四つのますの漢字（かんじ）を
▼なぞって、
▼つけたして、
それぞれのますをかんせいさせましょう。

集　隹　仹　亻

❷ 読み方クイズ

★声に出して一回読んでから、□にあう読み方を書きましょう。

集（あつ）まる → 集（あ□）まる → 集（□□）まる

❸ 漢字（かんじ）を書こう

★□に漢字（かんじ）を書きましょう。下の□には、上の文を書きましょう。

こちらに□（あつ）まれ。

リマインド

日にち

★一週間後の日にちを書いてチャレンジしましょう。

集　集　ノ

はらう　はらう

★この漢字（かんじ）をおぼえた言葉（ことば）を書きましょう。

名前

言葉や絵でおぼえよう

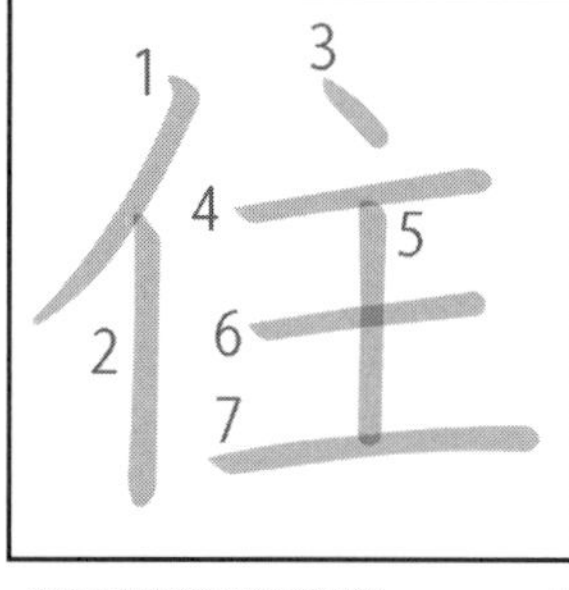

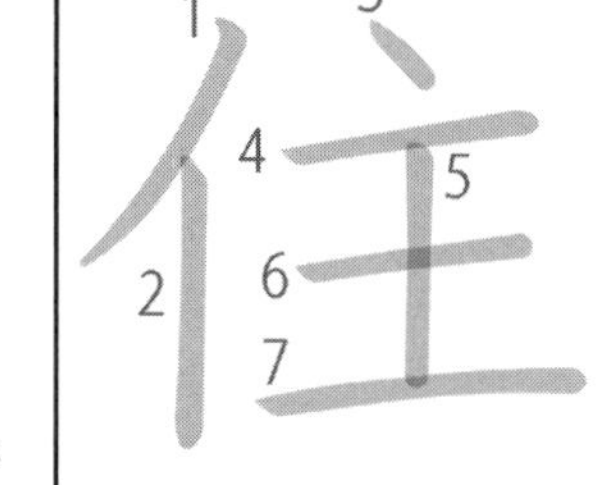

★次の言葉を言いながら上の漢字をなぞりましょう。

イ、てん、王

★あなたが漢字をおぼえやすい言葉を考えて書きましょう。（上と同じでもよい。）

ここに住(す)む。

★上の絵を見ながら、左に漢字を書きましょう。

❶ 漢字つけたし・かんせいクイズ

★四つのますの漢字を
▼なぞって、
▼つけたして、
それぞれのますをかんせいさせましょう。

❷ 読み方クイズ

★声に出して一回読んでから、□にあう読み方を書きましょう。

住む（す）

↓

住□む

↓

住□む

❸ 漢字を書こう

★□に漢字を書きましょう。下の□には、上の文を書きましょう。

ここに□(す)む。

リマインド

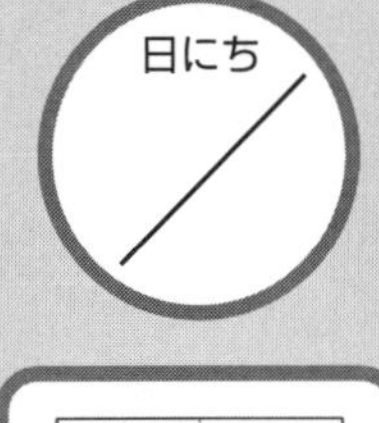

★一週間後の日にちを書いてチャレンジしましょう。

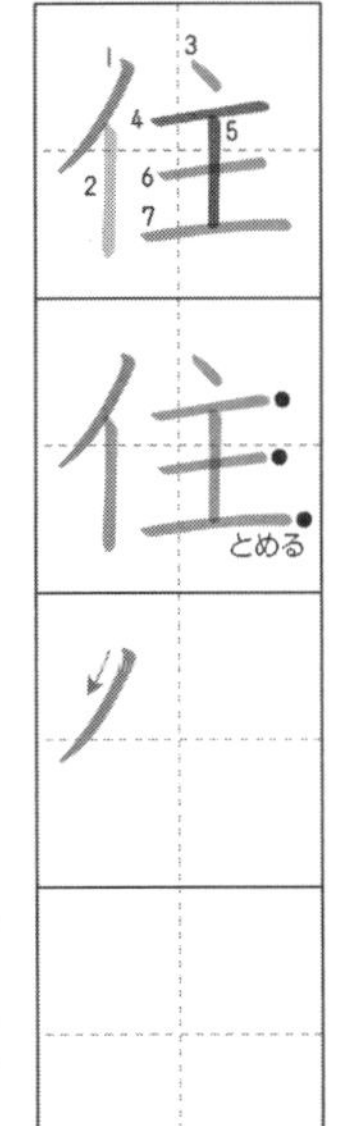

★この漢字をおぼえた言葉を書きましょう。

日にち　／

言葉（ことば）や絵でおぼえよう

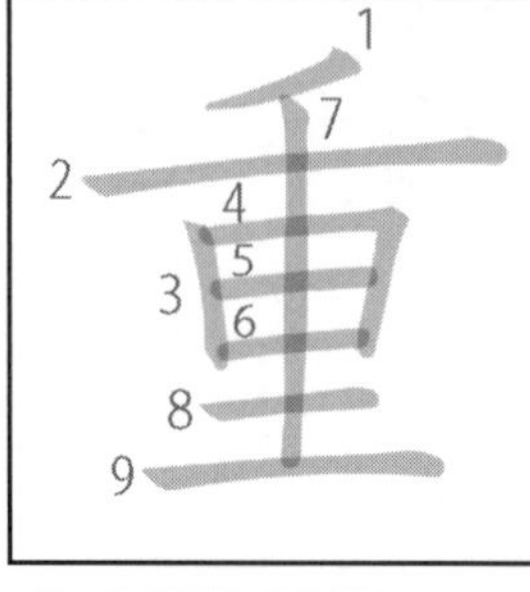

★次の言葉（ことば）を言（い）いながら上の漢字（かんじ）をなぞりましょう。

ノ、よこ、日に、たて、
よこ、よこ

体重（たいじゅう）が重（おも）い。

★上の絵を見ながら、左に漢字（かんじ）を書きましょう。

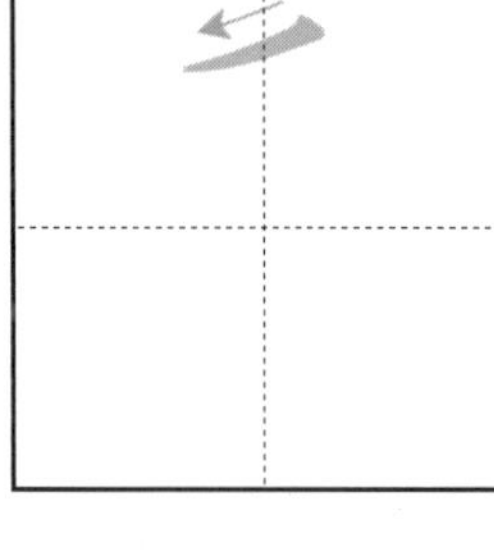

名前

★あなたが漢字（かんじ）をおぼえやすい言葉（ことば）を考えて書きましょう。（上と同じでもよい。）

❶ 漢字（かんじ）つけたし・かんせいクイズ

★四つのますの漢字（かんじ）を
▼なぞって、
▼つけたして、
それぞれのますを
かんせい
させましょう。

❷ 読み方クイズ

★声に出して一回読んでから、□にあう読み方を書きましょう。

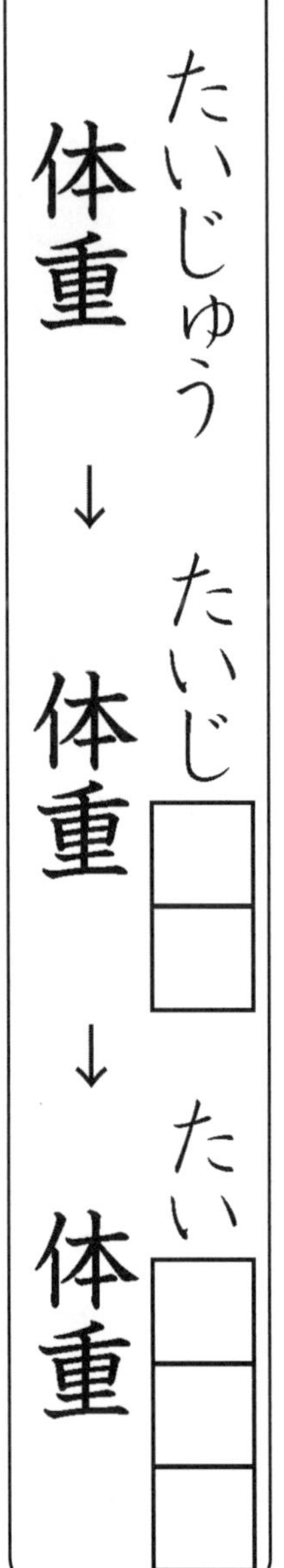

たいじゅう
体重
↓
たいじ□
体重
↓
たい□□□
体重

❸ 漢字（かんじ）を書こう

★□に漢字（かんじ）を書きましょう。下の□には、上の文を書きましょう。

体（たい）□（じゅう）が重（おも）い。

リマインド

日にち　／

★一週間後の日にちを書いてチャレンジしましょう。

★この漢字（かんじ）をおぼえた言葉（ことば）を書きましょう。

日にち ／

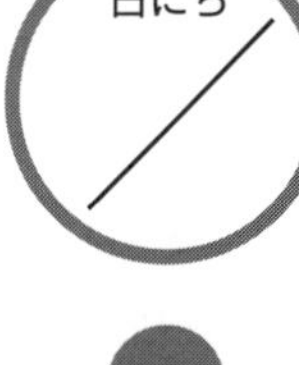

言葉(ことば)や絵でおぼえよう

★次の言葉(ことば)を言(い)いながら上の漢字(かんじ)をなぞりましょう。

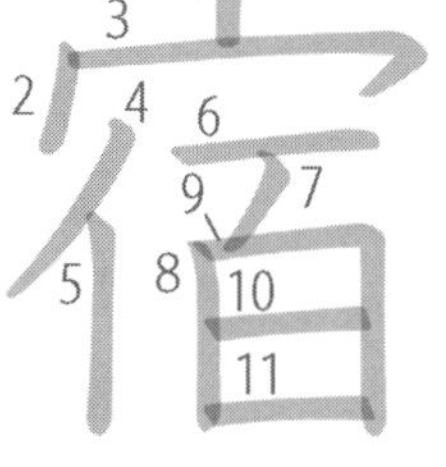

うかんむりに、イと、百

★上の絵を見ながら、左に漢字(かんじ)を書きましょう。

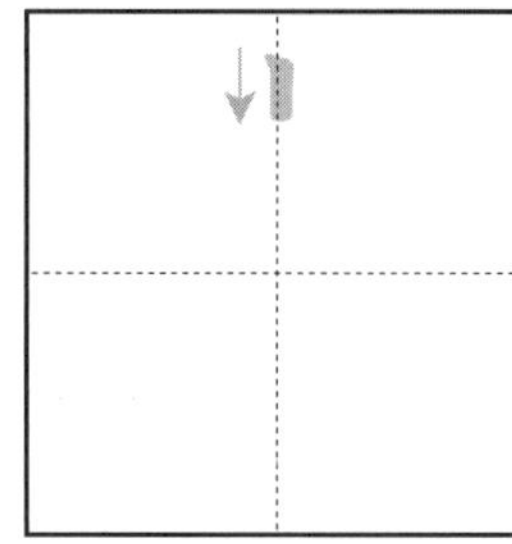

わすれた宿(しゅく)だい。

名前

★あなたが漢字(かんじ)をおぼえやすい言葉(ことば)を考えて書きましょう。（上と同じでもよい。）

❶ 漢字(かんじ)つけたし・かんせいクイズ

★四つのますの漢字(かんじ)を
▼なぞって、
▼つけたして、
それぞれのますをかんせいさせましょう。

❷ 読み方クイズ

★声に出して一回読んでから、□にあう読み方を書きましょう。

しゅく
宿だい
↓
し□□
宿だい
↓
□□□
宿だい

❸ 漢字(かんじ)を書こう

★□に漢字(かんじ)を書きましょう。下の□には、上の文を書きましょう。

わすれた□(しゅく)だい。

リマインド

日にち ／

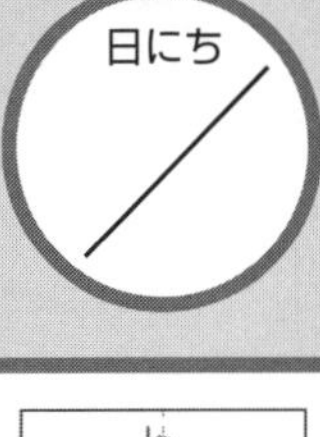

★一週間後の日にちを書いてチャレンジしましょう。

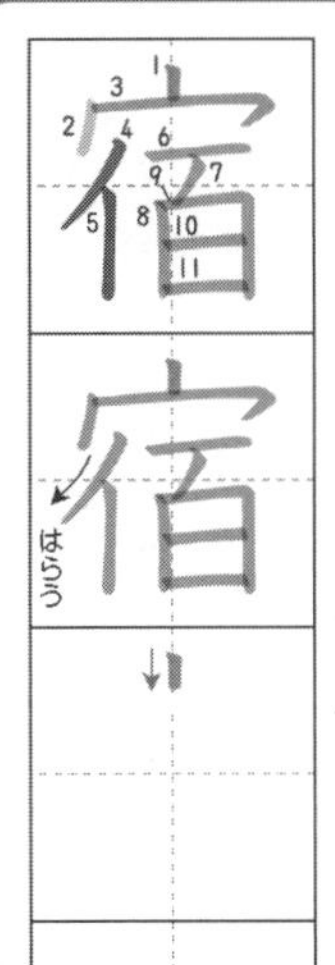

★この漢字(かんじ)をおぼえた言葉(ことば)を書きましょう。

名前

言葉(ことば)や絵でおぼえよう

★次の言葉(ことば)を言(い)いながら上の漢字(かんじ)をなぞりましょう。

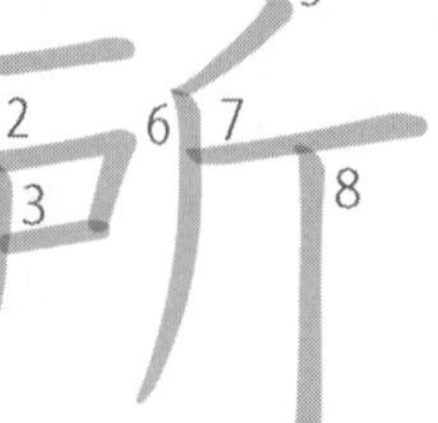

戸、ノ、たて、たてはらい、よこ、たて

★あなたが漢字(かんじ)をおぼえやすい言葉(ことば)を考えて書きましょう。（上と同じでもよい。）

ごみすて場所(ばしょ)

★上の絵を見ながら、左に漢字(かんじ)を書きましょう。

❶ 漢字(かんじ)つけたし・かんせいクイズ

★四つのますの漢字(かんじ)を
▼なぞって、
▼つけたして、
それぞれのますをかんせいさせましょう。

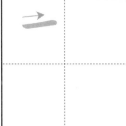

❷ 読み方クイズ

★声に出して一回読んでから、□にあう読み方を書きましょう。

場所 しょ
↓
場所 し□
↓
場所 □□

❸ 漢字(かんじ)を書こう

★□に漢字(かんじ)を書きましょう。下の□には、上の文を書きましょう。

ごみすて場(ば)□(しょ)

リマインド

日にち

★一週間後の日にちを書いてチャレンジしましょう。

はらう

★この漢字(かんじ)をおぼえた言葉(ことば)を書きましょう。

名前

日にち　／

言葉や絵でおぼえよう

★次の言葉を言いながら上の漢字をなぞりましょう。

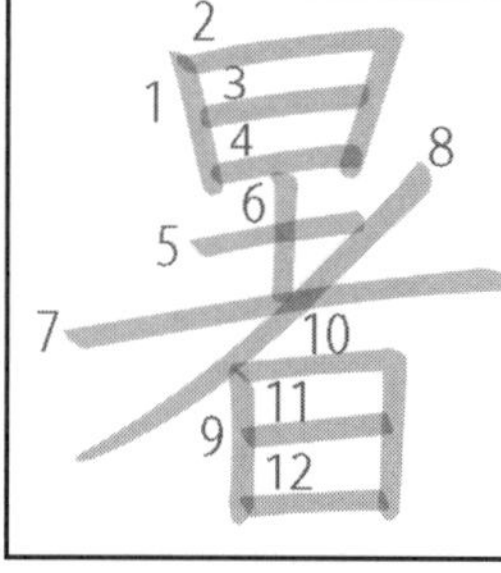

日に、土、ノ、日

暑い日。

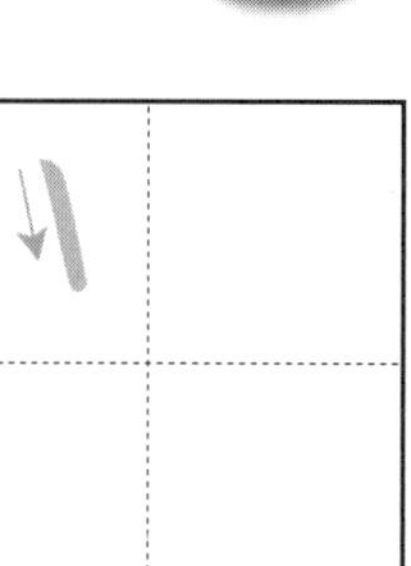

★上の絵を見ながら、左に漢字を書きましょう。

★あなたが漢字をおぼえやすい言葉を考えて書きましょう。（上と同じでもよい。）

❶ 漢字つけたし・かんせいクイズ

★四つのますの漢字を
▼なぞって、
▼つけたして、
それぞれのますをかんせいさせましょう。

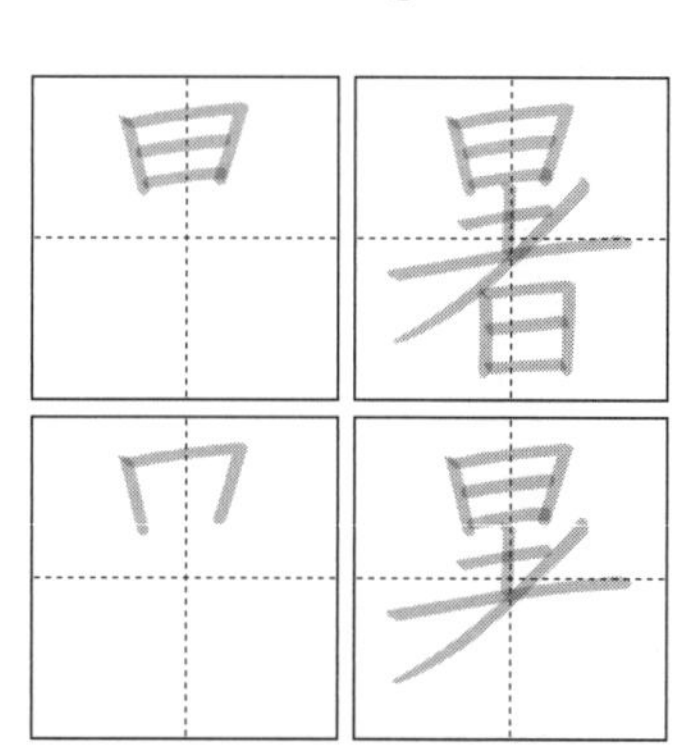

❷ 読み方クイズ

★声に出して一回読んでから、□にあう読み方を書きましょう。

暑い（あつ）→ 暑い（あ□）→ 暑い（□□）

❸ 漢字を書こう

★□に漢字を書きましょう。下の□には、上の文を書きましょう。

□（あつ）い日。

リマインド

日にち　／

★一週間後の日にちを書いてチャレンジしましょう。

暑　長く　はらう

★この漢字をおぼえた言葉を書きましょう。

日にち

名前

言葉や絵でおぼえよう

★次の言葉を言いながら上の漢字をなぞりましょう。

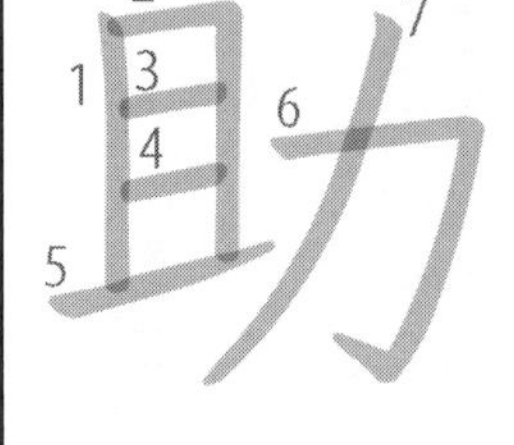

たて、かく、三、カ

★あなたが漢字をおぼえやすい言葉を考えて書きましょう。（上と同じでもよい。）

母の助言（じょげん）。

★上の絵を見ながら、左に漢字を書きましょう。

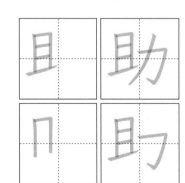

❶ 漢字つけたし・かんせいクイズ

★四つのますの漢字を
▼なぞって、
▼つけたして、
それぞれのますをかんせいさせましょう。

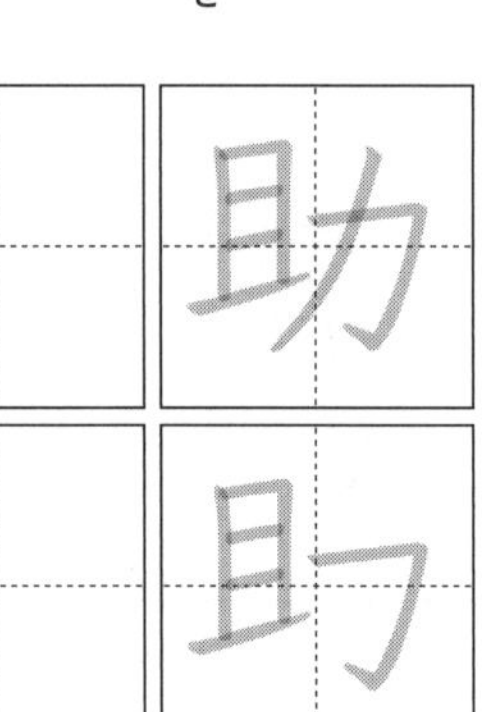

❷ 読み方クイズ

★声に出して一回読んでから、□にあう読み方を書きましょう。

じょ
助言
↓
じ□
助言
↓
□□
助言

❸ 漢字を書こう

★□に漢字を書きましょう。下の□には、上の文を書きましょう。

母の□（じょ）言（げん）。

□

リマインド

日にち

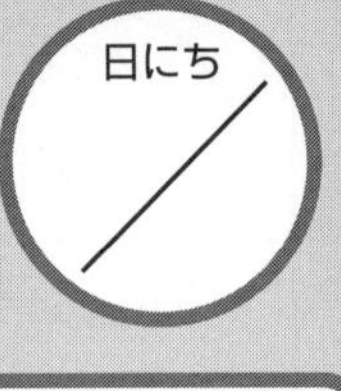

★一週間後の日にちを書いてチャレンジしましょう。

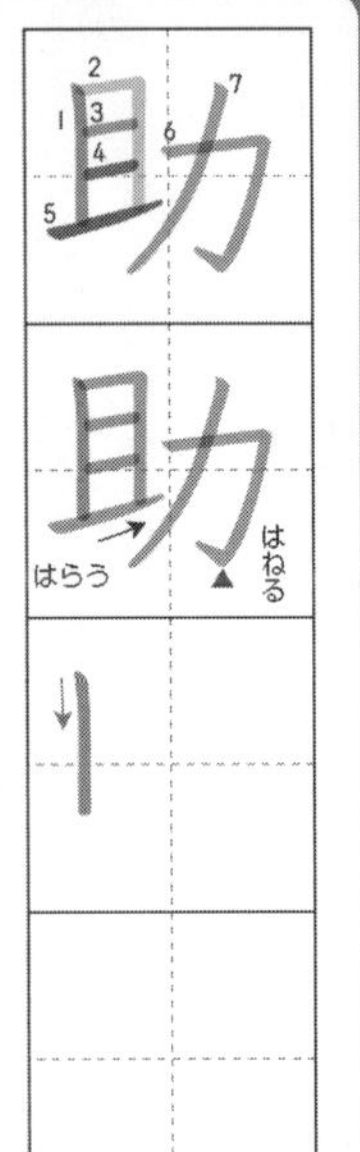

★この漢字をおぼえた言葉を書きましょう。

日にち

言葉や絵でおぼえよう

昭

★次の言葉を言いながら上の漢字をなぞりましょう。

日、刀、口

昭和(しょうわ)生まれ

大正生まれ
昭和生まれ
平成生まれ

★上の絵を見ながら、左に漢字を書きましょう。

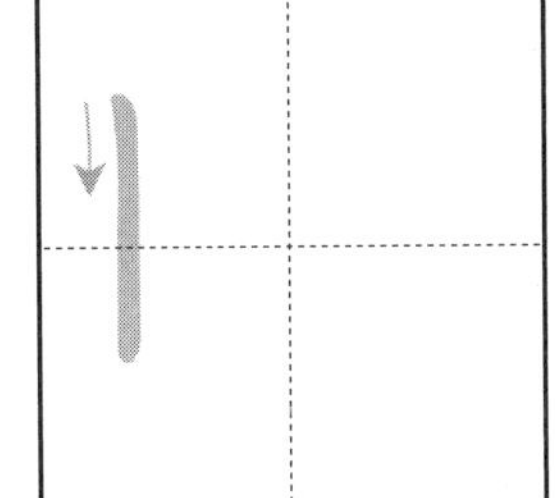

名前

★あなたが漢字をおぼえやすい言葉を考えて書きましょう。（上と同じでもよい。）

❶ 漢字つけたし・かんせいクイズ

★四つのますの漢字を
▼なぞって、
▼つけたして、
それぞれのますをかんせいさせましょう。

❷ 読み方クイズ

★声に出して一回読んでから、□にあう読み方を書きましょう。

昭和（しょうわ）
↓
昭和（し□□わ）
↓
昭和（□□□わ）

❸ 漢字を書こう

★□に漢字を書きましょう。下の□には、上の文を書きましょう。

□（しょう）和（わ）生まれ

リマインド

日にち

★一週間後の日にちを書いてチャレンジしましょう。

昭　昭（はねる）

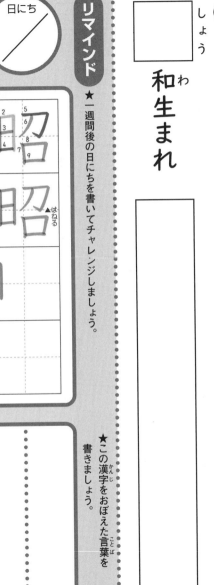

★この漢字をおぼえた言葉を書きましょう。

言葉や絵でおぼえよう

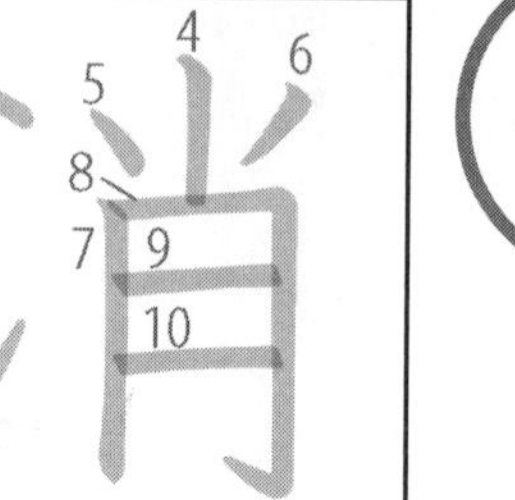

★次の言葉を言いながら上の漢字をなぞりましょう。

シ、たて、てん、ノ、月

火を消す。

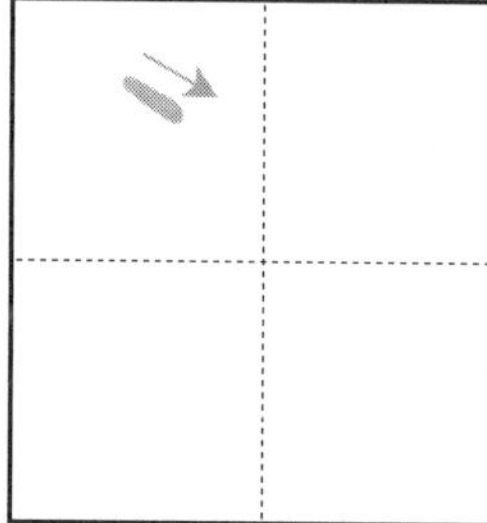

★上の絵を見ながら、左に漢字を書きましょう。

名前

★あなたが漢字をおぼえやすい言葉を考えて書きましょう。（上と同じでもよい。）

❶ 漢字つけたし・かんせいクイズ

★四つのますの漢字を▼なぞって、▼つけたして、それぞれのますをかんせいさせましょう。

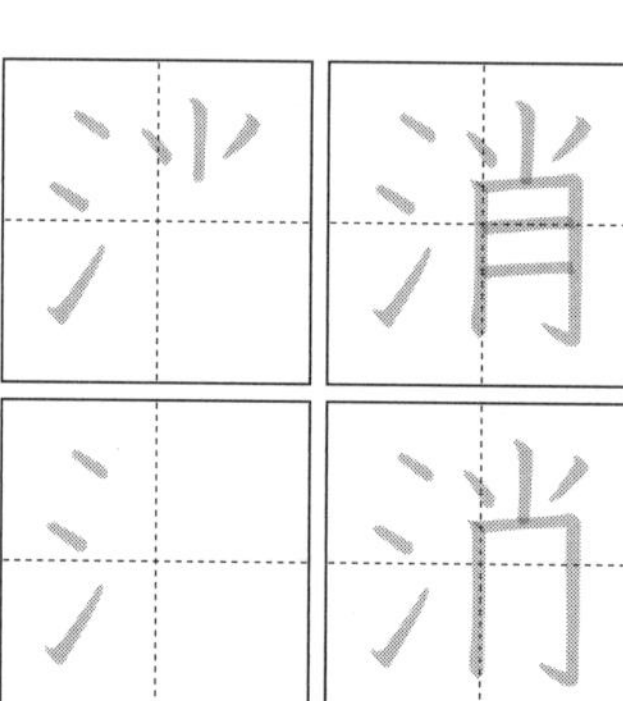

❷ 読み方クイズ

★声に出して一回読んでから、□にあう読み方を書きましょう。

消す（け）
↓
消□す
↓
消□す

❸ 漢字を書こう

★□に漢字を書きましょう。下の□には、上の文を書きましょう。

火を□（け）す。

リマインド

★一週間後の日にちを書いてチャレンジしましょう。

はねる　とめる

★この漢字をおぼえた言葉を書きましょう。

言葉（ことば）や絵でおぼえよう

名前 

★次の言葉（ことば）を言（い）いながら上の漢字（かんじ）をなぞりましょう。

たて、よこ、たて、たて、たて、たて、たて、かくはね、ル、ロ

★あなたが漢字（かんじ）をおぼえやすい言葉（ことば）を考えて書きましょう。（上と同じでもよい。）

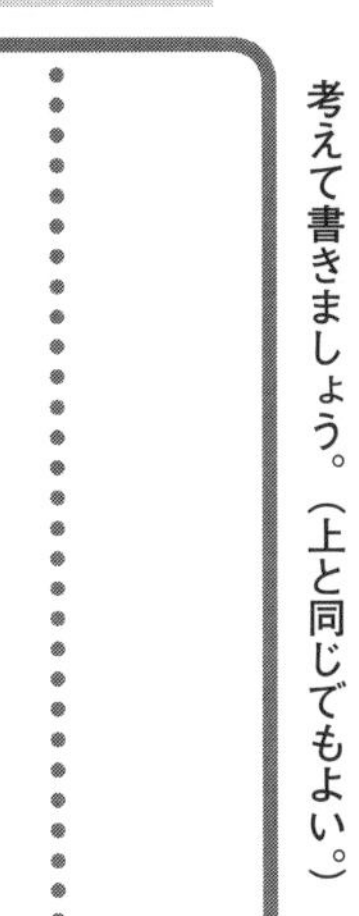

商店（しょうてん）がい

★上の絵を見ながら、左に漢字（かんじ）を書きましょう。

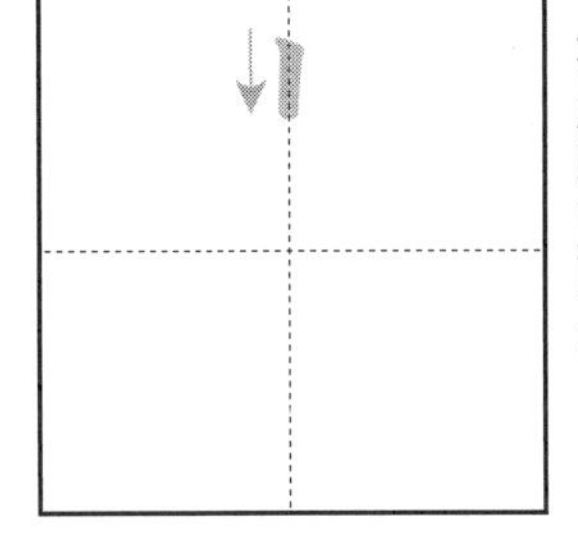

❶ 漢字（かんじ）つけたし・かんせいクイズ

★四つのますの漢字（かんじ）を
▼なぞって、
▼つけたして、
それぞれのますをかんせいさせましょう。

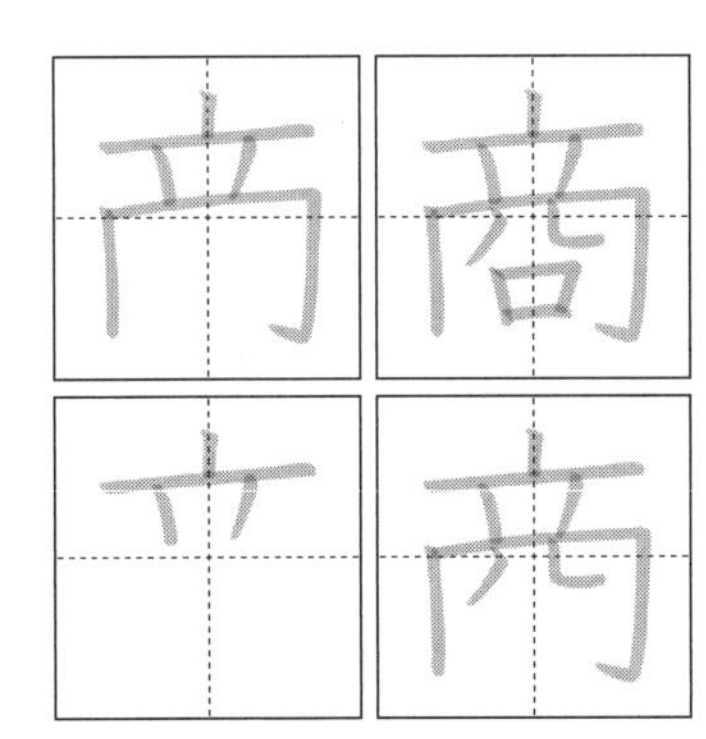

❷ 読み方クイズ

★声に出して一回読んでから、□にあう読み方を書きましょう。

しょう
商店
↓
し□□
商店
↓
□□□
商店

❸ 漢字（かんじ）を書こう

★□に漢字（かんじ）を書きましょう。下の□には、上の文を書きましょう。

しょう
□店（てん）がい

リマインド

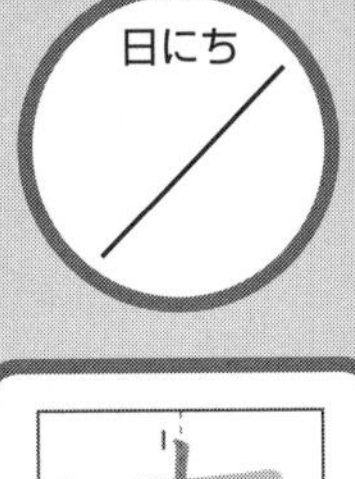

★一週間後の日にちを書いてチャレンジしましょう。

とめる　はねる

★この漢字（かんじ）をおぼえた言葉（ことば）を書きましょう。

言葉や絵でおぼえよう

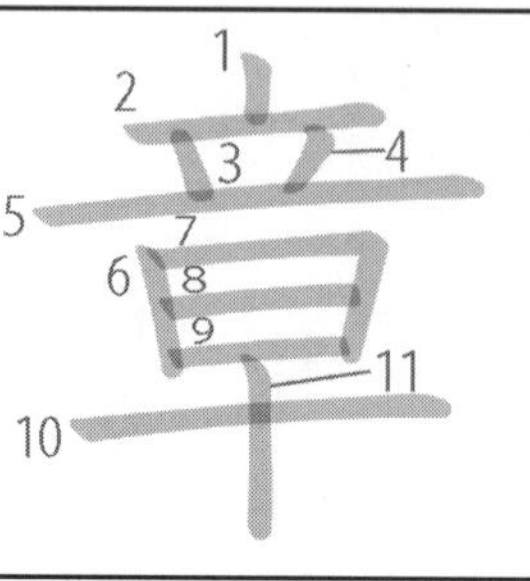

★次の言葉を言いながら上の漢字をなぞりましょう。

立つに、早い

★上の絵を見ながら、左に漢字を書きましょう。

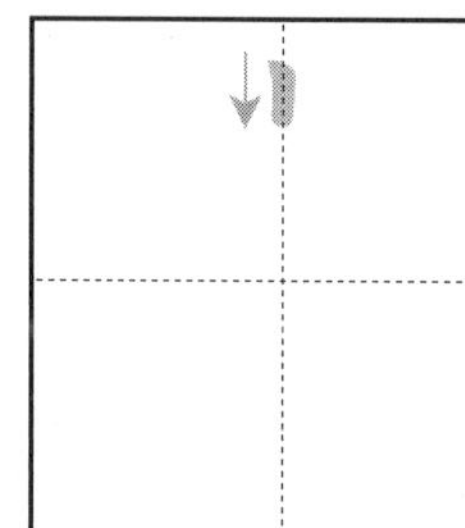

校章をつける。

名前

★あなたが漢字をおぼえやすい言葉を考えて書きましょう。（上と同じでもよい。）

❶ 漢字つけたし・かんせいクイズ

★四つのますの漢字を
▼なぞって、
▼つけたして、
それぞれのますをかんせいさせましょう。

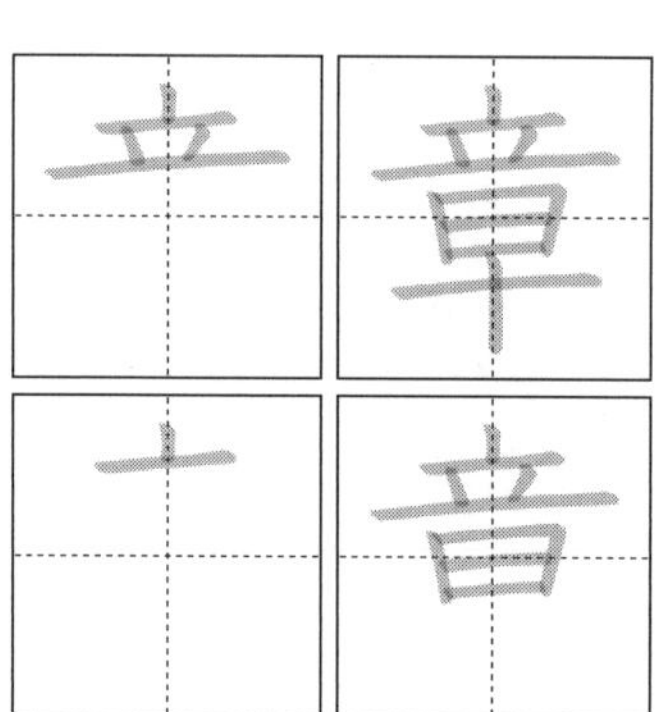

❷ 読み方クイズ

★声に出して一回読んでから、□にあう読み方を書きましょう。

校章　しょう
↓
校章　し□□
↓
校章　□□□

❸ 漢字を書こう

★□に漢字を書きましょう。下の□には、上の文を書きましょう。

校□（しょう）をつける。

日にち

リマインド

★一週間後の日にちを書いてチャレンジしましょう。

章

★この漢字をおぼえた言葉を書きましょう。

言葉や絵でおぼえよう

日にち　／

名前

★次の言葉を言いながら上の漢字をなぞりましょう。

勝

月、ソ、二、人、カ

勝負に勝つ。

★上の絵を見ながら、左に漢字を書きましょう。

★あなたが漢字をおぼえやすい言葉を考えて書きましょう。（上と同じでもよい。）

❶ 漢字つけたし・かんせいクイズ

★四つのますの漢字を▼なぞって、▼つけたして、それぞれのますをかんせいさせましょう。

月　勝　月　朕

❷ 読み方クイズ

★声に出して一回読んでから、□にあう読み方を書きましょう。

勝負（しょう）→ 勝負（し□□）→ 勝負（□□□）

❸ 漢字を書こう

★□に漢字を書きましょう。下の□には、上の文を書きましょう。

□（しょう）負に勝つ。

リマインド

日にち　／

★一週間後の日にちを書いてチャレンジしましょう。

勝　勝

★この漢字をおぼえた言葉を書きましょう。

言葉や絵でおぼえよう

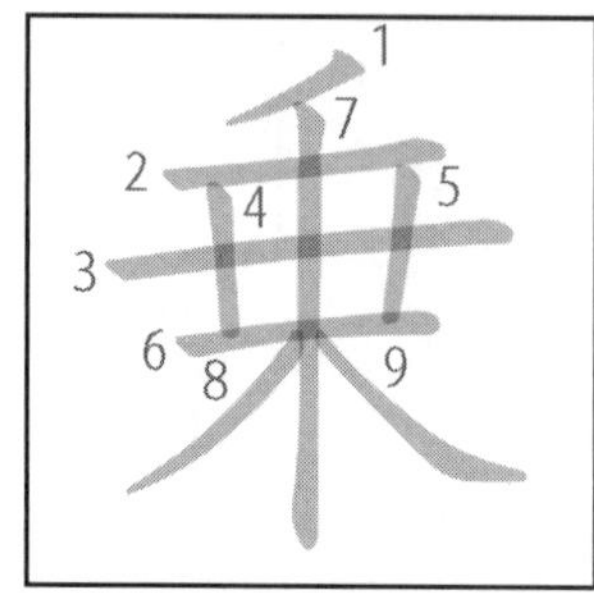

★次の言葉を言いながら上の漢字をなぞりましょう。

ノ、よこ、よこ、たて、たて、たて、木

自転車に乗る。

★上の絵を見ながら、左に漢字を書きましょう。

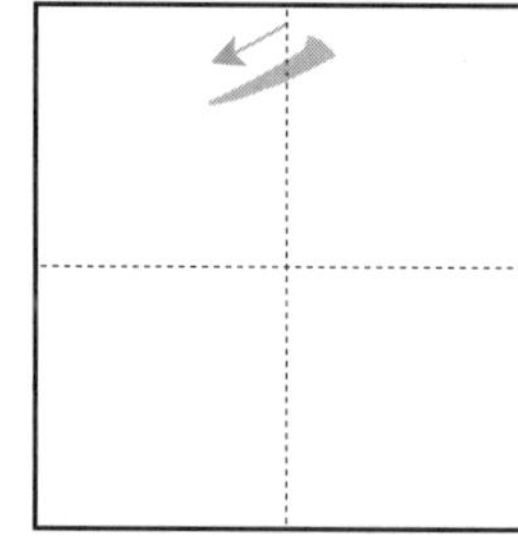

★あなたが漢字をおぼえやすい言葉を考えて書きましょう。（上と同じでもよい。）

名前

❶ 漢字つけたし・かんせいクイズ

★四つのますの漢字を▼なぞって、▼つけたして、それぞれのますをかんせいさせましょう。

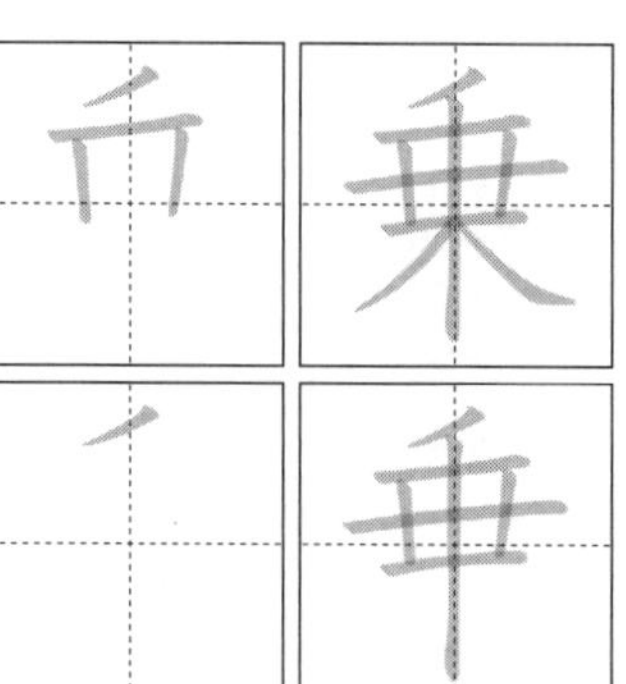

❷ 読み方クイズ

★声に出して一回読んでから、□にあう読み方を書きましょう。

乗る の

乗る □

乗る □

❸ 漢字を書こう

★□に漢字を書きましょう。下の□には、上の文を書きましょう。

自転車に□る。

リマインド

★一週間後の日にちを書いてチャレンジしましょう。

長く
はらう

★この漢字をおぼえた言葉を書きましょう。

日にち ／

言葉や絵でおぼえよう

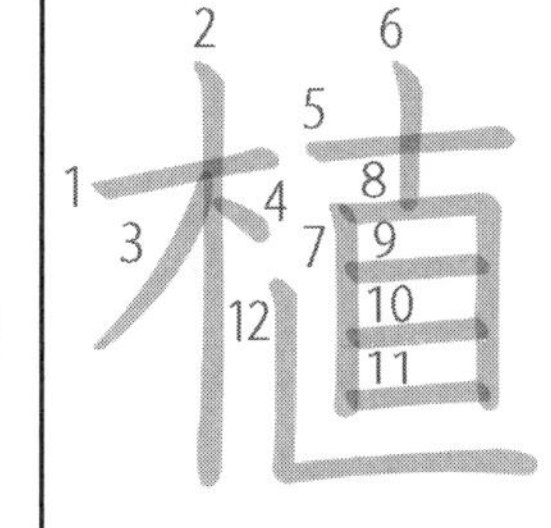

★次の言葉を言いながら上の漢字をなぞりましょう。

木、十、目、下かく

名前

★あなたが漢字をおぼえやすい言葉を考えて書きましょう。（上と同じでもよい。）

花を植える。

★上の絵を見ながら、左に漢字を書きましょう。

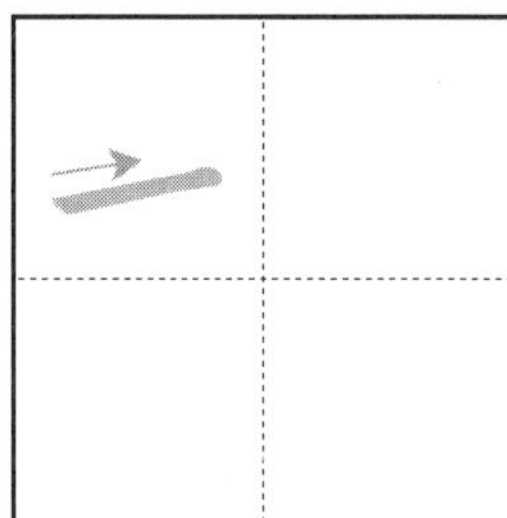

❶ 漢字つけたし・かんせいクイズ

★四つのますの漢字を▼なぞって、▼つけたして、それぞれのますをかんせいさせましょう。

❷ 読み方クイズ

★声に出して一回読んでから、□にあう読み方を書きましょう。

植える → 植□ → 植□

❸ 漢字を書こう

★□に漢字を書きましょう。下の□には、上の文を書きましょう。

花を□える。

リマインド

日にち ／

★一週間後の日にちを書いてチャレンジしましょう。

たてに　とめる　おる

★この漢字をおぼえた言葉を書きましょう。

日にち

言葉や絵でおぼえよう

★次の言葉を言いながら上の漢字をなぞりましょう。

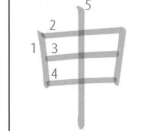

日に、たて

申しこむ

★上の絵を見ながら、左に漢字を書きましょう。

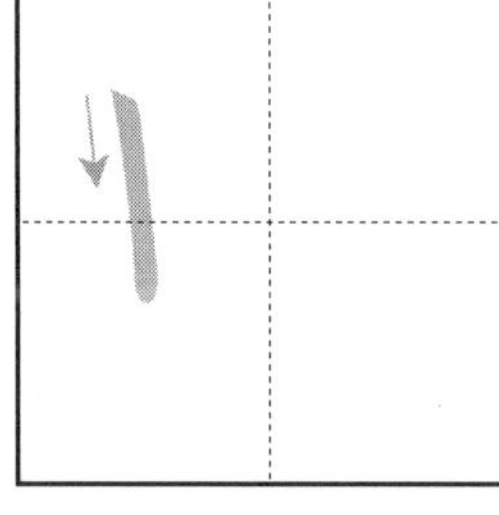

名前

★あなたが漢字をおぼえやすい言葉を考えて書きましょう。（上と同じでもよい。）

❶ 漢字つけたし・かんせいクイズ

★四つのますの漢字を▼なぞって、▼つけたして、それぞれのますをかんせいさせましょう。

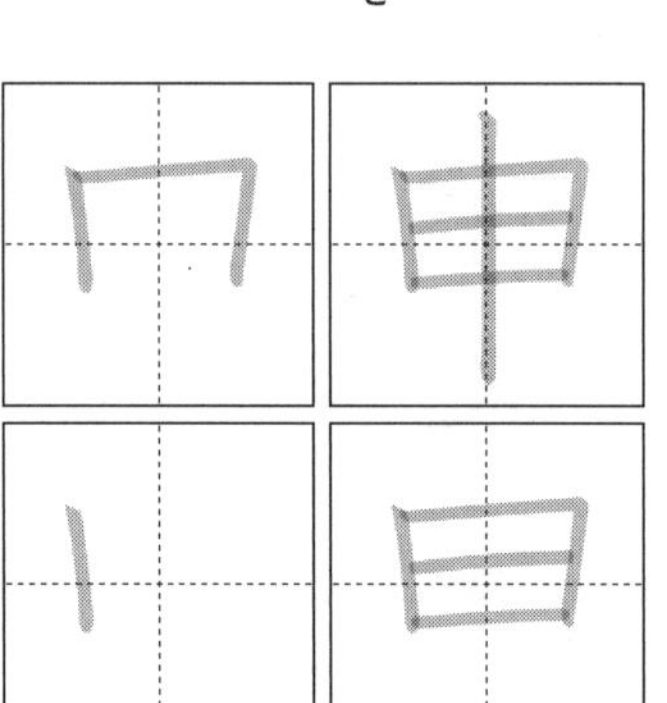

❷ 読み方クイズ

★声に出して一回読んでから、□にあう読み方を書きましょう。

申す（もう）↓ 申す（も□）↓ 申す（□□）

❸ 漢字を書こう

★□に漢字を書きましょう。下の□には、上の文を書きましょう。

□（もう）しこむ

リマインド

日にち

★一週間後の日にちを書いてチャレンジしましょう。

★この漢字をおぼえた言葉を書きましょう。

言葉や絵でおぼえよう

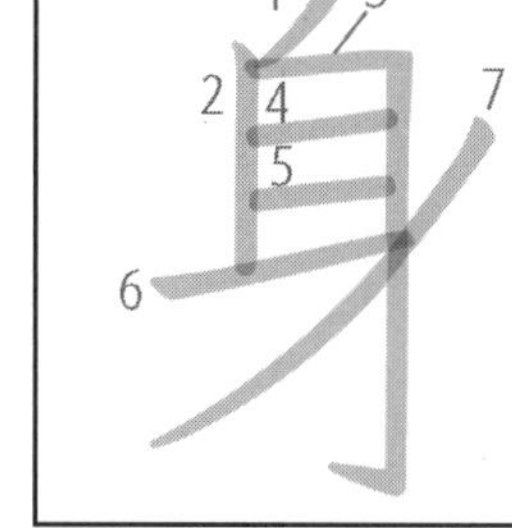

★次の言葉を言いながら上の漢字をなぞりましょう。

ノ、たて、かくはね、よこ、よこ、よこ、よこ、ななめ

自分の身長。

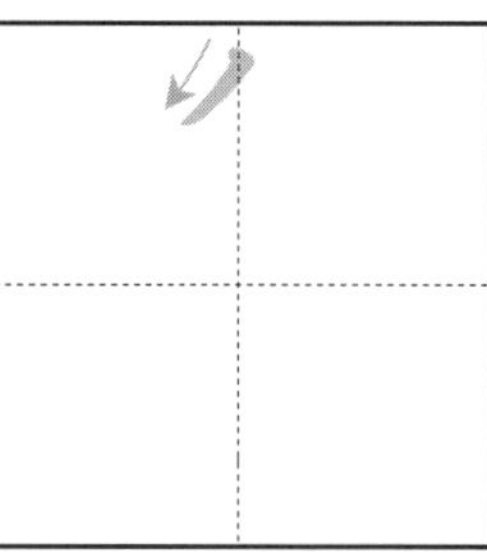

★上の絵を見ながら、左に漢字を書きましょう。

★あなたが漢字をおぼえやすい言葉を考えて書きましょう。（上と同じでもよい。）

名前

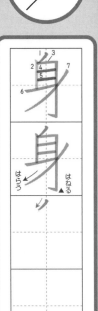

❶ 漢字つけたし・かんせいクイズ

★四つのますの漢字を
▼なぞって、
▼つけたして、
それぞれのますをかんせいさせましょう。

❷ 読み方クイズ

★声に出して一回読んでから、□にあう読み方を書きましょう。

しん
身長
↓
し□
身長
↓
□□
身長

❸ 漢字を書こう

★□に漢字を書きましょう。下の□には、上の文を書きましょう。

自分の□（しん）長。

リマインド

日にち

★一週間後の日にちを書いてチャレンジしましょう。

はらう　はねる

★この漢字をおぼえた言葉を書きましょう。

日にち ／

言葉や絵でおぼえよう

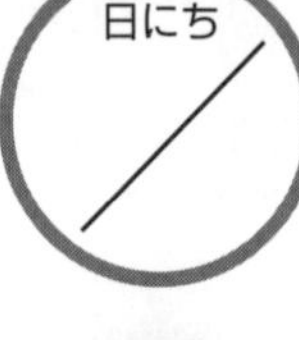

★次の言葉を言いながら上の漢字をなぞりましょう。

ネ、日、たて

神社にまいる。

★上の絵を見ながら、左に漢字を書きましょう。

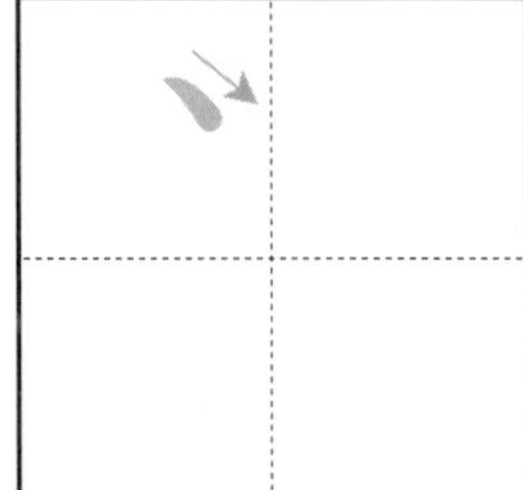

名前

★あなたが漢字をおぼえやすい言葉を考えて書きましょう。（上と同じでもよい。）

❶ 漢字つけたし・かんせいクイズ

★四つのますの漢字を▼なぞって、▼つけたして、それぞれのますをかんせいさせましょう。

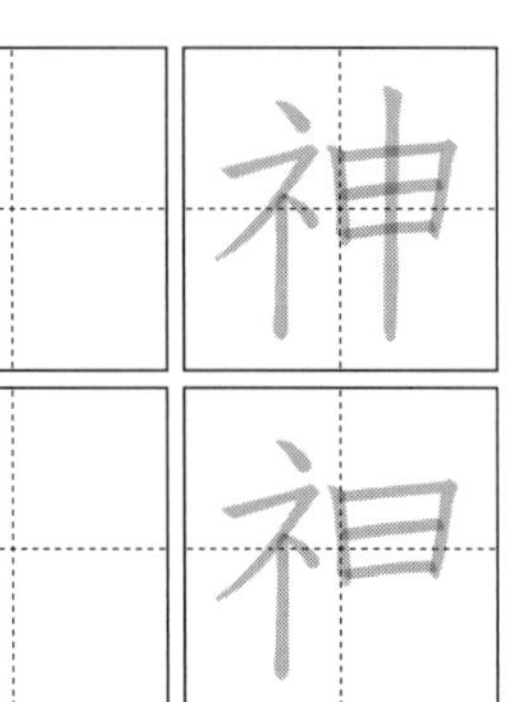

❷ 読み方クイズ

★声に出して一回読んでから、□にあう読み方を書きましょう。

神社（じん）→ 神社（じ□）→ 神社（□□）

❸ 漢字を書こう

★□に漢字を書きましょう。下の□には、上の文を書きましょう。

□（じん）社にまいる。

リマインド

日にち ／

★一週間後の日にちを書いてチャレンジしましょう。

★この漢字をおぼえた言葉を書きましょう。

言葉や絵でおぼえよう

日にち　／

★次の言葉を言いながら上の漢字をなぞりましょう。

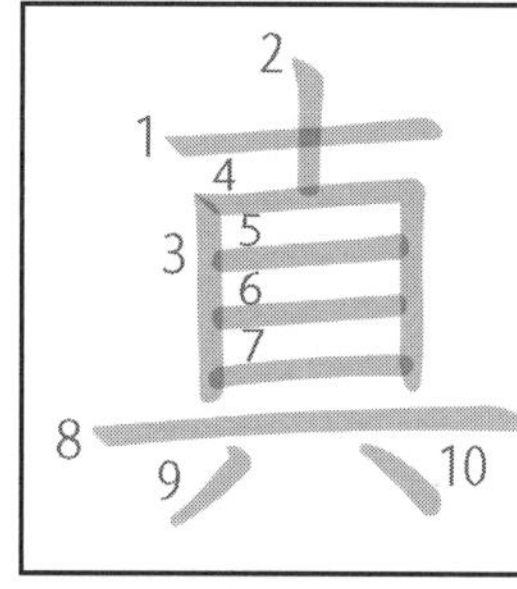

十、目、一、八

真実をさぐる。

★上の絵を見ながら、左に漢字を書きましょう。

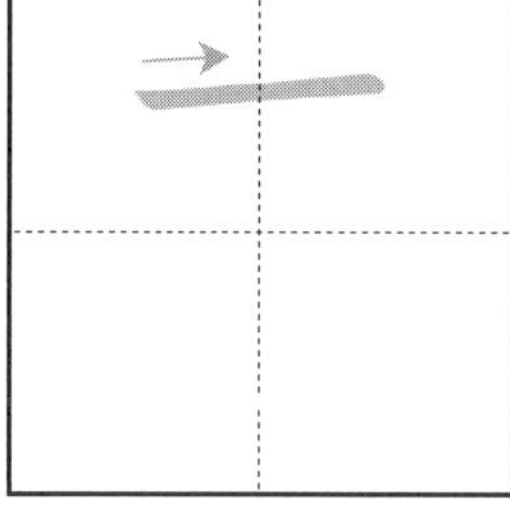

名前

★あなたが漢字をおぼえやすい言葉を考えて書きましょう。（上と同じでもよい。）

❶ 漢字つけたし・かんせいクイズ

★四つのますの漢字を
▼なぞって、
▼つけたして、
それぞれのますをかんせいさせましょう。

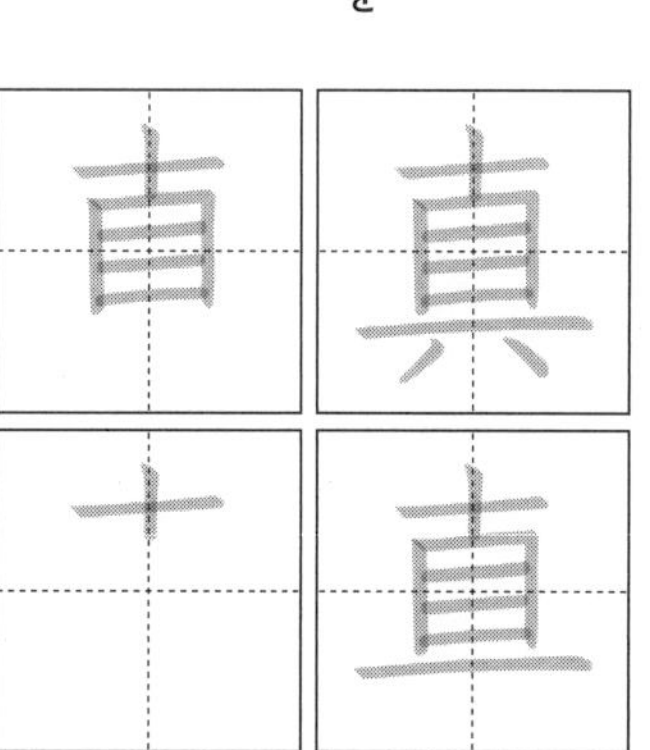

❷ 読み方クイズ

★声に出して一回読んでから、□にあう読み方を書きましょう。

しん　真実

↓

し□　真実

↓

□□　真実

❸ 漢字を書こう

★□に漢字を書きましょう。下の□には、上の文を書きましょう。

□（しん）実をさぐる。

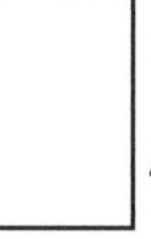

リマインド

日にち　／

★一週間後の日にちを書いてチャレンジしましょう。

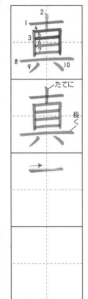

★この漢字をおぼえた言葉を書きましょう。

言葉や絵でおぼえよう

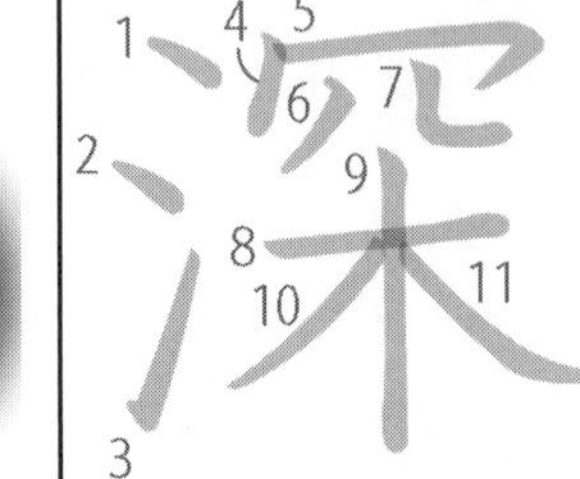

★次の言葉を言いながら上の漢字をなぞりましょう。

シ、ワ、ル、木

深い海。

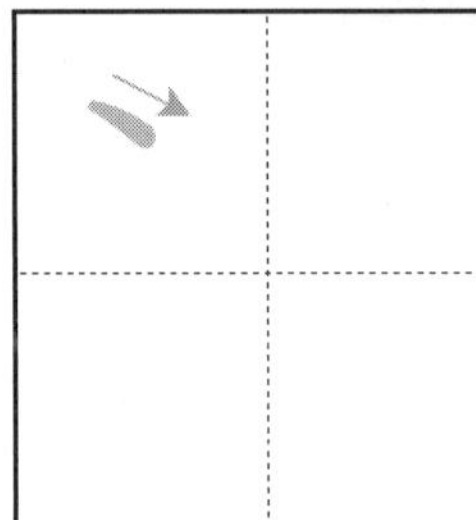

★上の絵を見ながら、左に漢字を書きましょう。

名前

★あなたが漢字をおぼえやすい言葉を考えて書きましょう。（上と同じでもよい。）

❶ 漢字つけたし・かんせいクイズ

★四つのますの漢字を
▼なぞって、
▼つけたして、
それぞれのますをかんせいさせましょう。

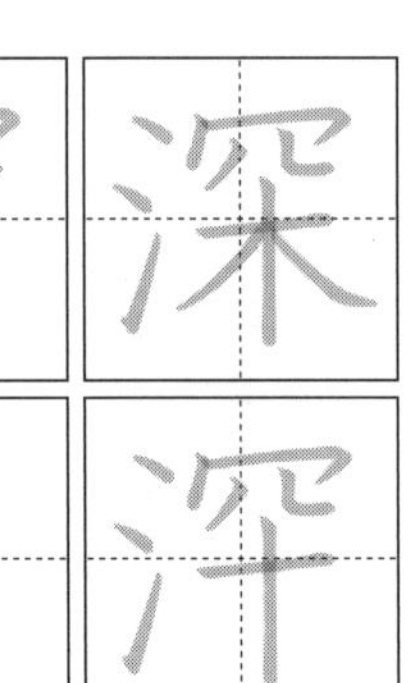

❷ 読み方クイズ

★声に出して一回読んでから、□にあう読み方を書きましょう。

深い（ふか）
↓
深い（ふ□）
↓
深い（□□）

❸ 漢字を書こう

★□に漢字を書きましょう。下の□には、上の文を書きましょう。

□（ふか）い海。

リマインド

★一週間後の日にちを書いてチャレンジしましょう。

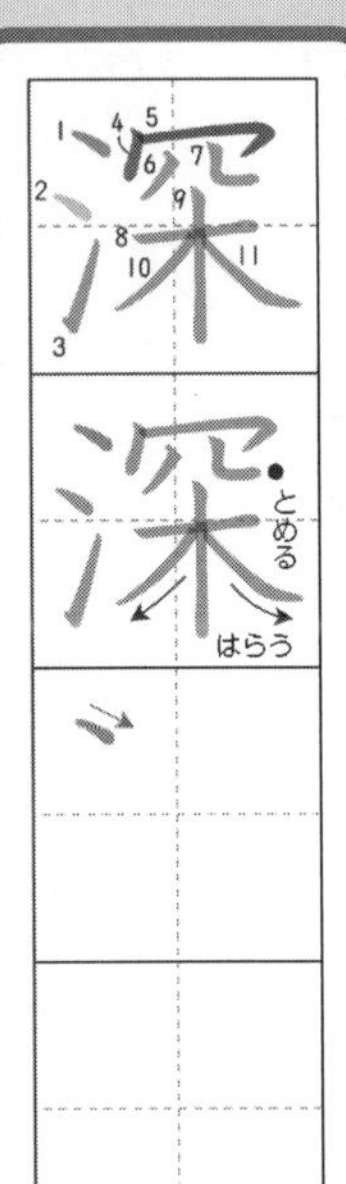

★この漢字をおぼえた言葉を書きましょう。

言葉(ことば)や絵でおぼえよう

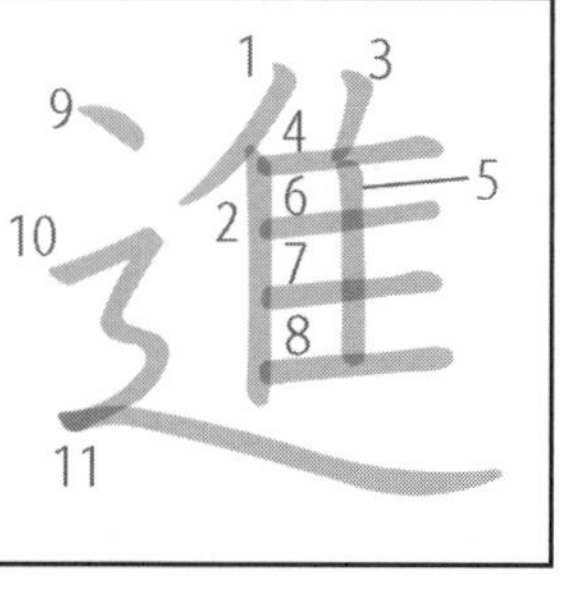

★次の言葉を言いながら上の漢字をなぞりましょう。

ノ、たて、てん、よこ、たて、三、しんにょう

行進(こうしん)する。

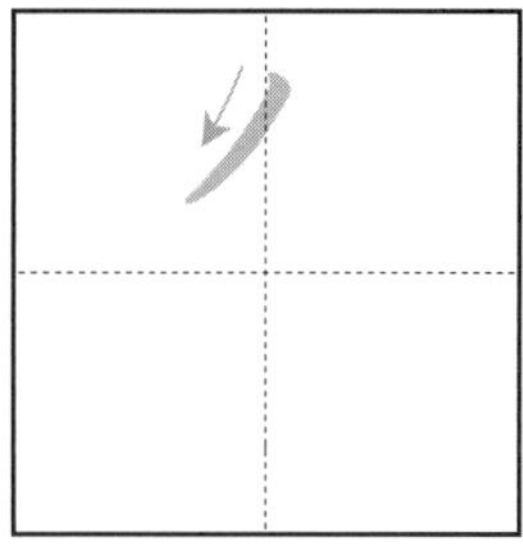

★上の絵を見ながら、左に漢字を書きましょう。

名前

★あなたが漢字をおぼえやすい言葉を考えて書きましょう。（上と同じでもよい。）

❶ 漢字(かんじ)つけたし・かんせいクイズ

★四つのますの漢字を
▼なぞって、
▼つけたして、
それぞれのますをかんせいさせましょう。

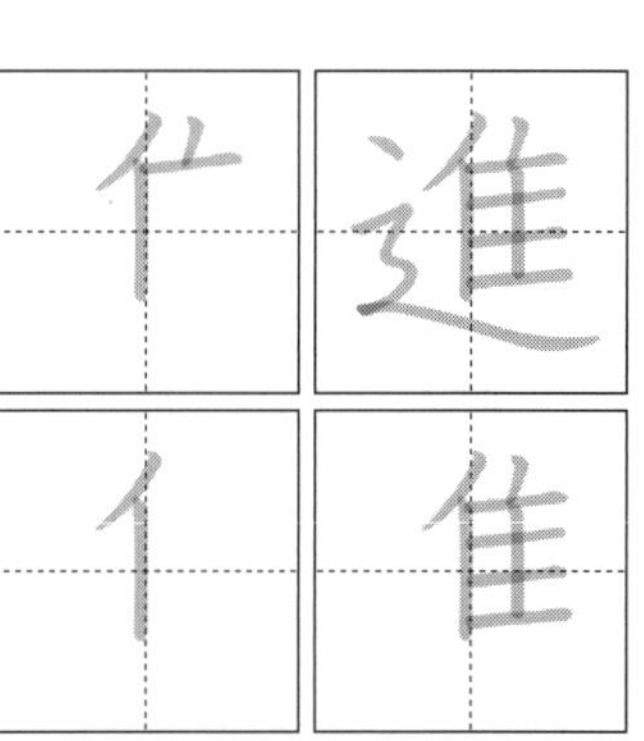

❷ 読み方クイズ

★声に出して一回読んでから、□にあう読み方を書きましょう。

行進（しん）

↓

行進（し□）

↓

行進（□□）

❸ 漢字(かんじ)を書こう

★□に漢字を書きましょう。下の□には、上の文を書きましょう。

行(こう)□(しん)する。

□

リマインド

日にち

★一週間後の日にちを書いてチャレンジしましょう。

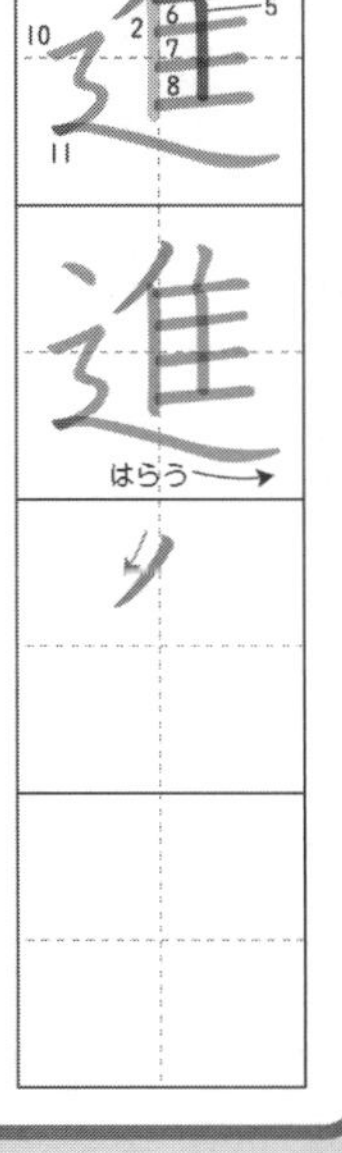

★この漢字をおぼえた言葉を書きましょう。

日にち ／

言葉や絵でおぼえよう

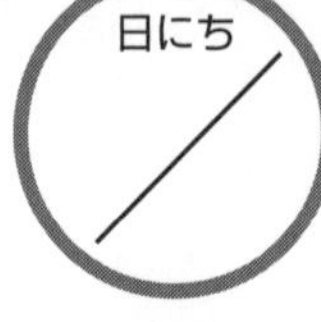

★次の言葉を言いながら上の漢字をなぞりましょう。

よこ、たて、たて、よこ、下かく

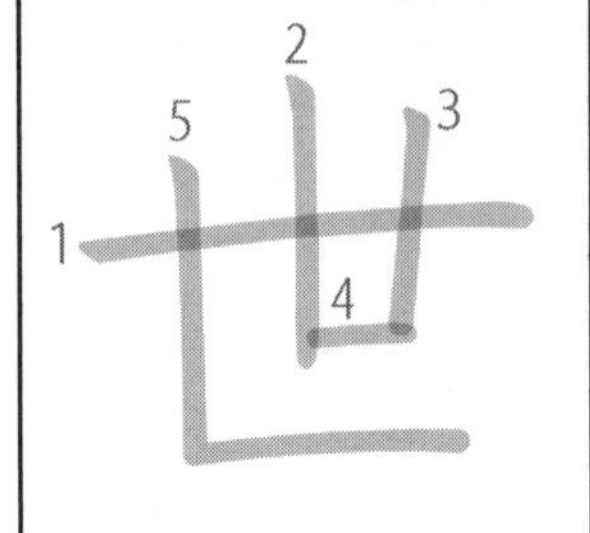

世界の国。

★上の絵を見ながら、左に漢字を書きましょう。

名前

★あなたが漢字をおぼえやすい言葉を考えて書きましょう。（上と同じでもよい。）

❶ 漢字つけたし・かんせいクイズ

★四つのますの漢字を
▼なぞって、
▼つけたして、
それぞれのますをかんせいさせましょう。

❷ 読み方クイズ

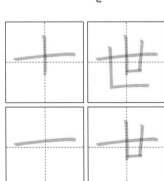

★声に出して一回読んでから、□にあう読み方を書きましょう。

せ
世界
↓
世界 □
↓
世界 □

❸ 漢字を書こう

★□に漢字を書きましょう。下の□には、上の文を書きましょう。

□（せ）界の国。

リマインド

日にち ／

★一週間後の日にちを書いてチャレンジしましょう。

おる　とめる

★この漢字をおぼえた言葉を書きましょう。

日にち　／

言葉や絵でおぼえよう

★次の言葉を言いながら上の漢字をなぞりましょう。

整

よこ、口、たて、ノ、ななめ、ノ、よこ、ノ、右はらい、正

整理（せいり）して入れる。

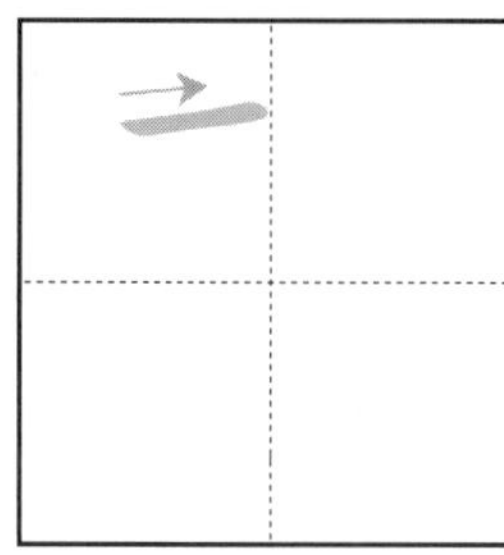

★上の絵を見ながら、左に漢字を書きましょう。

名前

★あなたが漢字をおぼえやすい言葉を考えて書きましょう。（上と同じでもよい。）

❶ 漢字つけたし・かんせいクイズ

★四つのますの漢字を
▼なぞって、
▼つけたして、
それぞれのますをかんせいさせましょう。

整　敕　整　束

❷ 読み方クイズ

★声に出して一回読んでから、□にあう読み方を書きましょう。

せい
整理
↓
せ□
整理
↓
□□
整理

❸ 漢字を書こう

★□に漢字を書きましょう。下の□には、上の文を書きましょう。

せい
□理（り）して入れる。

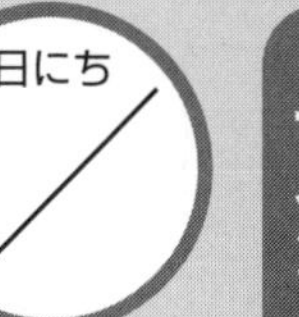

日にち　／

リマインド

★一週間後の日にちを書いてチャレンジしましょう。

整　整（はらう）

★この漢字をおぼえた言葉を書きましょう。

言葉や絵でおぼえよう

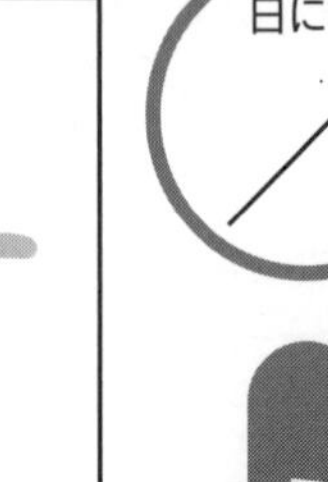

★次の言葉を言いながら上の漢字をなぞりましょう。

よこ、たて、たて、よこ、日

昔の話。

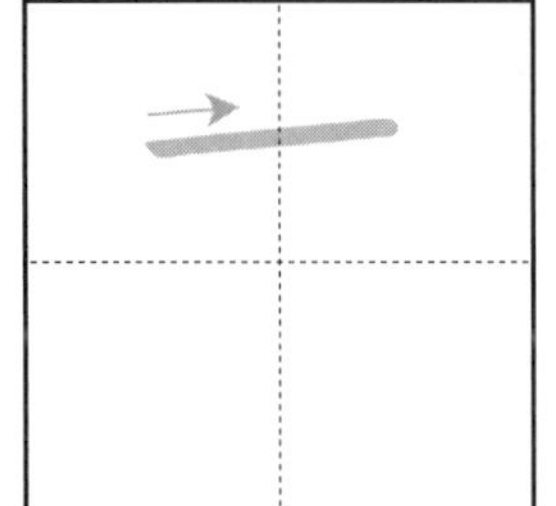

★上の絵を見ながら、左に漢字を書きましょう。

名前

★あなたが漢字をおぼえやすい言葉を考えて書きましょう。（上と同じでもよい。）

❶ 漢字つけたし・かんせいクイズ

★四つのますの漢字を
▼なぞって、
▼つけたして、
それぞれのますをかんせいさせましょう。

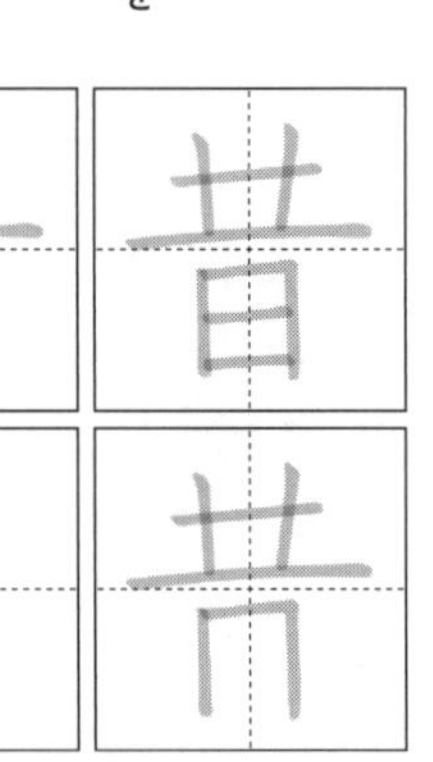

❷ 読み方クイズ

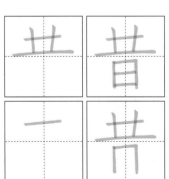

★声に出して一回読んでから、□にあう読み方を書きましょう。

むかし
昔
↓
昔 □□
↓
昔 □□□

❸ 漢字を書こう

★□に漢字を書きましょう。下の□には、上の文を書きましょう。

□（むかし）の話。

リマインド

★一週間後の日にちを書いてチャレンジしましょう。

★この漢字をおぼえた言葉を書きましょう。

日にち　／

言葉や絵でおぼえよう

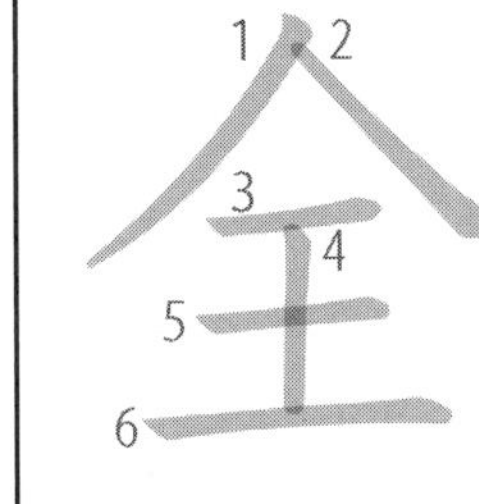

★次の言葉を言いながら上の漢字をなぞりましょう。

やねに、王

★あなたが漢字をおぼえやすい言葉を考えて書きましょう。（上と同じでもよい。）

名前

全部（ぜんぶ）出す。

★上の絵を見ながら、左に漢字を書きましょう。

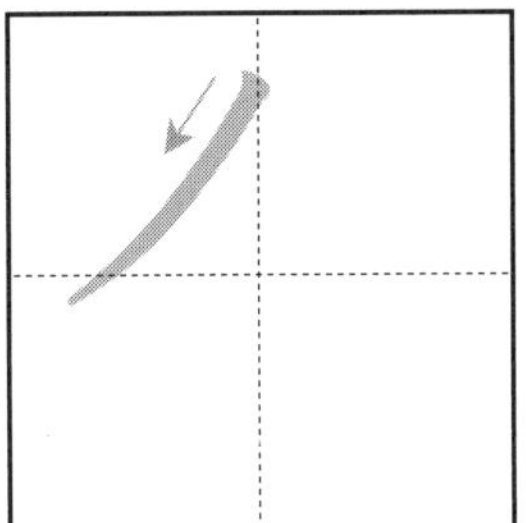

❶ 漢字つけたし・かんせいクイズ

★四つのますの漢字を
▼なぞって、
▼つけたして、
それぞれのますをかんせいさせましょう。

❷ 読み方クイズ

★声に出して一回読んでから、□にあう読み方を書きましょう。

ぜんぶ
全部
↓
ぜ□ぶ
全部
↓
□□ぶ
全部

❸ 漢字を書こう

★□に漢字を書きましょう。下の□には、上の文を書きましょう。

ぜん
□部（ぶ）出す。

リマインド

日にち　／

★一週間後の日にちを書いてチャレンジしましょう。

★この漢字をおぼえた言葉を書きましょう。

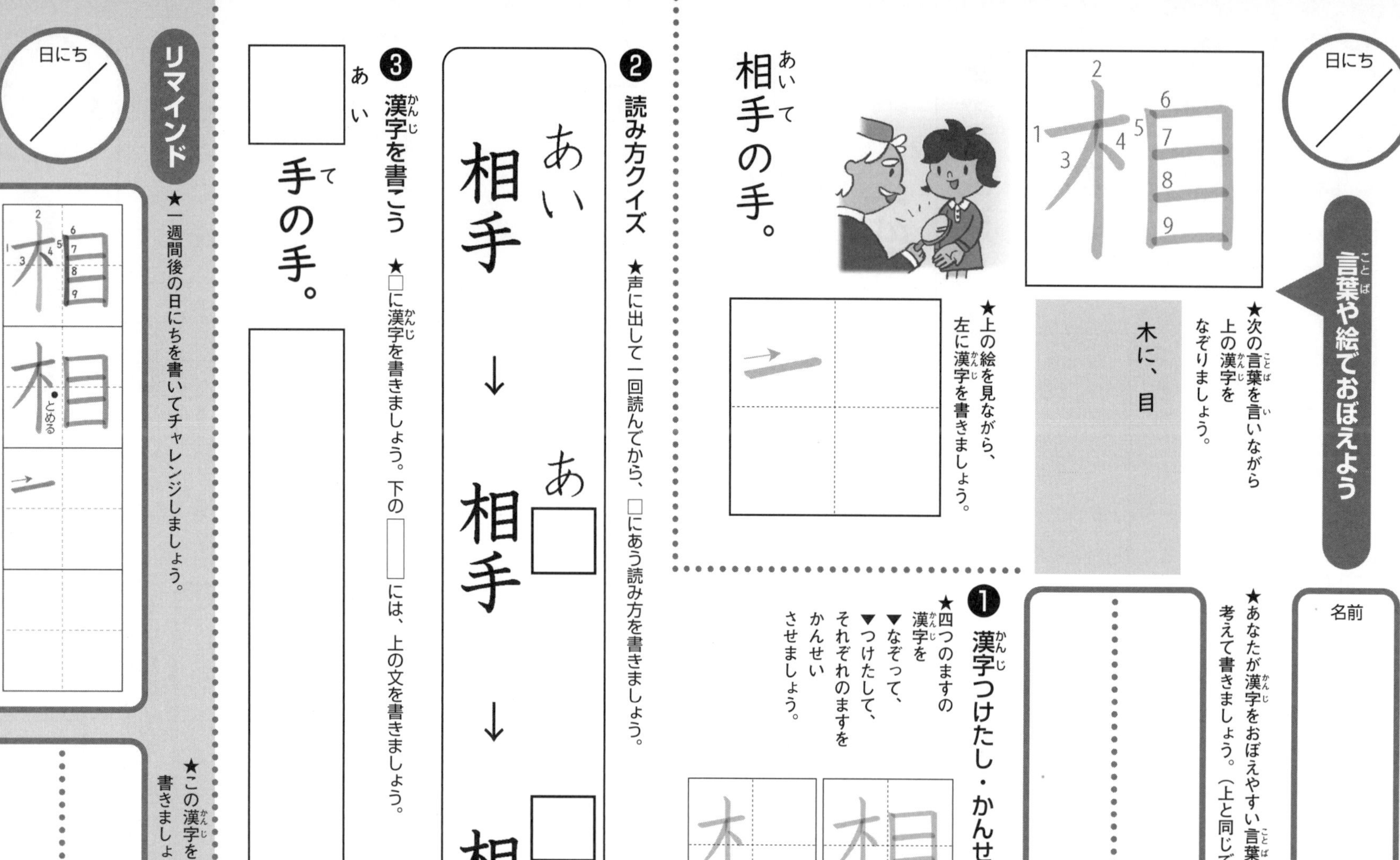

日にち　／

言葉や絵でおぼえよう

★次の言葉を言いながら上の漢字をなぞりましょう。

相

木に、目

相手（あいて）の手。

★上の絵を見ながら、左に漢字を書きましょう。

名前

★あなたが漢字をおぼえやすい言葉を考えて書きましょう。（上と同じでもよい。）

❶ 漢字つけたし・かんせいクイズ

★四つのますの漢字を
▼なぞって、
▼つけたして、
それぞれのますをかんせいさせましょう。

❷ 読み方クイズ

★声に出して一回読んでから、□にあう読み方を書きましょう。

あい
相手
↓
あ□
相手
↓
□□
相手

❸ 漢字を書こう

★□に漢字を書きましょう。下の□には、上の文を書きましょう。

□（あい）手（て）の手。

リマインド

★一週間後の日にちを書いてチャレンジしましょう。

日にち　／

とめる

★この漢字をおぼえた言葉を書きましょう。

日にち

名前

言葉や絵でおぼえよう

★次の言葉を言いながら上の漢字をなぞりましょう。

ソ、二、左はらい、ななめ、しんにょう

荷物を送る。

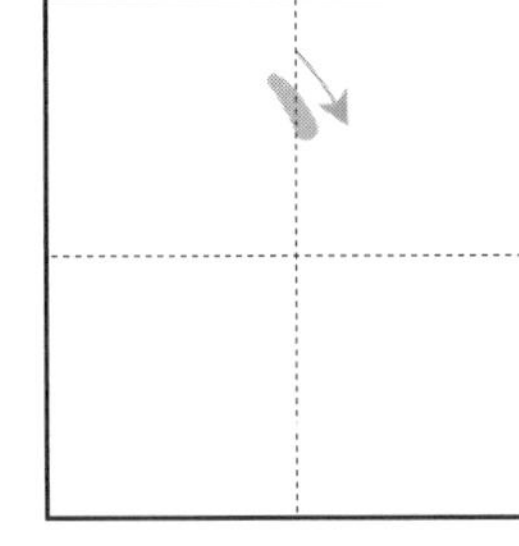

★上の絵を見ながら、左に漢字を書きましょう。

★あなたが漢字をおぼえやすい言葉を考えて書きましょう。（上と同じでもよい。）

❶ 漢字つけたし・かんせいクイズ

★四つのますの漢字を
▼なぞって、
▼つけたして、
それぞれのますをかんせいさせましょう。

❷ 読み方クイズ

★声に出して一回読んでから、□にあう読み方を書きましょう。

おく
送る
↓
お□
送る
↓
□□
送る

❸ 漢字を書こう

★□に漢字を書きましょう。下の□には、上の文を書きましょう。

荷物を□る。（おく）

リマインド

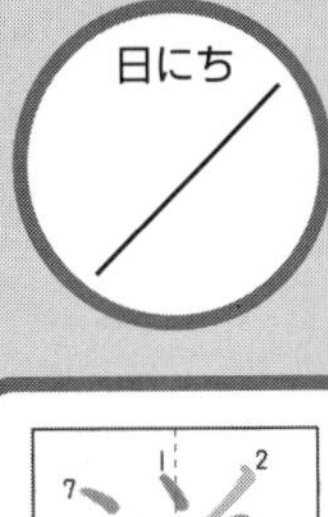

日にち

★一週間後の日にちを書いてチャレンジしましょう。

とめる
はらう

★この漢字をおぼえた言葉を書きましょう。

日にち ／

言葉や絵でおぼえよう

★次の言葉を言いながら上の漢字をなぞりましょう。

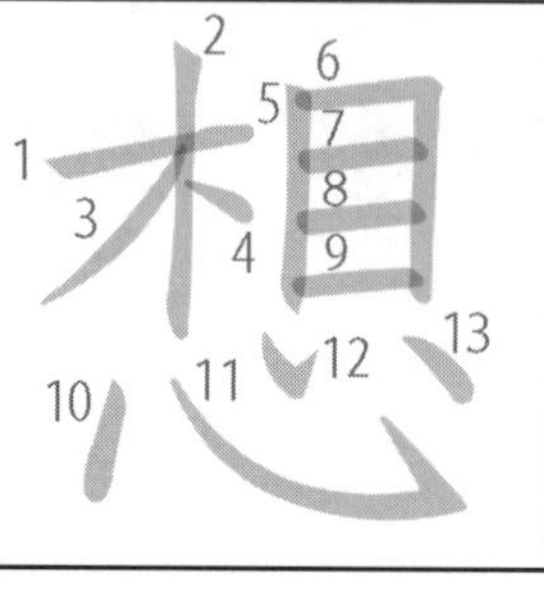

木、目、心

空想する。

★上の絵を見ながら、左に漢字を書きましょう。

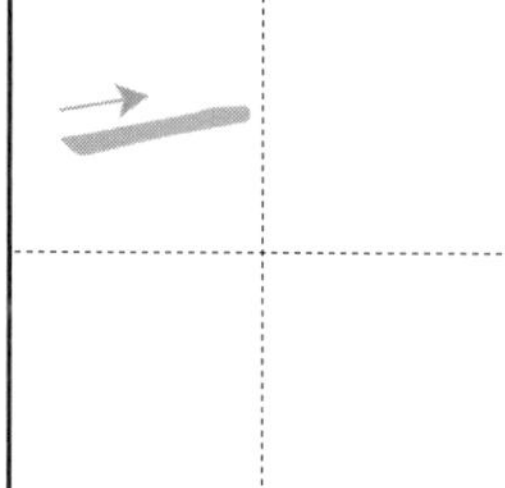

名前

★あなたが漢字をおぼえやすい言葉を考えて書きましょう。（上と同じでもよい。）

❶ 漢字つけたし・かんせいクイズ

★四つのますの漢字を
▼なぞって、
▼つけたして、
それぞれのますをかんせいさせましょう。

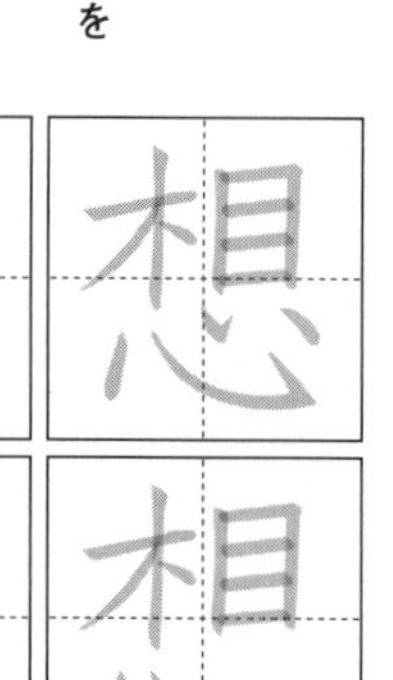

❷ 読み方クイズ

★声に出して一回読んでから、□にあう読み方を書きましょう。

空想（そう）
↓
空想（そ□）
↓
空想（□□）

❸ 漢字を書こう

★□に漢字を書きましょう。下の□には、上の文を書きましょう。

空□（そう）する。

リマインド

日にち ／

★一週間後の日にちを書いてチャレンジしましょう。

想 想 はねる

★この漢字をおぼえた言葉を書きましょう。

日にち　／

言葉や絵でおぼえよう

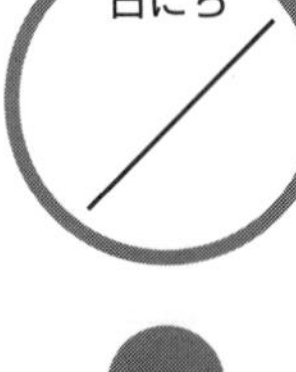

★次の言葉を言いながら上の漢字をなぞりましょう。

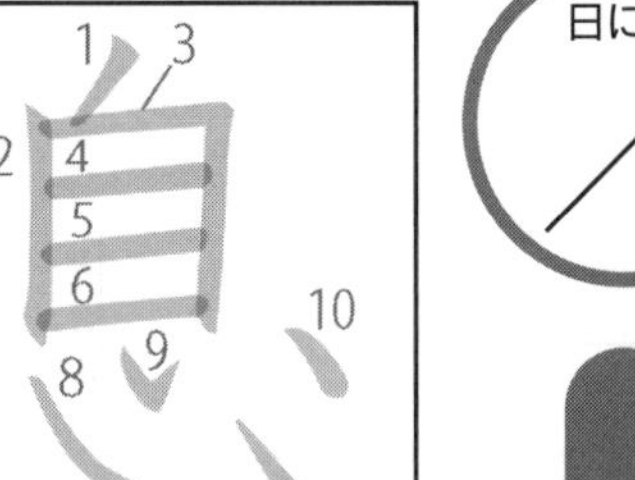

自に、心

名前

★あなたが漢字をおぼえやすい言葉を考えて書きましょう。（上と同じでもよい。）

息があがる。

★上の絵を見ながら、左に漢字を書きましょう。

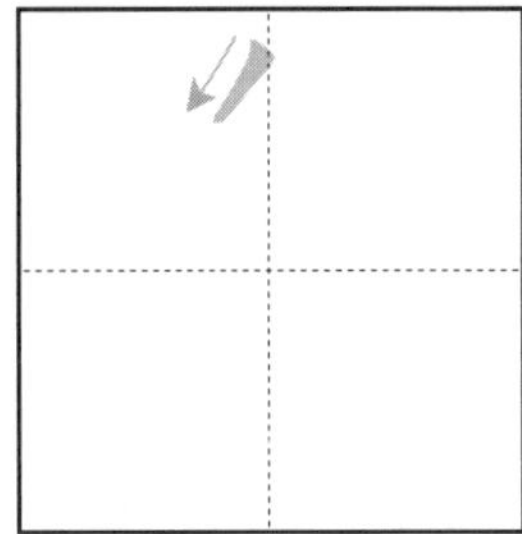

❶ 漢字つけたし・かんせいクイズ

★四つのますの漢字を
▼なぞって、
▼つけたして、
それぞれのますをかんせいさせましょう。

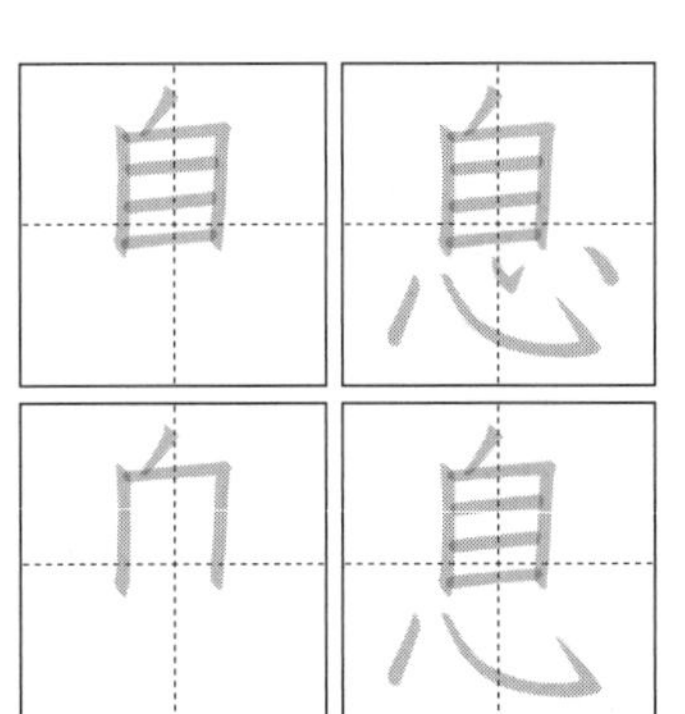

❷ 読み方クイズ

★声に出して一回読んでから、□にあう読み方を書きましょう。

息（いき）→ 息（い□）→ 息（□□）

❸ 漢字を書こう

★□に漢字を書きましょう。下の□には、上の文を書きましょう。

□（いき）があがる。

リマインド

日にち　／

★一週間後の日にちを書いてチャレンジしましょう。

★この漢字をおぼえた言葉を書きましょう。

名前

言葉や絵でおぼえよう

★次の言葉を言いながら上の漢字をなぞりましょう。

よこ、口、たて、ノ、ななめ、しんにょう

★あなたが漢字をおぼえやすい言葉を考えて書きましょう。（上と同じでもよい。）

足が速(はや)い。

★上の絵を見ながら、左に漢字を書きましょう。

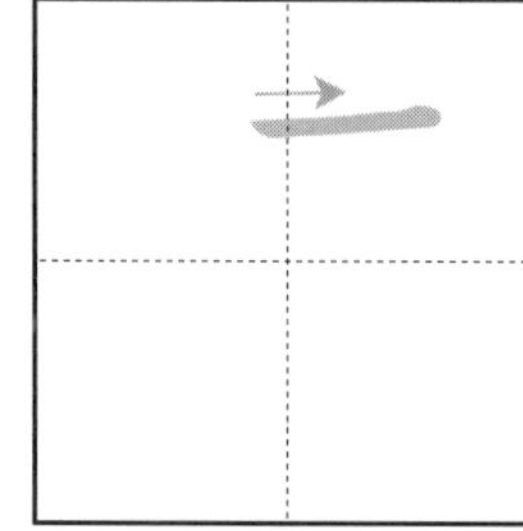

❶ 漢字つけたし・かんせいクイズ

★四つのますの漢字を
▼なぞって、
▼つけたして、
それぞれのますをかんせいさせましょう。

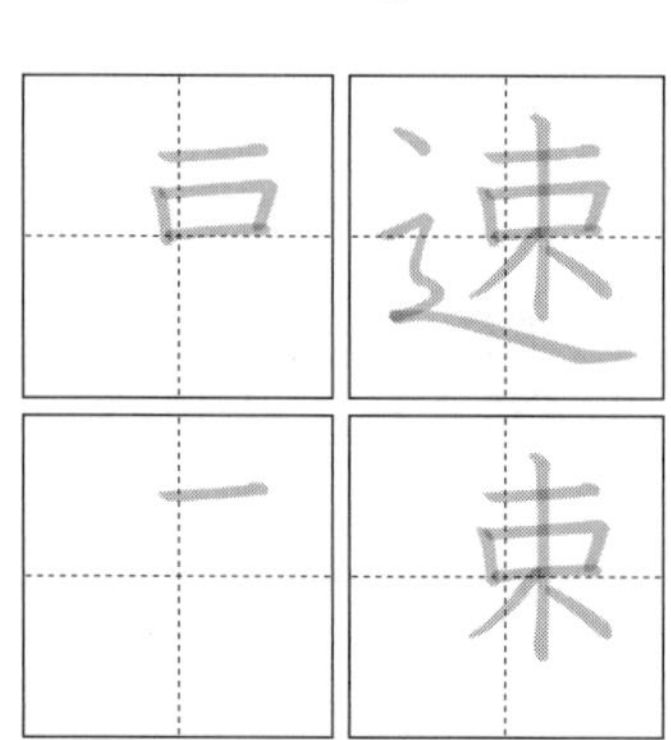

❷ 読み方クイズ

★声に出して一回読んでから、□にあう読み方を書きましょう。

速い（はや）

↓

速い（は□）

↓

速い（□□）

❸ 漢字を書こう

★□に漢字を書きましょう。下の□には、上の文を書きましょう。

足が□(はや)い。

足が

リマインド

日にち

★一週間後の日にちを書いてチャレンジしましょう。

★この漢字をおぼえた言葉を書きましょう。

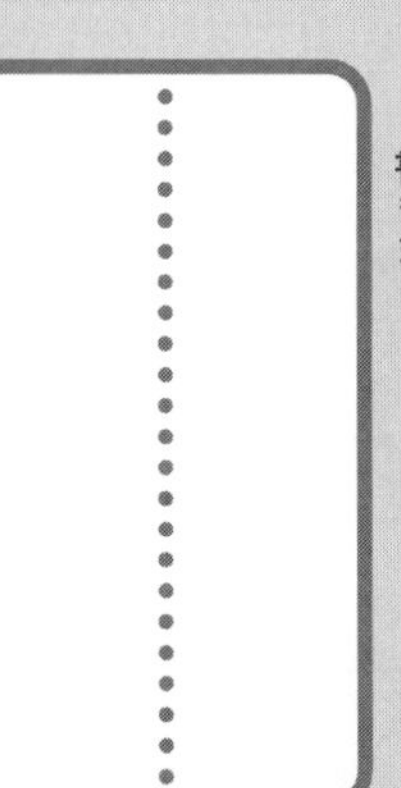

日にち　／

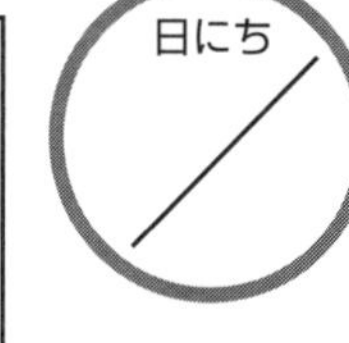

言葉(ことば)や絵でおぼえよう

★次の言葉(ことば)を言(い)いながら上の漢字(かんじ)をなぞりましょう。

方、ノ、よこ、矢

名前

★あなたが漢字(かんじ)をおぼえやすい言葉(ことば)を考えて書きましょう。（上と同じでもよい。）

わたしの家族(かぞく)。

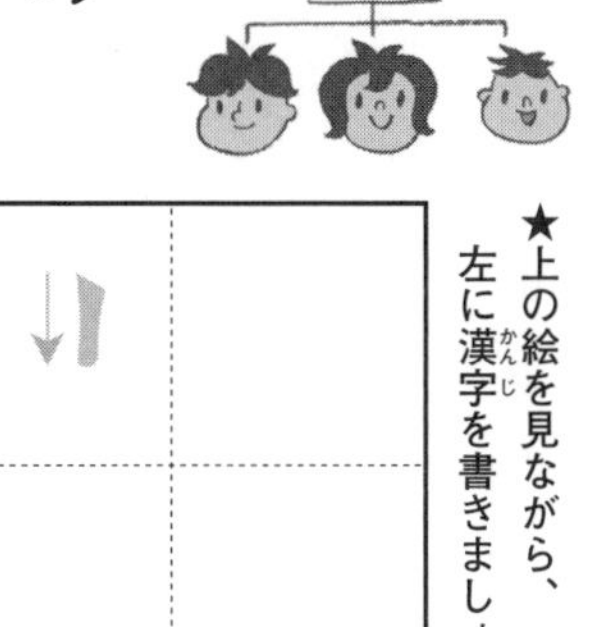

★上の絵を見ながら、左に漢字(かんじ)を書きましょう。

❶ 漢字(かんじ)つけたし・かんせいクイズ

★四つのますの漢字(かんじ)を
▼なぞって、
▼つけたして、
それぞれのますをかんせいさせましょう。

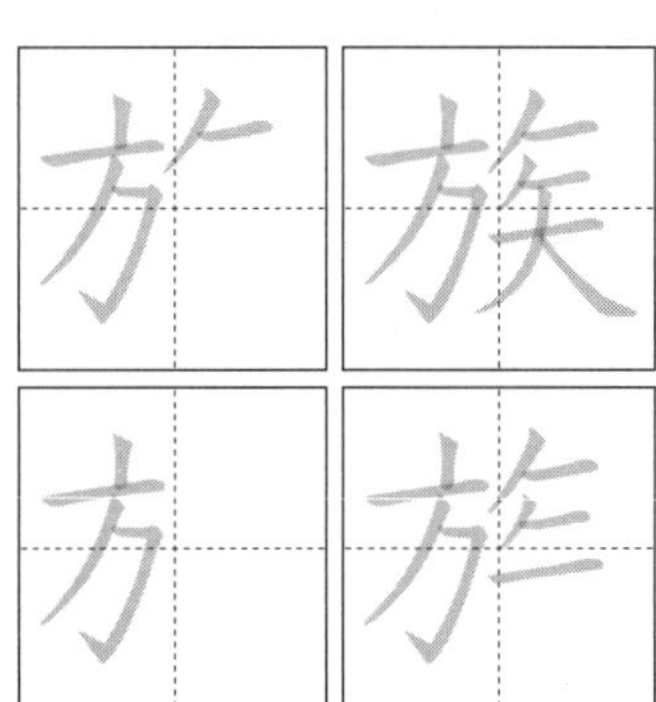

❷ 読み方クイズ

★声に出して一回読んでから、□にあう読み方を書きましょう。

家族（ぞく）
↓
家族（ぞ□）
↓
家族（□□）

❸ 漢字(かんじ)を書こう

★□に漢字(かんじ)を書きましょう。下の□には、上の文を書きましょう。

わたしの家(か)□(ぞく)。

リマインド

日にち　／

★一週間後の日にちを書いてチャレンジしましょう。

★この漢字(かんじ)をおぼえた言葉(ことば)を書きましょう。

日にち ／

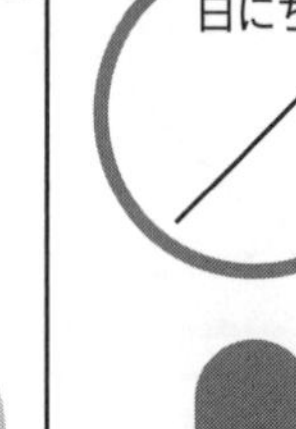

言葉や絵でおぼえよう

★次の言葉を言いながら上の漢字をなぞりましょう。

イ、かくはね、たて、たてよこはね

他の意見。

★上の絵を見ながら、左に漢字を書きましょう。

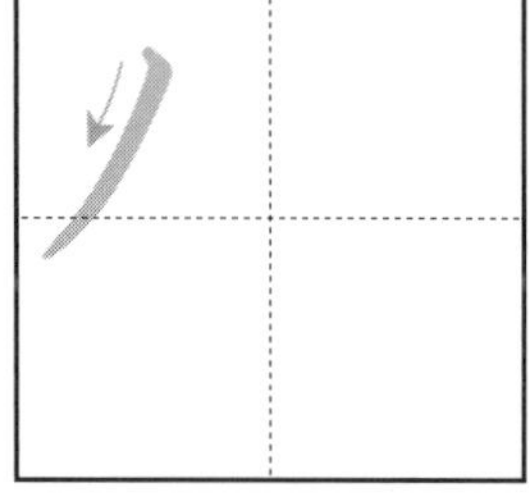

★あなたが漢字をおぼえやすい言葉を考えて書きましょう。（上と同じでもよい。）

名前

❶ 漢字つけたし・かんせいクイズ

★四つのますの漢字を▼なぞって、▼つけたして、それぞれのますをかんせいさせましょう。

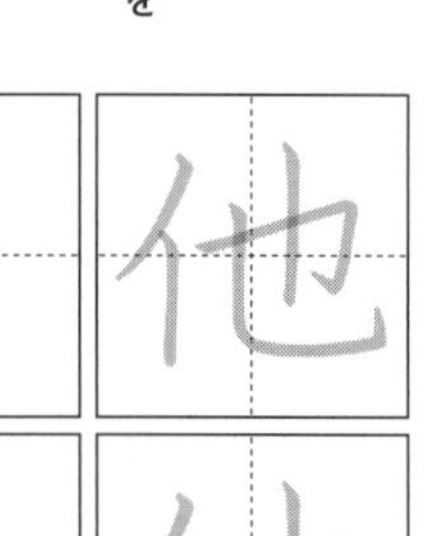

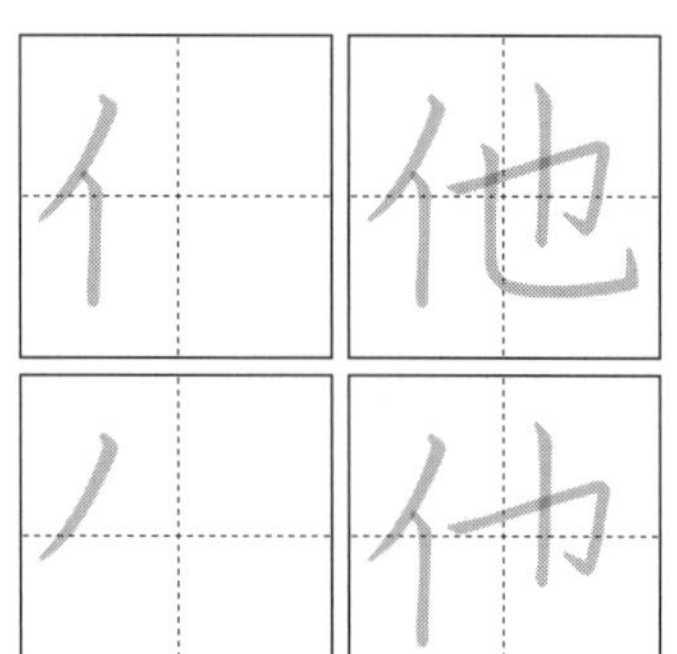

❷ 読み方クイズ

★声に出して一回読んでから、□にあう読み方を書きましょう。

ほか
他の
↓
他の □
↓
他の □

❸ 漢字を書こう

★□に漢字を書きましょう。下の□には、上の文を書きましょう。

ほか
□の意見。

リマインド

日にち ／

★一週間後の日にちを書いてチャレンジしましょう。

他 長く はねる

★この漢字をおぼえた言葉を書きましょう。

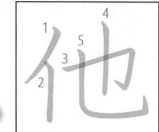

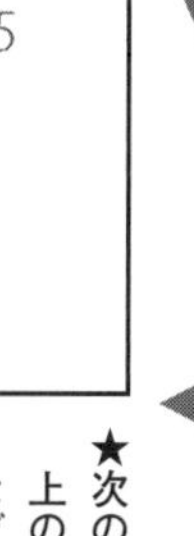

言葉や絵でおぼえよう

★次の言葉を言いながら上の漢字をなぞりましょう。

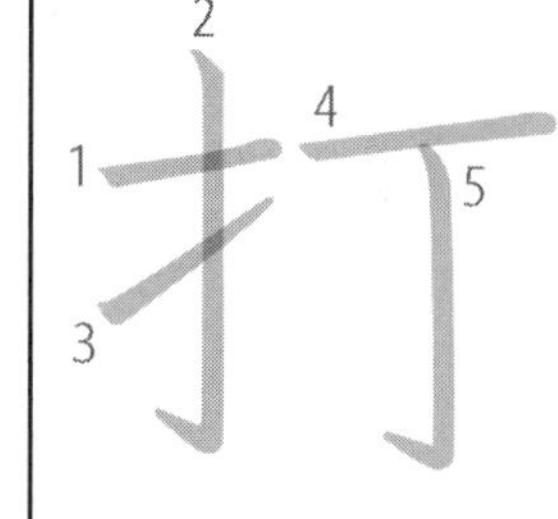

てへん、よこ、たてはね

たまを打（う）つ。

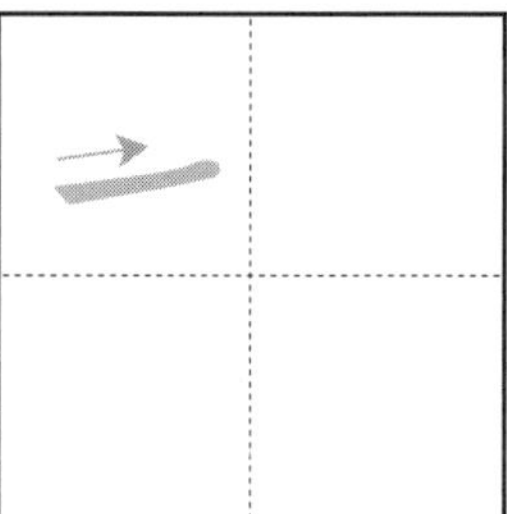

★上の絵を見ながら、左に漢字を書きましょう。

名前

★あなたが漢字をおぼえやすい言葉を考えて書きましょう。（上と同じでもよい。）

❶ 漢字つけたし・かんせいクイズ

★四つのますの漢字を
▼なぞって、
▼つけたして、
それぞれのますをかんせいさせましょう。

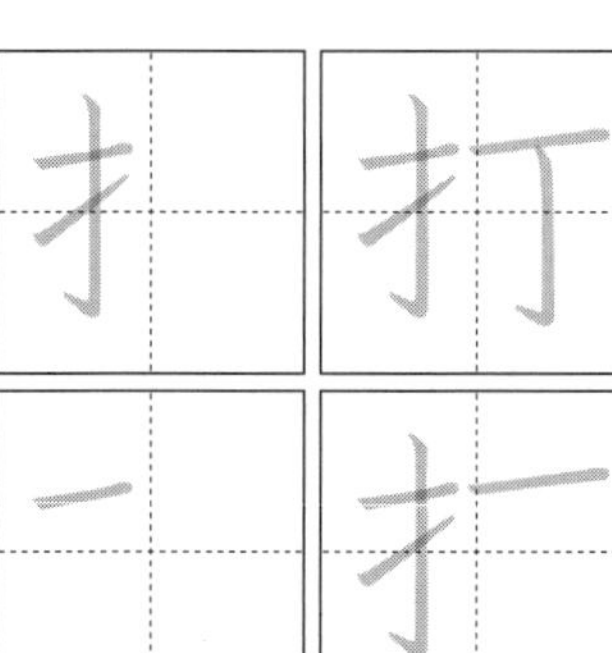

❷ 読み方クイズ

★声に出して一回読んでから、□にあう読み方を書きましょう。

打（う）つ
↓
打□つ
↓
打□つ

❸ 漢字を書こう

★□に漢字を書きましょう。下の□には、上の文を書きましょう。

たまを□（う）つ。

リマインド

日にち

★一週間後の日にちを書いてチャレンジしましょう。

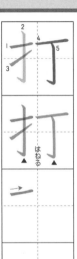

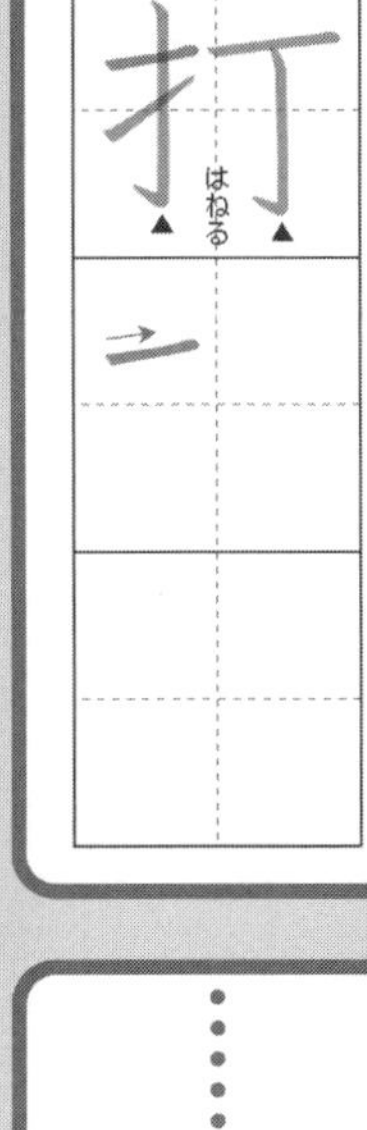

★この漢字をおぼえた言葉を書きましょう。

言葉や絵でおぼえよう

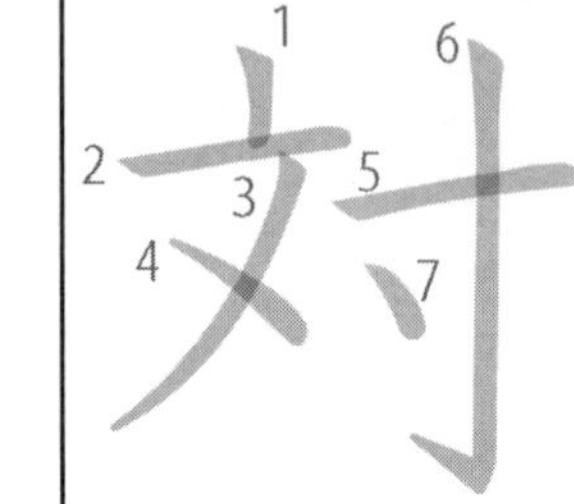

★次の言葉を言いながら上の漢字をなぞりましょう。

たて、よこ、メ+よこ、たてはね、てん

対岸の人。

★上の絵を見ながら、左に漢字を書きましょう。

名前

★あなたが漢字をおぼえやすい言葉を考えて書きましょう。（上と同じでもよい。）

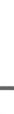

❶ 漢字つけたし・かんせいクイズ

★四つのますの漢字を▼なぞって、▼つけたして、それぞれのますをかんせいさせましょう。

❷ 読み方クイズ

★声に出して一回読んでから、□にあう読み方を書きましょう。

対岸（たいがん）

↓

対岸（た□）

↓

対岸（□□）

❸ 漢字を書こう

★□に漢字を書きましょう。下の□には、上の文を書きましょう。

□（たい）岸（がん）の人。

リマインド

★一週間後の日にちを書いてチャレンジしましょう。

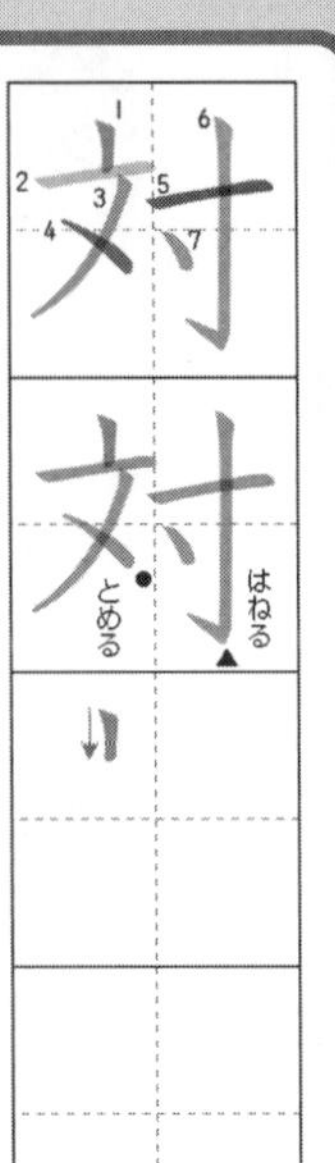

★この漢字をおぼえた言葉を書きましょう。

日にち

名前

言葉や絵でおぼえよう

★次の言葉を言いながら上の漢字をなぞりましょう。

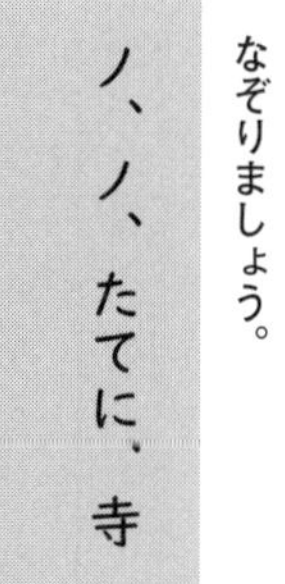

ノ、ノ、たてに、寺

★あなたが漢字をおぼえやすい言葉を考えて書きましょう。（上と同じでもよい。）

じゅん番を待つ。

★上の絵を見ながら、左に漢字を書きましょう。

❶ 漢字つけたし・かんせいクイズ

★四つのますの漢字を
▼なぞって、
▼つけたして、
それぞれのますをかんせいさせましょう。

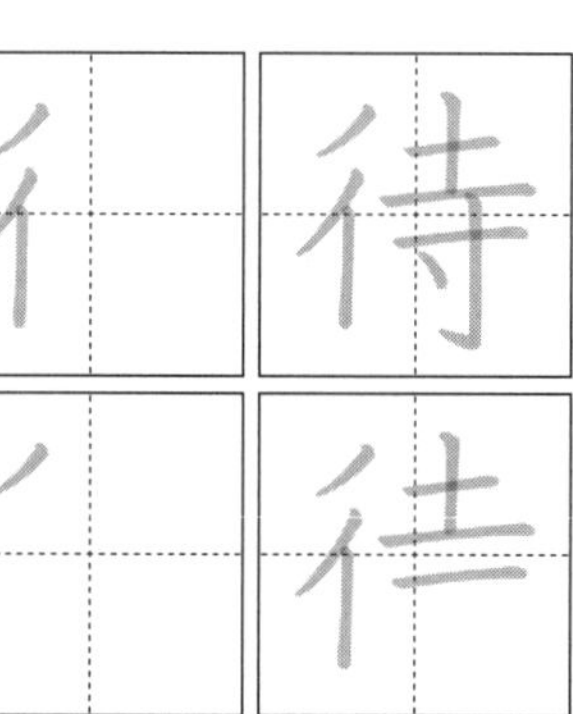

❷ 読み方クイズ

★声に出して一回読んでから、□にあう読み方を書きましょう。

待つ（ま）
↓
待□つ
↓
待□つ

❸ 漢字を書こう

★□に漢字を書きましょう。下の□には、上の文を書きましょう。

じゅん番を□（ま）つ。

リマインド

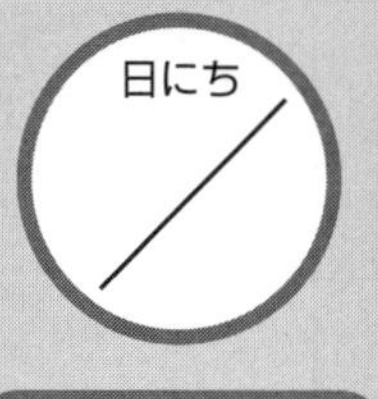

日にち

★一週間後の日にちを書いてチャレンジしましょう。

はねる

★この漢字をおぼえた言葉を書きましょう。

日にち

代

言葉や絵でおぼえよう

★次の言葉を言いながら上の漢字をなぞりましょう。

イ、よこ、つりばり、てん

交代（こうたい）する。

★上の絵を見ながら、左に漢字を書きましょう。

名前

★あなたが漢字をおぼえやすい言葉を考えて書きましょう。（上と同じでもよい。）

❶ 漢字つけたし・かんせいクイズ

★四つのますの漢字を
▼なぞって、
▼つけたして、
それぞれのますをかんせいさせましょう。

代　イ　代　ノ

❷ 読み方クイズ

★声に出して一回読んでから、□にあう読み方を書きましょう。

交代（たい）
↓
交代（た□）
↓
交代（□□）

❸ 漢字を書こう

★□に漢字を書きましょう。下の□には、上の文を書きましょう。

交（こう）□（たい）する。

リマインド

日にち

★一週間後の日にちを書いてチャレンジしましょう。

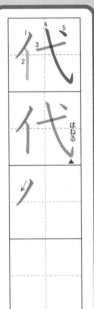

代　代　はねる

★この漢字をおぼえた言葉を書きましょう。

日にち　／

名前

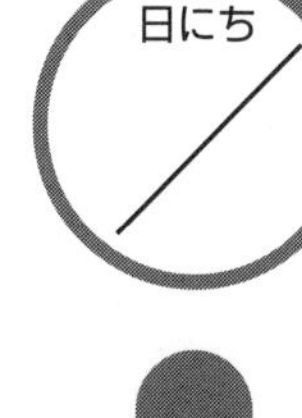

言葉（ことば）や絵でおぼえよう

★次の言葉（ことば）を言（い）いながら上の漢字（かんじ）をなぞりましょう。

たけかんむりに、弓、たて、ノ

★あなたが漢字（かんじ）をおぼえやすい言葉（ことば）を考えて書きましょう。（上と同じでもよい。）

第一（だいいっ）かん

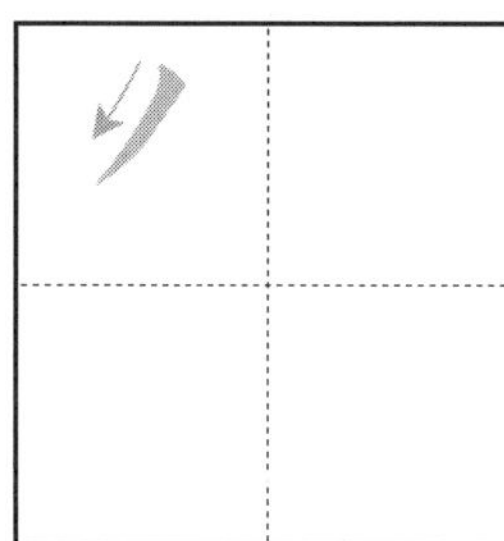

★上の絵を見ながら、左に漢字（かんじ）を書きましょう。

❶ 漢字（かんじ）つけたし・かんせいクイズ

★四つのますの漢字（かんじ）を
▼なぞって、
▼つけたして、
それぞれのますをかんせいさせましょう。

❷ 読み方クイズ

★声に出して一回読んでから、□にあう読み方を書きましょう。

第一（だい）→ 第一（だ□）→ 第一（□□）

❸ 漢字（かんじ）を書こう

★□に漢字（かんじ）を書きましょう。下の□には、上の文を書きましょう。

□（だい）一（いっ）かん

リマインド

日にち　／

★一週間後の日にちを書いてチャレンジしましょう。

はらう　はねる

★この漢字（かんじ）をおぼえた言葉（ことば）を書きましょう。

日にち ／

名前

言葉や絵でおぼえよう

★次の言葉を言いながら上の漢字をなぞりましょう。

日、よこ、たて、よこ、ノ、右はらい＋一、丶、ノ、貝

★あなたが漢字をおぼえやすい言葉を考えて書きましょう。（上と同じでもよい。）

宿題をする。

★上の絵を見ながら、左に漢字を書きましょう。

❶ 漢字つけたし・かんせいクイズ

★四つのますの漢字を▼なぞって、▼つけたして、それぞれのますをかんせいさせましょう。

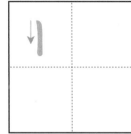

❷ 読み方クイズ

★声に出して一回読んでから、□にあう読み方を書きましょう。

宿題　しゅくだい
↓
宿題　しゅくだ□
↓
宿題　しゅく□□

❸ 漢字を書こう

★□に漢字を書きましょう。下の□には、上の文を書きましょう。

宿□（しゅくだい）をする。

リマインド

日にち ／

★一週間後の日にちを書いてチャレンジしましょう。

はらう

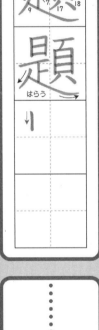

★この漢字をおぼえた言葉を書きましょう。

言葉(ことば)や絵でおぼえよう

★次の言葉(ことば)を言(い)いながら上の漢字(かんじ)をなぞりましょう。

山に、よこ、ななめ、
火

★あなたが漢字(かんじ)をおぼえやすい言葉(ことば)を考えて書きましょう。(上と同じでもよい。)

名前

炭(すみ)でやく。

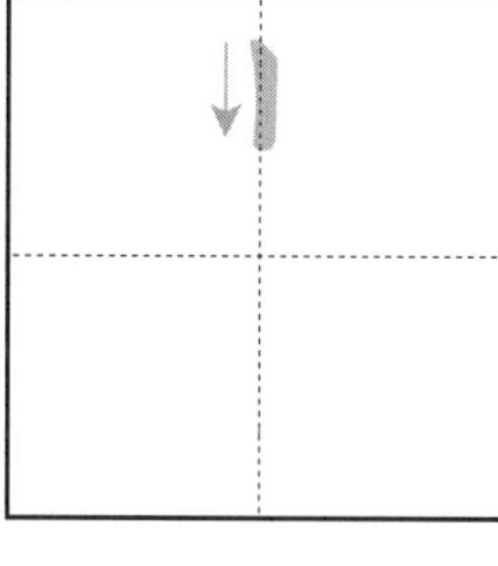

★上の絵を見ながら、左に漢字(かんじ)を書きましょう。

❶ 漢字(かんじ)つけたし・かんせいクイズ

★四つのますの漢字(かんじ)を
▼なぞって、
▼つけたして、
それぞれのますをかんせい
させましょう。

❷ 読み方クイズ

★声に出して一回読んでから、□にあう読み方を書きましょう。

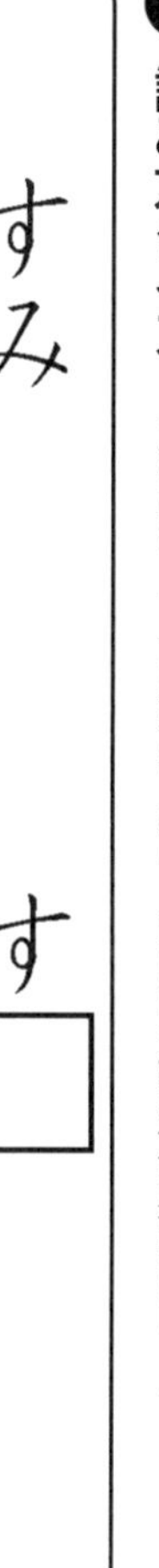

❸ 漢字(かんじ)を書こう

★□に漢字(かんじ)を書きましょう。下の□には、上の文を書きましょう。

□(すみ)でやく。

リマインド

★一週間後の日にちを書いてチャレンジしましょう。

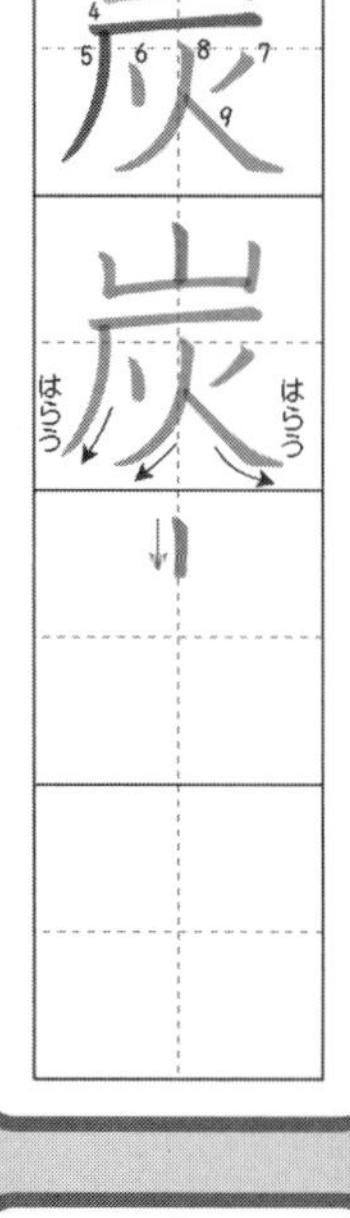

★この漢字(かんじ)をおぼえた言葉(ことば)を書きましょう。

名前

言葉や絵でおぼえよう

★次の言葉を言いながら上の漢字をなぞりましょう。

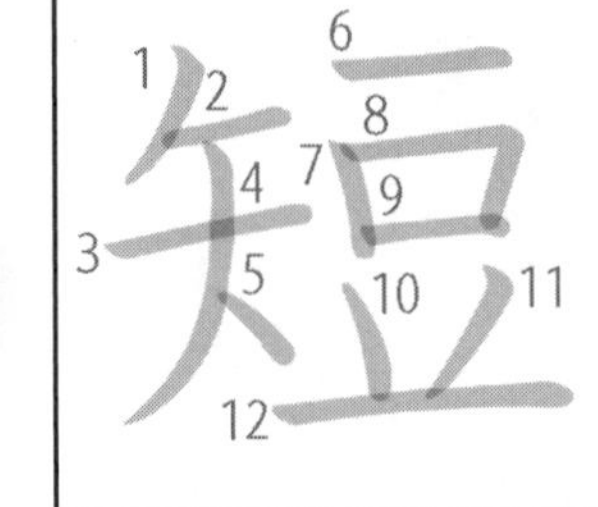

矢に、よこ、ロ、ソ、よこ

★あなたが漢字をおぼえやすい言葉を考えて書きましょう。（上と同じでもよい。）

短い えんぴつ。

★上の絵を見ながら、左に漢字を書きましょう。

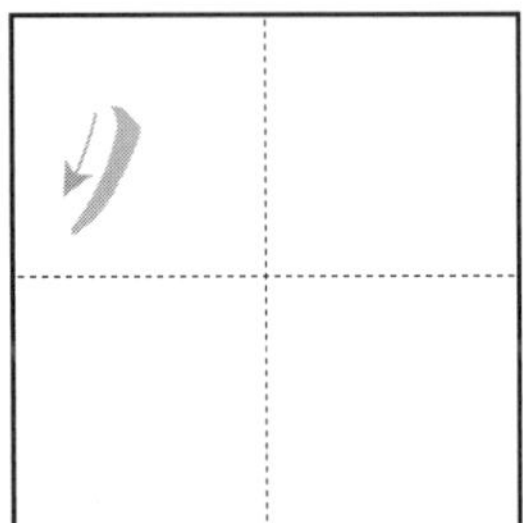

❶ 漢字つけたし・かんせいクイズ

★四つのますの漢字を
▼なぞって、
▼つけたして、
それぞれのますをかんせいさせましょう。

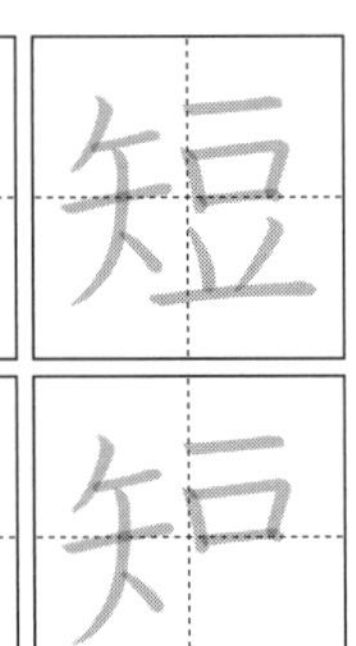

❷ 読み方クイズ

★声に出して一回読んでから、□にあう読み方を書きましょう。

みじか
短い
↓
み□□
短い
↓
□□□
短い

❸ 漢字を書こう

★□に漢字を書きましょう。下の□には、上の文を書きましょう。

□いえんぴつ。（□＝みじか）

□

リマインド

★一週間後の日にちを書いてチャレンジしましょう。

短 短
とめる 長く

★この漢字をおぼえた言葉を書きましょう。

日にち

言葉や絵でおぼえよう

★次の言葉を言いながら上の漢字をなぞりましょう。

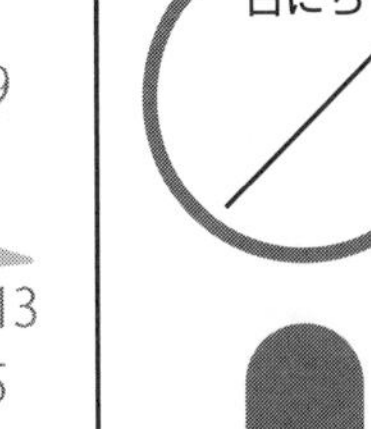

言うに、火を2つ

★上の絵を見ながら、左に漢字を書きましょう。

人に相談する。

★あなたが漢字をおぼえやすい言葉を考えて書きましょう。（上と同じでもよい。）

名前

❶ 漢字つけたし・かんせいクイズ

★四つのますの漢字を
▼なぞって、
▼つけたして、
それぞれのますをかんせいさせましょう。

言 談 言 談

❷ 読み方クイズ

★声に出して一回読んでから、□にあう読み方を書きましょう。

相談（だん）→ 相談（だ□）→ 相談（□□）

❸ 漢字を書こう

★□に漢字を書きましょう。下の□には、上の文を書きましょう。

人に相□する。

リマインド

日にち

★一週間後の日にちを書いてチャレンジしましょう。

談 はらう

★この漢字をおぼえた言葉を書きましょう。

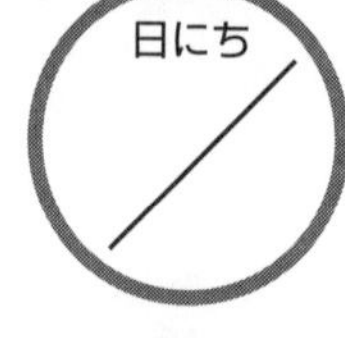

名前

★次の言葉を言いながら上の漢字をなぞりましょう。

ソ、王、ななめ、目

★あなたが漢字をおぼえやすい言葉を考えて書きましょう。（上と同じでもよい。）

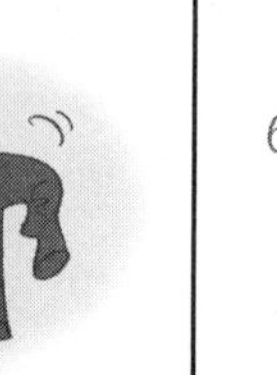

ふくを着る。

★上の絵を見ながら、左に漢字を書きましょう。

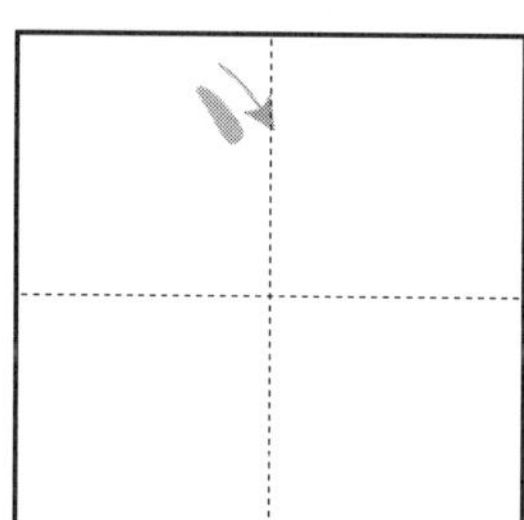

❶ 漢字つけたし・かんせいクイズ

★四つのますの漢字を
▼なぞって、
▼つけたして、
それぞれのますを
かんせい
させましょう。

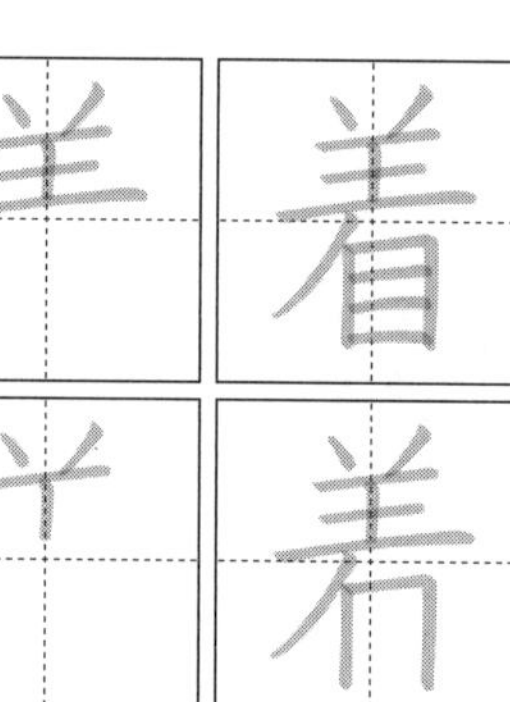

❷ 読み方クイズ

★声に出して一回読んでから、□にあう読み方を書きましょう。

着る（き）
↓
着□る
↓
着□る

❸ 漢字を書こう

★□に漢字を書きましょう。下の□には、上の文を書きましょう。

ふくを□(き)る。

リマインド

★一週間後の日にちを書いてチャレンジしましょう。

★この漢字をおぼえた言葉を書きましょう。

日にち　／

言葉や絵でおぼえよう

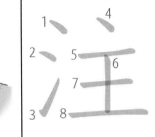

★次の言葉を言いながら上の漢字をなぞりましょう。

シ、てん、王

名前

★あなたが漢字をおぼえやすい言葉を考えて書きましょう。（上と同じでもよい。）

注意される。

★上の絵を見ながら、左に漢字を書きましょう。

❶ 漢字つけたし・かんせいクイズ

★四つのますの漢字を
▼なぞって、
▼つけたして、
それぞれのますをかんせいさせましょう。

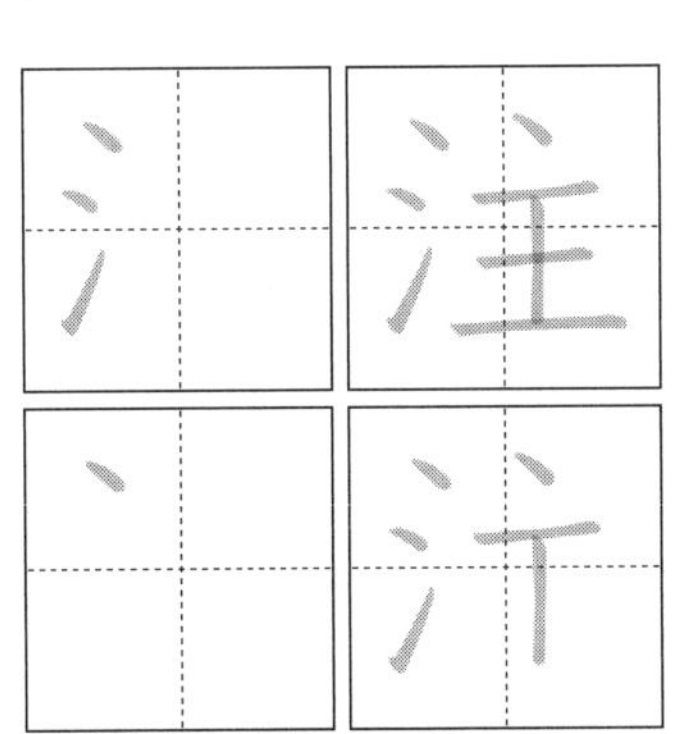

❷ 読み方クイズ

★声に出して一回読んでから、□にあう読み方を書きましょう。

注意（ちゅう）
↓
注意（ち□□）
↓
注意（□□□）

❸ 漢字を書こう

★□に漢字を書きましょう。下の□には、上の文を書きましょう。

□（ちゅう）意される。

リマインド

日にち　／

★一週間後の日にちを書いてチャレンジしましょう。

長く

★この漢字をおぼえた言葉を書きましょう。

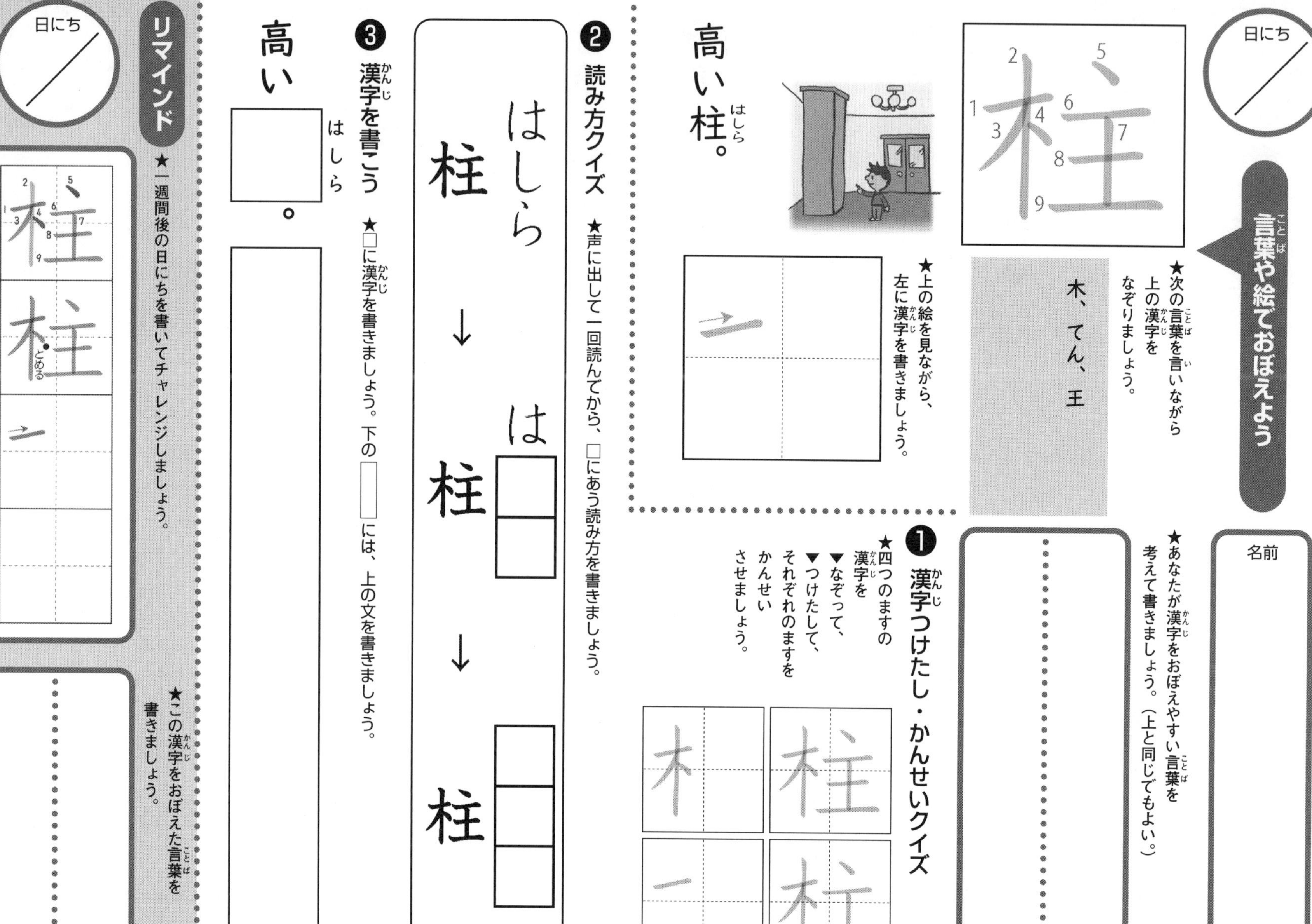

日にち　／

言葉や絵でおぼえよう

★次の言葉を言いながら上の漢字をなぞりましょう。

木、てん、王

高い柱。

★上の絵を見ながら、左に漢字を書きましょう。

名前

★あなたが漢字をおぼえやすい言葉を考えて書きましょう。（上と同じでもよい。）

❶ 漢字つけたし・かんせいクイズ

★四つのますの漢字を
▼なぞって、
▼つけたして、
それぞれのますをかんせいさせましょう。

❷ 読み方クイズ

★声に出して一回読んでから、□にあう読み方を書きましょう。

はしら　柱

↓

は□□　柱

↓

□□□　柱

❸ 漢字を書こう

★□に漢字を書きましょう。下の□には、上の文を書きましょう。

高い□（はしら）。

リマインド

日にち　／

★一週間後の日にちを書いてチャレンジしましょう。

とめる

★この漢字をおぼえた言葉を書きましょう。

日にち

言葉(ことば)や絵でおぼえよう

★次の言葉(ことば)を言(い)いながら上の漢字(かんじ)をなぞりましょう。

丁

よこ、たてはね

まちの一丁目(いっちょうめ)。

★上の絵を見ながら、左に漢字(かんじ)を書きましょう。

★あなたが漢字(かんじ)をおぼえやすい言葉(ことば)を考えて書きましょう。（上と同じでもよい。）

名前

❶ 漢字(かんじ)つけたし・かんせいクイズ

★四つのますの漢字(かんじ)を▼なぞって、▼つけたして、それぞれのますをかんせいさせましょう。

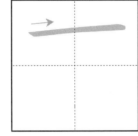

❷ 読み方クイズ

★声に出して一回読んでから、□にあう読み方を書きましょう。

一丁目（ちょう）

↓

一丁目（ち□□）

↓

一丁目（□□□）

❸ 漢字(かんじ)を書こう

★□に漢字(かんじ)を書きましょう。下の□には、上の文を書きましょう。

まちの一(いっ)□(ちょう)目(め)。

リマインド

日にち

★一週間後の日にちを書いてチャレンジしましょう。

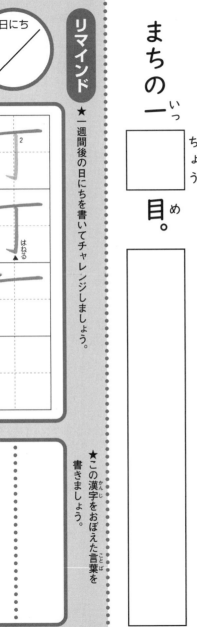

はねる

★この漢字(かんじ)をおぼえた言葉(ことば)を書きましょう。

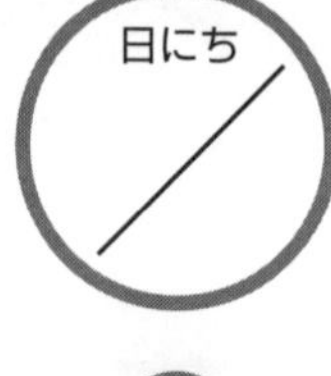

言葉（ことば）や絵でおぼえよう

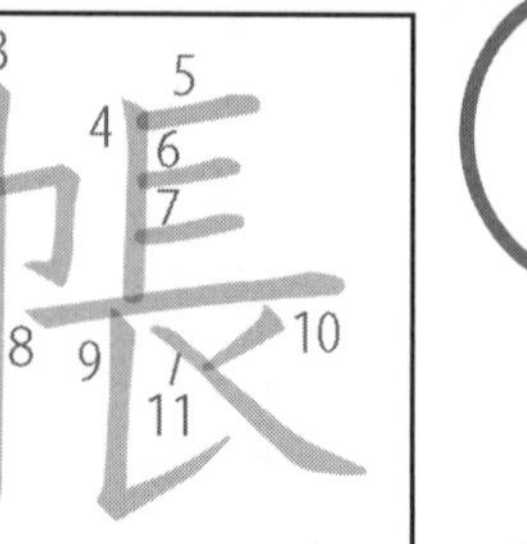

★次の言葉（ことば）を言（い）いながら上の漢字（かんじ）をなぞりましょう。

たて、かくはね、たて、たて、長い

★上の絵を見ながら、左に漢字（かんじ）を書きましょう。

手（て）帳（ちょう）に書く。

名前

★あなたが漢字（かんじ）をおぼえやすい言葉（ことば）を考えて書きましょう。（上と同じでもよい。）

❶ 漢字（かんじ）つけたし・かんせいクイズ

★四つのますの漢字（かんじ）を
▼なぞって、
▼つけたして、
それぞれのますをかんせいさせましょう。

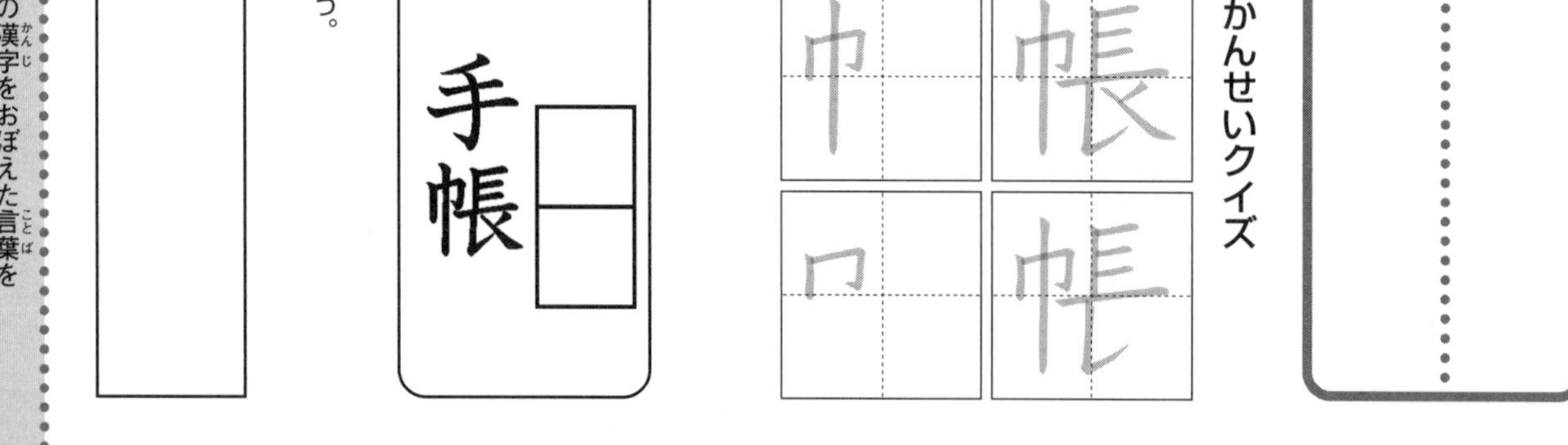

❷ 読み方クイズ

★声に出して一回読んでから、□にあう読み方を書きましょう。

手帳（ちょう）
↓
手帳（ち□□）
↓
手帳（□□）

❸ 漢字（かんじ）を書こう

★□に漢字（かんじ）を書きましょう。下の□には、上の文を書きましょう。

手（て）□（ちょう）に書く。

日にち

リマインド

★一週間後の日にちを書いてチャレンジしましょう。

★この漢字（かんじ）をおぼえた言葉（ことば）を書きましょう。

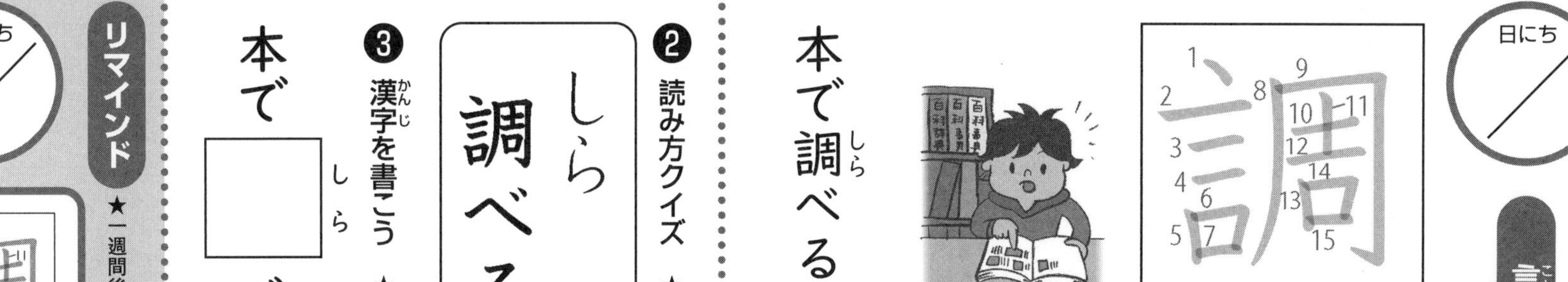

日にち

名前

言葉や絵でおぼえよう

★次の言葉を言いながら上の漢字をなぞりましょう。

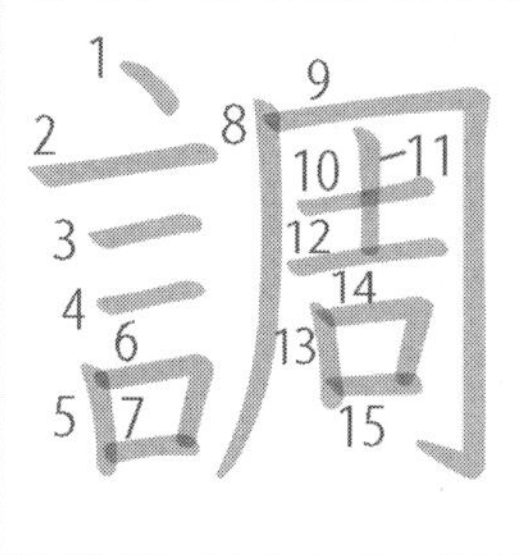

言う、たてはらい、かくはね、土、口

★あなたが漢字をおぼえやすい言葉を考えて書きましょう。（上と同じでもよい。）

本で調べる。

★上の絵を見ながら、左に漢字を書きましょう。

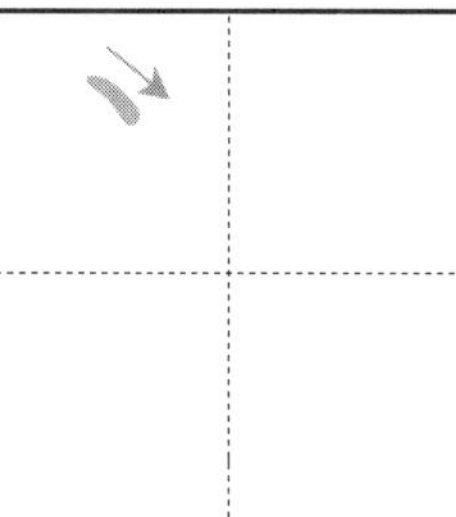

❶ 漢字つけたし・かんせいクイズ

★四つのますの漢字を▼なぞって、▼つけたして、それぞれのますをかんせいさせましょう。

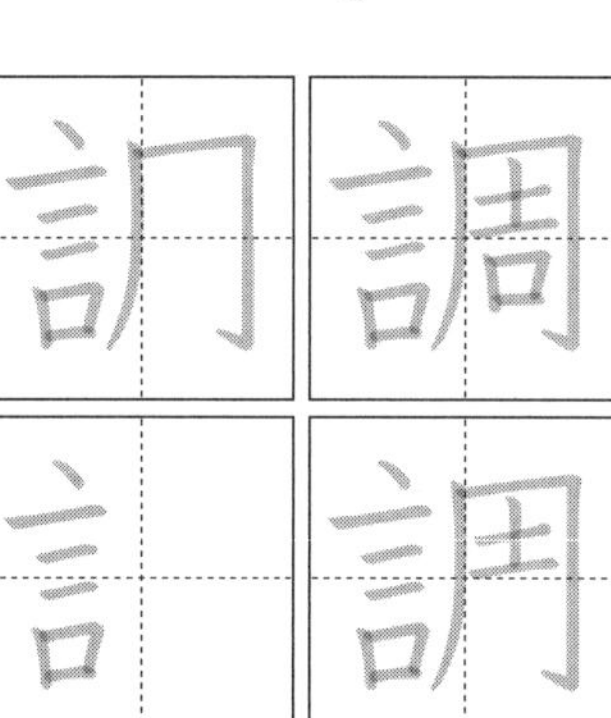

❷ 読み方クイズ

★声に出して一回読んでから、□にあう読み方を書きましょう。

しら
調べる
↓
し□
調べる
↓
□□
調べる

❸ 漢字を書こう

★□に漢字を書きましょう。下の□には、上の文を書きましょう。

本で□べる。（しら）

□

リマインド

日にち

★一週間後の日にちを書いてチャレンジしましょう。

はらう　はねる

★この漢字をおぼえた言葉を書きましょう。

日にち　／

言葉や絵でおぼえよう

★次の言葉を言いながら上の漢字をなぞりましょう。

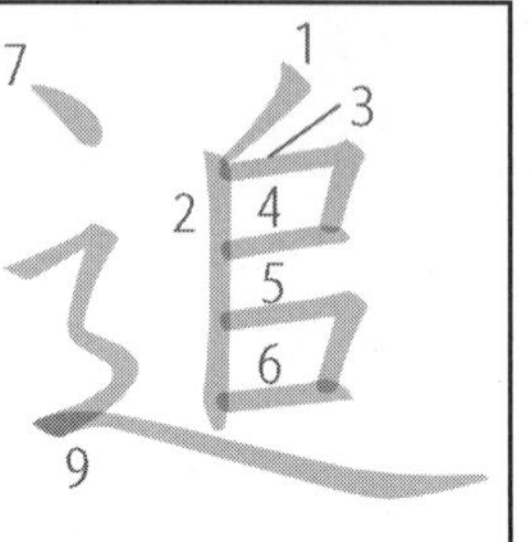

ななめ、たて、コ、コ、しんにょう

はん人を追う。

★上の絵を見ながら、左に漢字を書きましょう。

名前

★あなたが漢字をおぼえやすい言葉を考えて書きましょう。（上と同じでもよい。）

❶ 漢字つけたし・かんせいクイズ

★四つのますの漢字を
▼なぞって、
▼つけたして、
それぞれのますをかんせいさせましょう。

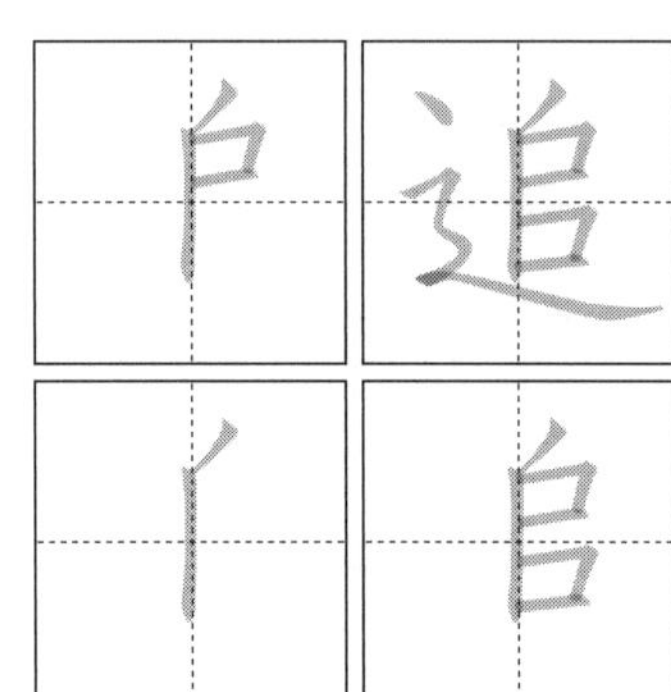

❷ 読み方クイズ

★声に出して一回読んでから、□にあう読み方を書きましょう。

追う（お）
↓
追う（□）
↓
追う（□）

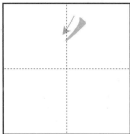

❸ 漢字を書こう

★□に漢字を書きましょう。下の□には、上の文を書きましょう。

はん人を□（お）う。

リマインド

日にち　／

★一週間後の日にちを書いてチャレンジしましょう。

★この漢字をおぼえた言葉を書きましょう。

日にち

名前

言葉や絵でおぼえよう

★次の言葉を言いながら上の漢字をなぞりましょう。

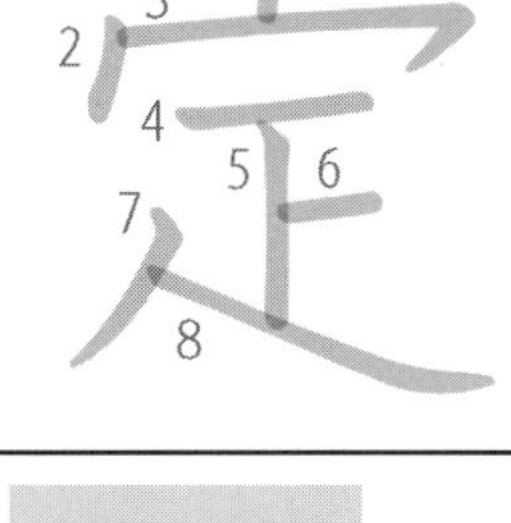

うかんむりに、よこ、たて、よこ、ノ、右はらい

★あなたが漢字をおぼえやすい言葉を考えて書きましょう。（上と同じでもよい。）

定（てい）きけんで通る。

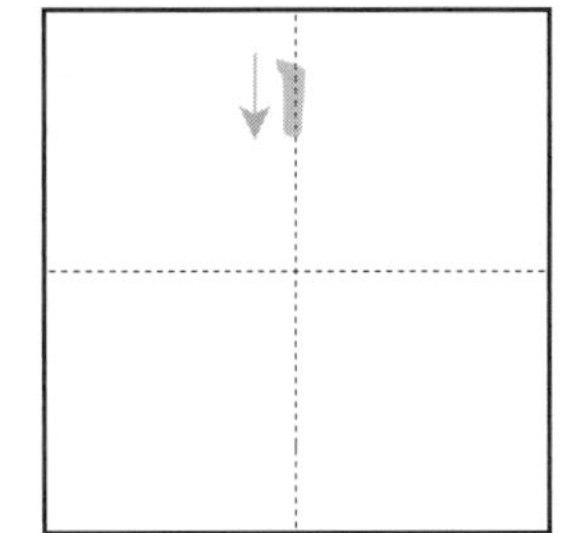

★上の絵を見ながら、左に漢字を書きましょう。

❶ 漢字つけたし・かんせいクイズ

★四つのますの漢字を
▼なぞって、
▼つけたして、
それぞれのますをかんせいさせましょう。

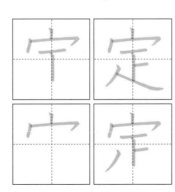

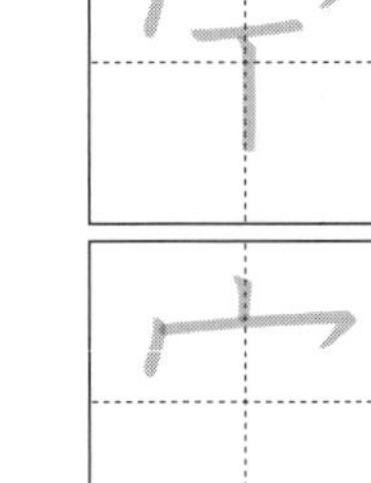

❷ 読み方クイズ

★声に出して一回読んでから、□にあう読み方を書きましょう。

てい
定き
↓
て□
定き
↓
□□
定き

❸ 漢字を書こう

★□に漢字を書きましょう。下の□には、上の文を書きましょう。

てい
□きけんで通る。

□

リマインド

★一週間後の日にちを書いてチャレンジしましょう。

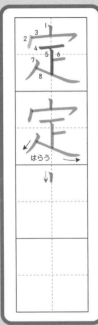

日にち

はらう

★この漢字をおぼえた言葉を書きましょう。

言葉(ことば)や絵でおぼえよう

★次の言葉(ことば)を言(い)いながら上の漢字(かんじ)をなぞりましょう。

たて、よこ、ノ＋ノ、十、よこ＋かく、かくはらい、右はらい

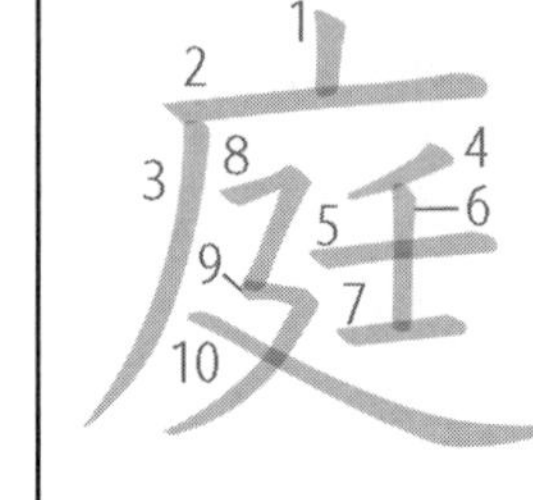

庭(にわ)の花。

★上の絵を見ながら、左に漢字(かんじ)を書きましょう。

名前

★あなたが漢字(かんじ)をおぼえやすい言葉(ことば)を考えて書きましょう。（上と同じでもよい。）

❶ 漢字(かんじ)つけたし・かんせいクイズ

★四つのますの漢字(かんじ)を
▼なぞって、
▼つけたして、
それぞれのますをかんせいさせましょう。

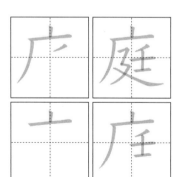

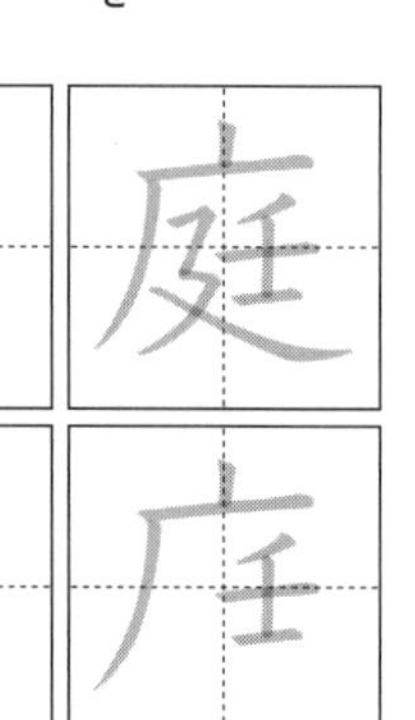

❷ 読み方クイズ

★声に出して一回読んでから、□にあう読み方を書きましょう。

庭 にわ

↓

庭 に□

↓

庭 □□

❸ 漢字(かんじ)を書こう

★□に漢字(かんじ)を書きましょう。下の□には、上の文を書きましょう。

□(にわ)の花。

リマインド

★一週間後の日にちを書いてチャレンジしましょう。

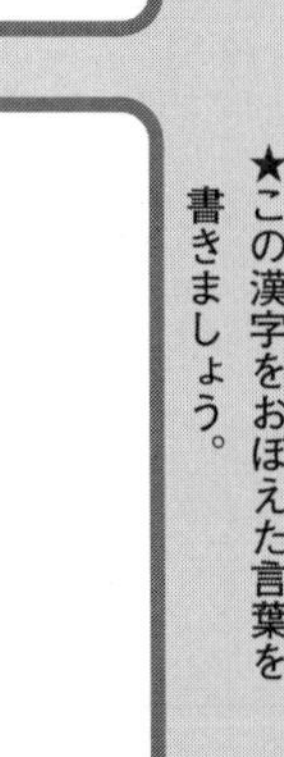

★この漢字(かんじ)をおぼえた言葉(ことば)を書きましょう。

日にち

日にち ／

名前

言葉や絵でおぼえよう

★次の言葉を言いながら上の漢字をなぞりましょう。

たけかんむりに、たてぼうの出た田

★あなたが漢字をおぼえやすい言葉を考えて書きましょう。(上と同じでもよい。)

笛をふく。

★上の絵を見ながら、左に漢字を書きましょう。

❶ 漢字つけたし・かんせいクイズ

★四つのますの漢字を
▼なぞって、
▼つけたして、
それぞれのますをかんせいさせましょう。

❷ 読み方クイズ

★声に出して一回読んでから、□にあう読み方を書きましょう。

笛（ふえ）
↓
笛（ふ□）
↓
笛（□□）

❸ 漢字を書こう

★□に漢字を書きましょう。下の□には、上の文を書きましょう。

□（ふえ）をふく。

日にち ／

リマインド

★一週間後の日にちを書いてチャレンジしましょう。

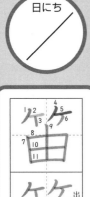

★この漢字をおぼえた言葉を書きましょう。

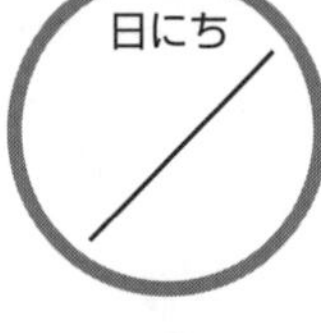

言葉や絵でおぼえよう

★次の言葉を言いながら上の漢字をなぞりましょう。

金、ノ、二、人

名前

★あなたが漢字をおぼえやすい言葉を考えて書きましょう。（上と同じでもよい。）

鉄（てつ）ぼうをする。

★上の絵を見ながら、左に漢字を書きましょう。

❶ 漢字つけたし・かんせいクイズ

★四つのますの漢字を
▼なぞって、
▼つけたして、
それぞれのますをかんせいさせましょう。

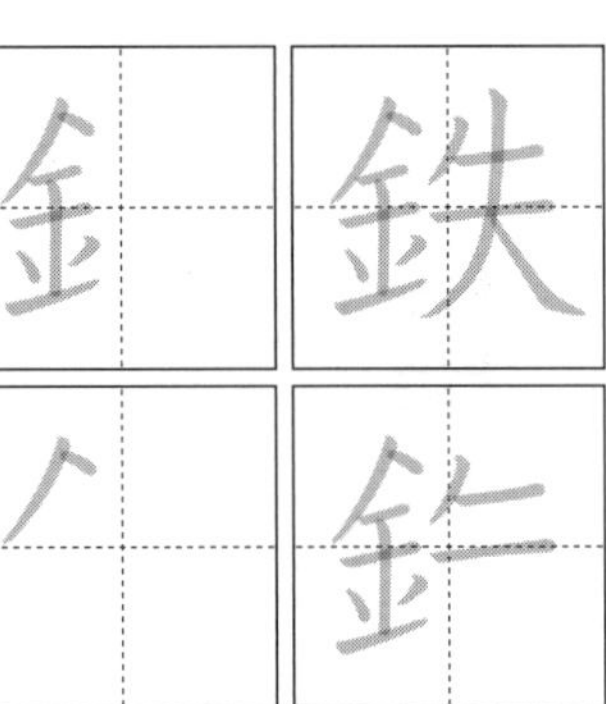

❷ 読み方クイズ

★声に出して一回読んでから、□にあう読み方を書きましょう。

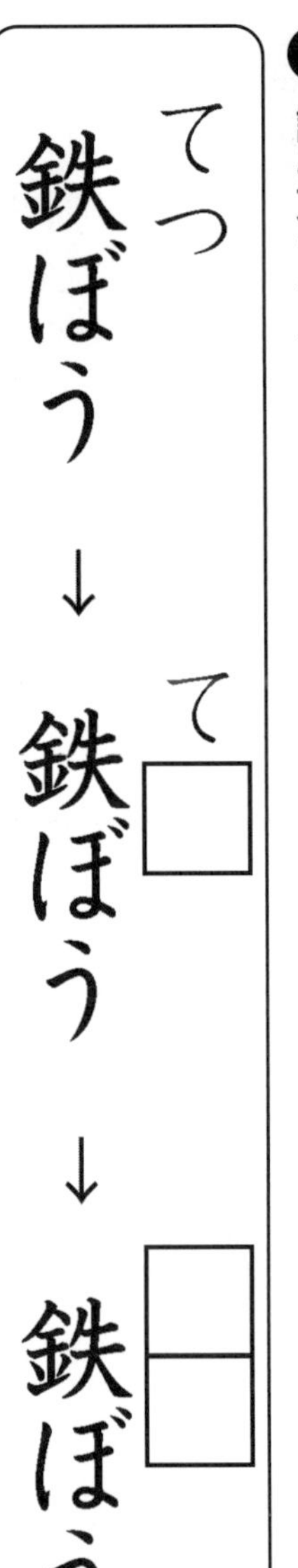

❸ 漢字を書こう

★□に漢字を書きましょう。下の□には、上の文を書きましょう。

□（てつ）ぼうをする。

リマインド

日にち

★一週間後の日にちを書いてチャレンジしましょう。

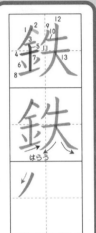

★この漢字をおぼえた言葉を書きましょう。

日にち

言葉や絵でおぼえよう

★次の言葉を言いながら上の漢字をなぞりましょう。

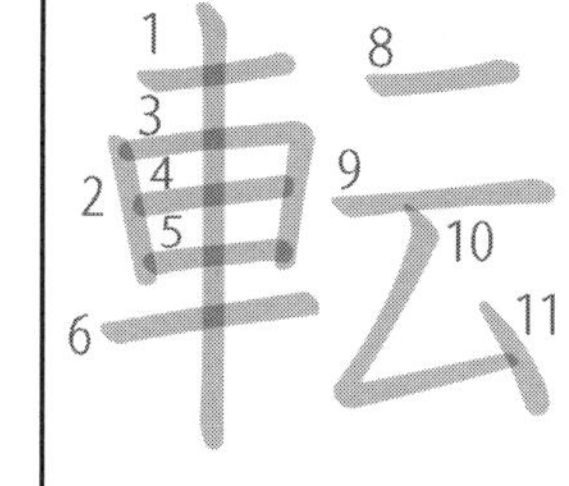

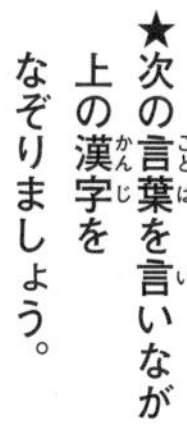

道で転(ころ)ぶ。

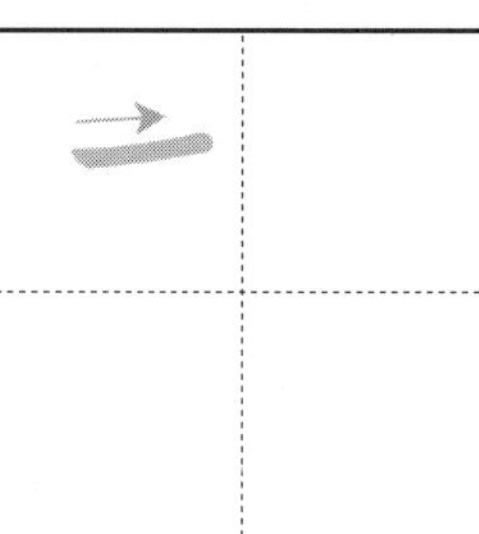

★上の絵を見ながら、左に漢字を書きましょう。

名前

★あなたが漢字をおぼえやすい言葉を考えて書きましょう。（上と同じでもよい。）

❶ 漢字つけたし・かんせいクイズ

★四つのますの漢字を
▼なぞって、
▼つけたして、
それぞれのますをかんせいさせましょう。

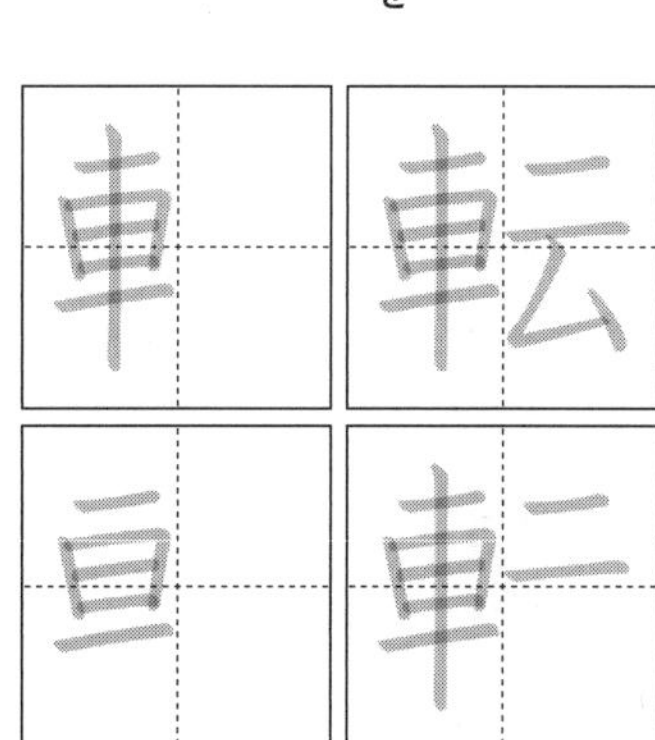

❷ 読み方クイズ

★声に出して一回読んでから、□にあう読み方を書きましょう。

転ぶ（ころ）
↓
転ぶ（こ□）
↓
転ぶ（□□）

❸ 漢字を書こう

★□に漢字を書きましょう。下の□には、上の文を書きましょう。

道で□（ころ）ぶ。

リマインド

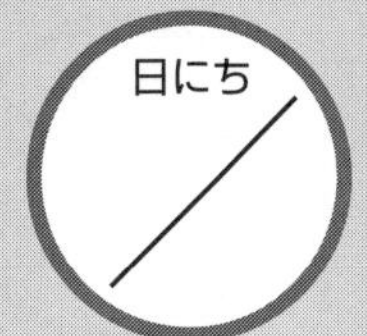

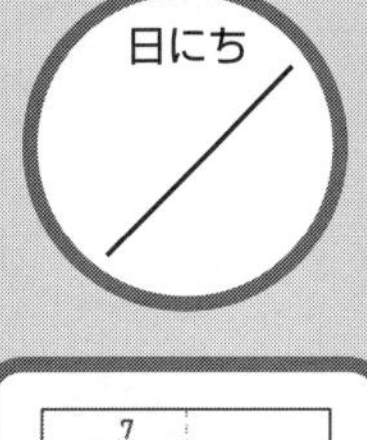

日にち

★一週間後の日にちを書いてチャレンジしましょう。

★この漢字をおぼえた言葉を書きましょう。

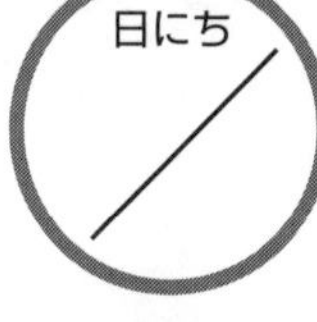

言葉や絵でおぼえよう

★次の言葉を言いながら上の漢字をなぞりましょう。

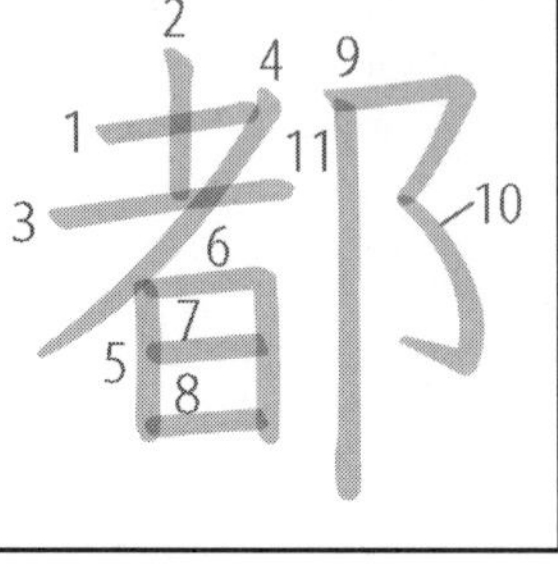

土、ノ、日、おおざと

★上の絵を見ながら、左に漢字を書きましょう。

東京都と

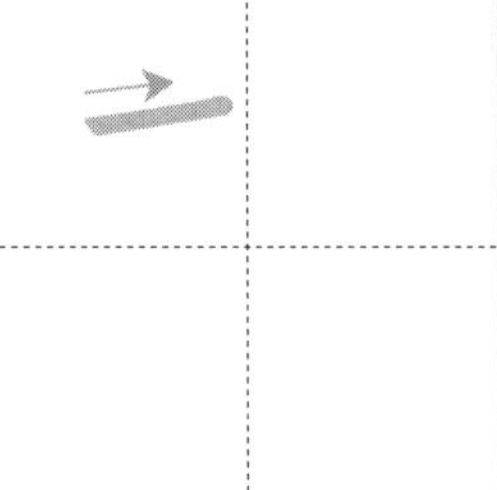

名前

★あなたが漢字をおぼえやすい言葉を考えて書きましょう。（上と同じでもよい。）

❶ 漢字つけたし・かんせいクイズ

★四つのますの漢字を
▼なぞって、
▼つけたして、
それぞれのますをかんせいさせましょう。

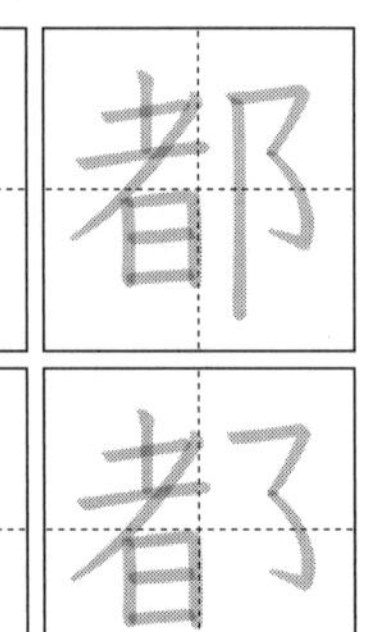

❷ 読み方クイズ

★声に出して一回読んでから、□にあう読み方を書きましょう。

東京都と

↓

東京都□

↓

東京都□

❸ 漢字を書こう

★□に漢字を書きましょう。下の□には、上の文を書きましょう。

東京□と

リマインド

★一週間後の日にちを書いてチャレンジしましょう。

★この漢字をおぼえた言葉を書きましょう。

日にち　／

名前

言葉や絵でおぼえよう

★次の言葉を言いながら上の漢字をなぞりましょう。

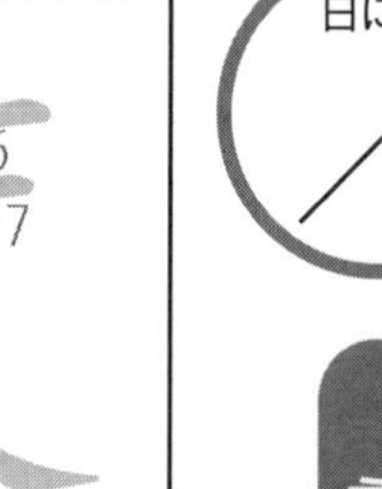

たて、よこ、ノ＋よこ、
たて、たて、よこ、フ、
右はらい

★あなたが漢字をおぼえやすい言葉を考えて書きましょう。（上と同じでもよい。）

へやの温度。

★上の絵を見ながら、左に漢字を書きましょう。

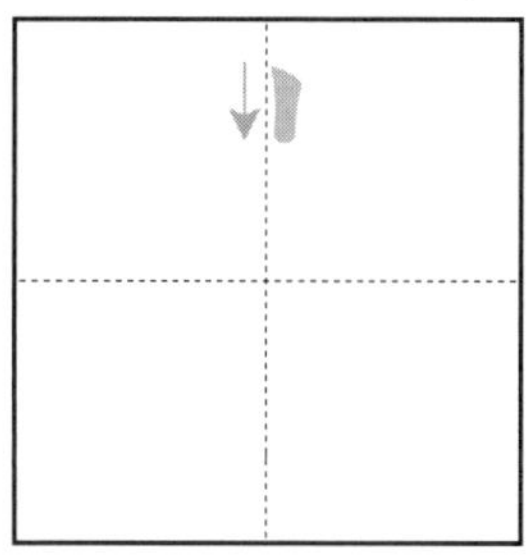

❶ 漢字つけたし・かんせいクイズ

★四つのますの漢字を
▼なぞって、
▼つけたして、
それぞれのますをかんせいさせましょう。

❷ 読み方クイズ

★声に出して一回読んでから、□にあう読み方を書きましょう。

温度　ど
↓
温度□
↓
温度□

❸ 漢字を書こう

★□に漢字を書きましょう。下の□には、上の文を書きましょう。

へやの温□。

リマインド

日にち　／

★一週間後の日にちを書いてチャレンジしましょう。

★この漢字をおぼえた言葉を書きましょう。

言葉や絵でおぼえよう

★次の言葉を言いながら上の漢字をなぞりましょう。

てへん、ノ、よこたてよこはね、フ、右はらい

たまを投げる。

★上の絵を見ながら、左に漢字を書きましょう。

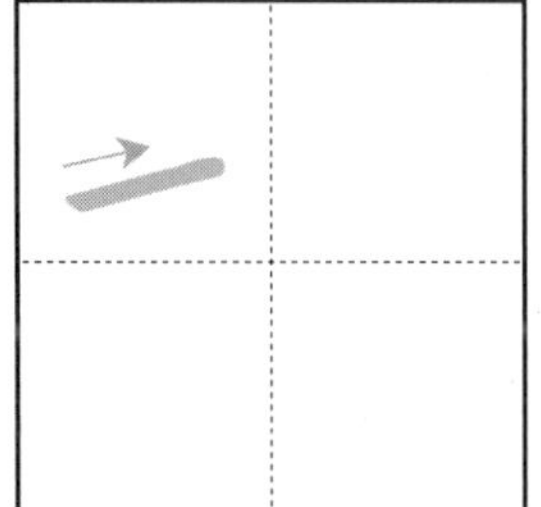

名前

★あなたが漢字をおぼえやすい言葉を考えて書きましょう。(上と同じでもよい。)

❶ 漢字つけたし・かんせいクイズ

★四つのますの漢字を
▼なぞって、
▼つけたして、
それぞれのますをかんせいさせましょう。

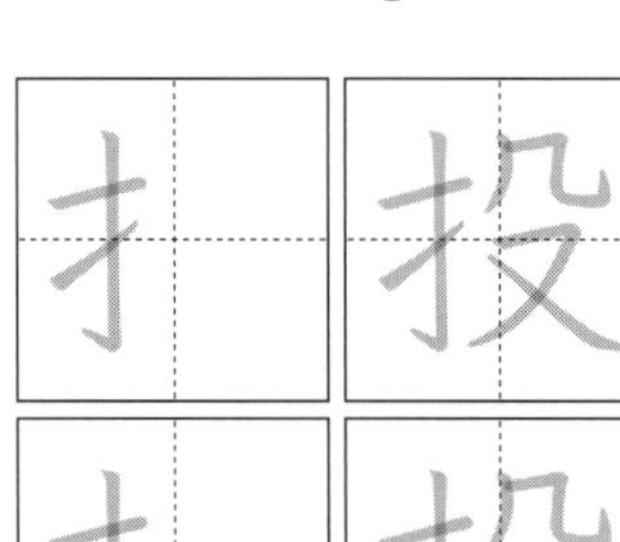

❷ 読み方クイズ

★声に出して一回読んでから、□にあう読み方を書きましょう。

投げる → 投□ → 投□げる

❸ 漢字を書こう

★□に漢字を書きましょう。下の□には、上の文を書きましょう。

たまを□げる。

リマインド

★一週間後の日にちを書いてチャレンジしましょう。

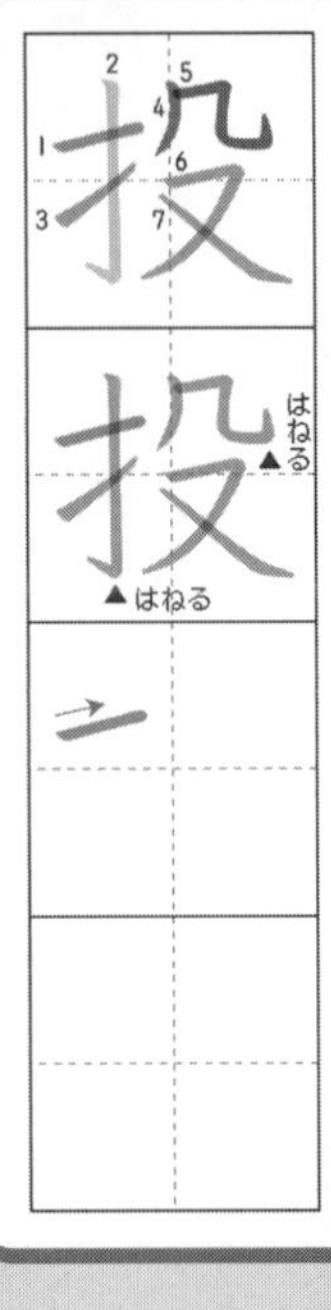

★この漢字をおぼえた言葉を書きましょう。

日にち ／

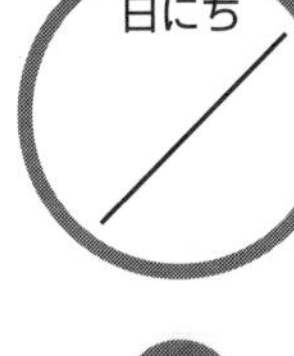

言葉(ことば)や絵でおぼえよう

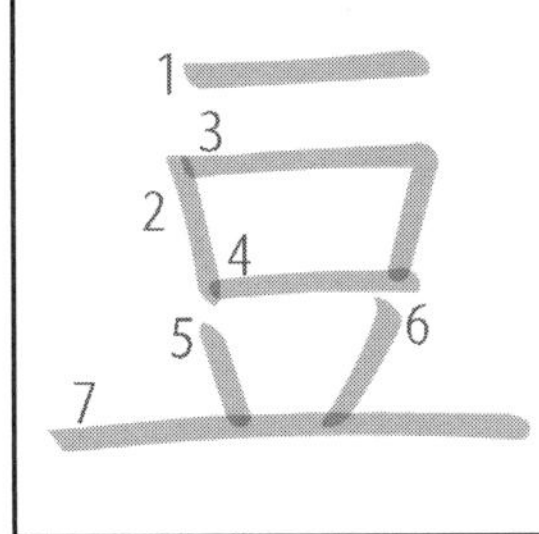

★次の言葉(ことば)を言(い)いながら
上の漢字(かんじ)を
なぞりましょう。

一、口、ソ、一

豆(まめ)をまく。

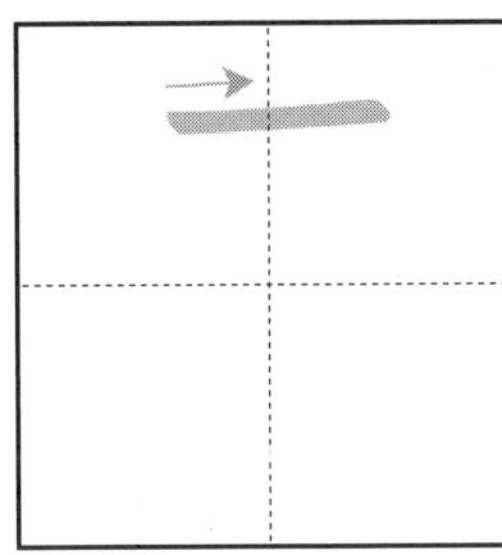

★上の絵を見ながら、
左に漢字(かんじ)を書きましょう。

名前

★あなたが漢字(かんじ)をおぼえやすい言葉(ことば)を
考えて書きましょう。（上と同じでもよい。）

❶ 漢字(かんじ)つけたし・かんせいクイズ

★四つのますの
漢字(かんじ)を
▼なぞって、
▼つけたして、
それぞれのますを
かんせい
させましょう。

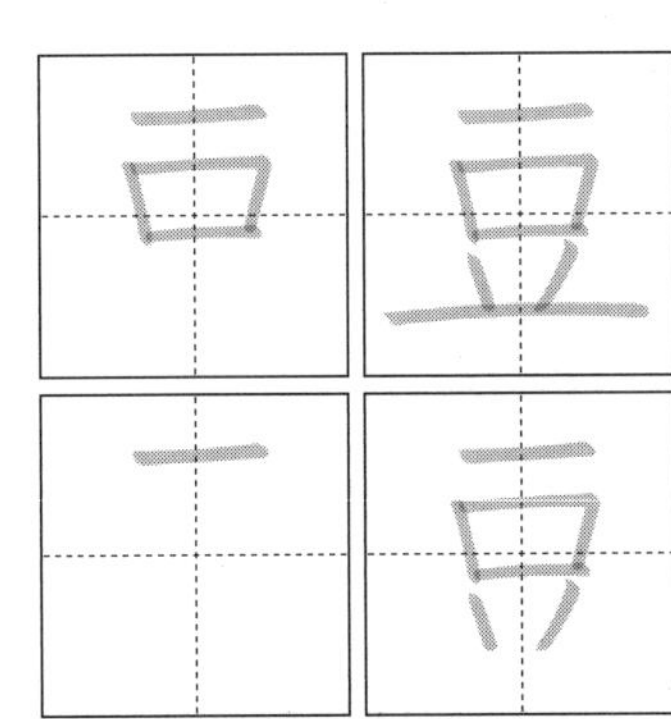

❷ 読み方クイズ

★声に出して一回読んでから、□にあう読み方を書きましょう。

豆　まめ
↓
豆　ま□
↓
豆　□□

❸ 漢字(かんじ)を書こう

★□に漢字(かんじ)を書きましょう。下の□には、上の文を書きましょう。

□(まめ)をまく。

リマインド

日にち ／

★一週間後の日にちを書いてチャレンジしましょう。

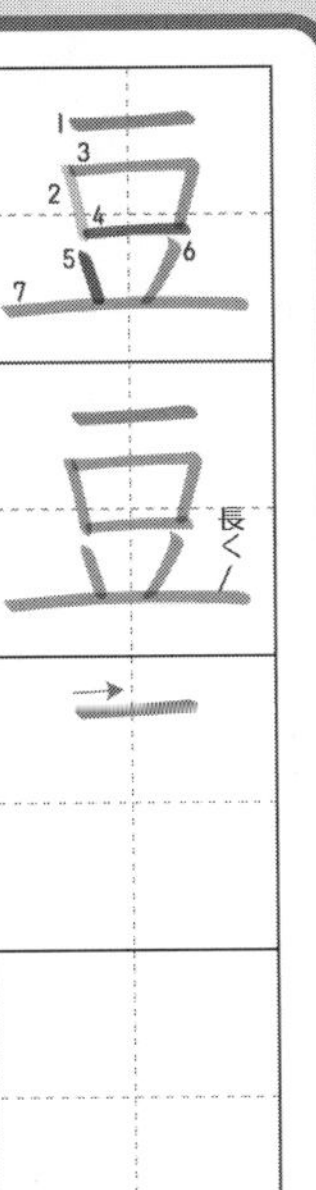

★この漢字(かんじ)をおぼえた言葉(ことば)を
書きましょう。

日にち

言葉(ことば)や絵でおぼえよう

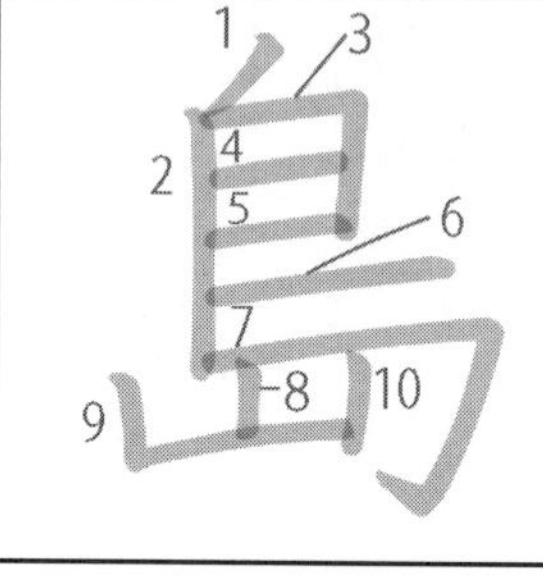

★次の言葉(ことば)を言(い)いながら上の漢字(かんじ)をなぞりましょう。

白のび、よこ、かくはね、山

遠くの島(しま)。

★上の絵を見ながら、左に漢字(かんじ)を書きましょう。

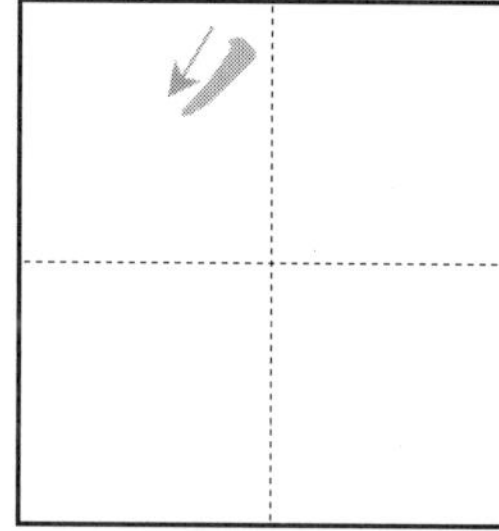

名前

★あなたが漢字(かんじ)をおぼえやすい言葉(ことば)を考えて書きましょう。（上と同じでもよい。）

❶ 漢字(かんじ)つけたし・かんせいクイズ

★四つのますの漢字(かんじ)を
▼なぞって、
▼つけたして、
それぞれのますをかんせいさせましょう。

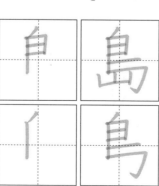

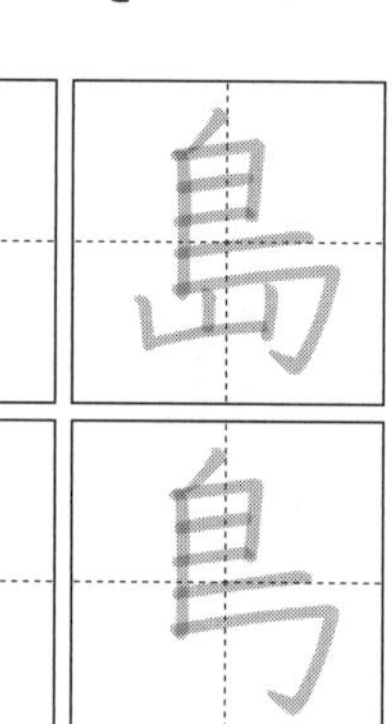

❷ 読み方クイズ

★声に出して一回読んでから、□にあう読み方を書きましょう。

島 しま
↓
島 し□
↓
島 □□

❸ 漢字(かんじ)を書こう

★□に漢字(かんじ)を書きましょう。下の□には、上の文を書きましょう。

遠くの□(しま)。

日にち

リマインド

★一週間後の日にちを書いてチャレンジしましょう。

はねる

★この漢字(かんじ)をおぼえた言葉(ことば)を書きましょう。

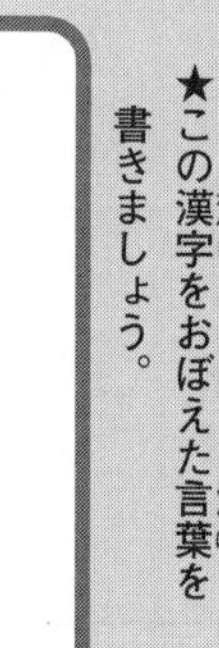

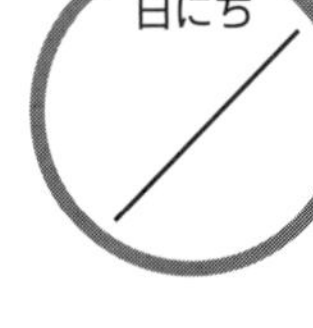

日にち

言葉や絵でおぼえよう

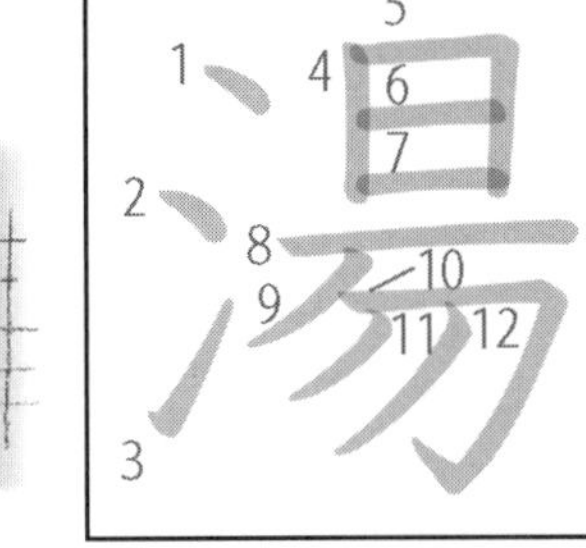

★次の言葉を言いながら上の漢字をなぞりましょう。

シ、日、よこ、ノ、ノ、かくはね、ノ、ノ

湯（ゆ）がわく。

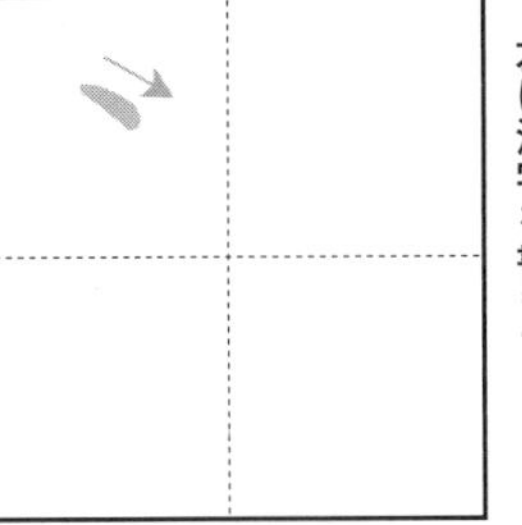

★上の絵を見ながら、左に漢字を書きましょう。

名前

★あなたが漢字をおぼえやすい言葉を考えて書きましょう。（上と同じでもよい。）

❶ 漢字つけたし・かんせいクイズ

★四つのますの漢字を
▼なぞって、
▼つけたして、
それぞれのますをかんせいさせましょう。

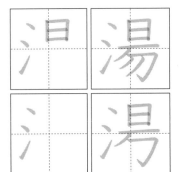

❷ 読み方クイズ

★声に出して一回読んでから、□にあう読み方を書きましょう。

湯 ゆ

↓

湯□

↓

湯□

❸ 漢字を書こう

★□に漢字を書きましょう。下の□には、上の文を書きましょう。

□（ゆ）がわく。

リマインド

日にち

★一週間後の日にちを書いてチャレンジしましょう。

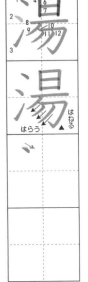

はねる

はらう

★この漢字をおぼえた言葉を書きましょう。

日にち

言葉や絵でおぼえよう

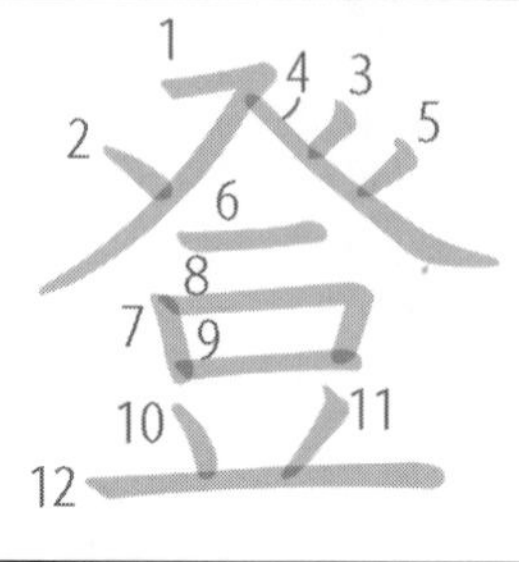

★次の言葉を言いながら上の漢字をなぞりましょう。

フ、てん、てん、てん、右はらい、てん＋一、ロ、ソ、一

登山に行く。

★上の絵を見ながら、左に漢字を書きましょう。

名前

★あなたが漢字をおぼえやすい言葉を考えて書きましょう。（上と同じでもよい。）

❶ 漢字つけたし・かんせいクイズ

★四つのますの漢字を▼なぞって、▼つけたして、それぞれのますをかんせいさせましょう。

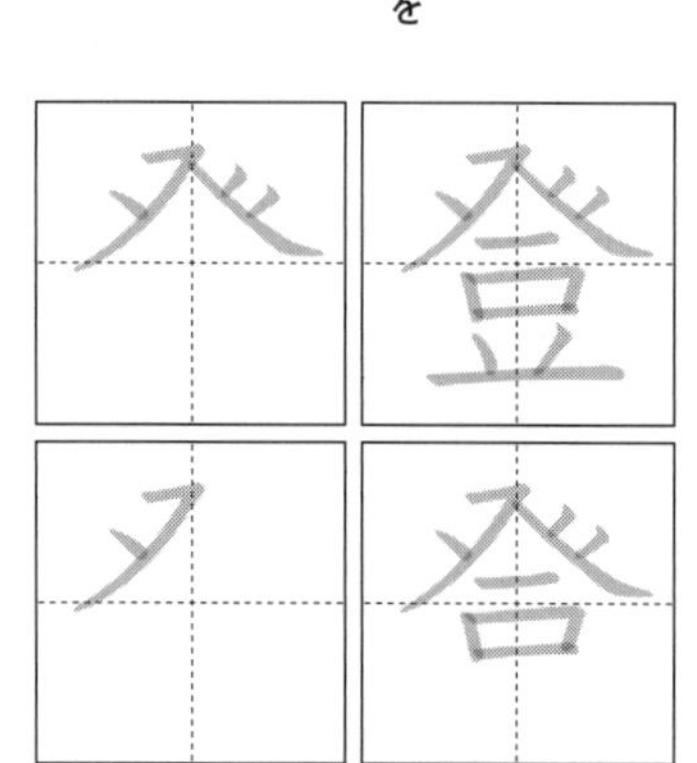

❷ 読み方クイズ

★声に出して一回読んでから、□にあう読み方を書きましょう。

登山　と

↓

登山　□

↓

登山　□

❸ 漢字を書こう

★□に漢字を書きましょう。下の□には、上の文を書きましょう。

□と山に行く。

リマインド

日にち

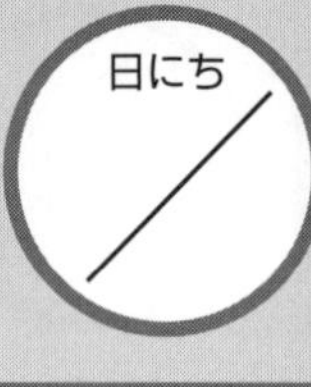

★一週間後の日にちを書いてチャレンジしましょう。

★この漢字をおぼえた言葉を書きましょう。

日にち

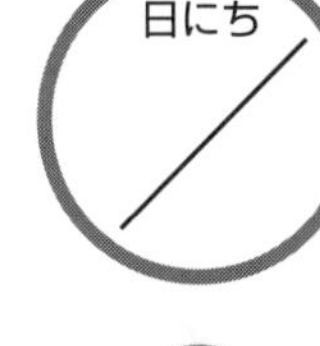

言葉（ことば）や絵でおぼえよう

★次の言葉（ことば）を言（い）いながら上の漢字（かんじ）をなぞりましょう。

たけかんむりに、寺

★上の絵を見ながら、左に漢字（かんじ）を書きましょう。

等（ひと）しく分ける。

名前

★あなたが漢字（かんじ）をおぼえやすい言葉（ことば）を考えて書きましょう。（上と同じでもよい。）

❶ 漢字（かんじ）つけたし・かんせいクイズ

★四つのますの漢字（かんじ）を
▼なぞって、
▼つけたして、
それぞれのますをかんせいさせましょう。

❷ 読み方クイズ

★声に出して一回読んでから、□にあう読み方を書きましょう。

等（ひと）しい → 等（ひ□）しい → 等（□□）しい

❸ 漢字（かんじ）を書こう

★□に漢字（かんじ）を書きましょう。下の□には、上の文を書きましょう。

□（ひと）しく分ける。

リマインド

★一週間後の日にちを書いてチャレンジしましょう。

日にち

★この漢字（かんじ）をおぼえた言葉（ことば）を書きましょう。

名前

言葉や絵でおぼえよう

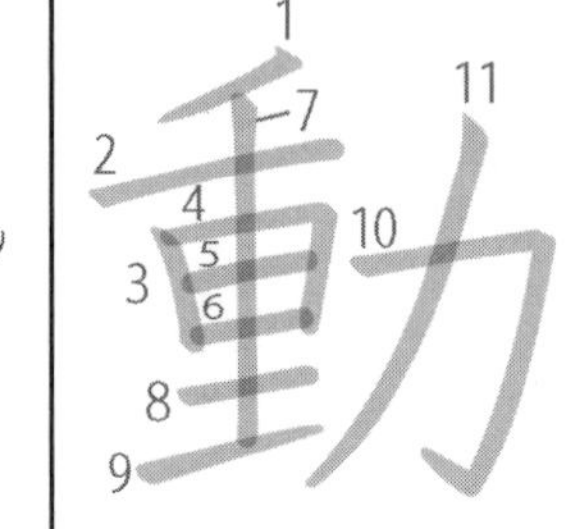

★次の言葉を言いながら上の漢字をなぞりましょう。

ノ、よこ、日、たて、よこ、よこ＋カ

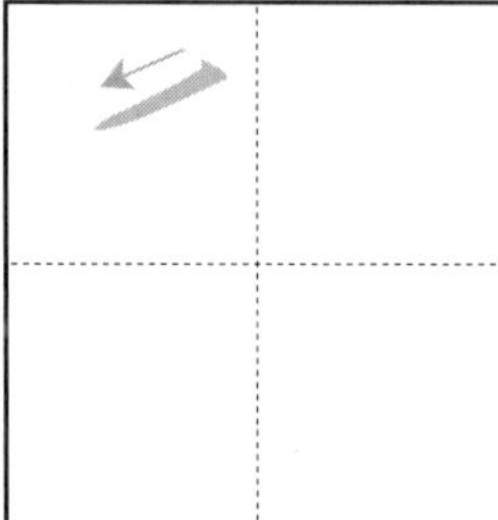

★上の絵を見ながら、左に漢字を書きましょう。

★あなたが漢字をおぼえやすい言葉を考えて書きましょう。（上と同じでもよい。）

❶ 漢字つけたし・かんせいクイズ

★四つのますの漢字を
▼なぞって、
▼つけたして、
それぞれのますをかんせいさせましょう。

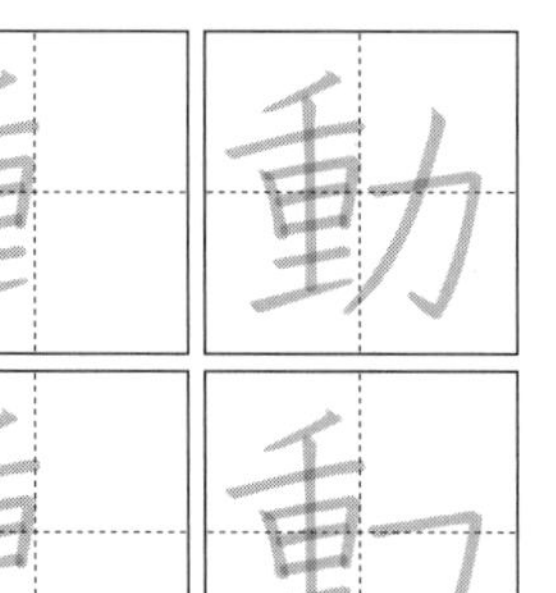

❷ 読み方クイズ

★声に出して一回読んでから、□にあう読み方を書きましょう。

動く（うご）↓ 動く（う□）↓ 動く（□□）

❸ 漢字を書こう

★□に漢字を書きましょう。下の□には、上の文を書きましょう。

つくえを□（うご）かす。

リマインド

日にち ／

★一週間後の日にちを書いてチャレンジしましょう。

動 動（はらう　はねる）

★この漢字をおぼえた言葉を書きましょう。

日にち　／

★次の言葉（ことば）を言（い）いながら上の漢字（かんじ）をなぞりましょう。

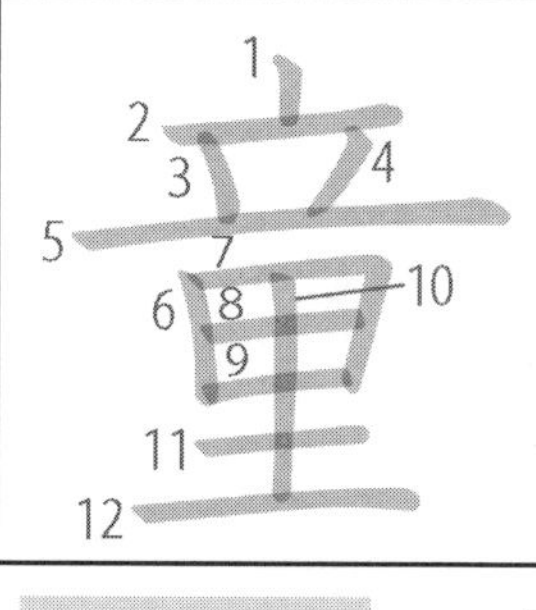

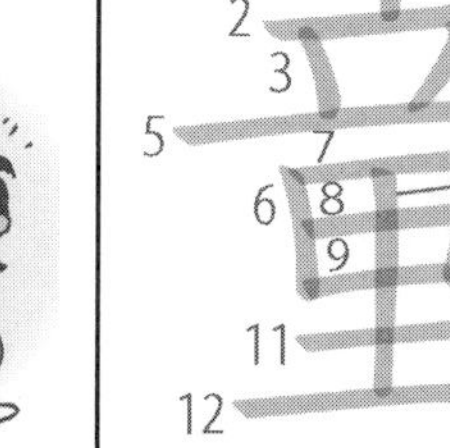

立つに、里

名前

★あなたが漢字（かんじ）をおぼえやすい言葉（ことば）を考えて書きましょう。（上と同じでもよい。）

童話（どうわ）を読む。

★上の絵を見ながら、左に漢字（かんじ）を書きましょう。

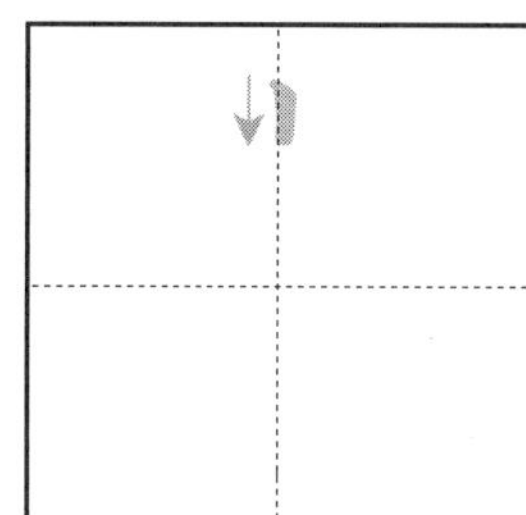

❶ 漢字（かんじ）つけたし・かんせいクイズ

★四つのますの漢字（かんじ）を
▼なぞって、
▼つけたして、
それぞれのますをかんせいさせましょう。

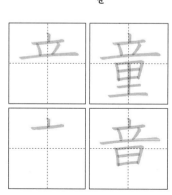

童	立
音	十

❷ 読み方クイズ

★声に出して一回読んでから、□にあう読み方を書きましょう。

どう
童話
↓
ど□
童話
↓
□□
童話

❸ 漢字（かんじ）を書こう

★□に漢字（かんじ）を書きましょう。下の□には、上の文を書きましょう。

□（どう）話（わ）を読む。

リマインド

日にち　／

★一週間後の日にちを書いてチャレンジしましょう。

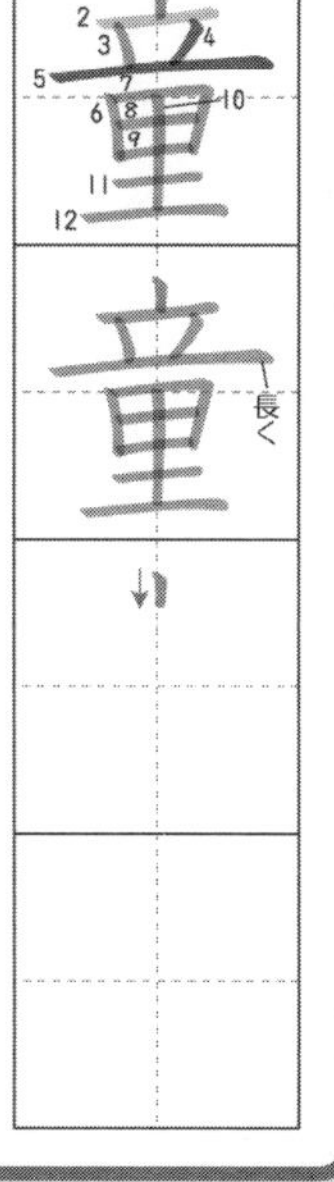

★この漢字（かんじ）をおぼえた言葉（ことば）を書きましょう。

日にち

言葉（ことば）や絵でおぼえよう

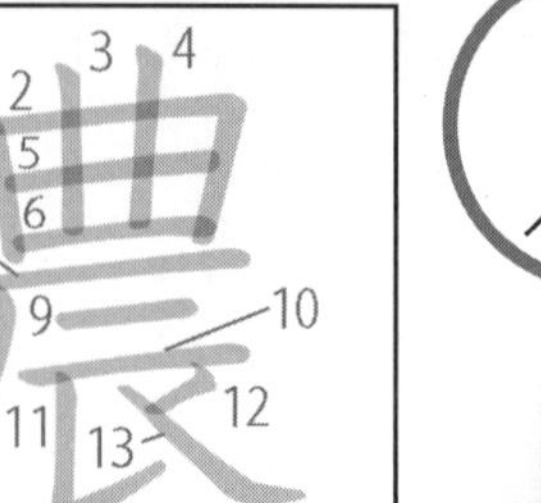

★次の言葉（ことば）を言（い）いながら
上の漢字（かんじ）を
なぞりましょう。

たて、かく、たて、た
て、よこ、よこ＋よこ、
ノ、よこ、よこ、たて
右はね、ノ、右はらい

名前

★あなたが漢字（かんじ）をおぼえやすい言葉（ことば）を
考えて書きましょう。（上と同じでもよい。）

農家（のうか）の
おじさん。

★上の絵を見ながら、
左に漢字（かんじ）を書きましょう。

❶ 漢字（かんじ）つけたし・かんせいクイズ

★四つのますの
漢字（かんじ）を
▼なぞって、
▼つけたして、
それぞれのますを
かんせい
させましょう。

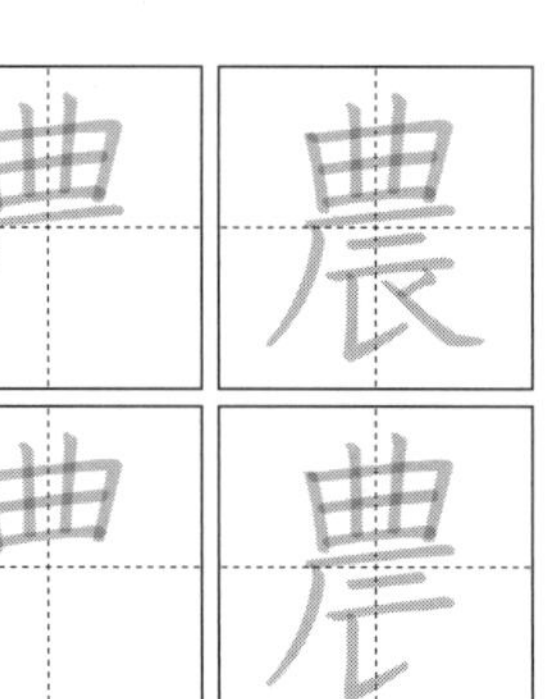

❷ 読み方クイズ

★声に出して一回読んでから、□にあう読み方を書きましょう。

のう
農家
↓
の□
農家
↓
□□
農家

❸ 漢字（かんじ）を書こう

★□に漢字（かんじ）を書きましょう。下の□には、上の文を書きましょう。

□（のう）家（か）のおじさん。

□

リマインド

日にち

★一週間後の日にちを書いてチャレンジしましょう。

はらう

★この漢字（かんじ）をおぼえた言葉（ことば）を
書きましょう。

日にち ／

言葉や絵でおぼえよう

★次の言葉を言いながら上の漢字をなぞりましょう。

シ、ノ、フ、たて、フ、右はらい

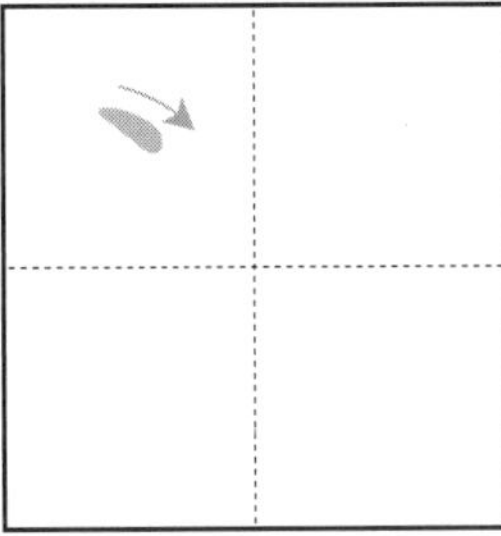

けいたいの電波。

★上の絵を見ながら、左に漢字を書きましょう。

名前

★あなたが漢字をおぼえやすい言葉を考えて書きましょう。（上と同じでもよい。）

❶ 漢字つけたし・かんせいクイズ

★四つのますの漢字を
▼なぞって、
▼つけたして、
それぞれのますをかんせいさせましょう。

❷ 読み方クイズ

★声に出して一回読んでから、□にあう読み方を書きましょう。

電波 ぱ
↓
電波□
↓
電波□

❸ 漢字を書こう

★□に漢字を書きましょう。下の□には、上の文を書きましょう。

けいたいの電□（ぱ）。

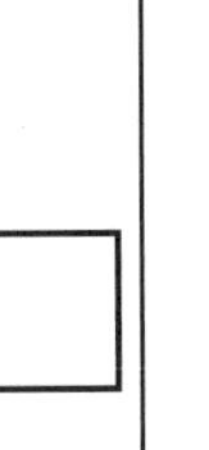

リマインド

日にち ／

★一週間後の日にちを書いてチャレンジしましょう。

はらう

★この漢字をおぼえた言葉を書きましょう。

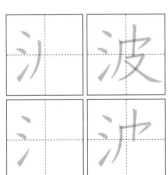

日にち

言葉や絵でおぼえよう

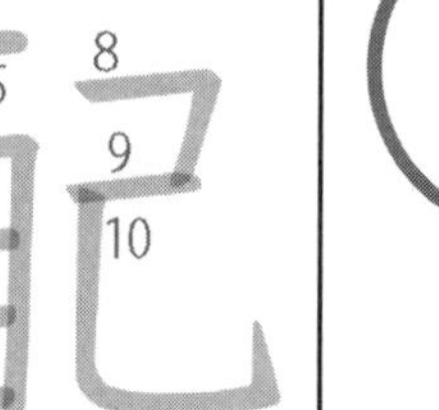

★次の言葉を言いながら上の漢字をなぞりましょう。

西のよこ2つ＋かく、よこ、たてよこはね

新聞を配る。

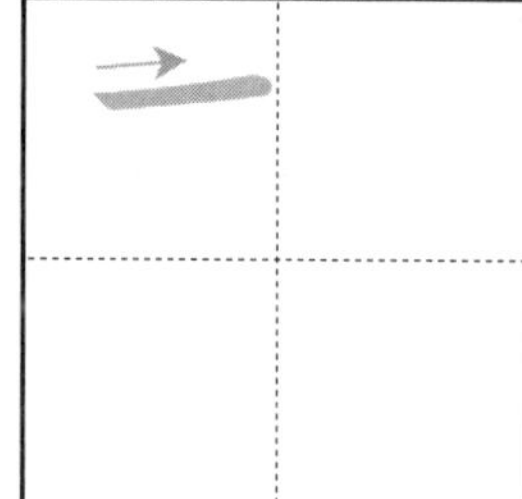

★上の絵を見ながら、左に漢字を書きましょう。

名前

★あなたが漢字をおぼえやすい言葉を考えて書きましょう。（上と同じでもよい。）

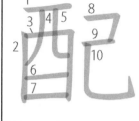

❶ 漢字つけたし・かんせいクイズ

★四つのますの漢字を
▼なぞって、
▼つけたして、
それぞれのますをかんせいさせましょう。

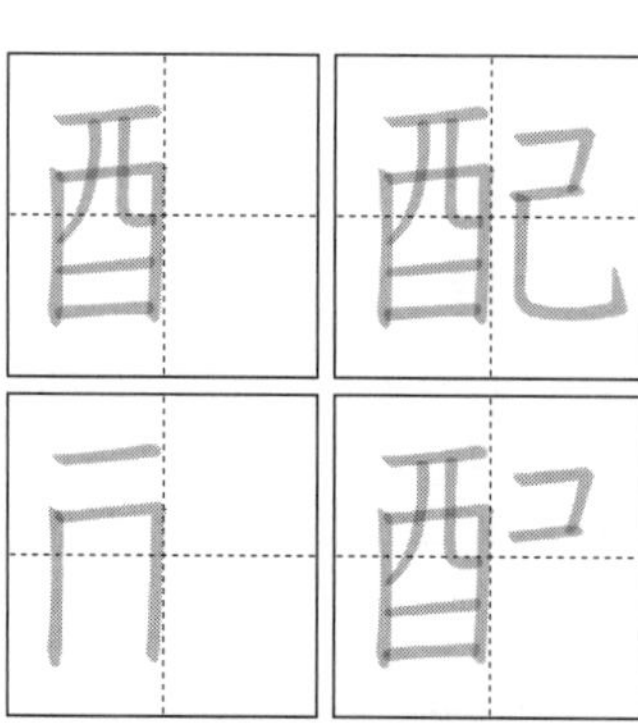

❷ 読み方クイズ

★声に出して一回読んでから、□にあう読み方を書きましょう。

配る（くば）
↓
配る（く□）
↓
配る（□□）

❸ 漢字を書こう

★□に漢字を書きましょう。下の［　］には、上の文を書きましょう。

新聞を□（くば）る。

リマインド

日にち

★一週間後の日にちを書いてチャレンジしましょう。

配　配　はねる

★この漢字をおぼえた言葉を書きましょう。

日にち

名前

言葉や絵でおぼえよう

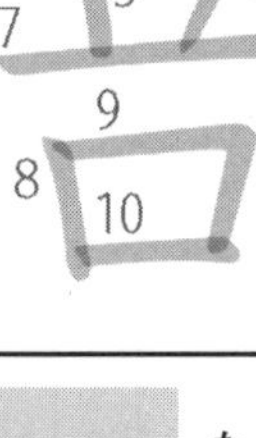

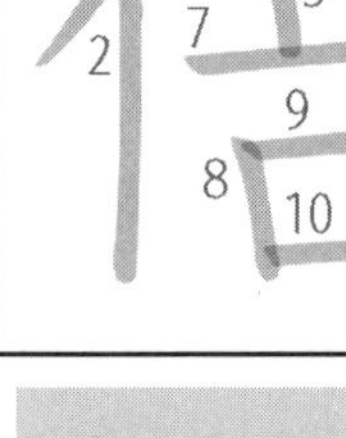

★次の言葉を言いながら
上の漢字を
なぞりましょう。

イ、立つ、口

★あなたが漢字をおぼえやすい言葉を
考えて書きましょう。（上と同じでもよい。）

数が二倍。

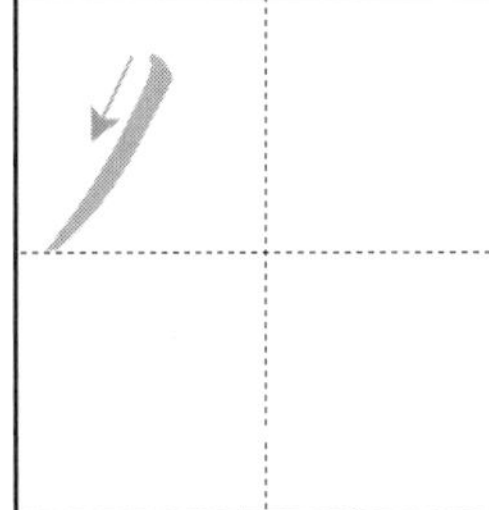

★上の絵を見ながら、
左に漢字を書きましょう。

❶ 漢字つけたし・かんせいクイズ

★四つのますの
漢字を
▼なぞって、
▼つけたして、
それぞれのますを
かんせい
させましょう。

❷ 読み方クイズ

★声に出して一回読んでから、□にあう読み方を書きましょう。

二倍（ばい）

↓

二倍（ば□）

↓

二倍□□

❸ 漢字を書こう

★□に漢字を書きましょう。下の□には、上の文を書きましょう。

数が二□（ばい）。

リマインド

日にち

★一週間後の日にちを書いてチャレンジしましょう。

★この漢字をおぼえた言葉を
書きましょう。

日にち ／

言葉や絵でおぼえよう

★次の言葉を言いながら上の漢字をなぞりましょう。

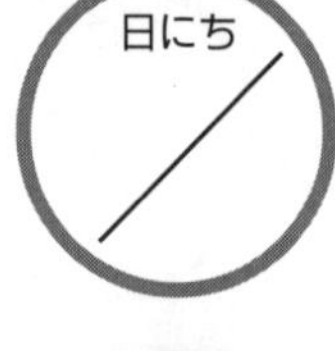

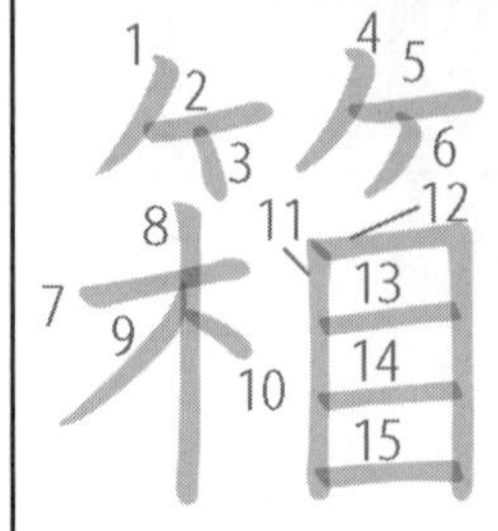

たけかんむり、木、目

★上の絵を見ながら、左に漢字を書きましょう。

箱の中。

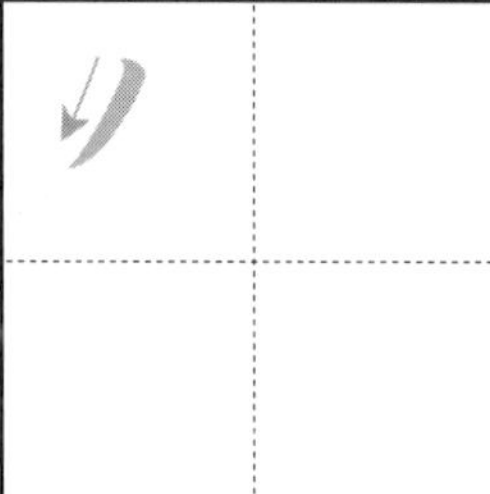

名前

★あなたが漢字をおぼえやすい言葉を考えて書きましょう。（上と同じでもよい。）

❶ 漢字つけたし・かんせいクイズ

★四つのますの漢字を
▼なぞって、
▼つけたして、
それぞれのますをかんせいさせましょう。

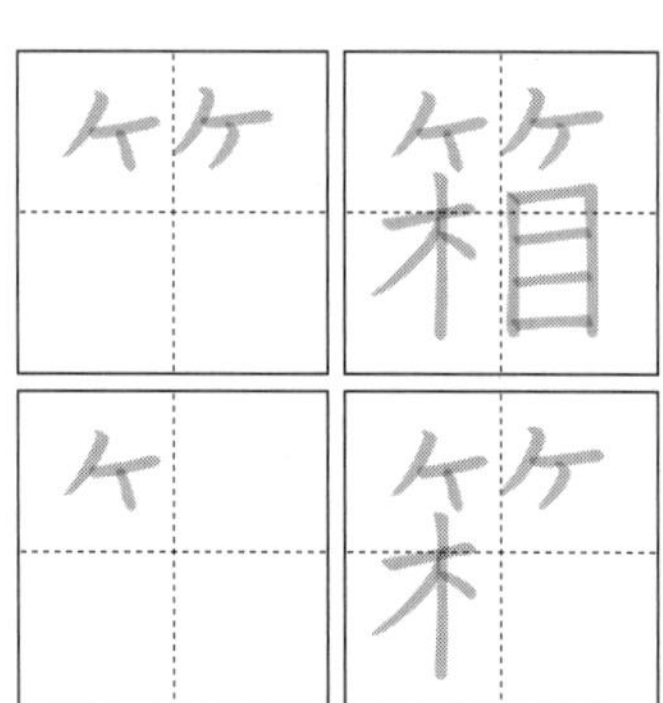

❷ 読み方クイズ

★声に出して一回読んでから、□にあう読み方を書きましょう。

はこ 箱 → は□ 箱 → □□ 箱

❸ 漢字を書こう

★□に漢字を書きましょう。下の□には、上の文を書きましょう。

□（はこ）の中。

日にち ／

リマインド

★一週間後の日にちを書いてチャレンジしましょう。

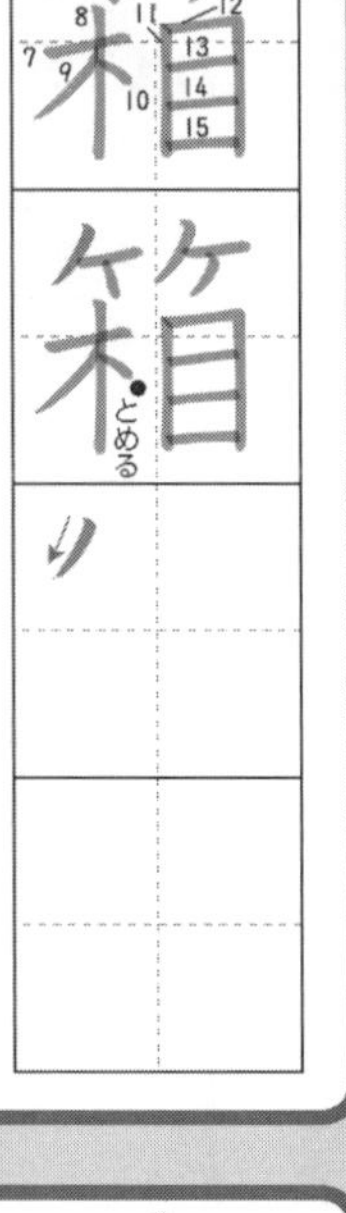

★この漢字をおぼえた言葉を書きましょう。

日にち　／

言葉や絵でおぼえよう

★次の言葉を言いながら上の漢字をなぞりましょう。

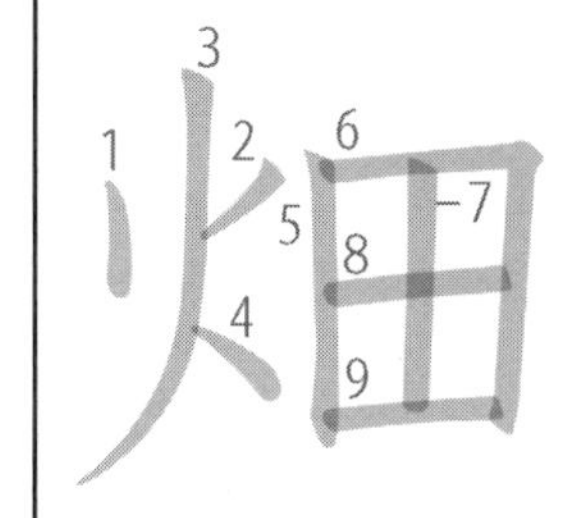

火に、田

★あなたが漢字をおぼえやすい言葉を考えて書きましょう。（上と同じでもよい。）

名前

広い畑。

★上の絵を見ながら、左に漢字を書きましょう。

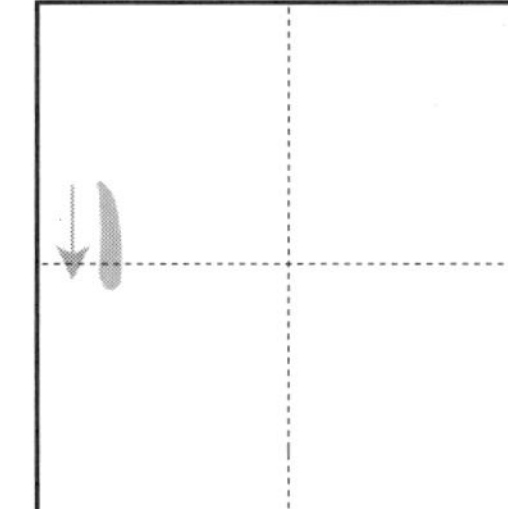

❶ 漢字つけたし・かんせいクイズ

★四つのますの漢字を
▼なぞって、
▼つけたして、
それぞれのますをかんせいさせましょう。

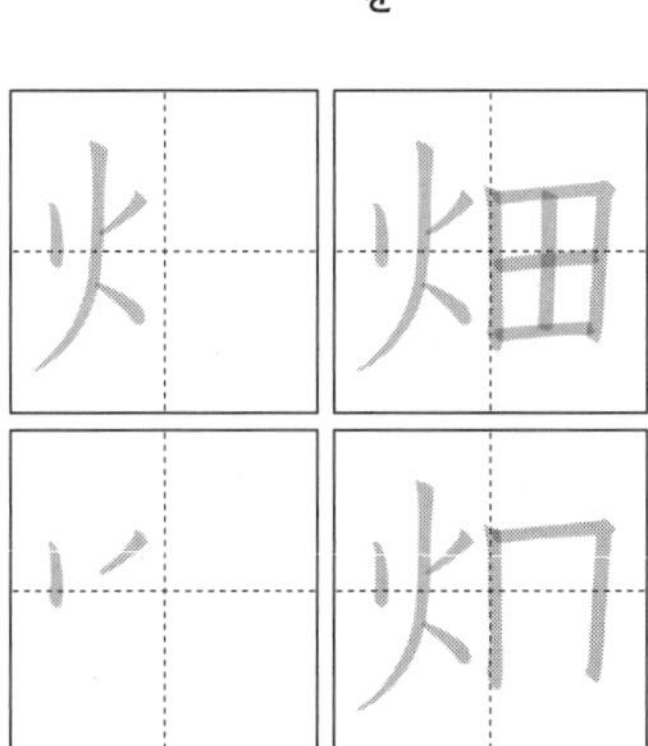

❷ 読み方クイズ

★声に出して一回読んでから、□にあう読み方を書きましょう。

畑　はたけ
↓
畑　は□□
↓
畑　□□□

❸ 漢字を書こう

★□に漢字を書きましょう。下の□には、上の文を書きましょう。

広い□（はたけ）。

リマインド

日にち　／

★一週間後の日にちを書いてチャレンジしましょう。

★この漢字をおぼえた言葉を書きましょう。

日にち　／

言葉や絵でおぼえよう

★次の言葉を言いながら上の漢字をなぞりましょう。

フ、てん、てん、右はらい、てん、てん＋よこ、よこ、たてはらい、たてよこはね

出発のふえ。

★上の絵を見ながら、左に漢字を書きましょう。

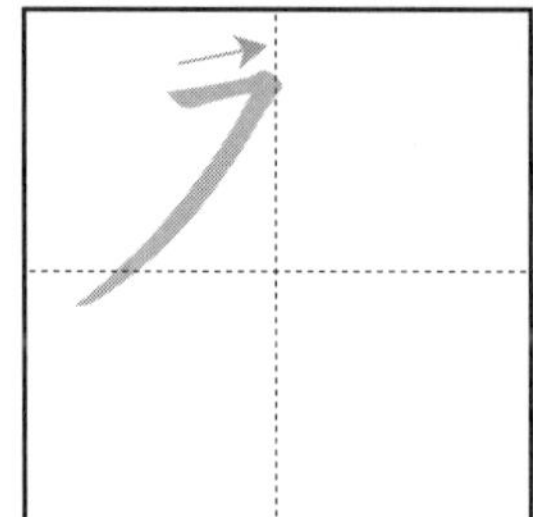

名前

★あなたが漢字をおぼえやすい言葉を考えて書きましょう。（上と同じでもよい。）

❶ 漢字つけたし・かんせいクイズ

★四つのますの漢字を
▼なぞって、
▼つけたして、
それぞれのますをかんせいさせましょう。

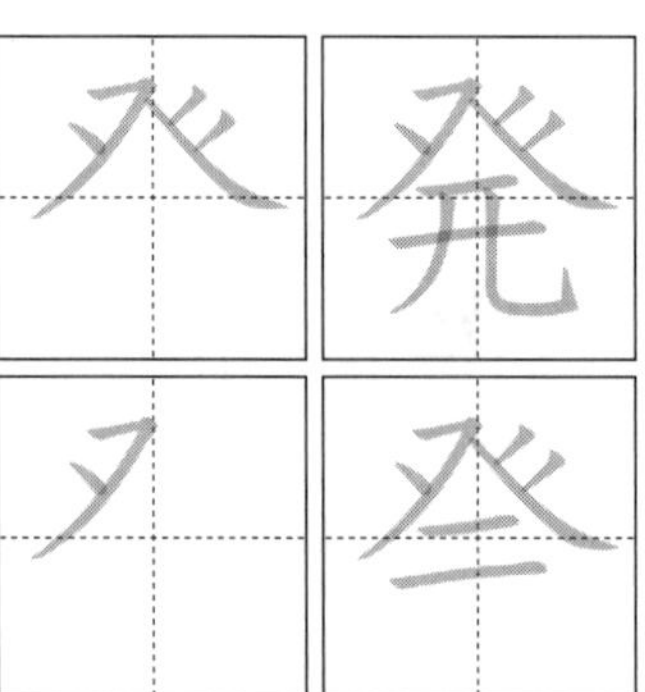

❷ 読み方クイズ

★声に出して一回読んでから、□にあう読み方を書きましょう。

出発（ぱっ）→ 出発（ぱ□）→ 出発（□□）

❸ 漢字を書こう

★□に漢字を書きましょう。下の□には、上の文を書きましょう。

出□（しゅっぱつ）のふえ。

リマインド

日にち　／

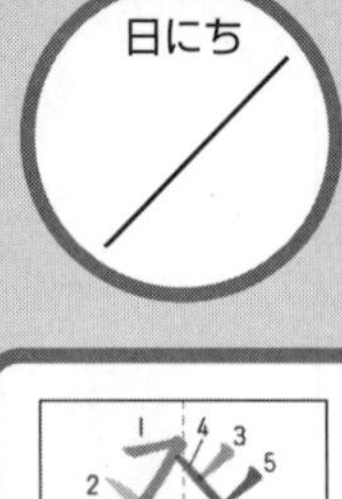

★一週間後の日にちを書いてチャレンジしましょう。

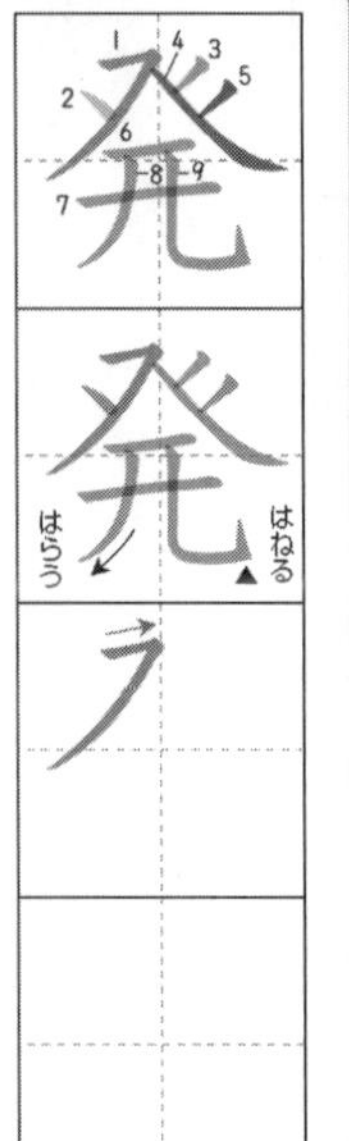

★この漢字をおぼえた言葉を書きましょう。

言葉や絵でおぼえよう

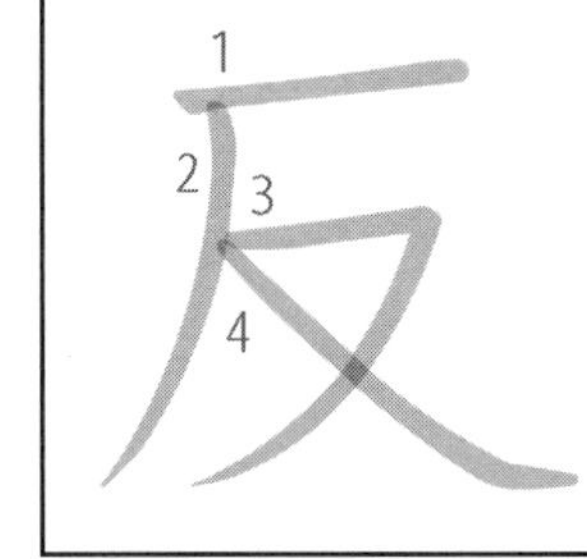

★次の言葉を言いながら上の漢字をなぞりましょう。

よこ、ノ、フ、右はらい

反対にうつる。

★上の絵を見ながら、左に漢字を書きましょう。

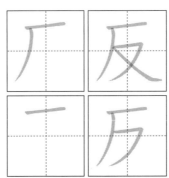

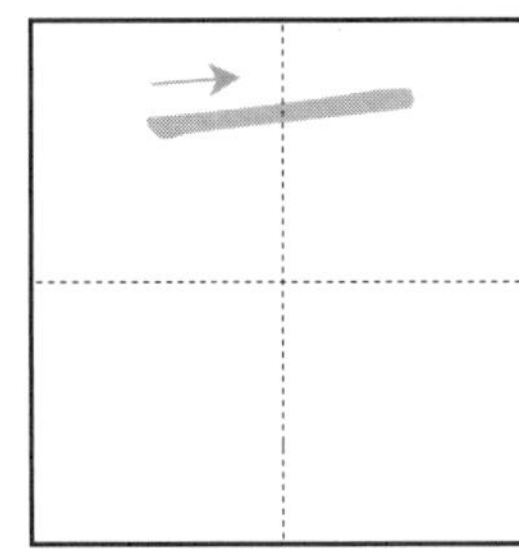

名前

★あなたが漢字をおぼえやすい言葉を考えて書きましょう。（上と同じでもよい。）

❶ 漢字つけたし・かんせいクイズ

★四つのますの漢字を
▼なぞって、
▼つけたして、
それぞれのますをかんせいさせましょう。

❷ 読み方クイズ

★声に出して一回読んでから、□にあう読み方を書きましょう。

反対（はん）
↓
反対（は□）
↓
反対（□□）

❸ 漢字を書こう

★□に漢字を書きましょう。下の□には、上の文を書きましょう。

□（はん）対にうつる。

リマインド

日にち

★一週間後の日にちを書いてチャレンジしましょう。

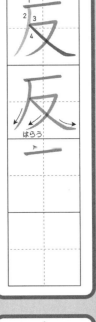

はらう

★この漢字をおぼえた言葉を書きましょう。

日にち　／

名前

言葉や絵でおぼえよう

★次の言葉を言いながら上の漢字をなぞりましょう。

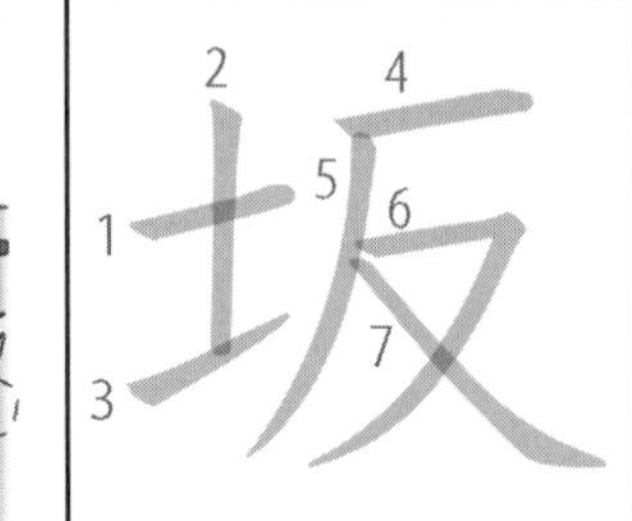

土、よこ、ノ、フ、右
はらい

★あなたが漢字をおぼえやすい言葉を考えて書きましょう。（上と同じでもよい。）

坂を上る。

★上の絵を見ながら、左に漢字を書きましょう。

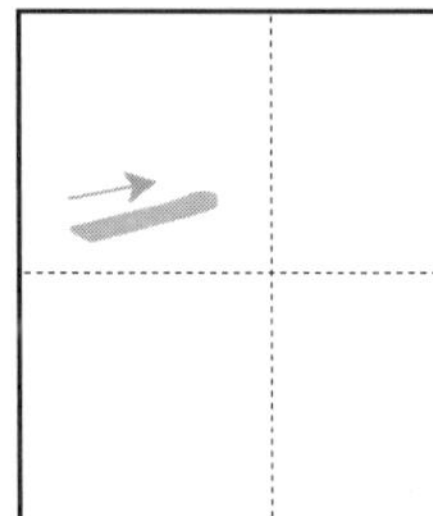

❶漢字つけたし・かんせいクイズ

★四つのますの漢字を
▼なぞって、
▼つけたして、
それぞれのますをかんせいさせましょう。

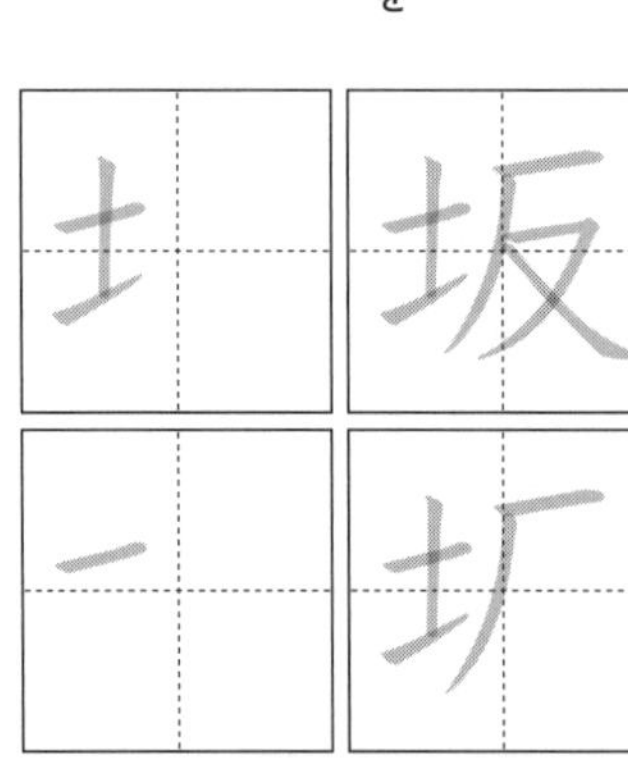

❷読み方クイズ

★声に出して一回読んでから、□にあう読み方を書きましょう。

坂　さか
↓
坂　さ□
↓
坂　□□

❸漢字を書こう

★□に漢字を書きましょう。下の□には、上の文を書きましょう。

□（さか）を上る。

リマインド

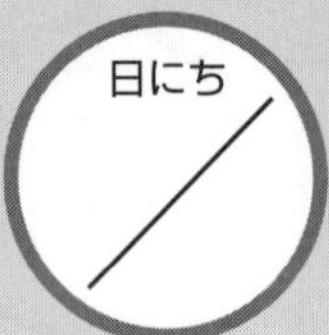

★一週間後の日にちを書いてチャレンジしましょう。

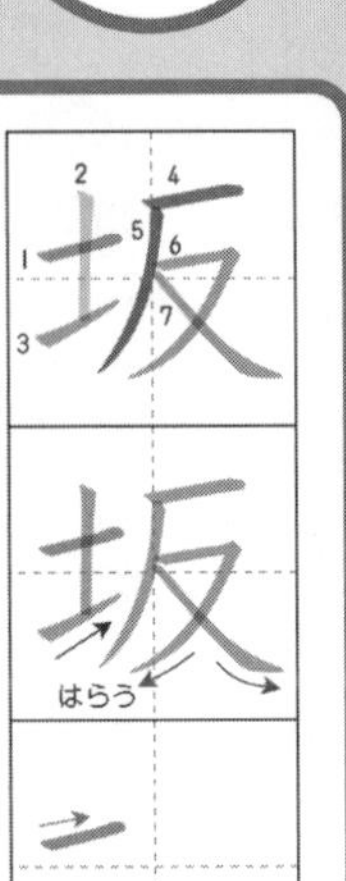

★この漢字をおぼえた言葉を書きましょう。

日にち　／

名前

言葉や絵でおぼえよう

★次の言葉を言いながら上の漢字をなぞりましょう。

木、よこ、ノ、フ、右
はらい

★あなたが漢字をおぼえやすい言葉を考えて書きましょう。（上と同じでもよい。）

★上の絵を見ながら、左に漢字を書きましょう。

黒板（こくばん）に書く。

❶ 漢字つけたし・かんせいクイズ

★四つのますの漢字を
▼なぞって、
▼つけたして、
それぞれのますをかんせいさせましょう。

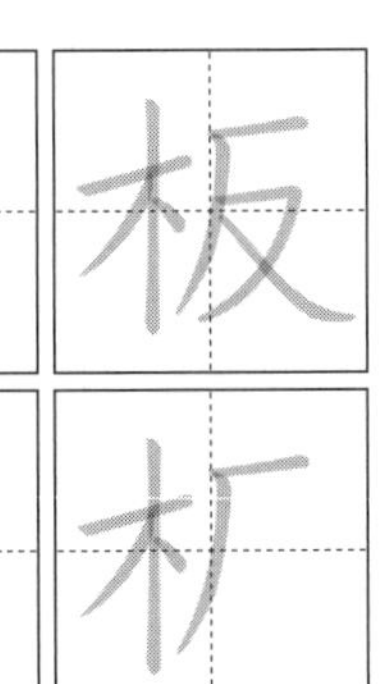

❷ 読み方クイズ

★声に出して一回読んでから、□にあう読み方を書きましょう。

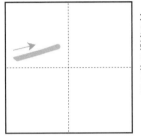

黒板（ばん）
↓
黒板（ば□）
↓
黒板（□□）

❸ 漢字を書こう

★□に漢字を書きましょう。下の□には、上の文を書きましょう。

黒（こく）□（ばん）に書く。

リマインド

日にち　／

★一週間後の日にちを書いてチャレンジしましょう。

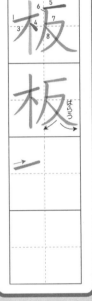

板　板　はらう

★この漢字をおぼえた言葉を書きましょう。

日にち

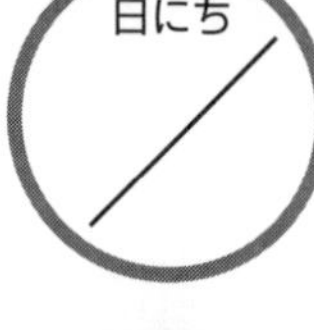

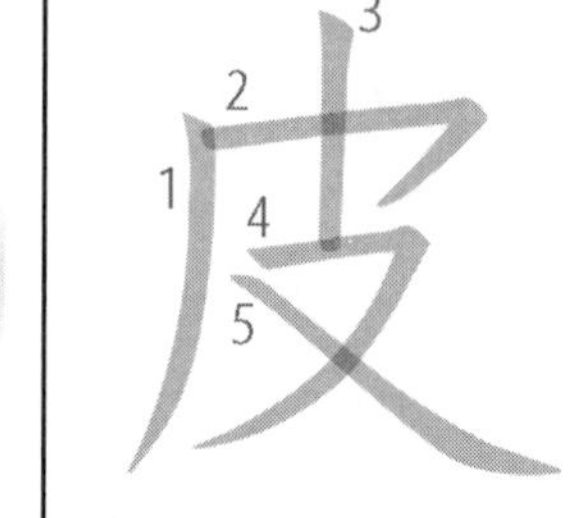

言葉や絵でおぼえよう

★次の言葉を言いながら上の漢字をなぞりましょう。

ノ、フ、たて、フ、右はらい

皮をむく。

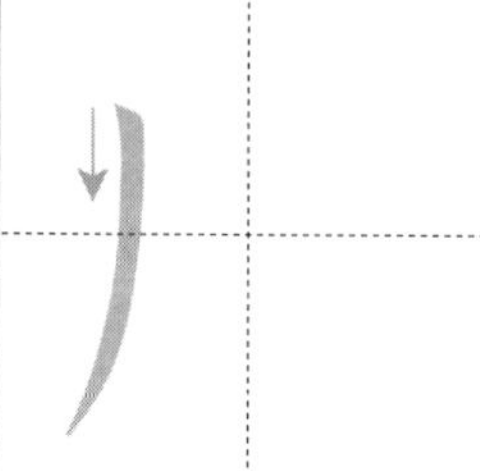

★上の絵を見ながら、左に漢字を書きましょう。

名前

★あなたが漢字をおぼえやすい言葉を考えて書きましょう。（上と同じでもよい。）

❶ 漢字つけたし・かんせいクイズ

★四つのますの漢字を
▼なぞって、
▼つけたして、
それぞれのますをかんせいさせましょう。

❷ 読み方クイズ

★声に出して一回読んでから、□にあう読み方を書きましょう。

皮（かわ）
↓
皮（か□）
↓
皮（□□）

❸ 漢字を書こう

★□に漢字を書きましょう。下の□には、上の文を書きましょう。

□（かわ）をむく。

リマインド

日にち

★一週間後の日にちを書いてチャレンジしましょう。

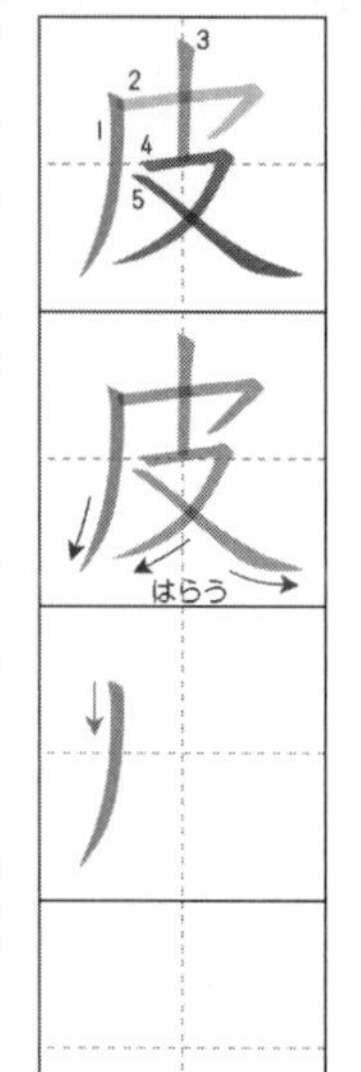

★この漢字をおぼえた言葉を書きましょう。

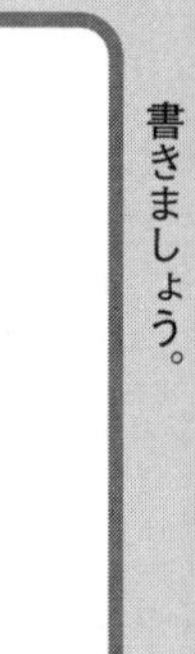

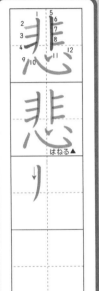

日にち　／

言葉や絵でおぼえよう

悲

★次の言葉を言いながら上の漢字をなぞりましょう。

たて、三、たて、三、心

名前

★あなたが漢字をおぼえやすい言葉を考えて書きましょう。（上と同じでもよい。）

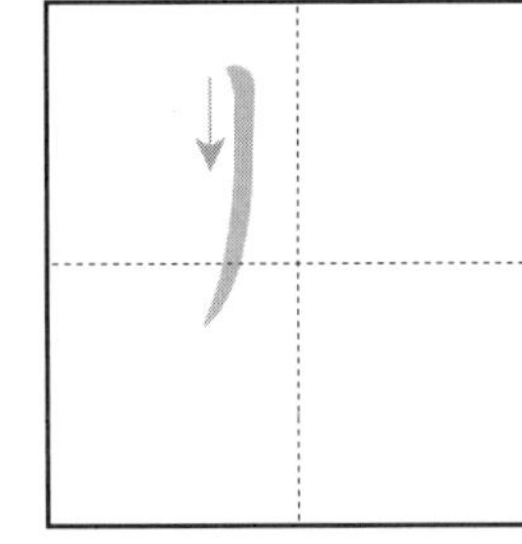

悲しい死。

★上の絵を見ながら、左に漢字を書きましょう。

❶ 漢字つけたし・かんせいクイズ

★四つのますの漢字を
▼なぞって、
▼つけたして、
それぞれのますをかんせいさせましょう。

❷ 読み方クイズ

★声に出して一回読んでから、□にあう読み方を書きましょう。

悲（かな）しい → 悲（か□）しい → 悲（□□）しい

❸ 漢字を書こう

★□に漢字を書きましょう。下の□には、上の文を書きましょう。

□（かな）しい死（し）。

リマインド

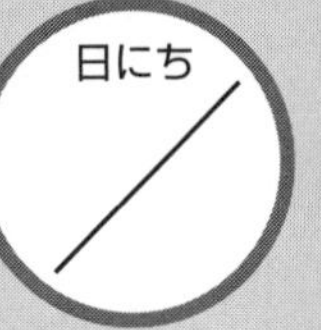

日にち　／

★一週間後の日にちを書いてチャレンジしましょう。

はねる▲

★この漢字をおぼえた言葉を書きましょう。

言葉（ことば）や絵でおぼえよう

★次の言葉（ことば）を言（い）いながら上の漢字（かんじ）をなぞりましょう。

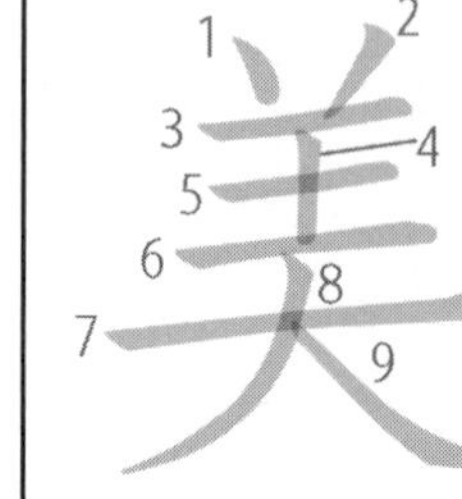

ソ、王、大

美（うつく）しい花。

★上の絵を見ながら、左に漢字（かんじ）を書きましょう。

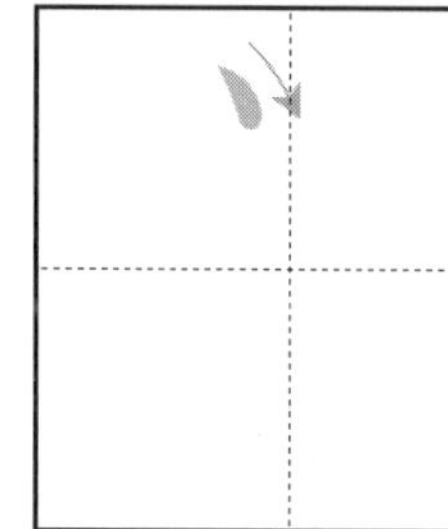

名前

★あなたが漢字（かんじ）をおぼえやすい言葉（ことば）を考えて書きましょう。（上と同じでもよい。）

❶ 漢字（かんじ）つけたし・かんせいクイズ

★四つのますの漢字（かんじ）を
▼なぞって、
▼つけたして、
それぞれのますをかんせいさせましょう。

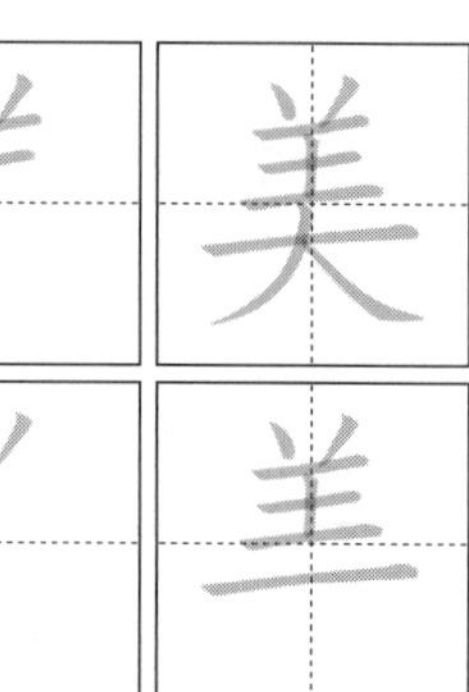

❷ 読み方クイズ

★声に出して一回読んでから、□にあう読み方を書きましょう。

うつく
美しい
↓
う□□
美しい
↓
□□□
美しい

❸ 漢字（かんじ）を書こう

★□に漢字（かんじ）を書きましょう。下の□には、上の文を書きましょう。

うつく
□しい花。

□

リマインド

日にち

★一週間後の日にちを書いてチャレンジしましょう。

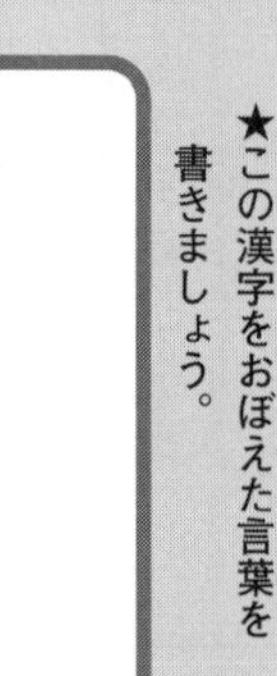

★この漢字（かんじ）をおぼえた言葉（ことば）を書きましょう。

言葉や絵でおぼえよう

★次の言葉を言いながら上の漢字をなぞりましょう。

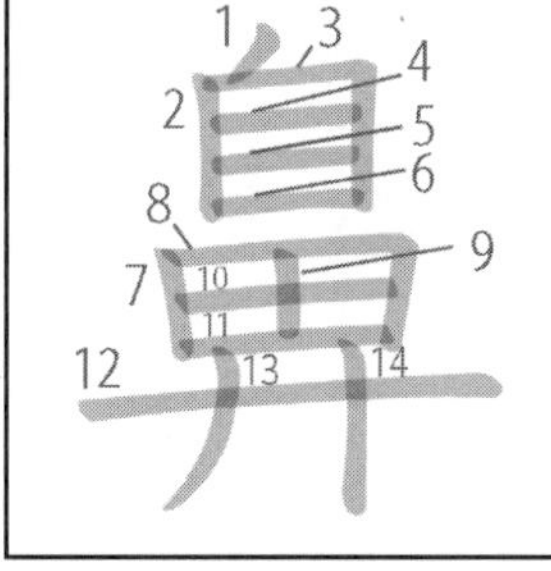

自、田、よこ、たてはらい、たて

名前

★あなたが漢字をおぼえやすい言葉を考えて書きましょう。（上と同じでもよい。）

鼻をつける。

★上の絵を見ながら、左に漢字を書きましょう。

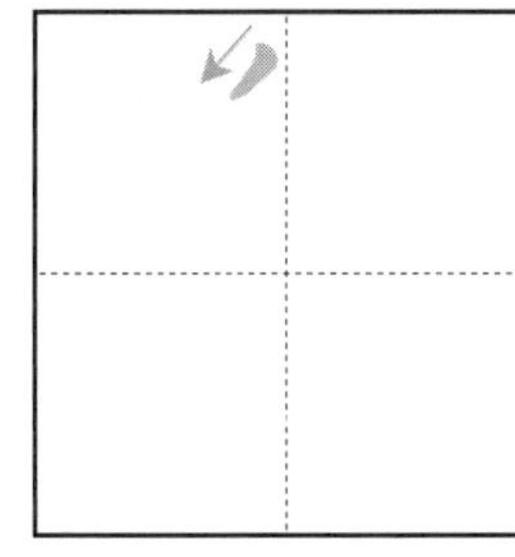

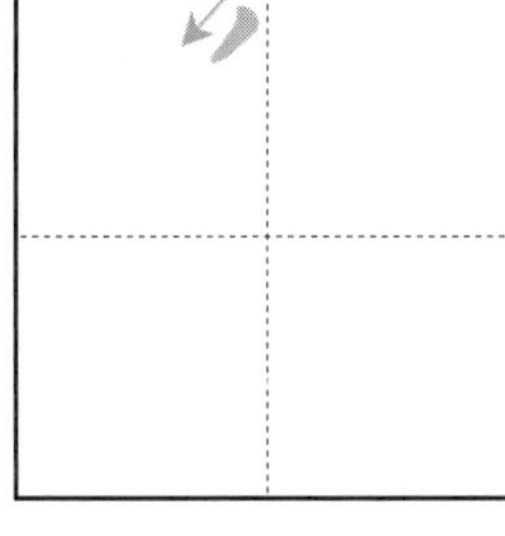

❶ 漢字つけたし・かんせいクイズ

★四つのますの漢字を
▼なぞって、
▼つけたして、
それぞれのますをかんせいさせましょう。

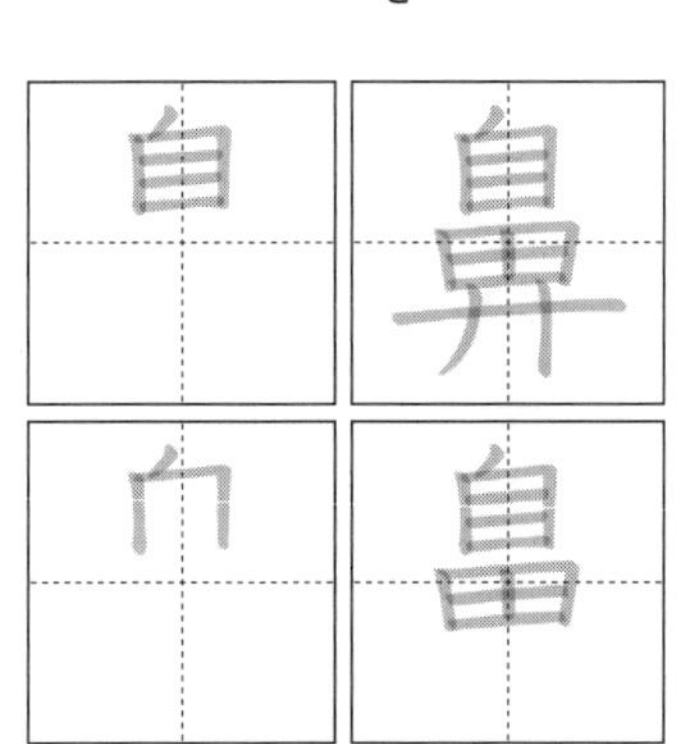

❷ 読み方クイズ

★声に出して一回読んでから、□にあう読み方を書きましょう。

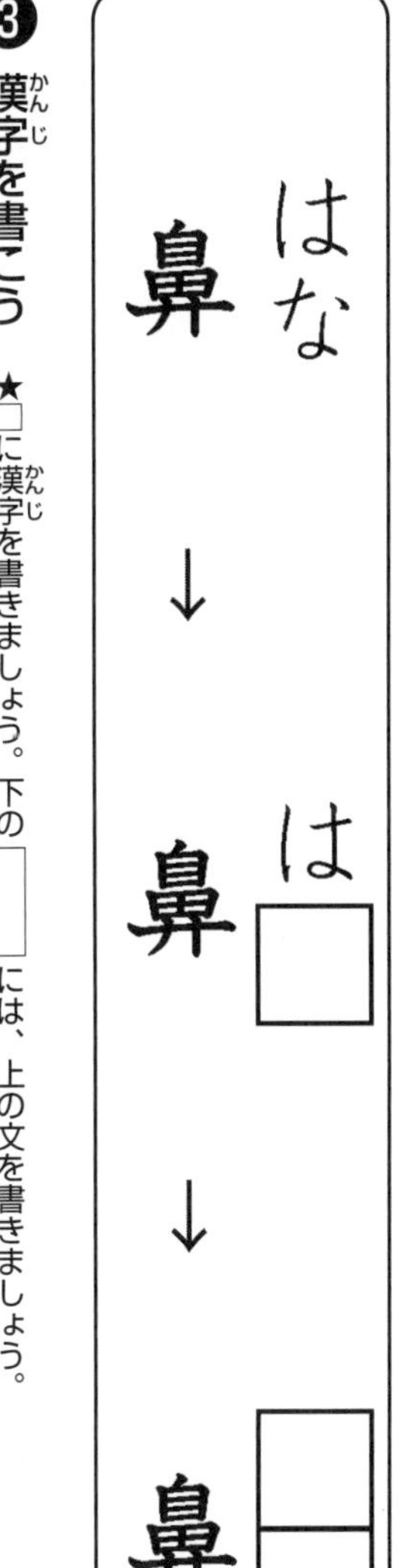

はな
鼻
↓
は□
鼻
↓
□□
鼻

❸ 漢字を書こう

★□に漢字を書きましょう。下の□には、上の文を書きましょう。

□（はな）をつける。

リマインド

日にち

★一週間後の日にちを書いてチャレンジしましょう。

長く
はらう

★この漢字をおぼえた言葉を書きましょう。

日にち

言葉(ことば)や絵でおぼえよう

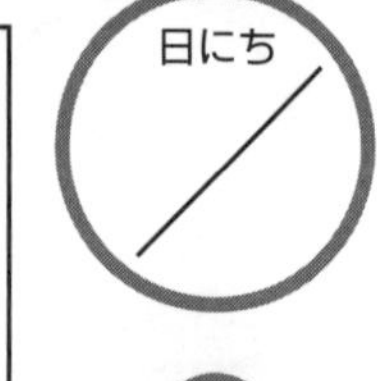
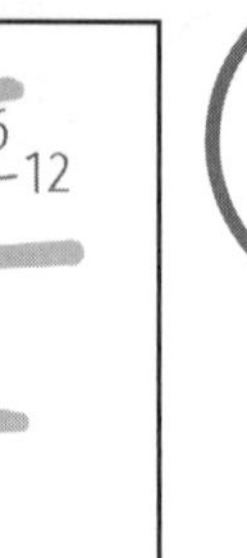
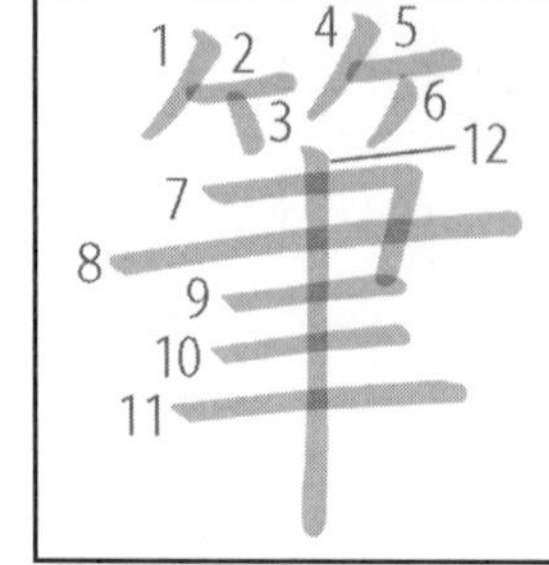

★次の言葉(ことば)を言(い)いながら上の漢字(かんじ)をなぞりましょう。

たけかんむり、かく、よこ4つ、たて

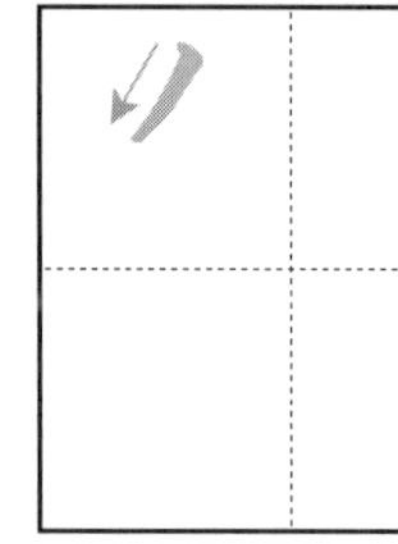

筆(ふで)で書く。

★上の絵を見ながら、左に漢字(かんじ)を書きましょう。

名前

★あなたが漢字(かんじ)をおぼえやすい言葉(ことば)を考えて書きましょう。（上と同じでもよい。）

❶ 漢字(かんじ)つけたし・かんせいクイズ

★四つのますの漢字(かんじ)を
▼なぞって、
▼つけたして、
それぞれのますをかんせいさせましょう。

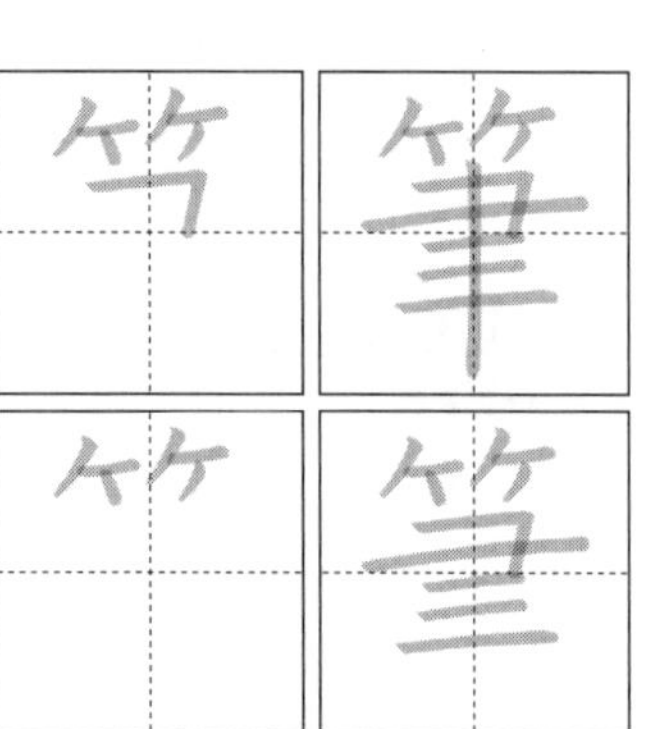

❷ 読み方クイズ

★声に出して一回読んでから、□にあう読み方を書きましょう。

筆(ふで)

↓

筆(ふ□)

↓

筆□□

❸ 漢字(かんじ)を書こう

★□に漢字(かんじ)を書きましょう。下の□には、上の文を書きましょう。

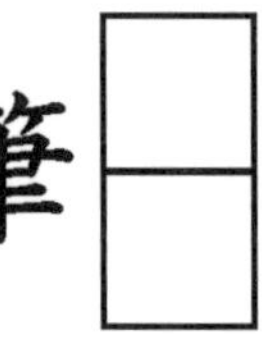

□(ふで)で書く。

日にち

リマインド

★一週間後の日にちを書いてチャレンジしましょう。

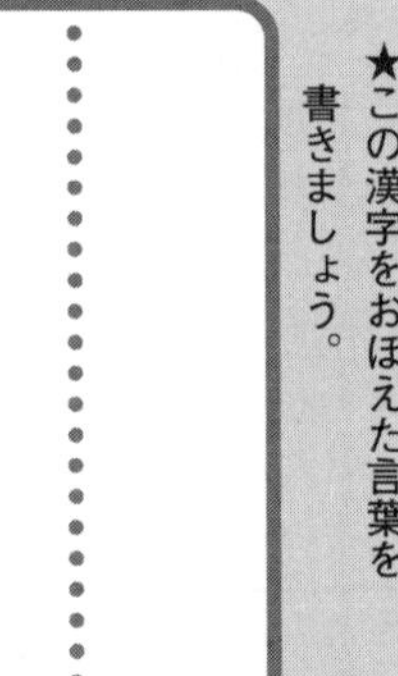

★この漢字(かんじ)をおぼえた言葉(ことば)を書きましょう。

日にち

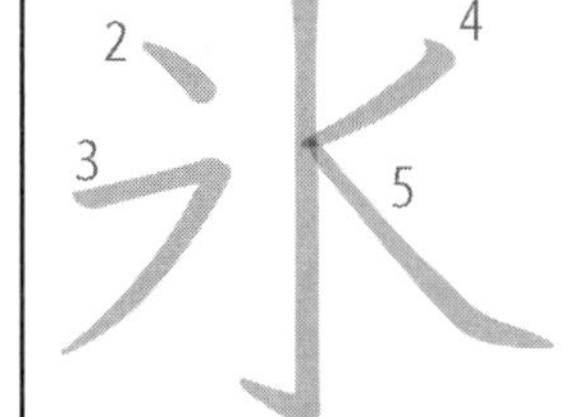

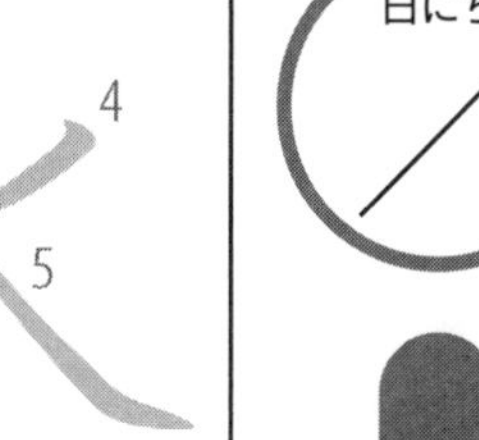

言葉や絵でおぼえよう

★次の言葉を言いながら上の漢字をなぞりましょう。

たてはね、てん、フ、ノ、右はらい

氷（こおり）がはる。

★上の絵を見ながら、左に漢字を書きましょう。

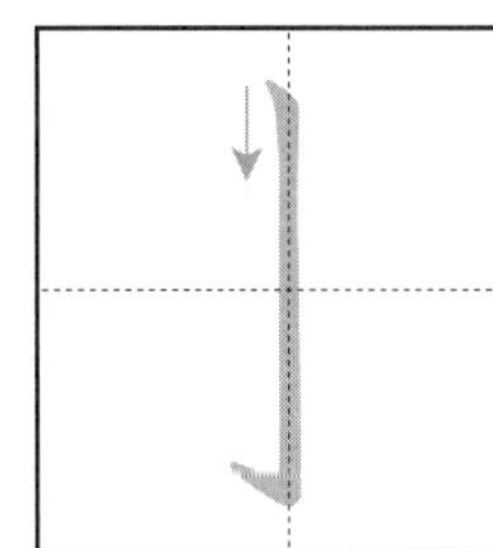

名前

★あなたが漢字をおぼえやすい言葉を考えて書きましょう。（上と同じでもよい。）

❶ 漢字つけたし・かんせいクイズ

★四つのますの漢字を▼なぞって、▼つけたして、それぞれのますをかんせいさせましょう。

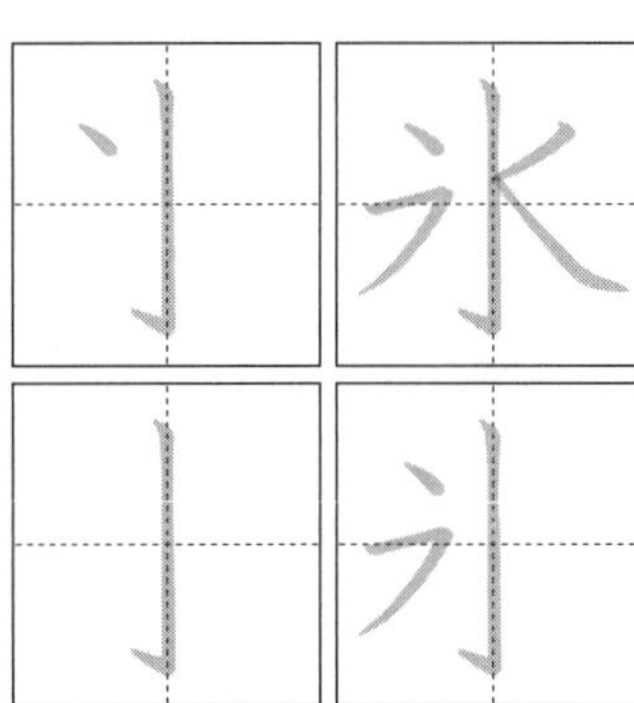

❷ 読み方クイズ

★声に出して一回読んでから、□にあう読み方を書きましょう。

こおり
氷
↓
こ□□
氷
↓
□□□
氷

❸ 漢字を書こう

★□に漢字を書きましょう。下の□には、上の文を書きましょう。

□（こおり）がはる。

□

リマインド

日にち

★一週間後の日にちを書いてチャレンジしましょう。

はねる はらう

★この漢字をおぼえた言葉を書きましょう。

日にち　／

名前

言葉や絵でおぼえよう

★次の言葉を言いながら上の漢字をなぞりましょう。

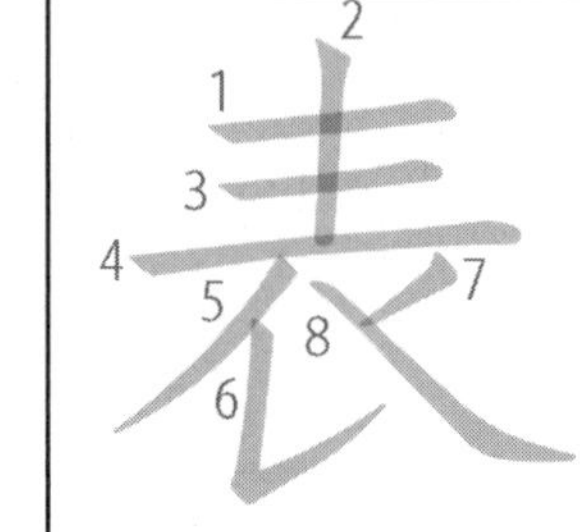

よこ、たて、よこ、よこ、ノ、たて右はね、ノ、右はらい

★あなたが漢字をおぼえやすい言葉を考えて書きましょう。（上と同じでもよい。）

年表を読む。

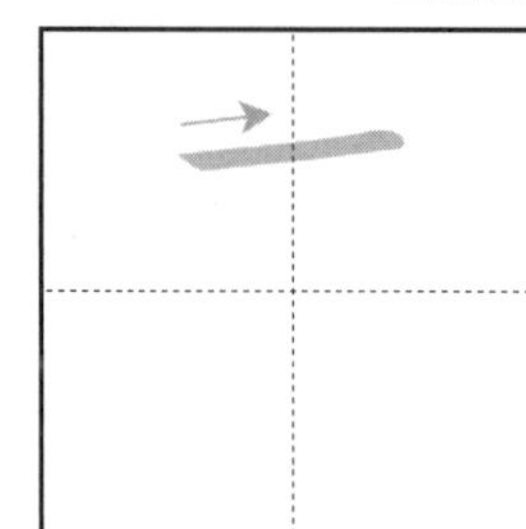

★上の絵を見ながら、左に漢字を書きましょう。

❶ 漢字つけたし・かんせいクイズ

★四つのますの漢字を
▼なぞって、
▼つけたして、
それぞれのますをかんせいさせましょう。

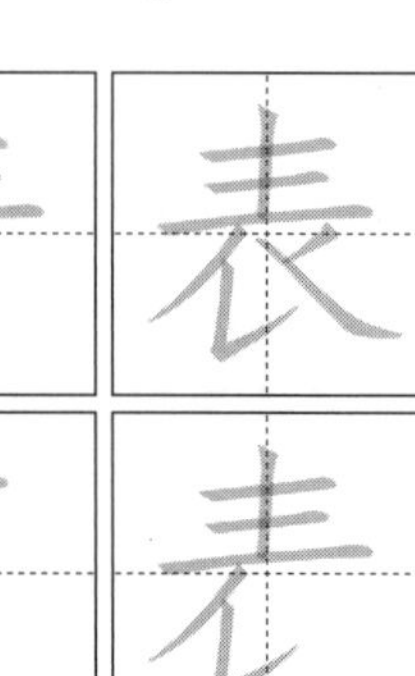

❷ 読み方クイズ

★声に出して一回読んでから、□にあう読み方を書きましょう。

年表（ぴょう）
↓
年表（ぴ□□）
↓
年表（□□□）

❸ 漢字を書こう

★□に漢字を書きましょう。下の□には、上の文を書きましょう。

年（ねん）□（ぴょう）を読む。

リマインド

日にち　／

★一週間後の日にちを書いてチャレンジしましょう。

はらう　はらう

★この漢字をおぼえた言葉を書きましょう。

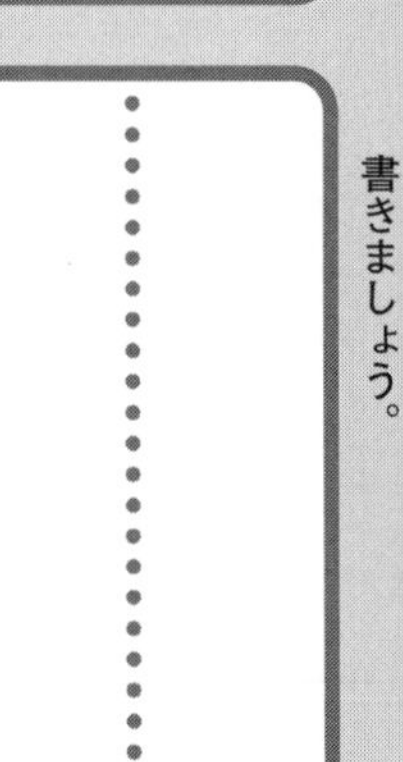

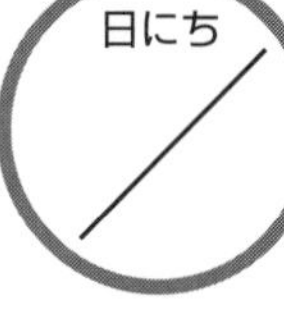

言葉や絵でおぼえよう

★次の言葉を言いながら上の漢字をなぞりましょう。

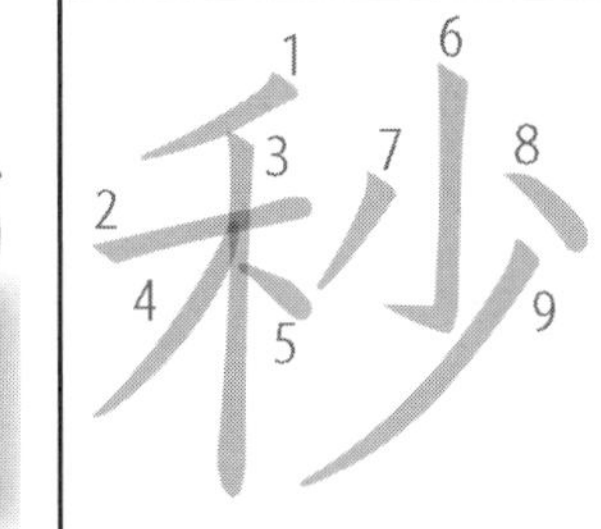

ノに、木、少ない

★上の絵を見ながら、左に漢字を書きましょう。

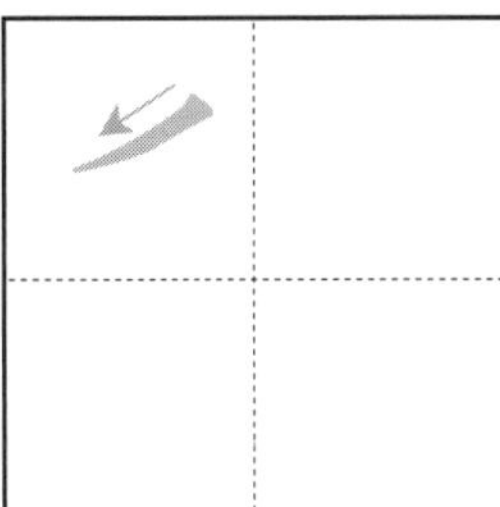

60秒で走る。

名前

★あなたが漢字をおぼえやすい言葉を考えて書きましょう。（上と同じでもよい。）

❶ 漢字つけたし・かんせいクイズ

★四つのますの漢字を
▼なぞって、
▼つけたして、
それぞれのますをかんせいさせましょう。

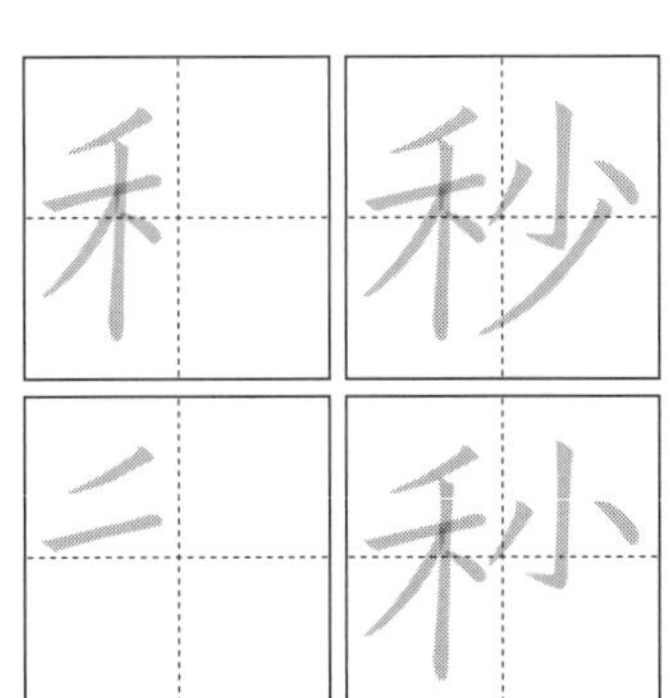

❷ 読み方クイズ

★声に出して一回読んでから、□にあう読み方を書きましょう。

60秒　びょう

↓

60秒　び□□

↓

60秒　□□□

❸ 漢字を書こう

★□に漢字を書きましょう。下の□には、上の文を書きましょう。

60□（びょう）で走る。

リマインド

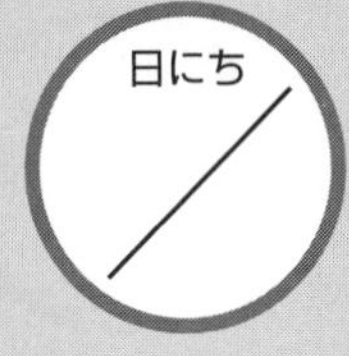

★一週間後の日にちを書いてチャレンジしましょう。

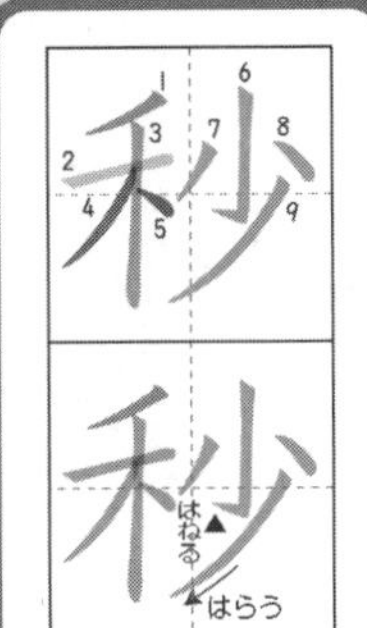

★この漢字をおぼえた言葉を書きましょう。

日にち　／

名前

言葉や絵でおぼえよう

★次の言葉を言いながら上の漢字をなぞりましょう。

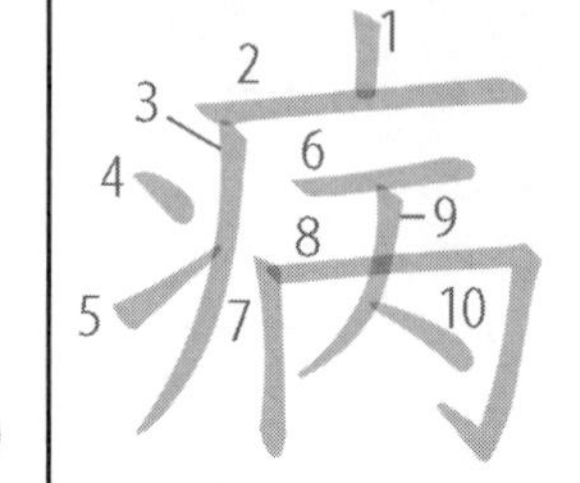

たて、よこ、ノ、ン、一に、内

★あなたが漢字をおぼえやすい言葉を考えて書きましょう。（上と同じでもよい。）

病気（びょうき）になる。

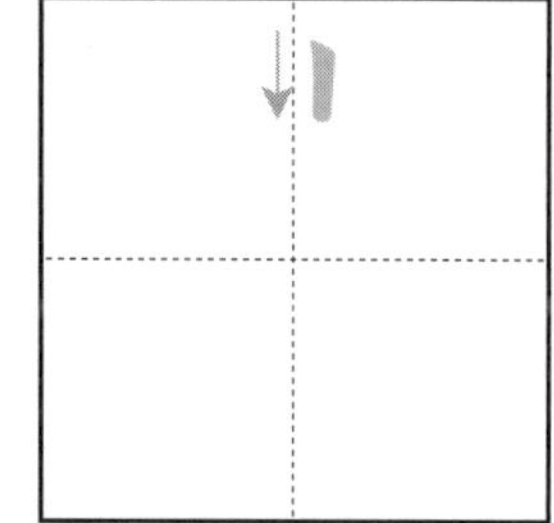

★上の絵を見ながら、左に漢字を書きましょう。

❶ 漢字つけたし・かんせいクイズ

★四つのますの漢字を
▼なぞって、
▼つけたして、
それぞれのますをかんせいさせましょう。

❷ 読み方クイズ

★声に出して一回読んでから、□にあう読み方を書きましょう。

びょう
病気
↓
び□□
病気
↓
□□□
病気

❸ 漢字を書こう

★□に漢字を書きましょう。下の□には、上の文を書きましょう。

□（びょう）気（き）になる。

□

リマインド

日にち　／

★一週間後の日にちを書いてチャレンジしましょう。

★この漢字をおぼえた言葉を書きましょう。

言葉(ことば)や絵でおぼえよう

★次の言葉(ことば)を言いながら上の漢字(かんじ)をなぞりましょう。

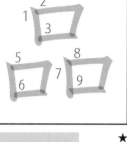

品

口三つ

商品(しょうひん)をえらぶ。

★上の絵を見ながら、左に漢字(かんじ)を書きましょう。

名前

★あなたが漢字(かんじ)をおぼえやすい言葉(ことば)を考えて書きましょう。（上と同じでもよい。）

❶ 漢字(かんじ)つけたし・かんせいクイズ

★四つのますの漢字(かんじ)を
▼なぞって、
▼つけたして、
それぞれのますをかんせいさせましょう。

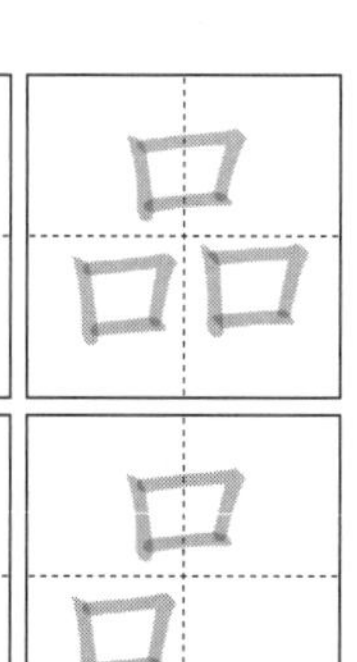

❷ 読み方クイズ

★声に出して一回読んでから、□にあう読み方を書きましょう。

商品 ひん

↓

商品 ひ□

↓

商品 □□

❸ 漢字(かんじ)を書こう

★□に漢字(かんじ)を書きましょう。下の□には、上の文を書きましょう。

商(しょう)□(ひん)をえらぶ。

リマインド

★一週間後の日にちを書いてチャレンジしましょう。

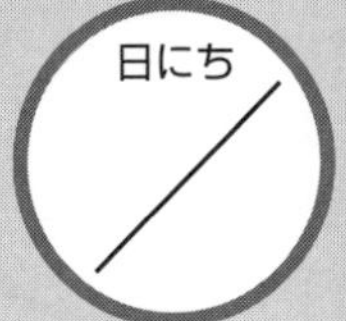

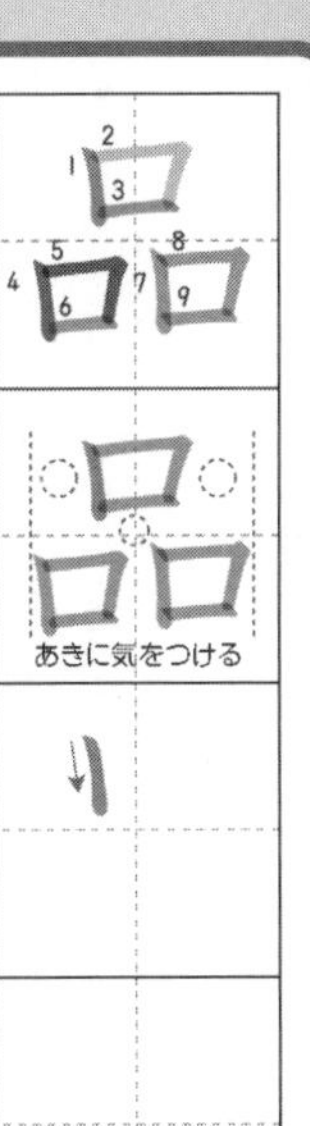

★この漢字(かんじ)をおぼえた言葉(ことば)を書きましょう。

日にち　／

言葉や絵でおぼえよう

★次の言葉を言いながら上の漢字をなぞりましょう。

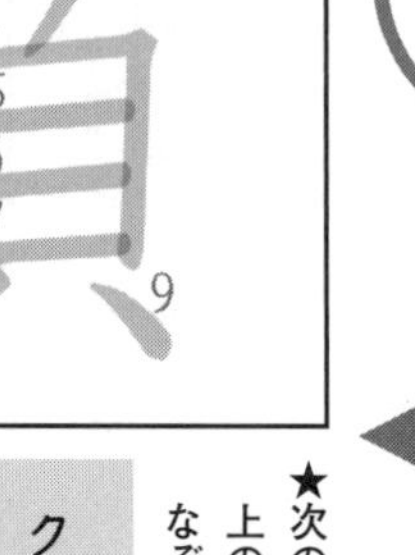

しあいに負(ま)ける。

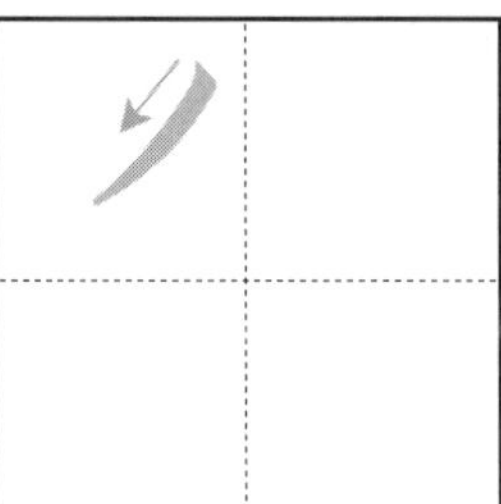

★上の絵を見ながら、左に漢字を書きましょう。

名前

★あなたが漢字をおぼえやすい言葉を考えて書きましょう。（上と同じでもよい。）

❶ 漢字つけたし・かんせいクイズ

★四つのますの漢字を
▼なぞって、
▼つけたして、
それぞれのますをかんせいさせましょう。

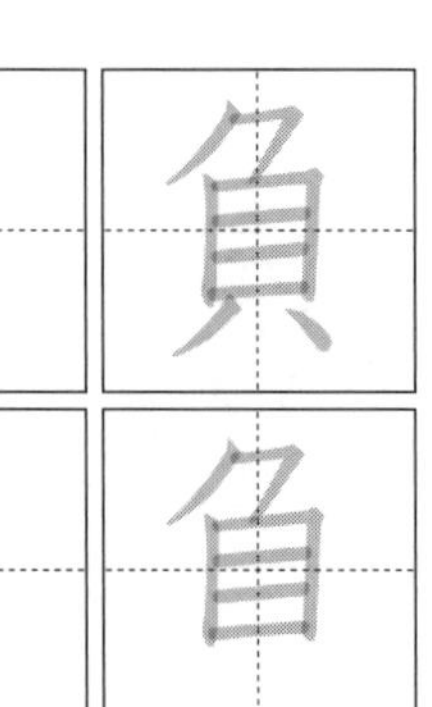

❷ 読み方クイズ

★声に出して一回読んでから、□にあう読み方を書きましょう。

負(ま)ける
↓
負□ける
↓
負□ける

❸ 漢字を書こう

★□に漢字を書きましょう。下の□には、上の文を書きましょう。

しあいに□(ま)ける。

リマインド

日にち　／

★一週間後の日にちを書いてチャレンジしましょう。

1 2 3 4 5 6 7 8 9
負
負
はらう　とめる

★この漢字をおぼえた言葉を書きましょう。

日にち

言葉や絵でおぼえよう

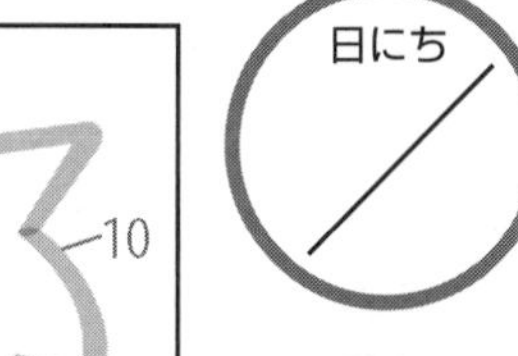

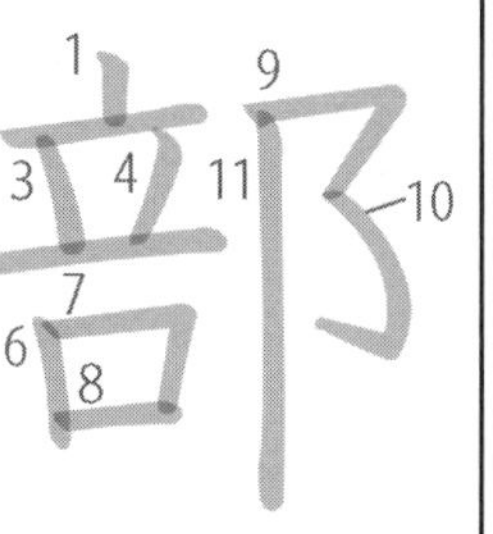

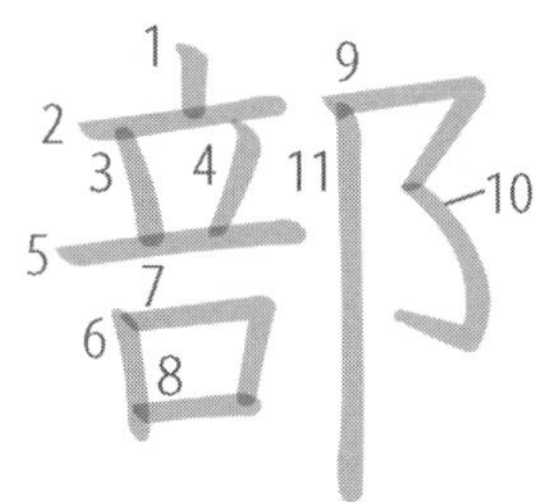

★次の言葉を言いながら上の漢字をなぞりましょう。

立つ、口、おおざと

★あなたが漢字をおぼえやすい言葉を考えて書きましょう。（上と同じでもよい。）

名前

サッカー部に入る。

★上の絵を見ながら、左に漢字を書きましょう。

❶ 漢字つけたし・かんせいクイズ

★四つのますの漢字を▼なぞって、▼つけたして、それぞれのますをかんせいさせましょう。

部　音　部　立

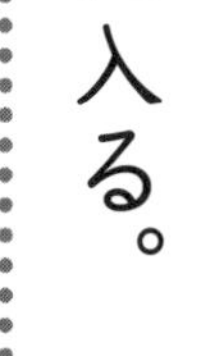

❷ 読み方クイズ

★声に出して一回読んでから、□にあう読み方を書きましょう。

サッカー部 ぶ → サッカー部 □ → サッカー部 □

❸ 漢字を書こう

★□に漢字を書きましょう。下の□には、上の文を書きましょう。

サッカー□（ぶ）に入る。

日にち

リマインド

★一週間後の日にちを書いてチャレンジしましょう。

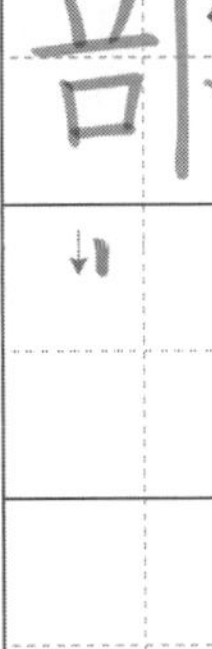

はねる

★この漢字をおぼえた言葉を書きましょう。

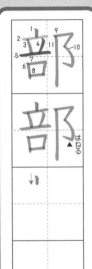

日にち

言葉や絵でおぼえよう

★次の言葉を言いながら上の漢字をなぞりましょう。

服

月、かくはね、たて、フ、右はらい

★上の絵を見ながら、左に漢字を書きましょう。

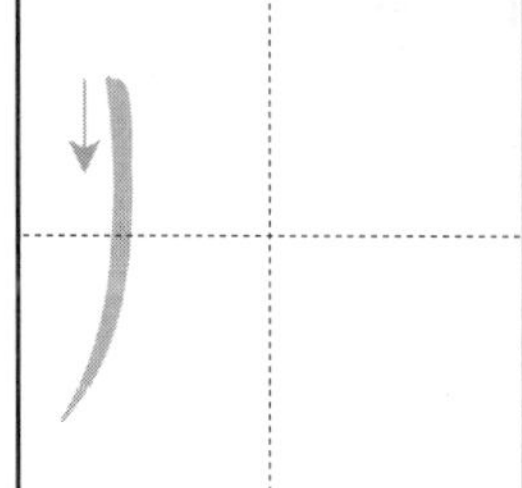

服(ふく)をたたむ。

★あなたが漢字をおぼえやすい言葉を考えて書きましょう。（上と同じでもよい。）

名前

❶ 漢字つけたし・かんせいクイズ

★四つのますの漢字を
▼なぞって、
▼つけたして、
それぞれのますをかんせいさせましょう。

服　月　月　服

❷ 読み方クイズ

★声に出して一回読んでから、□にあう読み方を書きましょう。

服（ふく）↓ 服（ふ□）↓ 服（□□）

❸ 漢字を書こう

★□に漢字を書きましょう。下の□には、上の文を書きましょう。

□（ふく）をたたむ。

リマインド

日にち

★一週間後の日にちを書いてチャレンジしましょう。

服　はねる　はらう

★この漢字をおぼえた言葉を書きましょう。

名前

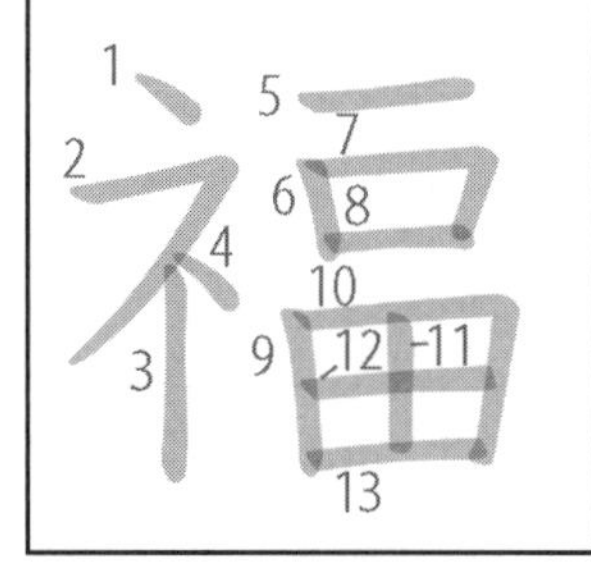

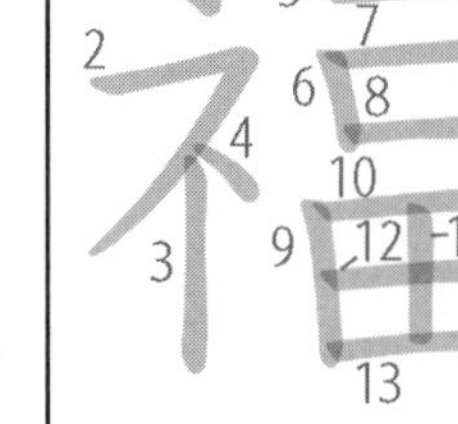

言葉や絵でおぼえよう

★次の言葉を言いながら上の漢字をなぞりましょう。

ネ、一、口、田

★あなたが漢字をおぼえやすい言葉を考えて書きましょう。（上と同じでもよい。）

福引きをする。

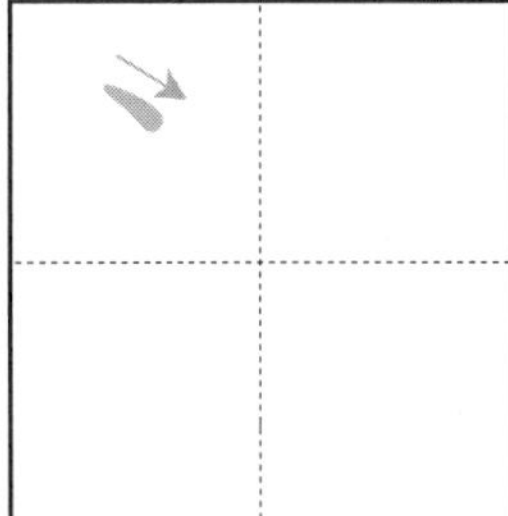

★上の絵を見ながら、左に漢字を書きましょう。

❶ 漢字つけたし・かんせいクイズ

★四つのますの漢字を
▼なぞって、
▼つけたして、
それぞれのますをかんせいさせましょう。

❷ 読み方クイズ

★声に出して一回読んでから、□にあう読み方を書きましょう。

福引き（ふく）
↓
福引き（ふ□）
↓
福引き（□□）

❸ 漢字を書こう

★□に漢字を書きましょう。下の□には、上の文を書きましょう。

□（ふく）引きをする。

リマインド

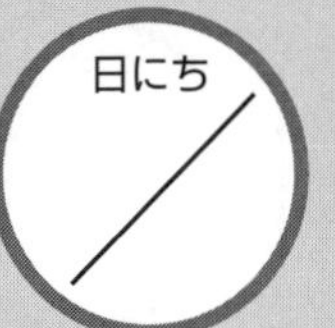

★一週間後の日にちを書いてチャレンジしましょう。

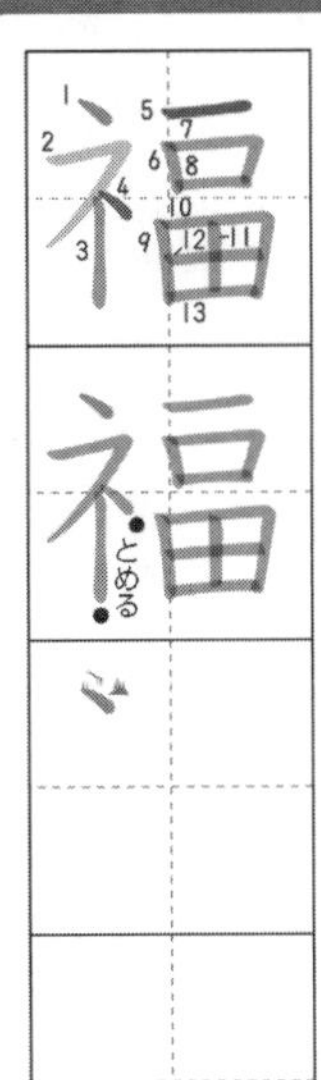

★この漢字をおぼえた言葉を書きましょう。

言葉や絵でおぼえよう

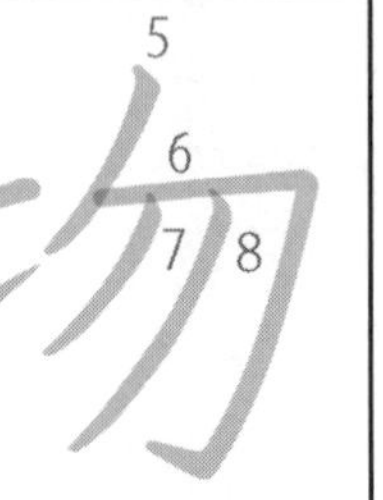

★次の言葉を言いながら上の漢字をなぞりましょう。

牛、ノ、かくはね、ノ
ニつ

物を運ぶ。

★上の絵を見ながら、左に漢字を書きましょう。

名前

★あなたが漢字をおぼえやすい言葉を考えて書きましょう。（上と同じでもよい。）

❶ 漢字つけたし・かんせいクイズ

★四つのますの漢字を
▼なぞって、
▼つけたして、
それぞれのますを
かんせい
させましょう。

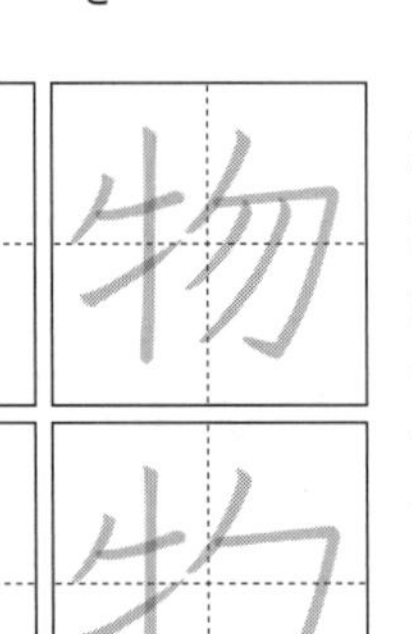

❷ 読み方クイズ

★声に出して一回読んでから、□にあう読み方を書きましょう。

物 もの
↓
物□（も）
↓
物□□

❸ 漢字を書こう

★□に漢字を書きましょう。下の□には、上の文を書きましょう。

□（もの）を運ぶ。

リマインド

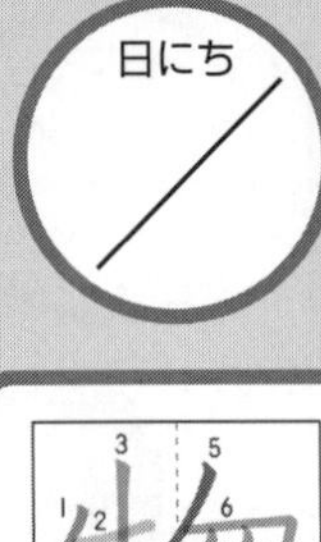

★一週間後の日にちを書いてチャレンジしましょう。

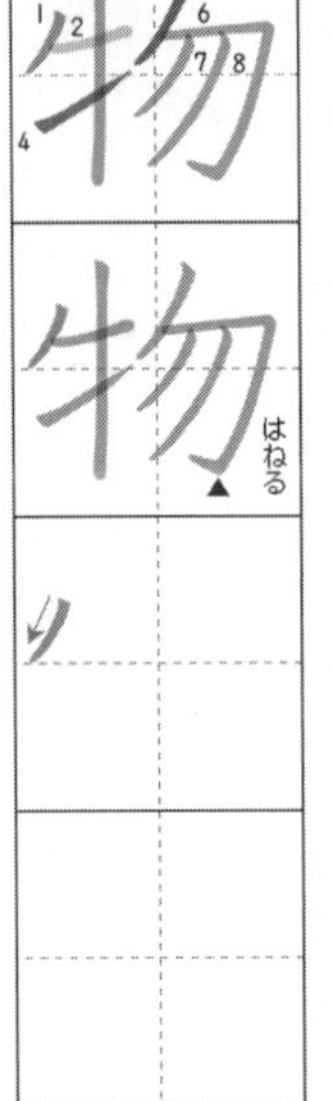

★この漢字をおぼえた言葉を書きましょう。

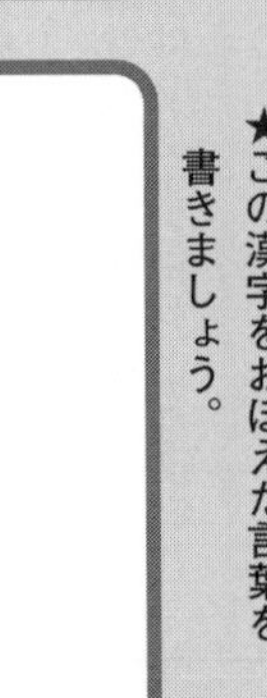

日にち

言葉(ことば)や絵でおぼえよう

★次の言葉(ことば)を言(い)いながら上の漢字(かんじ)をなぞりましょう。

一、てん、てん、十

平(たい)らな場所。

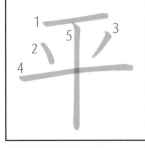

★上の絵を見ながら、左に漢字(かんじ)を書きましょう。

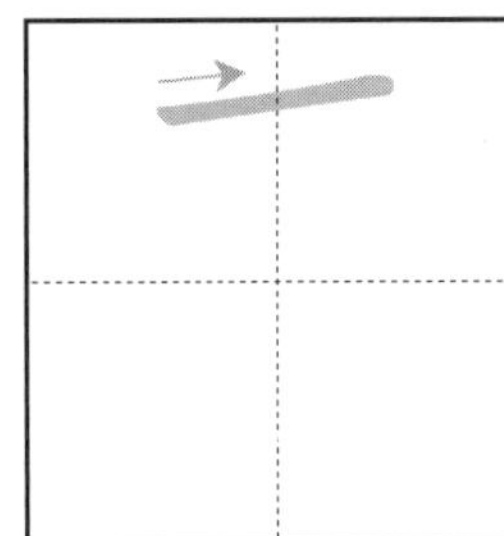

名前

★あなたが漢字(かんじ)をおぼえやすい言葉(ことば)を考えて書きましょう。（上と同じでもよい。）

❶ 漢字(かんじ)つけたし・かんせいクイズ

★四つのますの漢字(かんじ)を
▼なぞって、
▼つけたして、
それぞれのますをかんせいさせましょう。

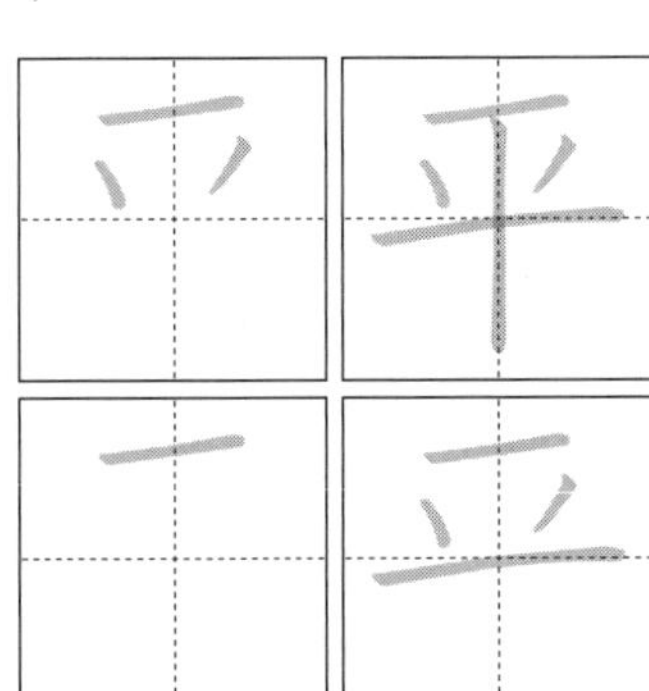

❷ 読み方クイズ

★声に出して一回読んでから、□にあう読み方を書きましょう。

平(たい)らな
↓
平(た□)らな
↓
平□□らな

❸ 漢字(かんじ)を書こう

★□に漢字(かんじ)を書きましょう。下の□には、上の文を書きましょう。

□(たい)らな場所。

□

リマインド

日にち

★一週間後の日にちを書いてチャレンジしましょう。

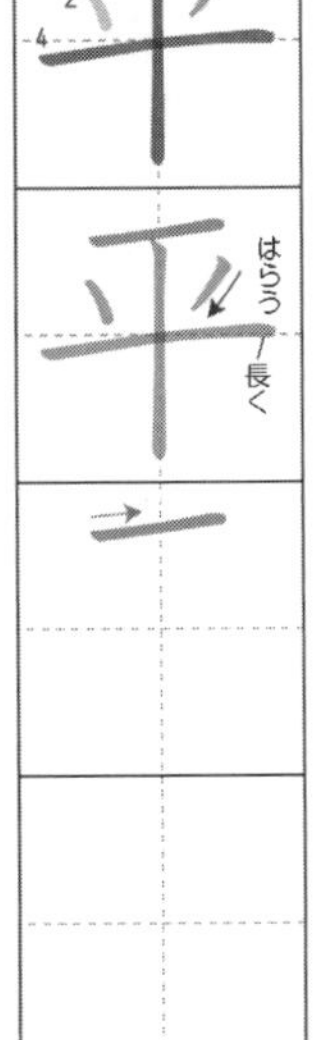

★この漢字(かんじ)をおぼえた言葉(ことば)を書きましょう。

日にち ／

言葉や絵でおぼえよう

★次の言葉を言いながら上の漢字をなぞりましょう。

よこ、ノ、フ、右はらい、しんにょう

本を返す。

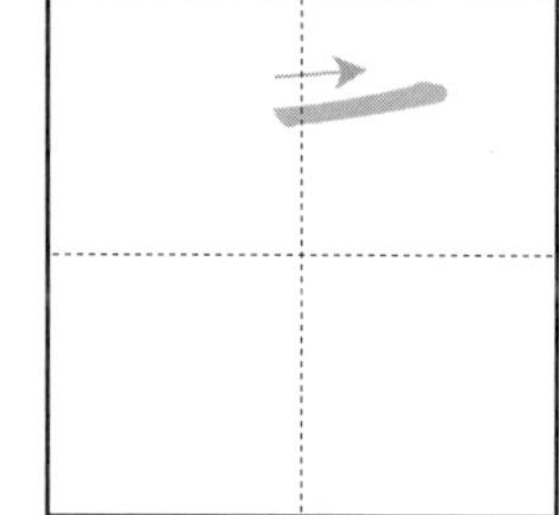

★上の絵を見ながら、左に漢字を書きましょう。

名前

★あなたが漢字をおぼえやすい言葉を考えて書きましょう。（上と同じでもよい。）

❶ 漢字つけたし・かんせいクイズ

★四つのますの漢字を
▼なぞって、
▼つけたして、
それぞれのますをかんせいさせましょう。

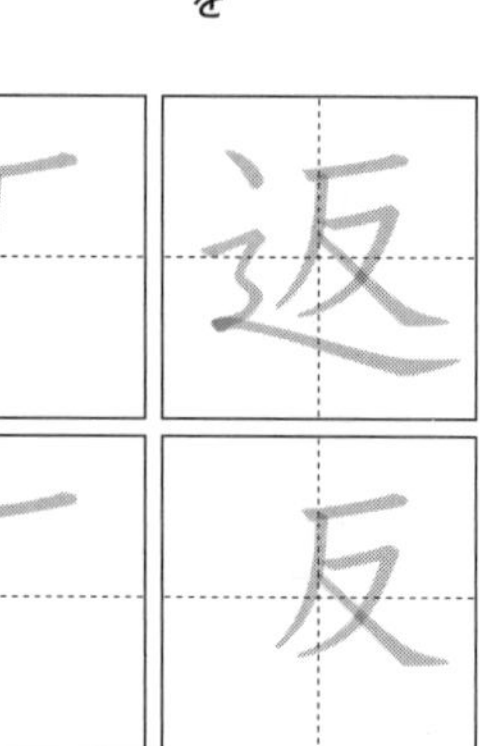

❷ 読み方クイズ

★声に出して一回読んでから、□にあう読み方を書きましょう。

返す（かえ）
↓
返す（か□）
↓
返す（□□）

❸ 漢字を書こう

★□に漢字を書きましょう。下の□には、上の文を書きましょう。

本を□（かえ）す。

日にち ／

リマインド

★一週間後の日にちを書いてチャレンジしましょう。

はらう

★この漢字をおぼえた言葉を書きましょう。

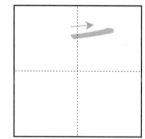

言葉や絵でおぼえよう

★次の言葉を言いながら上の漢字をなぞりましょう。

ク、たて、かく、たて、よこ、ノ、たてよこは
ね、カ

名前

★あなたが漢字をおぼえやすい言葉を考えて書きましょう。（上と同じでもよい。）

勉強をする。

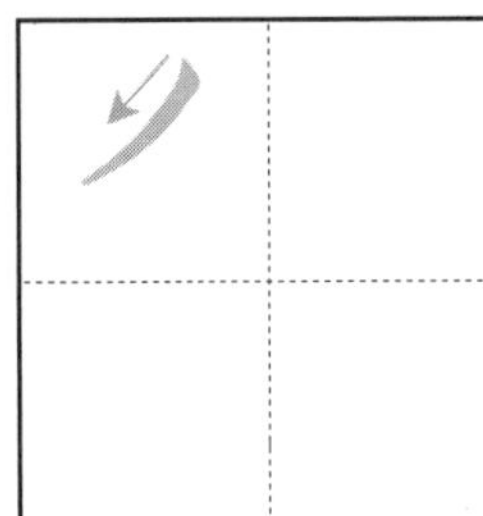

★上の絵を見ながら、左に漢字を書きましょう。

❶ 漢字つけたし・かんせいクイズ

★四つのますの漢字を
▼なぞって、
▼つけたして、
それぞれのますをかんせいさせましょう。

❷ 読み方クイズ

★声に出して一回読んでから、□にあう読み方を書きましょう。

勉強（べん）
↓
勉強（べ□）
↓
勉強（□□）

❸ 漢字を書こう

★□に漢字を書きましょう。下の□には、上の文を書きましょう。

□強をする。（べん・きょう）

リマインド

★一週間後の日にちを書いてチャレンジしましょう。

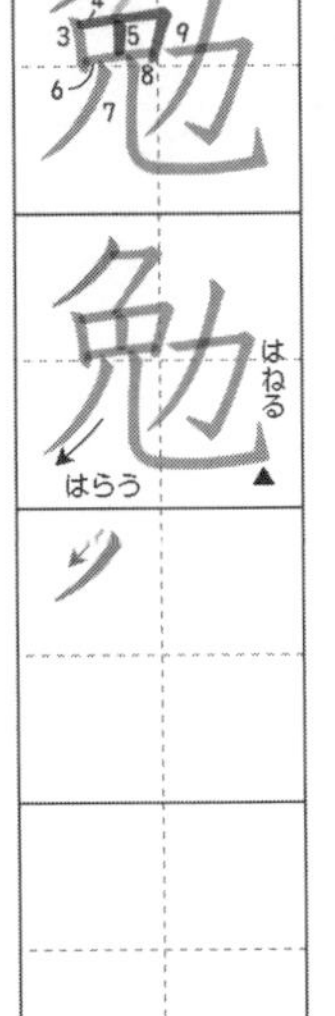

★この漢字をおぼえた言葉を書きましょう。

日にち ／

言葉や絵でおぼえよう

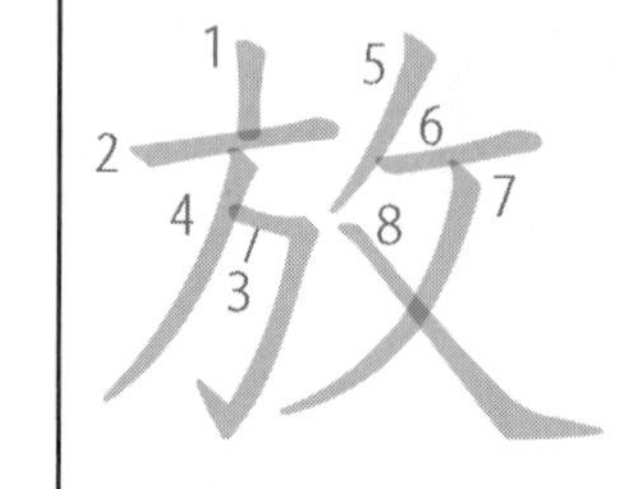

★次の言葉を言いながら上の漢字をなぞりましょう。

方、ノ、よこ、ノ、右はらい

名前

★あなたが漢字をおぼえやすい言葉を考えて書きましょう。（上と同じでもよい。）

魚を放す。

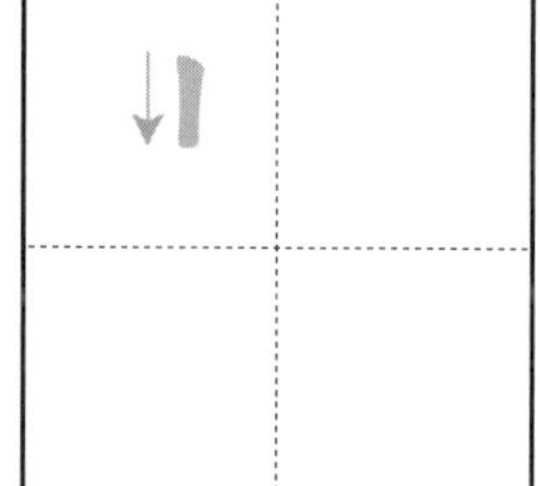

★上の絵を見ながら、左に漢字を書きましょう。

❶ 漢字つけたし・かんせいクイズ

★四つのますの漢字を
▼なぞって、
▼つけたして、
それぞれのますをかんせいさせましょう。

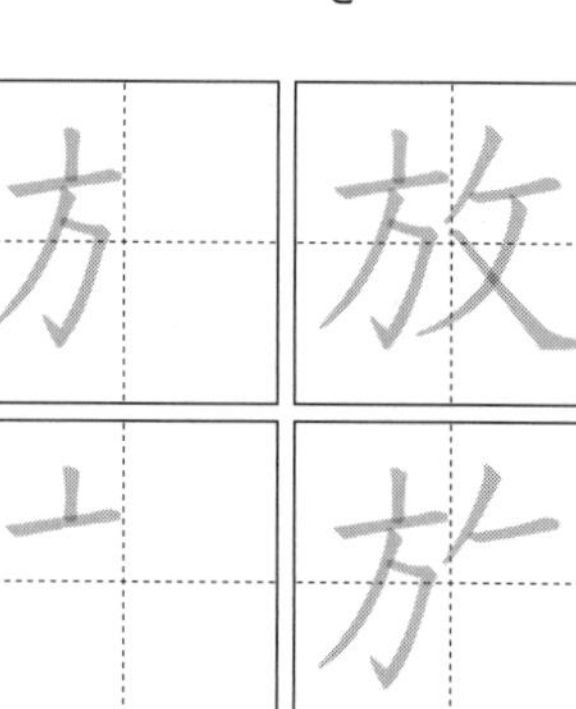

❷ 読み方クイズ

★声に出して一回読んでから、□にあう読み方を書きましょう。

はな放す
↓
放す（は□）
↓
放す（□□）

❸ 漢字を書こう

★□に漢字を書きましょう。下の□には、上の文を書きましょう。

魚を□（はな）す。

リマインド

日にち ／

★一週間後の日にちを書いてチャレンジしましょう。

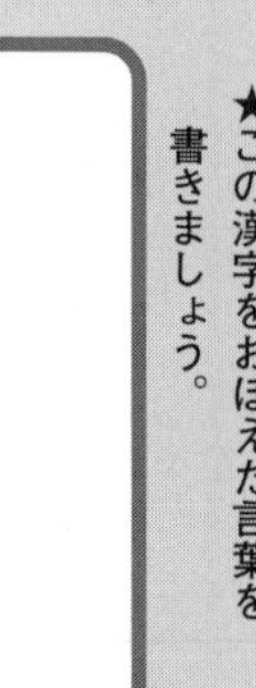

★この漢字をおぼえた言葉を書きましょう。

日にち　／

言葉や絵でおぼえよう

★次の言葉を言いながら上の漢字をなぞりましょう。

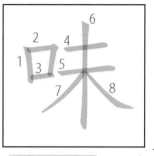

ロ、よこ、よこ、たて、ノ、右はらい

味見をする。

★上の絵を見ながら、左に漢字を書きましょう。

★あなたが漢字をおぼえやすい言葉を考えて書きましょう。（上と同じでもよい。）

名前

❶ 漢字つけたし・かんせいクイズ

★四つのますの漢字を
▼なぞって、
▼つけたして、
それぞれのますをかんせいさせましょう。

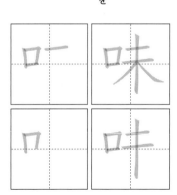

❷ 読み方クイズ

★声に出して一回読んでから、□にあう読み方を書きましょう。

味見（あじ）→ 味見（あ□）→ 味見（□□）

❸ 漢字を書こう

★□に漢字を書きましょう。下の□には、上の文を書きましょう。

□（あじ）見をする。

リマインド

日にち　／

★一週間後の日にちを書いてチャレンジしましょう。

★この漢字をおぼえた言葉を書きましょう。

言葉(ことば)や絵でおぼえよう

日にち　／

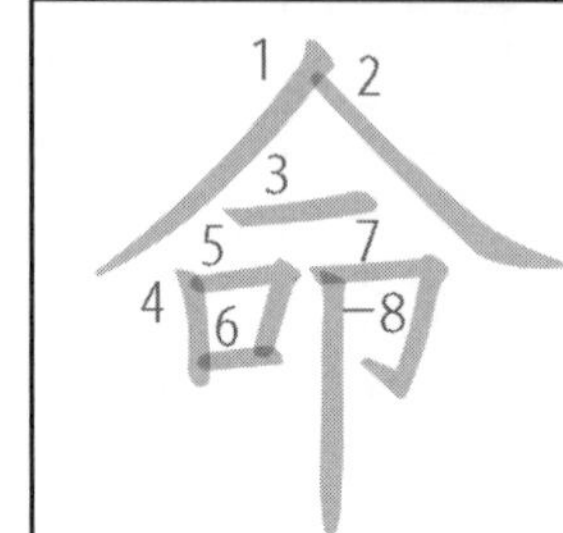

★次の言葉(ことば)を言(い)いながら上の漢字(かんじ)をなぞりましょう。

やね、よこ、ロ、かく
はね、たて

命(いのち)を守(まも)る。

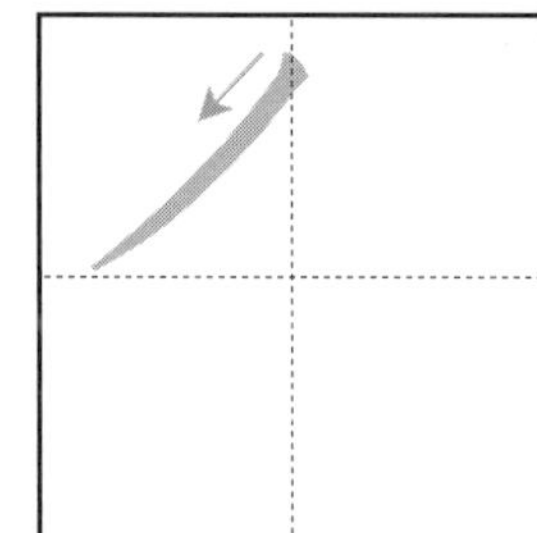

★上の絵を見ながら、左に漢字(かんじ)を書きましょう。

名前

★あなたが漢字(かんじ)をおぼえやすい言葉(ことば)を考えて書きましょう。（上と同じでもよい。）

❶ 漢字(かんじ)つけたし・かんせいクイズ

★四つのますの漢字(かんじ)を
▼なぞって、
▼つけたして、
それぞれのますをかんせいさせましょう。

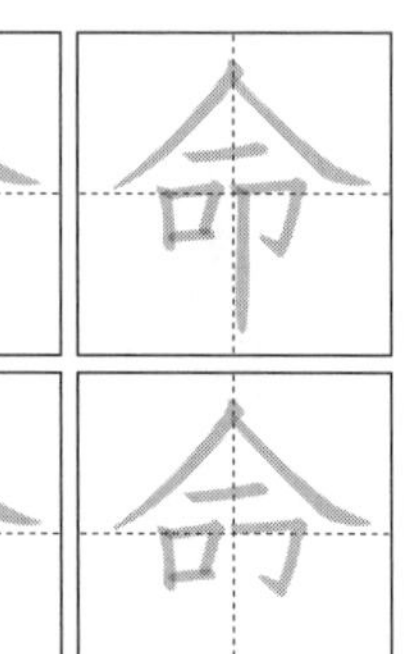

❷ 読み方クイズ

★声に出して一回読んでから、□にあう読み方を書きましょう。

いのち
命
↓
い
命□□
↓
命□□□

❸ 漢字(かんじ)を書こう

★□に漢字(かんじ)を書きましょう。下の□には、上の文を書きましょう。

いのち
□を守(まも)る。

リマインド

日にち　／

★一週間後の日にちを書いてチャレンジしましょう。

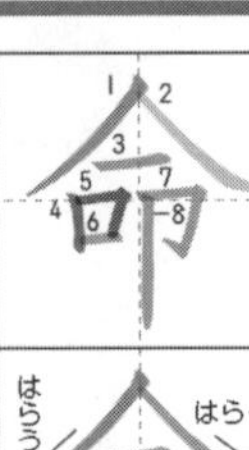

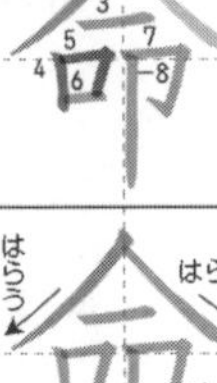

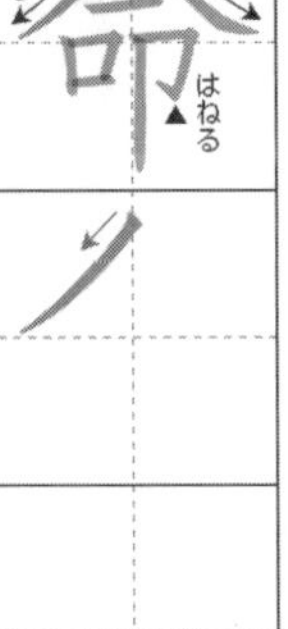

★この漢字(かんじ)をおぼえた言葉(ことば)を書きましょう。

日にち ／

言葉や絵でおぼえよう

★次の言葉を言いながら上の漢字をなぞりましょう。

よこ、ノ、たて、たて、かく、たて、たて、よこ、よこ、よこ、よこ

★上の絵を見ながら、左に漢字を書きましょう。

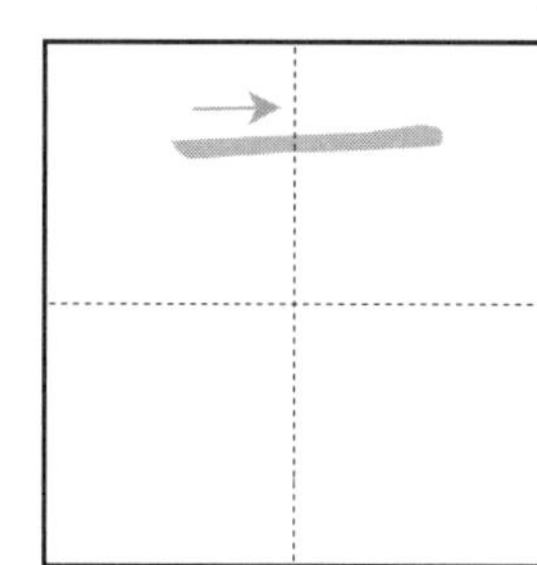

お面をかぶる。

名前

★あなたが漢字をおぼえやすい言葉を考えて書きましょう。（上と同じでもよい。）

❶ 漢字つけたし・かんせいクイズ

★四つのますの漢字を▼なぞって、▼つけたして、それぞれのますをかんせいさせましょう。

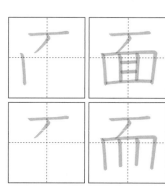

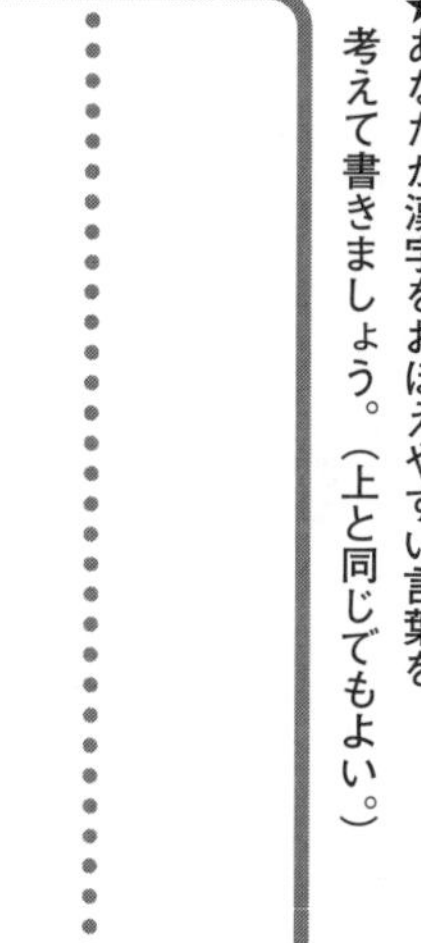

❷ 読み方クイズ

★声に出して一回読んでから、□にあう読み方を書きましょう。

お面（めん）↓ お面（め□）↓ お面（□□）

❸ 漢字を書こう

★□に漢字を書きましょう。下の□には、上の文を書きましょう。

お□（めん）をかぶる。

日にち ／

リマインド

★一週間後の日にちを書いてチャレンジしましょう。

はらう

★この漢字をおぼえた言葉を書きましょう。

日にち

名前

言葉や絵でおぼえよう

★次の言葉を言いながら上の漢字をなぞりましょう。

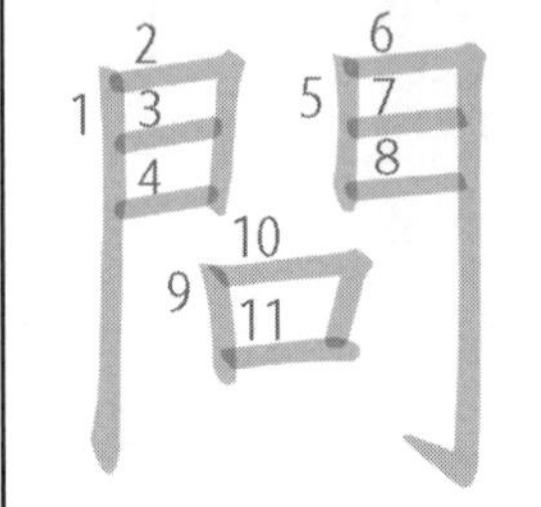

門に、口

★あなたが漢字をおぼえやすい言葉を考えて書きましょう。（上と同じでもよい。）

むずかしい
問題。

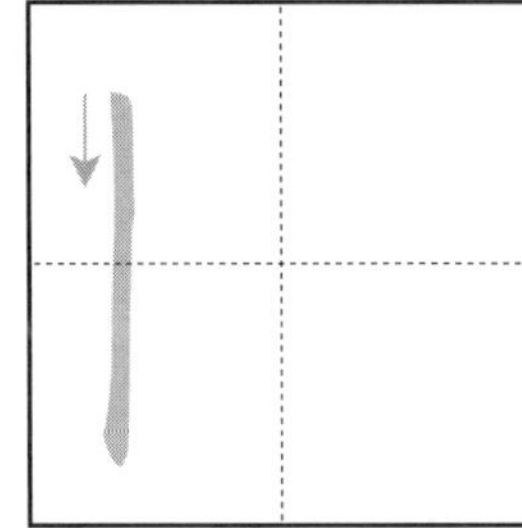

★上の絵を見ながら、左に漢字を書きましょう。

❶ 漢字つけたし・かんせいクイズ

★四つのますの漢字を
▼なぞって、
▼つけたして、
それぞれのますをかんせいさせましょう。

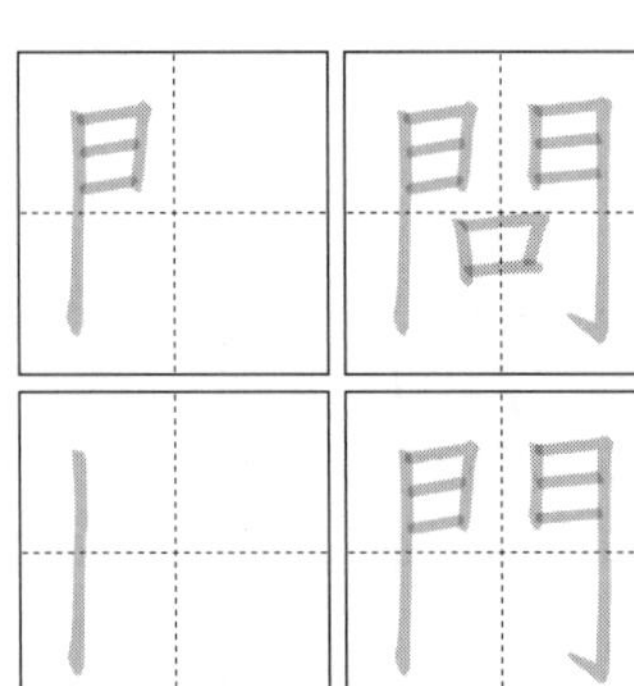

❷ 読み方クイズ

★声に出して一回読んでから、□にあう読み方を書きましょう。

もん
問題
↓
も□
問題
↓
□□
問題

❸ 漢字を書こう

★□に漢字を書きましょう。下の□には、上の文を書きましょう。

むずかしい
□（もん）題（だい）。

リマインド

日にち

★一週間後の日にちを書いてチャレンジしましょう。

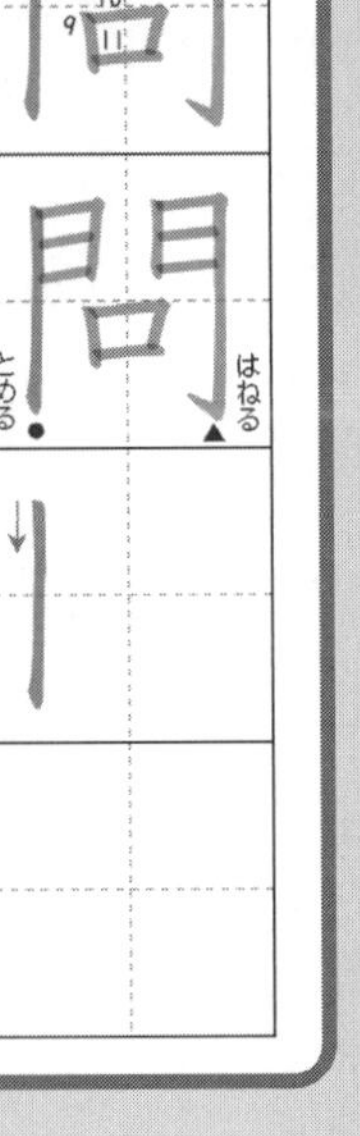

★この漢字をおぼえた言葉を書きましょう。

日にち

言葉や絵でおぼえよう

★次の言葉を言いながら上の漢字をなぞりましょう。

ノ、ノ、たて＋ノ、よこたてよこはね、フ、右はね

役所に行く。

★上の絵を見ながら、左に漢字を書きましょう。

名前

★あなたが漢字をおぼえやすい言葉を考えて書きましょう。（上と同じでもよい。）

❶ 漢字つけたし・かんせいクイズ

★四つのますの漢字を▼なぞって、▼つけたして、それぞれのますをかんせいさせましょう。

❷ 読み方クイズ

★声に出して一回読んでから、□にあう読み方を書きましょう。

役所（やく）

↓

役所（や□）

↓

役所（□□）

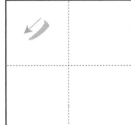

❸ 漢字を書こう

★□に漢字を書きましょう。下の□には、上の文を書きましょう。

□（やく）所（しょ）に行く。

リマインド

★一週間後の日にちを書いてチャレンジしましょう。

役　はねる　はらう

★この漢字をおぼえた言葉を書きましょう。

日にち

言葉や絵でおぼえよう

日にち　／

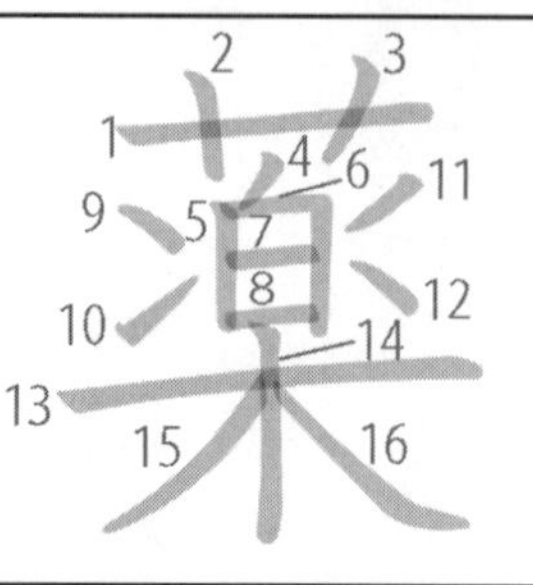

★次の言葉を言いながら上の漢字をなぞりましょう。

よこ、たて、たてに、白のまわりにてん四つ、木

薬をのむ。

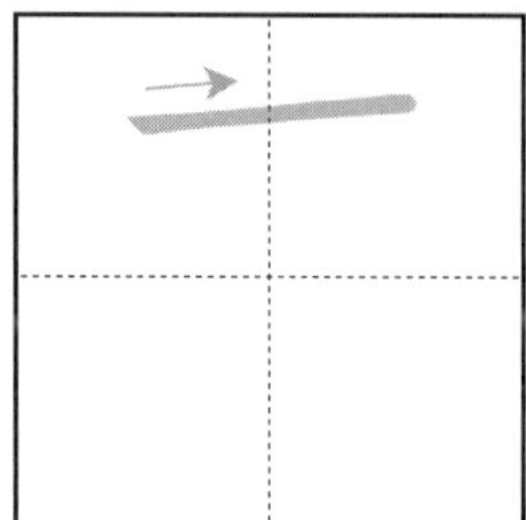

★上の絵を見ながら、左に漢字を書きましょう。

★あなたが漢字をおぼえやすい言葉を考えて書きましょう。（上と同じでもよい。）

名前

❶ 漢字つけたし・かんせいクイズ

★四つのますの漢字を▼なぞって、▼つけたして、▼それぞれのますをかんせいさせましょう。

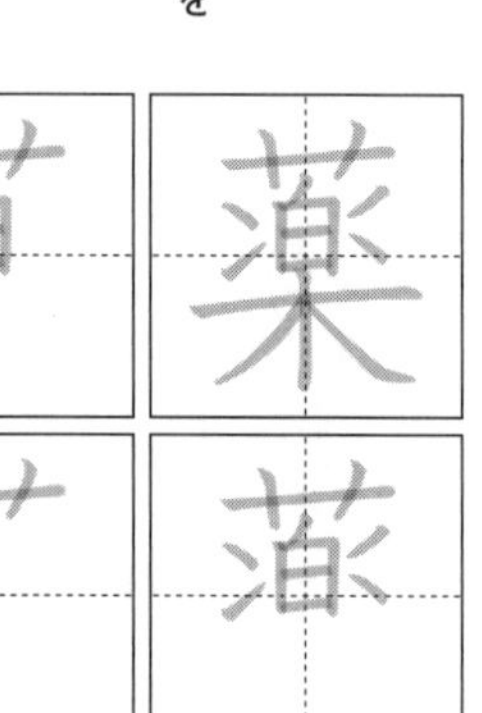

❷ 読み方クイズ

★声に出して一回読んでから、□にあう読み方を書きましょう。

くすり
薬
↓
く□□
薬
↓
□□□
薬

❸ 漢字を書こう

★□に漢字を書きましょう。下の□には、上の文を書きましょう。

□（くすり）をのむ。

リマインド

日にち　／

★一週間後の日にちを書いてチャレンジしましょう。

薬（長く、はらう、はらう）

★この漢字をおぼえた言葉を書きましょう。

日にち ／

言葉や絵でおぼえよう

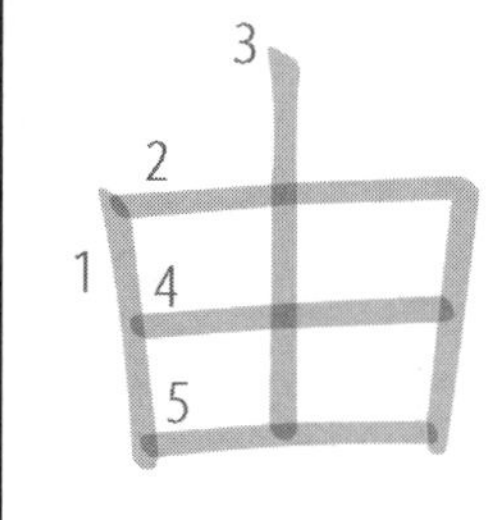

★次の言葉を言いながら上の漢字をなぞりましょう。

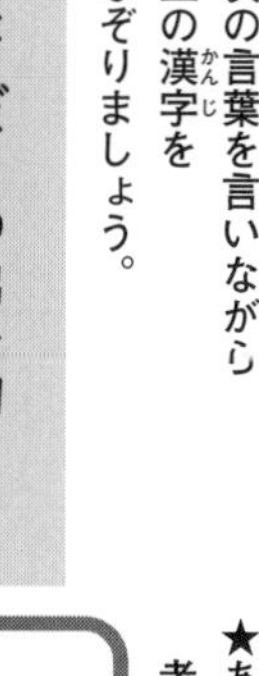

自由な旅。

★上の絵を見ながら、左に漢字を書きましょう。

名前

★あなたが漢字をおぼえやすい言葉を考えて書きましょう。（上と同じでもよい。）

❶ 漢字つけたし・かんせいクイズ

★四つのますの漢字を
▼なぞって、
▼つけたして、
それぞれのますをかんせいさせましょう。

❷ 読み方クイズ

★声に出して一回読んでから、□にあう読み方を書きましょう。

自由（ゆう）→ 自由（ゆ□）→ 自由（□□）

❸ 漢字を書こう

★□に漢字を書きましょう。下の□には、上の文を書きましょう。

自（じ）□（ゆう）な旅。

リマインド

日にち ／

★一週間後の日にちを書いてチャレンジしましょう。

★この漢字をおぼえた言葉を書きましょう。

日にち

言葉（ことば）や絵でおぼえよう

★次の言葉（ことば）を言（い）いながら上の漢字（かんじ）をなぞりましょう。

シ、たてぼうの出た田

★上の絵を見ながら、左に漢字（かんじ）を書きましょう。

油（あぶら）を入れる。

名前

★あなたが漢字（かんじ）をおぼえやすい言葉（ことば）を考えて書きましょう。（上と同じでもよい。）

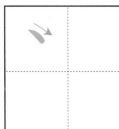

❶ 漢字（かんじ）つけたし・かんせいクイズ

★四つのますの漢字（かんじ）を
▼なぞって、
▼つけたして、
それぞれのますを
かんせい
させましょう。

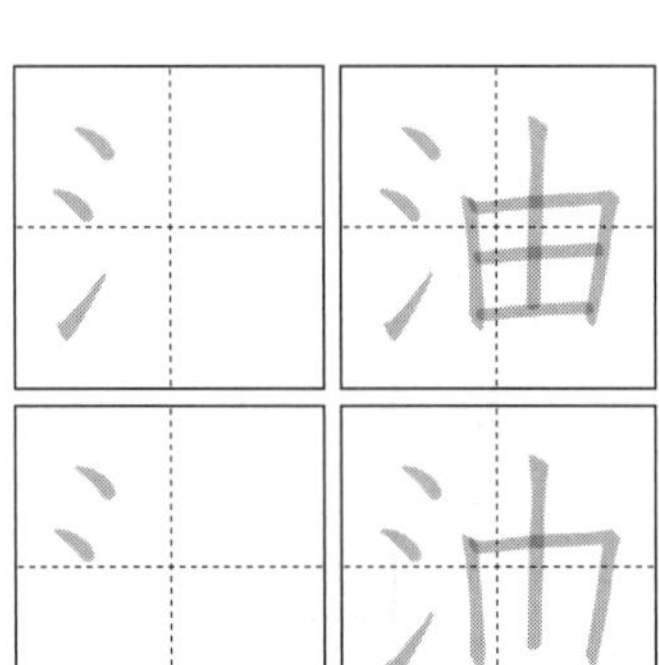

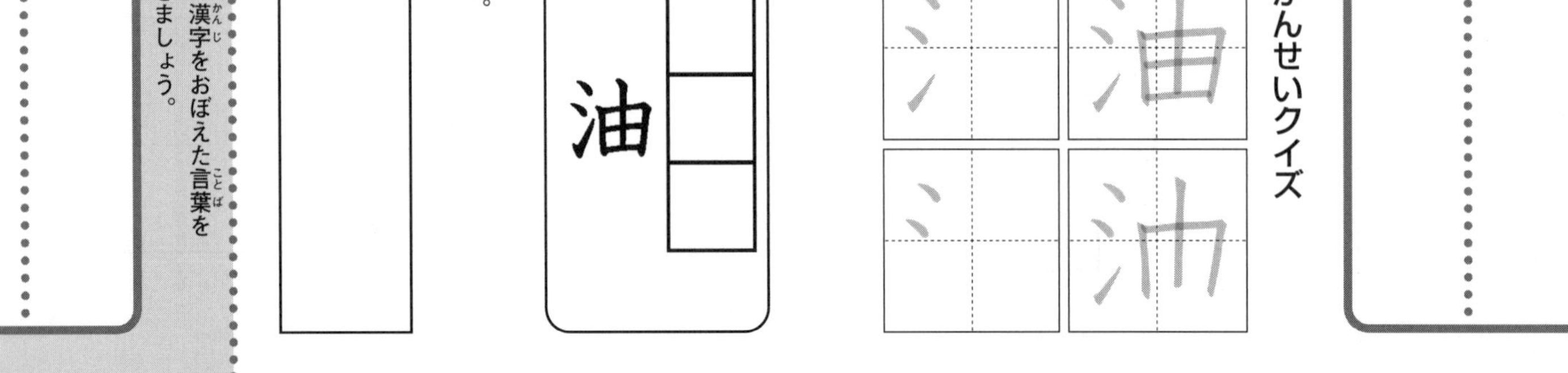

❷ 読み方クイズ

★声に出して一回読んでから、□にあう読み方を書きましょう。

油 あぶら

↓

油 あ□□

↓

油 □□□

❸ 漢字（かんじ）を書こう

★□に漢字（かんじ）を書きましょう。下の□には、上の文を書きましょう。

あぶら
□を入れる。

リマインド

日にち

★一週間後の日にちを書いてチャレンジしましょう。

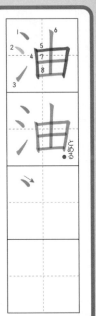

とめる

★この漢字（かんじ）をおぼえた言葉（ことば）を書きましょう。

言葉（ことば）や絵でおぼえよう

★次の言葉（ことば）を言（い）いながら上の漢字（かんじ）をなぞりましょう。

ノ、よこ、月

有名（ゆうめい）な人。

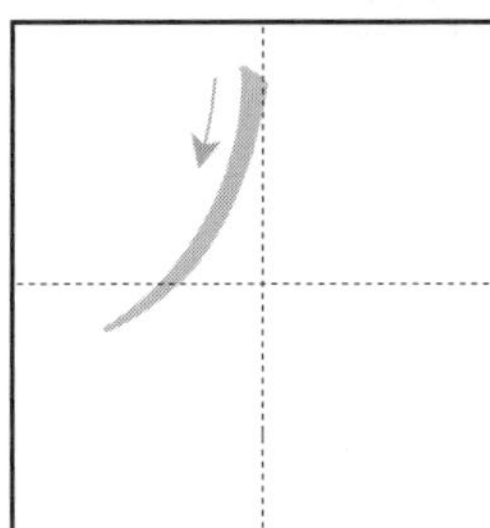

★上の絵を見ながら、左に漢字（かんじ）を書きましょう。

名前

★あなたが漢字（かんじ）をおぼえやすい言葉（ことば）を考えて書きましょう。（上と同じでもよい。）

❶ 漢字（かんじ）つけたし・かんせいクイズ

★四つのますの漢字（かんじ）を
▼なぞって、
▼つけたして、
それぞれのますをかんせいさせましょう。

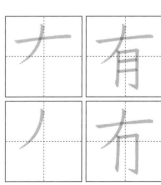

❷ 読み方クイズ

★声に出して一回読んでから、□にあう読み方を書きましょう。

有名（ゆう）
↓
有名（ゆ□）
↓
有名（□□）

❸ 漢字（かんじ）を書こう

★□に漢字（かんじ）を書きましょう。下の□には、上の文を書きましょう。

□（ゆう）名（めい）な人。

リマインド

★一週間後の日にちを書いてチャレンジしましょう。

長く　はねる　とめる

★この漢字（かんじ）をおぼえた言葉（ことば）を書きましょう。

日にち ／

言葉や絵でおぼえよう

★次の言葉を言いながら上の漢字をなぞりましょう。

方、ノ、よこ、子、しんにょう

★上の絵を見ながら、左に漢字を書きましょう。

遊園地に行く。

★あなたが漢字をおぼえやすい言葉を考えて書きましょう。（上と同じでもよい。）

名前

❶ 漢字つけたし・かんせいクイズ

★四つのますの漢字を
▼なぞって、
▼つけたして、
それぞれのますをかんせいさせましょう。

❷ 読み方クイズ

★声に出して一回読んでから、□にあう読み方を書きましょう。

遊園地（ゆう）→ 遊園地（ゆ□）→ 遊園地（□□）

❸ 漢字を書こう

★□に漢字を書きましょう。下の□には、上の文を書きましょう。

□（ゆう）園地に行く。

リマインド

日にち ／

★一週間後の日にちを書いてチャレンジしましょう。

はらう

★この漢字をおぼえた言葉を書きましょう。

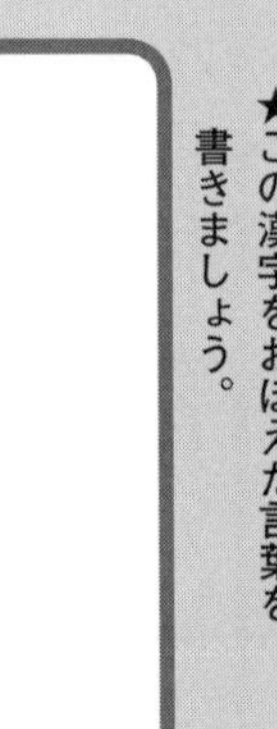

日にち　／

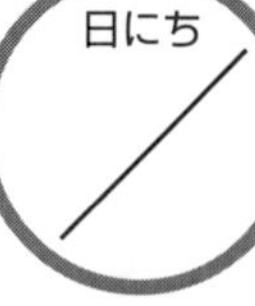

言葉(ことば)や絵でおぼえよう

★次の言葉(ことば)を言(い)いながら上の漢字(かんじ)をなぞりましょう。

マ、フ、たてはね

予(よ)習(しゅう)をする。

★上の絵を見ながら、左に漢字(かんじ)を書きましょう。

名前

★あなたが漢字(かんじ)をおぼえやすい言葉(ことば)を考えて書きましょう。（上と同じでもよい。）

❶ 漢字(かんじ)つけたし・かんせいクイズ

★四つのますの漢字(かんじ)を
▼なぞって、
▼つけたして、
それぞれのますをかんせいさせましょう。

❷ 読み方クイズ

★声に出して一回読んでから、□にあう読み方を書きましょう。

予習　よ

↓

予習　□

↓

予習　□

❸ 漢字(かんじ)を書こう

★□に漢字(かんじ)を書きましょう。下の□には、上の文を書きましょう。

□(よ)習(しゅう)をする。

リマインド

日にち　／

★一週間後の日にちを書いてチャレンジしましょう。

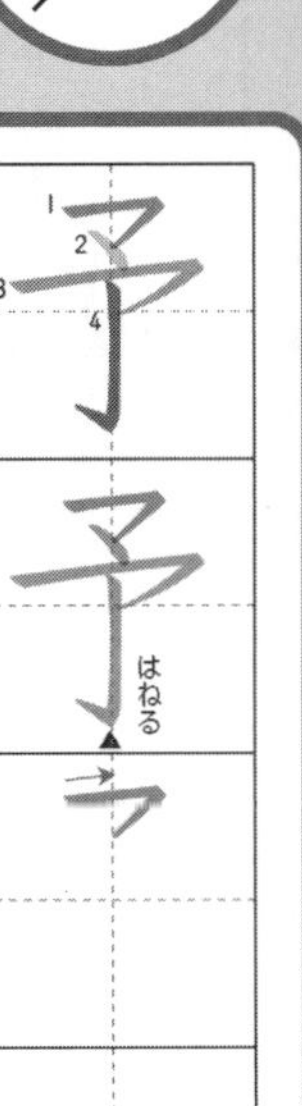

★この漢字(かんじ)をおぼえた言葉(ことば)を書きましょう。

言葉や絵でおぼえよう

★次の言葉を言いながら上の漢字をなぞりましょう。

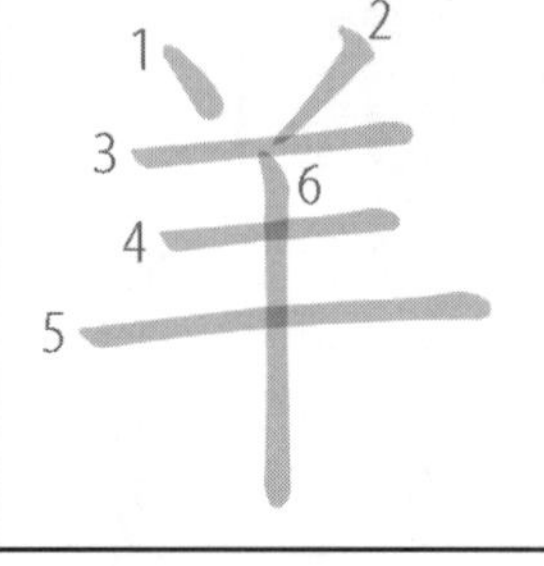

ソ、三、たて

★あなたが漢字をおぼえやすい言葉を考えて書きましょう。（上と同じでもよい。）

名前

日にち

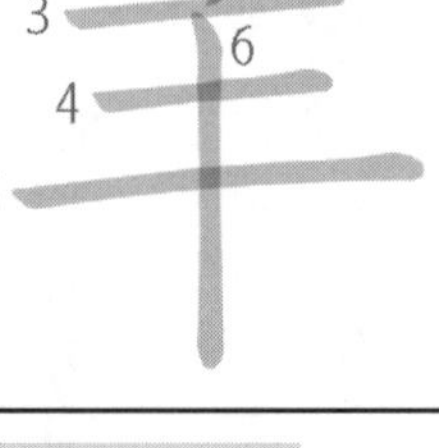

羊の毛。

★上の絵を見ながら、左に漢字を書きましょう。

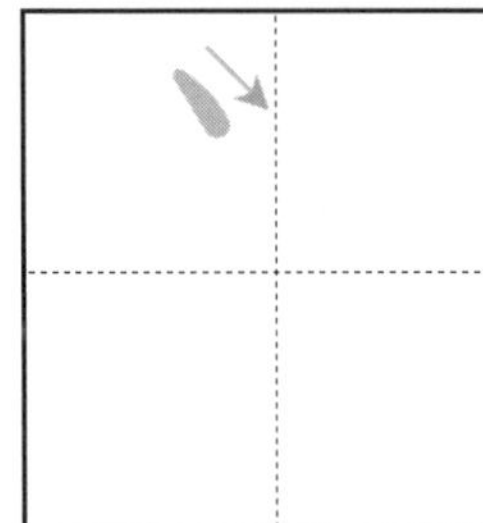

❶ 漢字つけたし・かんせいクイズ

★四つのますの漢字を
▼なぞって、
▼つけたして、
それぞれのますをかんせいさせましょう。

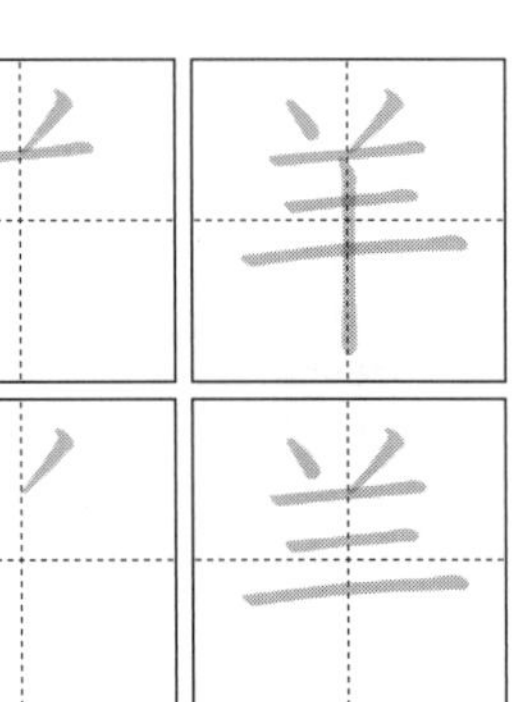

❷ 読み方クイズ

★声に出して一回読んでから、□にあう読み方を書きましょう。

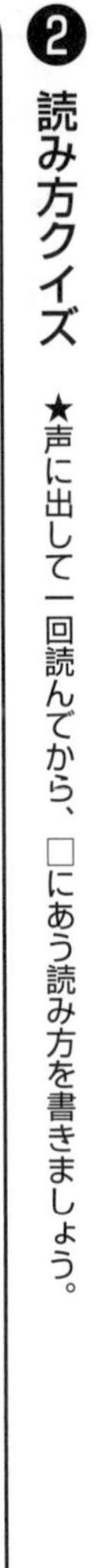

羊 ひつじ
↓
羊 ひ□□
↓
羊 □□□

❸ 漢字を書こう

★□に漢字を書きましょう。下の□には、上の文を書きましょう。

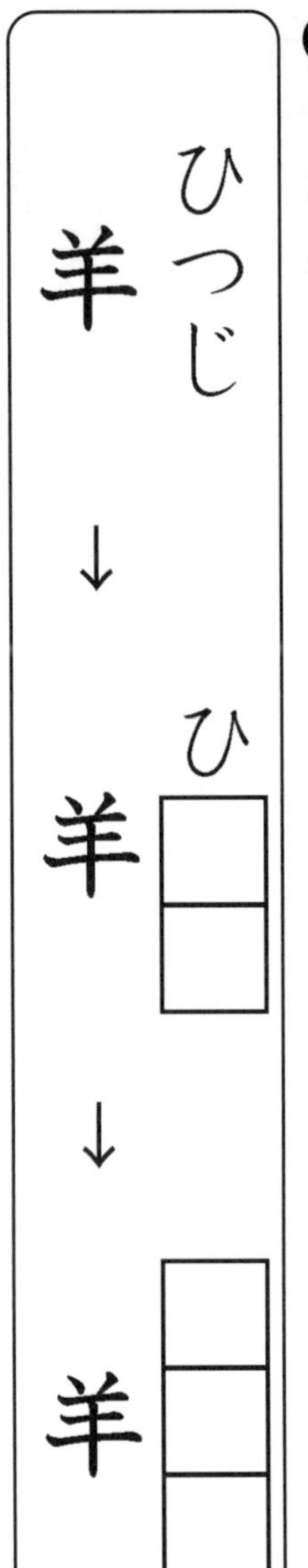

□の毛。

リマインド

日にち

★一週間後の日にちを書いてチャレンジしましょう。

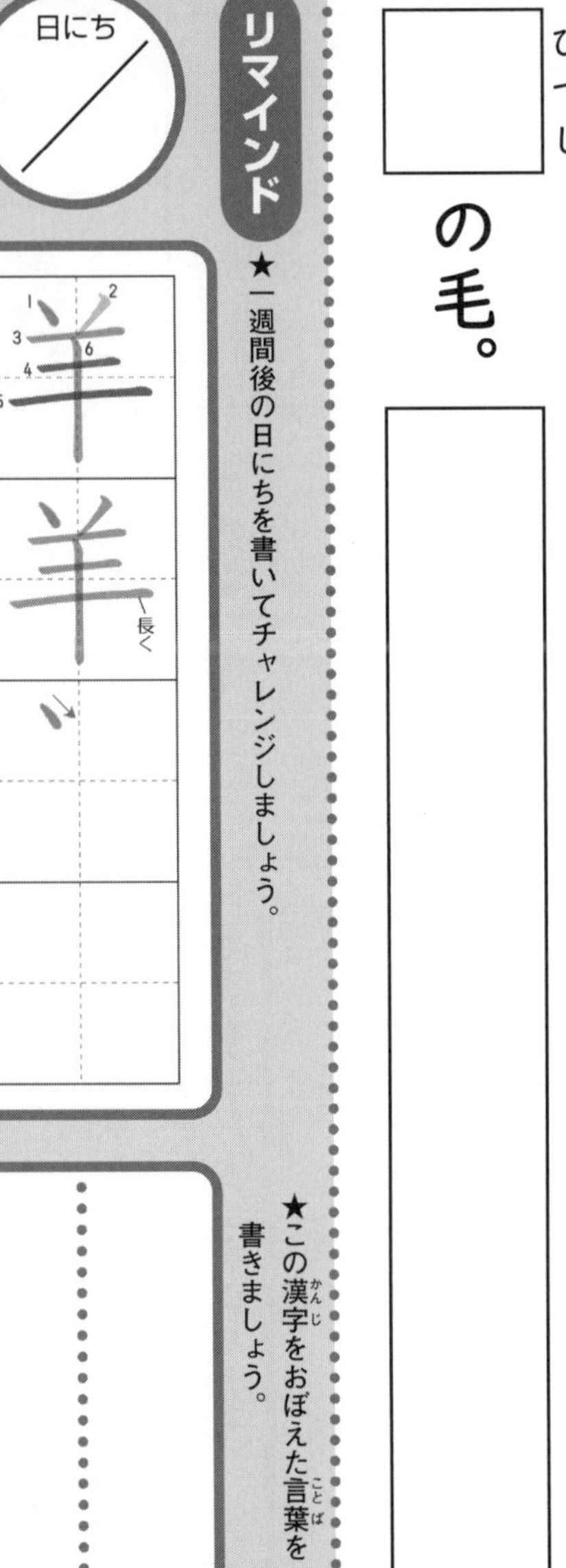

★この漢字をおぼえた言葉を書きましょう。

日にち

言葉や絵でおぼえよう

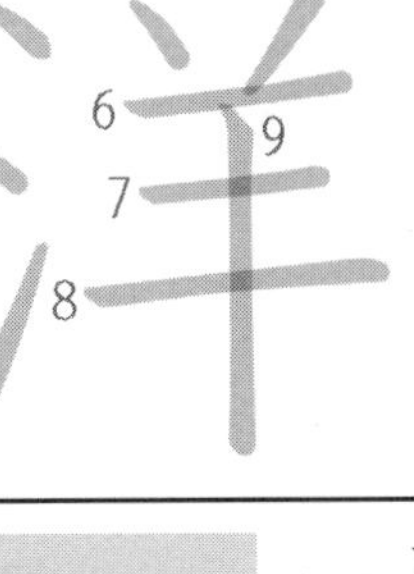

★次の言葉を言いながら上の漢字をなぞりましょう。

シ、ソ、三、たて

インド洋（よう）

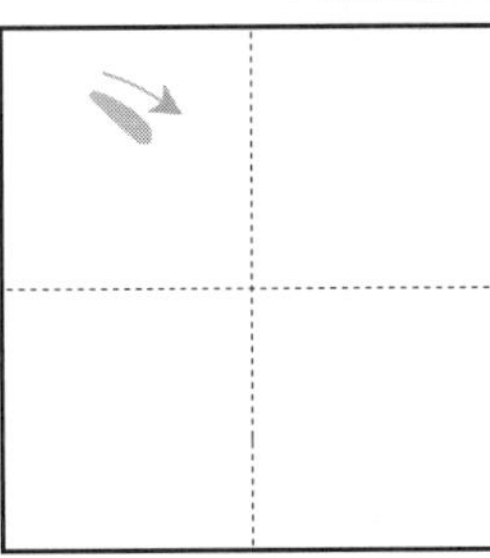

★上の絵を見ながら、左に漢字を書きましょう。

名前

★あなたが漢字をおぼえやすい言葉を考えて書きましょう。（上と同じでもよい。）

❶ 漢字つけたし・かんせいクイズ

★四つのますの漢字を
▼なぞって、
▼つけたして、
それぞれのますをかんせいさせましょう。

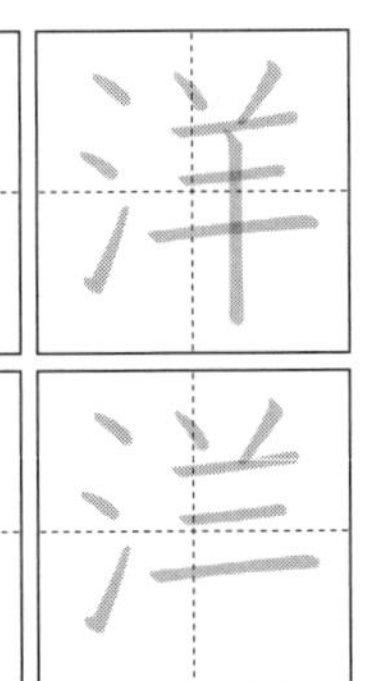

❷ 読み方クイズ

★声に出して一回読んでから、□にあう読み方を書きましょう。

インド洋（よう）
↓
インド洋（よ□）
↓
インド洋（□□）

❸ 漢字を書こう

★□に漢字を書きましょう。下の□には、上の文を書きましょう。

インド□（よう）

リマインド

日にち

★一週間後の日にちを書いてチャレンジしましょう。

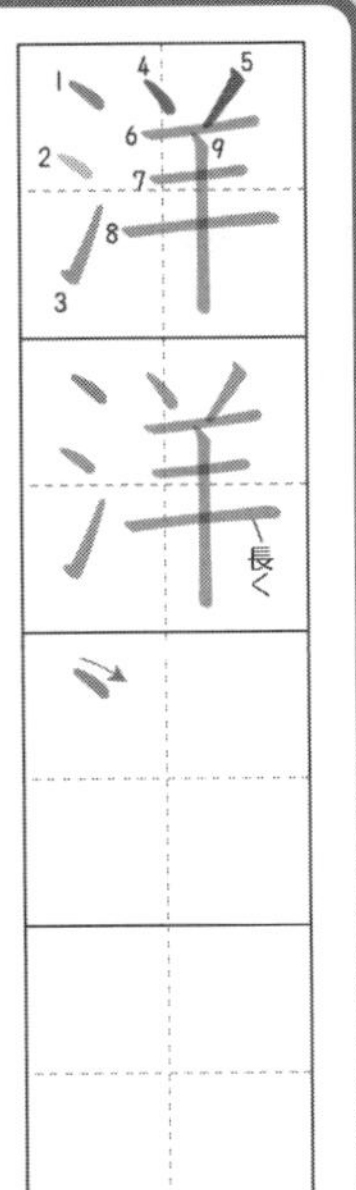

★この漢字をおぼえた言葉を書きましょう。

日にち ／

言葉(ことば)や絵でおぼえよう

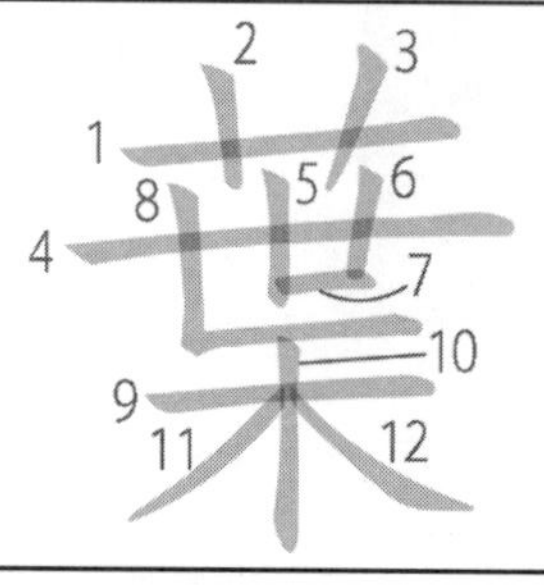

★次の言葉(ことば)を言(い)いながら上の漢字(かんじ)をなぞりましょう。

よこ、たて、たて＋よこ、たて、たて、よこ、下かく、木

★上の絵を見ながら、左に漢字(かんじ)を書きましょう。

大きな葉(は)っぱ。

名前

★あなたが漢字(かんじ)をおぼえやすい言葉(ことば)を考えて書きましょう。（上と同じでもよい。）

❶ 漢字(かんじ)つけたし・かんせいクイズ

★四つのますの漢字(かんじ)を
▼なぞって、
▼つけたして、
それぞれのますをかんせいさせましょう。

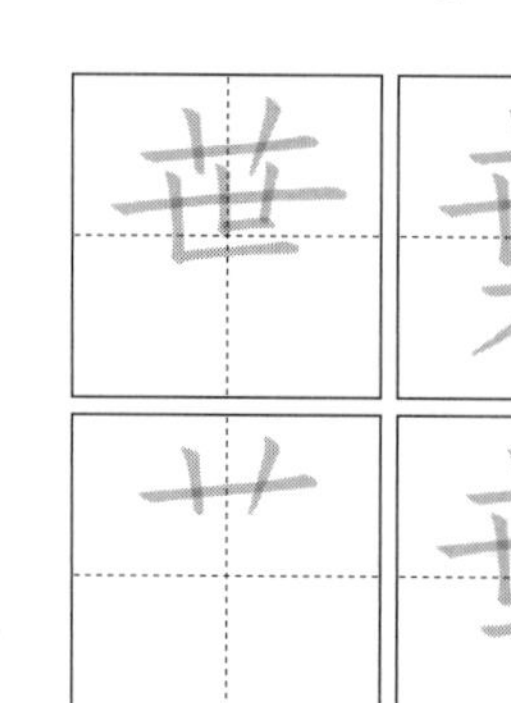

❷ 読み方クイズ

★声に出して一回読んでから、□にあう読み方を書きましょう。

は
葉っぱ
↓
葉□っぱ
↓
葉□っぱ

❸ 漢字(かんじ)を書こう

★□に漢字(かんじ)を書きましょう。下の□には、上の文を書きましょう。

大きな□(は)っぱ。

リマインド

日にち ／

★一週間後の日にちを書いてチャレンジしましょう。

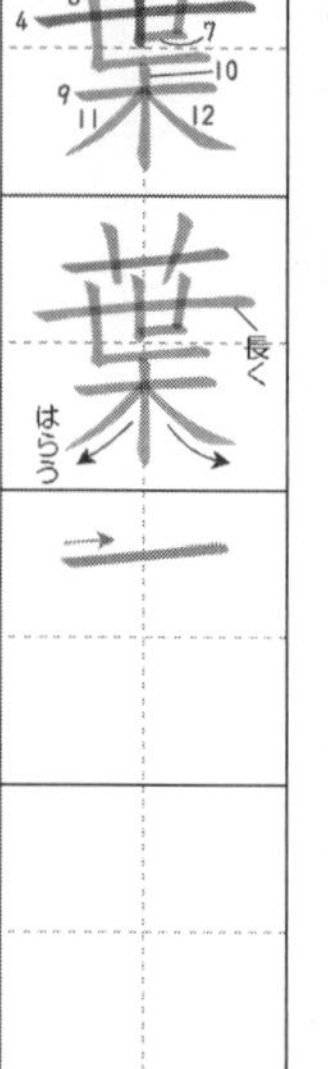

★この漢字(かんじ)をおぼえた言葉(ことば)を書きましょう。

日にち

言葉や絵でおぼえよう

★次の言葉を言いながら上の漢字をなぞりましょう。

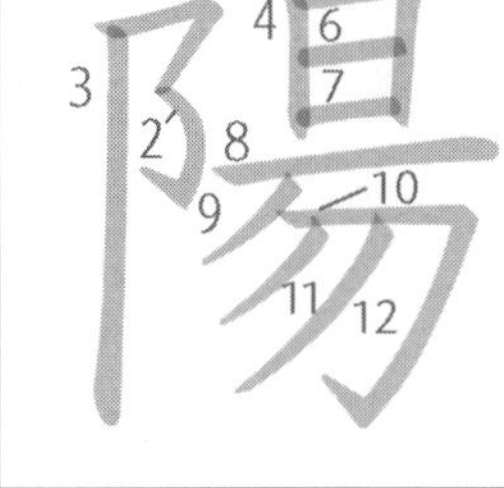

こざとへん、日、よこ、ノ、かくはね、ノ２つ

太陽の光。

★上の絵を見ながら、左に漢字を書きましょう。

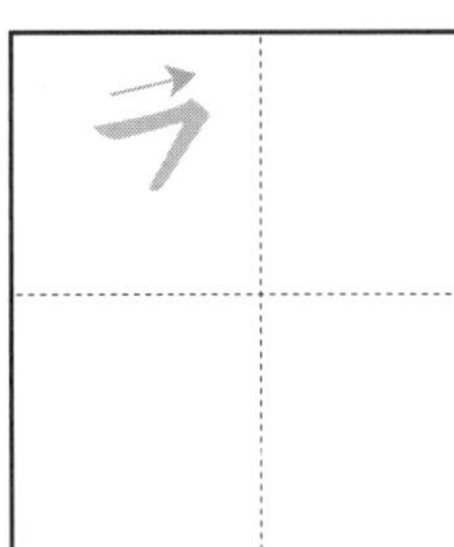

名前

★あなたが漢字をおぼえやすい言葉を考えて書きましょう。（上と同じでもよい。）

❶ 漢字つけたし・かんせいクイズ

★四つのますの漢字を
▼なぞって、
▼つけたして、
それぞれのますをかんせいさせましょう。

❷ 読み方クイズ

★声に出して一回読んでから、□にあう読み方を書きましょう。

太陽（よう）
↓
太陽（よ□）
↓
太陽（□□）

❸ 漢字を書こう

★□に漢字を書きましょう。下の□には、上の文を書きましょう。

太□（よう）の光。

リマインド

日にち

★一週間後の日にちを書いてチャレンジしましょう。

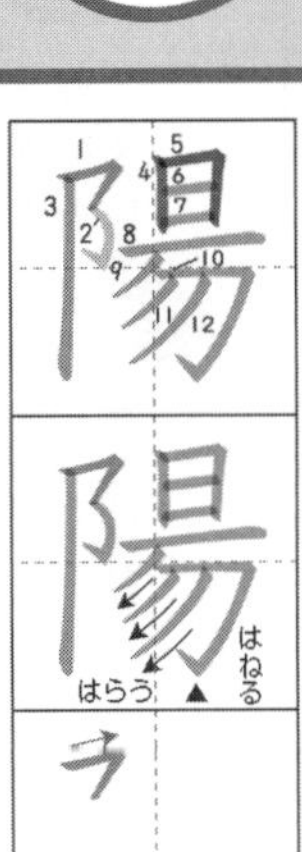

★この漢字をおぼえた言葉を書きましょう。

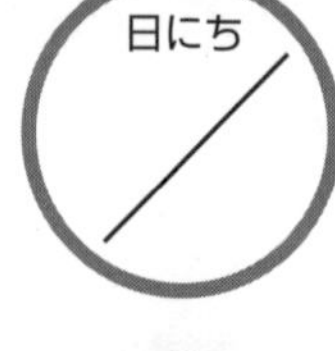

名前

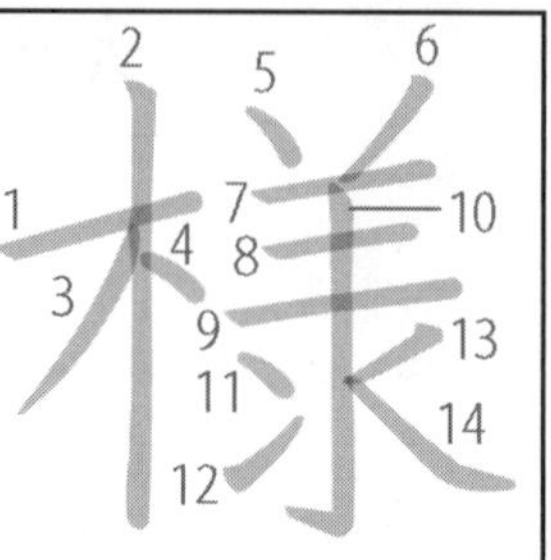

言葉や絵でおぼえよう

★次の言葉を言いながら上の漢字をなぞりましょう。

木、ソ、三、たてはね、ン、ノ、右はらい

様子がちがう。

★上の絵を見ながら、左に漢字を書きましょう。

★あなたが漢字をおぼえやすい言葉を考えて書きましょう。（上と同じでもよい。）

❶ 漢字つけたし・かんせいクイズ

★四つのますの漢字を▼なぞって、▼つけたして、それぞれのますをかんせいさせましょう。

❷ 読み方クイズ

★声に出して一回読んでから、□にあう読み方を書きましょう。

様子（よう）

↓

様子（よ□）

↓

様子（□□）

❸ 漢字を書こう

★□に漢字を書きましょう。下の□には、上の文を書きましょう。

□（よう）子がちがう。

日にち

リマインド

★一週間後の日にちを書いてチャレンジしましょう。

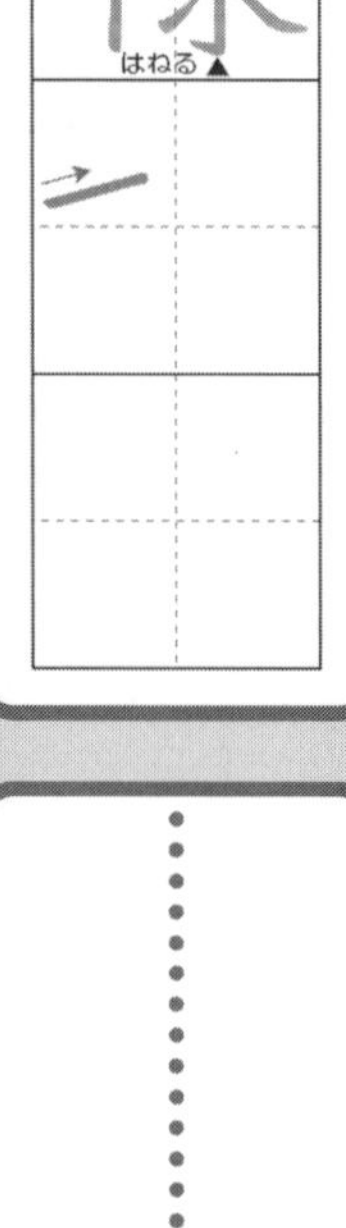

★この漢字をおぼえた言葉を書きましょう。

言葉（ことば）や絵でおぼえよう

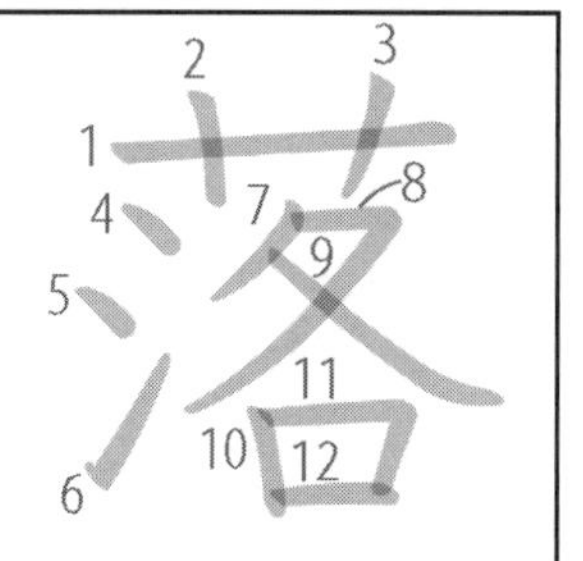

★次の言葉（ことば）を言（い）いながら上の漢字（かんじ）をなぞりましょう。

よこ、たて、たて、シ、ク、右はらい、ロ

名前

★あなたが漢字（かんじ）をおぼえやすい言葉（ことば）を考えて書きましょう。（上と同じでもよい。）

さいふを落（お）とす。

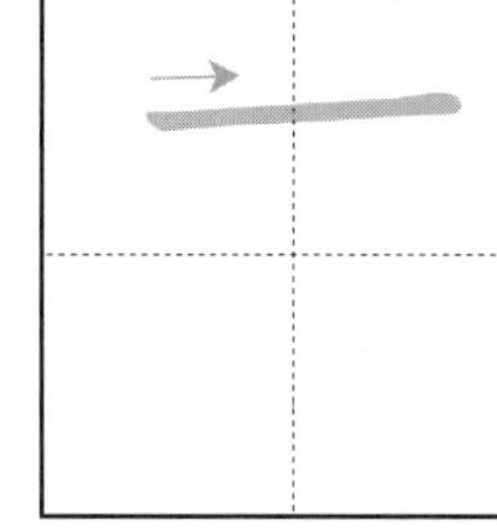

★上の絵を見ながら、左に漢字（かんじ）を書きましょう。

❶ 漢字（かんじ）つけたし・かんせいクイズ

★四つのますの漢字（かんじ）を
▼なぞって、
▼つけたして、
それぞれのますをかんせいさせましょう。

落　氵　茓　艹

❷ 読み方クイズ

★声に出して一回読んでから、□にあう読み方を書きましょう。

落（お）とす
↓
落□とす
↓
落□とす

❸ 漢字（かんじ）を書こう

★□に漢字（かんじ）を書きましょう。下の□には、上の文を書きましょう。

さいふを□（お）とす。

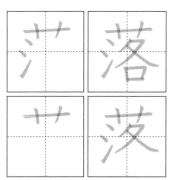

リマインド

★一週間後の日にちを書いてチャレンジしましょう。

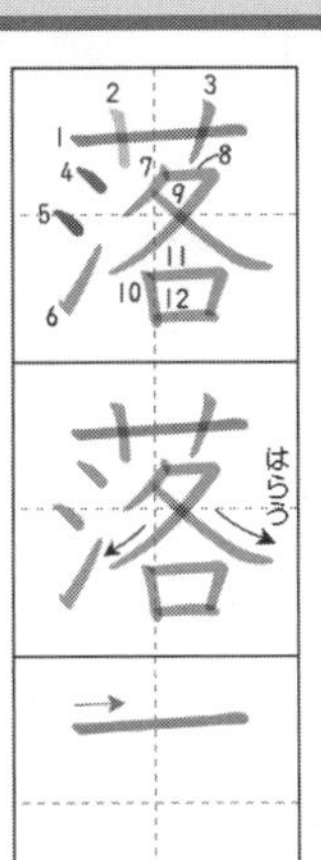

★この漢字（かんじ）をおぼえた言葉（ことば）を書きましょう。

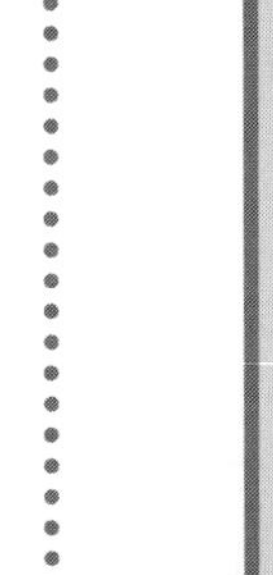

日にち

言葉(ことば)や絵でおぼえよう

★次の言葉(ことば)を言(い)いながら上の漢字(かんじ)をなぞりましょう。

シ、たて、よこ、ム、たてはらい、たて、たてよこはね

星が流(なが)れる。

★上の絵を見ながら、左に漢字(かんじ)を書きましょう。

★あなたが漢字(かんじ)をおぼえやすい言葉(ことば)を考えて書きましょう。(上と同じでもよい。)

名前

❶ 漢字(かんじ)つけたし・かんせいクイズ

★四つのますの漢字(かんじ)を▼なぞって、▼つけたして、それぞれのますをかんせいさせましょう。

❷ 読み方クイズ

★声に出して一回読んでから、□にあう読み方を書きましょう。

流(なが)れ → 流(な□)れ → 流□□れ

❸ 漢字(かんじ)を書こう

★□に漢字(かんじ)を書きましょう。下の□には、上の文を書きましょう。

星が□(なが)れる。

リマインド

日にち

★一週間後の日にちを書いてチャレンジしましょう。

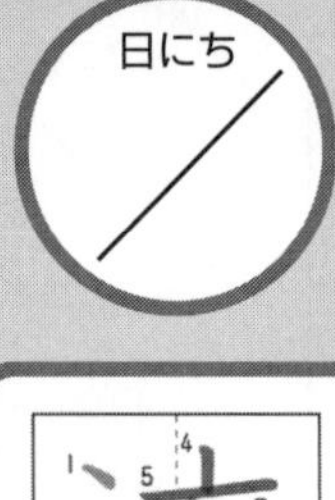

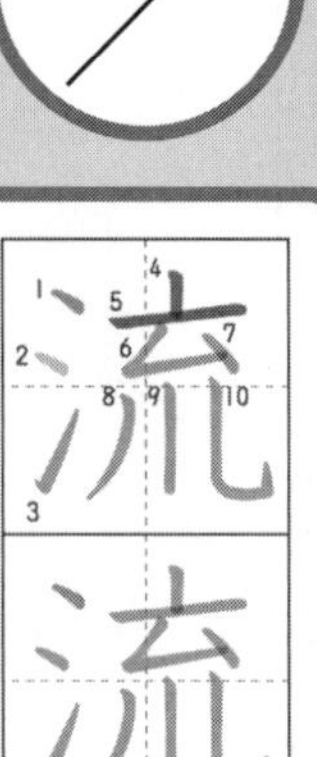

はねる▲

★この漢字(かんじ)をおぼえた言葉(ことば)を書きましょう。

日にち

名前

言葉や絵でおぼえよう

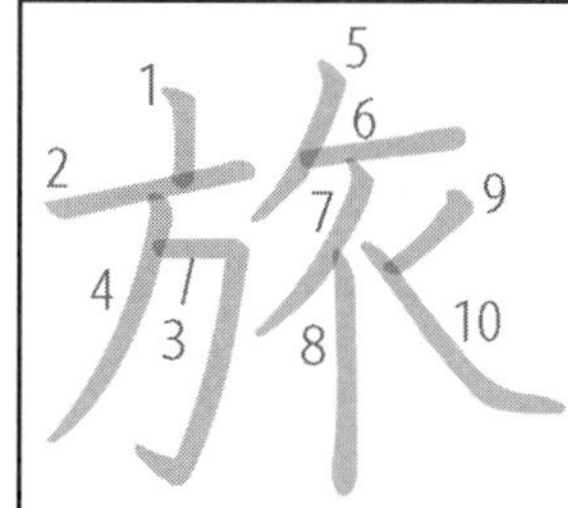

★次の言葉を言いながら上の漢字をなぞりましょう。

方、ノ、よこ、イ、ノ、右はらい

★あなたが漢字をおぼえやすい言葉を考えて書きましょう。（上と同じでもよい。）

旅行（りょこう）に行く。

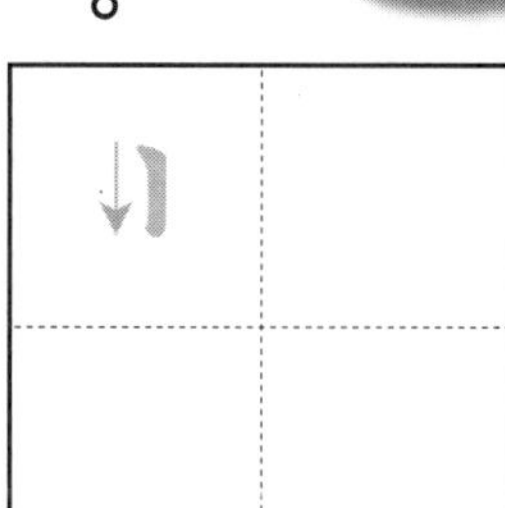

★上の絵を見ながら、左に漢字を書きましょう。

❶ 漢字つけたし・かんせいクイズ

★四つのますの漢字を
▼なぞって、
▼つけたして、
それぞれのますをかんせいさせましょう。

方　旅
亠　斾

❷ 読み方クイズ

★声に出して一回読んでから、□にあう読み方を書きましょう。

旅行（りょ）→ 旅行（り□）→ 旅行（□□）

❸ 漢字を書こう

★□に漢字を書きましょう。下の□には、上の文を書きましょう。

□（りょ）行（こう）に行く。

日にち

リマインド

★一週間後の日にちを書いてチャレンジしましょう。

旅　旅

● とめる

★この漢字をおぼえた言葉を書きましょう。

言葉や絵でおぼえよう

★次の言葉を言いながら上の漢字をなぞりましょう。

一、たて、かくはね、山

わたしの両親。

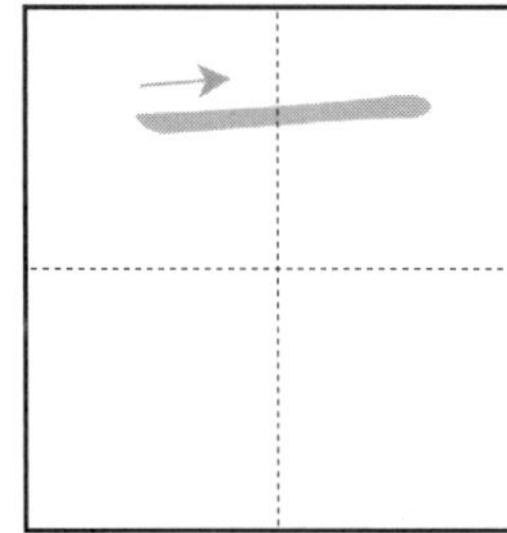

★上の絵を見ながら、左に漢字を書きましょう。

名前

★あなたが漢字をおぼえやすい言葉を考えて書きましょう。（上と同じでもよい。）

❶ 漢字つけたし・かんせいクイズ

★四つのますの漢字を▼なぞって、▼つけたして、それぞれのますをかんせいさせましょう。

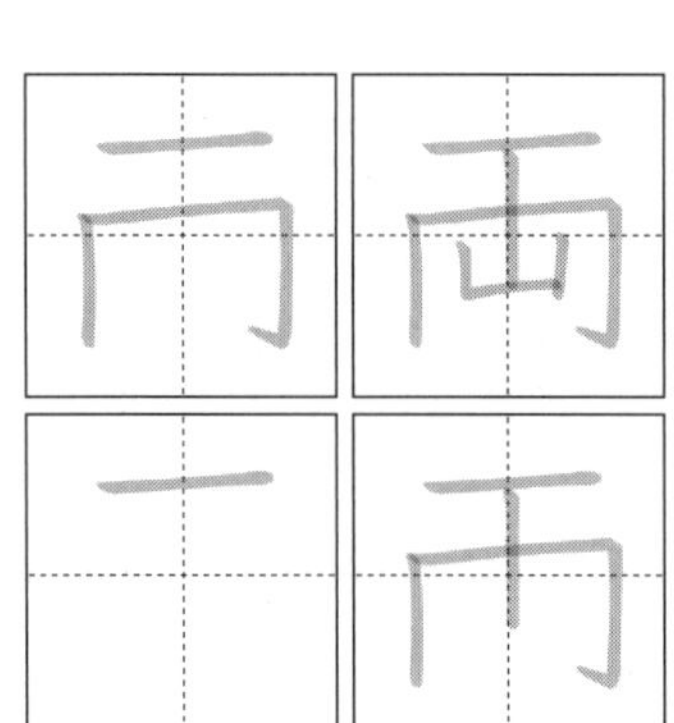

❷ 読み方クイズ

★声に出して一回読んでから、□にあう読み方を書きましょう。

りょう　両親

↓

り□□　両親

↓

□□□　両親

❸ 漢字を書こう

★□に漢字を書きましょう。下の□には、上の文を書きましょう。

わたしの□（りょう）親。

リマインド

日にち　／

★一週間後の日にちを書いてチャレンジしましょう。

とめる　はねる

★この漢字をおぼえた言葉を書きましょう。

言葉や絵でおぼえよう

緑

★次の言葉を言いながら上の漢字をなぞりましょう。

糸、かく、よこ、よこ、たてはね、ン、ノ、右はらい

緑のきせつ。

★上の絵を見ながら、左に漢字を書きましょう。

名前

★あなたが漢字をおぼえやすい言葉を考えて書きましょう。（上と同じでもよい。）

❶ 漢字つけたし・かんせいクイズ

★四つのますの漢字を
▼なぞって、
▼つけたして、
それぞれのますをかんせいさせましょう。

❷ 読み方クイズ

★声に出して一回読んでから、□にあう読み方を書きましょう。

緑 みどり
↓
緑 み□□
↓
緑 □□□

❸ 漢字を書こう

★□に漢字を書きましょう。下の□には、上の文を書きましょう。

みどり
□のきせつ。

日にち

リマインド

★一週間後の日にちを書いてチャレンジしましょう。

はらう
はねる

★この漢字をおぼえた言葉を書きましょう。

日にち

言葉や絵でおぼえよう

★次の言葉を言いながら上の漢字をなぞりましょう。

ネ、たてよこはね

お礼をする。

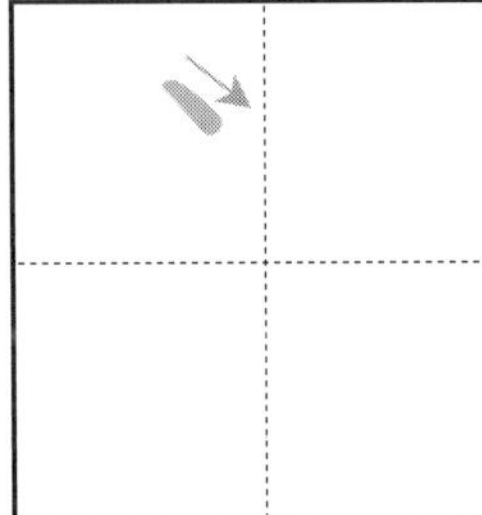

★上の絵を見ながら、左に漢字を書きましょう。

名前

★あなたが漢字をおぼえやすい言葉を考えて書きましょう。（上と同じでもよい。）

❶ 漢字つけたし・かんせいクイズ

★四つのますの漢字を▼なぞって、▼つけたして、それぞれのますをかんせいさせましょう。

❷ 読み方クイズ

★声に出して一回読んでから、□にあう読み方を書きましょう。

お礼（れい）

↓

お礼（れ□）

↓

お礼□□

❸ 漢字を書こう

★□に漢字を書きましょう。下の□には、上の文を書きましょう。

お□（れい）をする。

リマインド

日にち

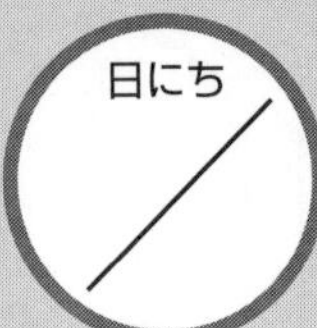

★一週間後の日にちを書いてチャレンジしましょう。

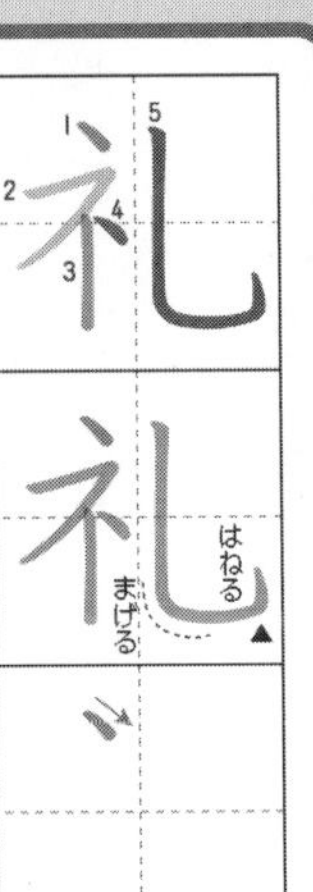

★この漢字をおぼえた言葉を書きましょう。

日にち

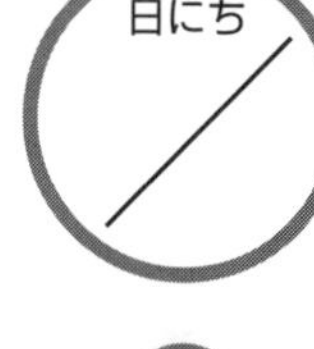

言葉（ことば）や絵でおぼえよう

列

★次の言葉（ことば）を言いながら上の漢字（かんじ）をなぞりましょう。

一、夕、たて、たてはね

列（れつ）にならぶ。

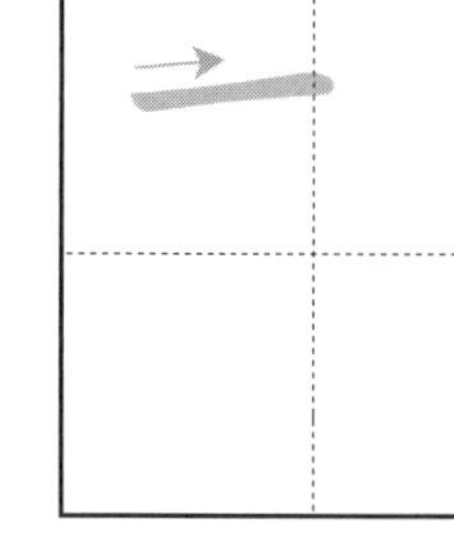

★上の絵を見ながら、左に漢字（かんじ）を書きましょう。

★あなたが漢字（かんじ）をおぼえやすい言葉（ことば）を考えて書きましょう。（上と同じでもよい。）

名前

❶ 漢字（かんじ）つけたし・かんせいクイズ

★四つのますの漢字（かんじ）を
▼なぞって、
▼つけたして、
それぞれのますをかんせいさせましょう。

❷ 読み方クイズ

★声に出して一回読んでから、□にあう読み方を書きましょう。

列（れつ）
↓
列（れ□）
↓
列（□□）

❸ 漢字（かんじ）を書こう

★□に漢字（かんじ）を書きましょう。下の□には、上の文を書きましょう。

□（れつ）にならぶ。

リマインド

日にち

★一週間後の日にちを書いてチャレンジしましょう。

列

はらう　はねる

★この漢字（かんじ）をおぼえた言葉（ことば）を書きましょう。

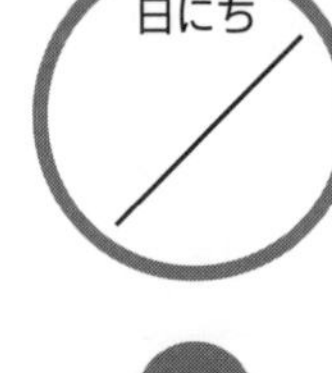

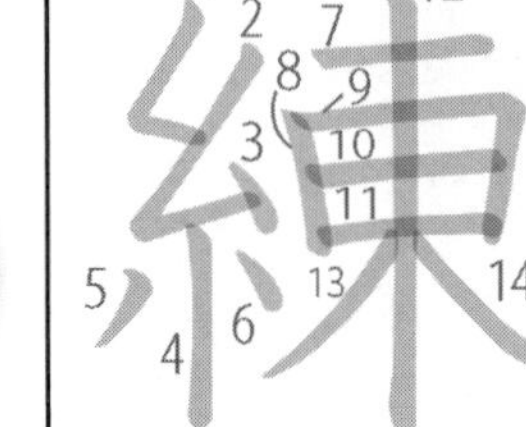

言葉や絵でおぼえよう

★次の言葉を言いながら
上の漢字を
なぞりましょう。

糸に、東

名前

★あなたが漢字をおぼえやすい言葉を
考えて書きましょう。（上と同じでもよい。）

★上の絵を見ながら、
左に漢字を書きましょう。

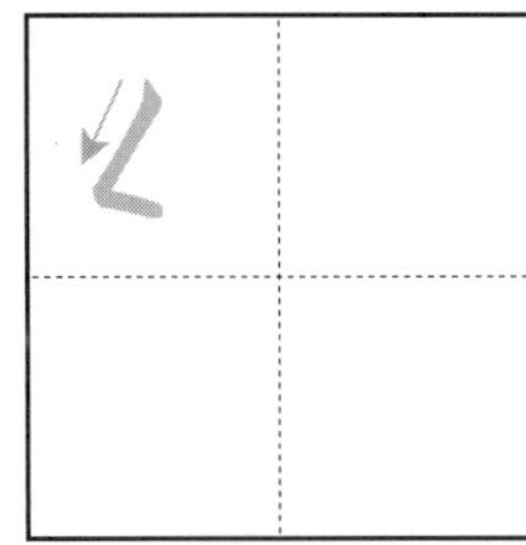

野球の練習。

❶ 漢字つけたし・かんせいクイズ

★四つのますの
漢字を
▼なぞって、
▼つけたして、
それぞれのますを
かんせい
させましょう。

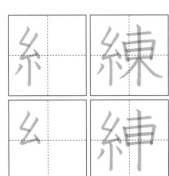

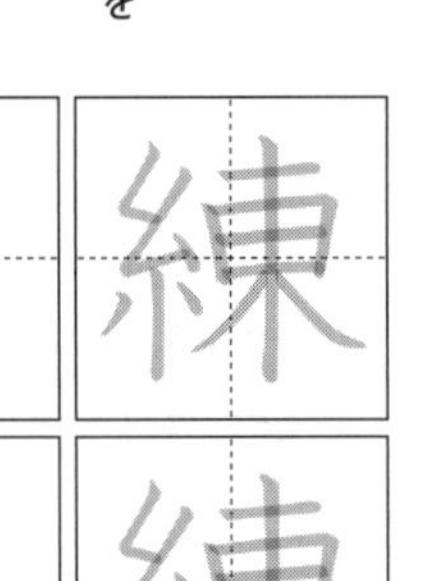

❷ 読み方クイズ

★声に出して一回読んでから、□にあう読み方を書きましょう。

れん
練習
↓
れ□
練習
↓
□□
練習

❸ 漢字を書こう

★□に漢字を書きましょう。下の□には、上の文を書きましょう。

野球の□（れん）習（しゅう）。

リマインド

日にち

★一週間後の日にちを書いてチャレンジしましょう。

はらう

★この漢字をおぼえた言葉を
書きましょう。

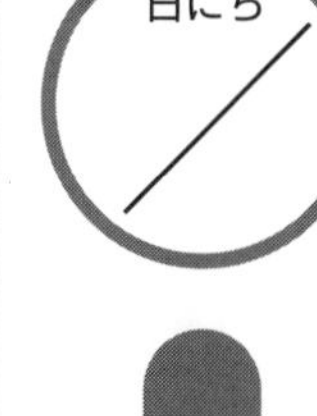

言葉や絵でおぼえよう

路

★次の言葉を言いながら上の漢字をなぞりましょう。

足、ク、右はらい、口

★上の絵を見ながら、左に漢字を書きましょう。

まがる道路（どうろ）。

名前

★あなたが漢字をおぼえやすい言葉を考えて書きましょう。（上と同じでもよい。）

❶ 漢字つけたし・かんせいクイズ

★四つのますの漢字を
▼なぞって、
▼つけたして、
それぞれのますをかんせいさせましょう。

路　足　路　口

❷ 読み方クイズ

★声に出して一回読んでから、□にあう読み方を書きましょう。

道路　ろ
↓
道路□
↓
道路□

❸ 漢字を書こう

★□に漢字を書きましょう。下の□には、上の文を書きましょう。

まがる道（どう）□（ろ）。

リマインド

★一週間後の日にちを書いてチャレンジしましょう。

路　はらう　はらう

★この漢字をおぼえた言葉を書きましょう。

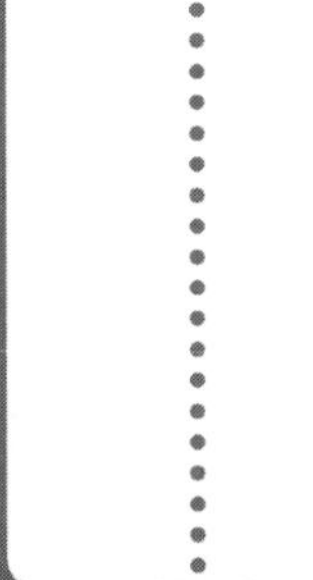

日にち

言葉や絵でおぼえよう

★次の言葉を言いながら上の漢字をなぞりましょう。

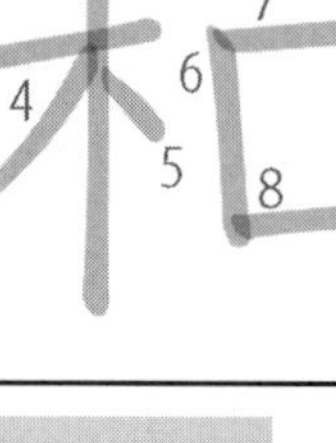

ノに、木、口

平和な世界。

★上の絵を見ながら、左に漢字を書きましょう。

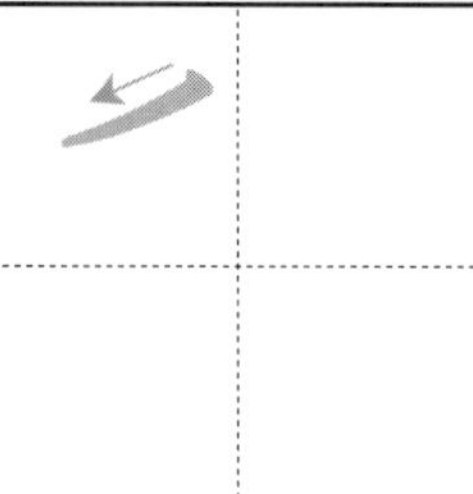

名前

★あなたが漢字をおぼえやすい言葉を考えて書きましょう。（上と同じでもよい。）

❶ 漢字つけたし・かんせいクイズ

★四つのますの漢字を
▼なぞって、
▼つけたして、
それぞれのますをかんせいさせましょう。

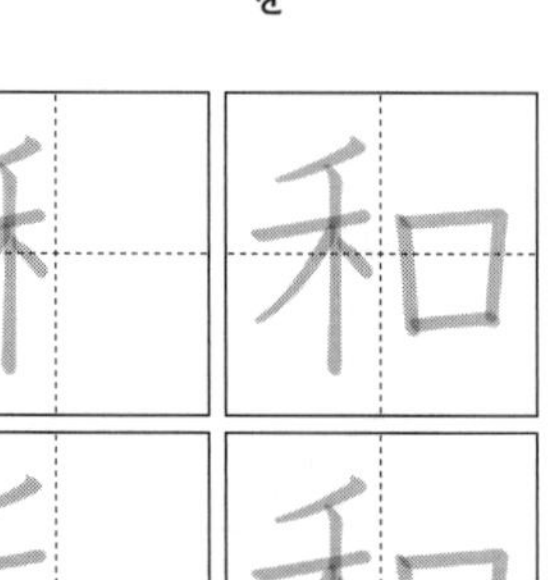

❷ 読み方クイズ

★声に出して一回読んでから、□にあう読み方を書きましょう。

平和 わ

↓

平和

↓

平和□

❸ 漢字を書こう

★□に漢字を書きましょう。下の□には、上の文を書きましょう。

平□な世界。

リマインド

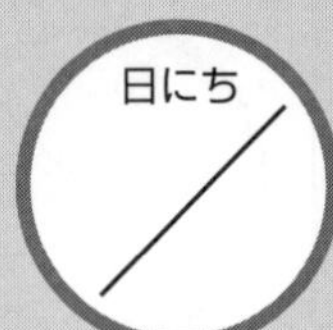

日にち

★一週間後の日にちを書いてチャレンジしましょう。

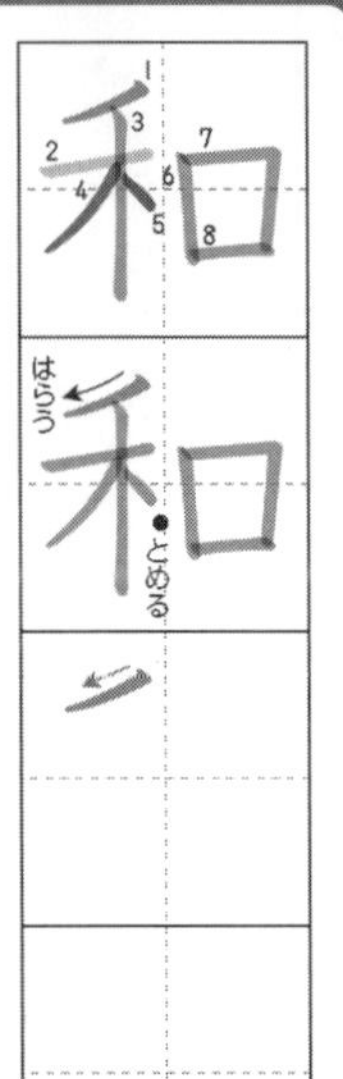

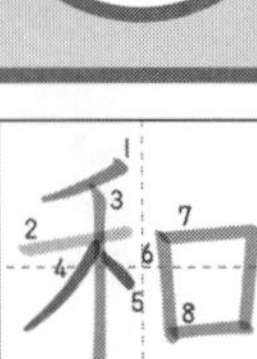

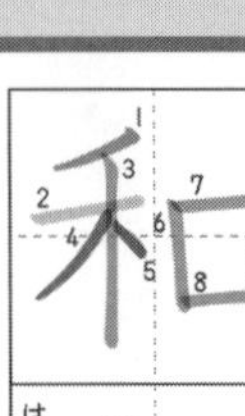

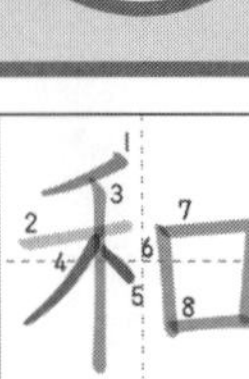

★この漢字をおぼえた言葉を書きましょう。

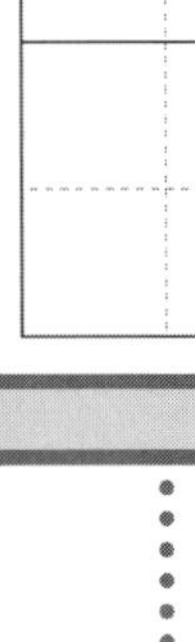

悪 安 暗

名前

★上の[ ]から、下の読みになる漢字の部分をえらんで□に書き、たしてできる漢字を右はしの田に書きましょう。

言	日	宀	〃	日
女	心	立	一	

できる漢字の読み

わるい □＋□＋□＋□ ……▶ 田

やすい □＋□ ……▶ 田

くらい □＋□＋□ ……▶ 田

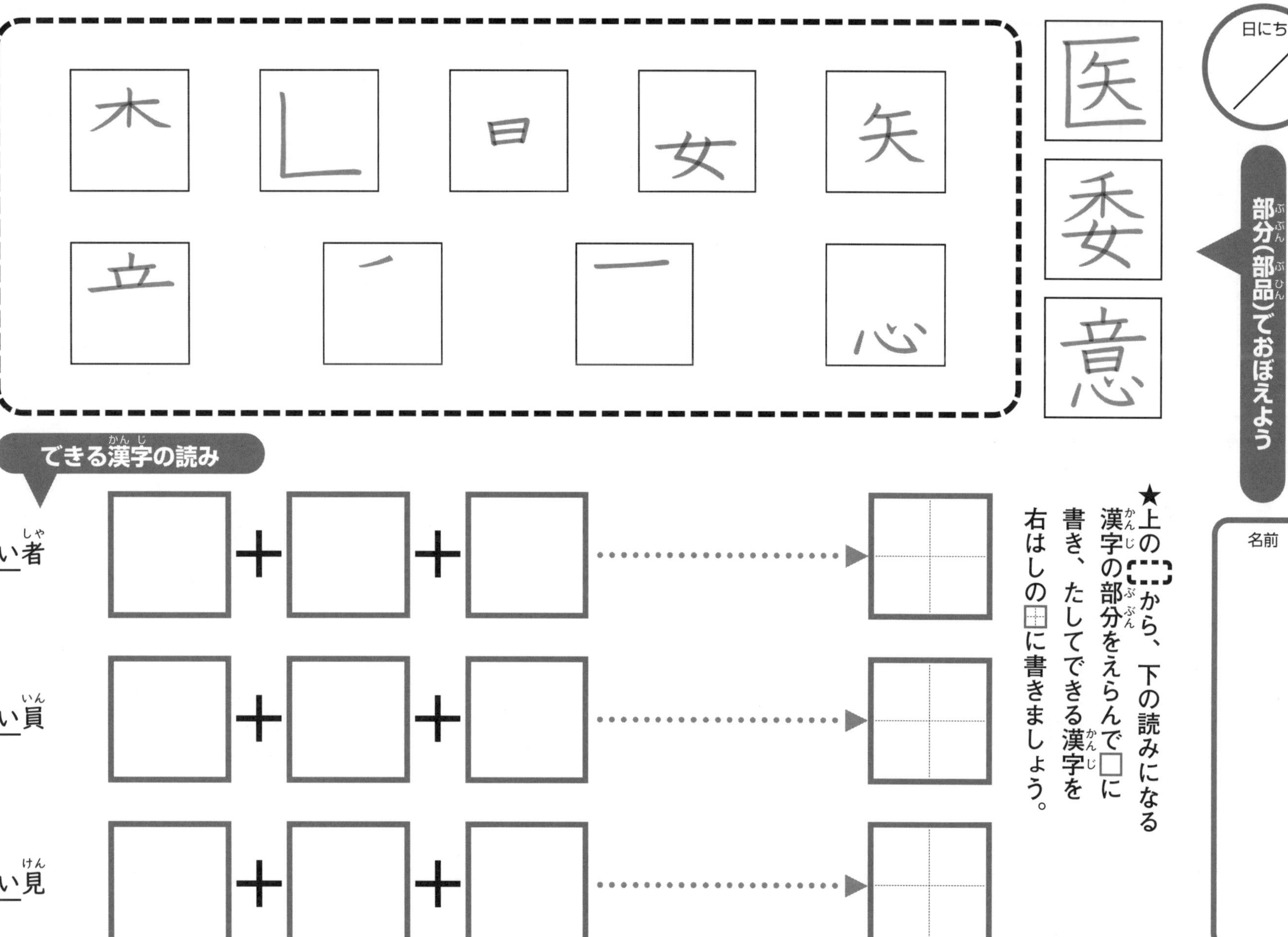
日にち
部分（部品）でおぼえよう
医
委
意
名前
★上の[ ]から、下の読みになる漢字の部分をえらんで□に書き、たしてできる漢字を右はしの田に書きましょう。
できる漢字の読み
い者
い員
い見

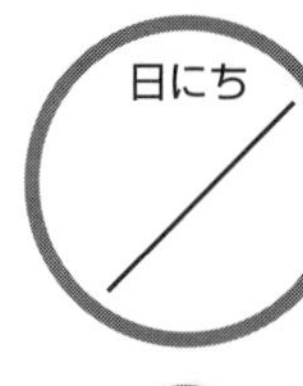

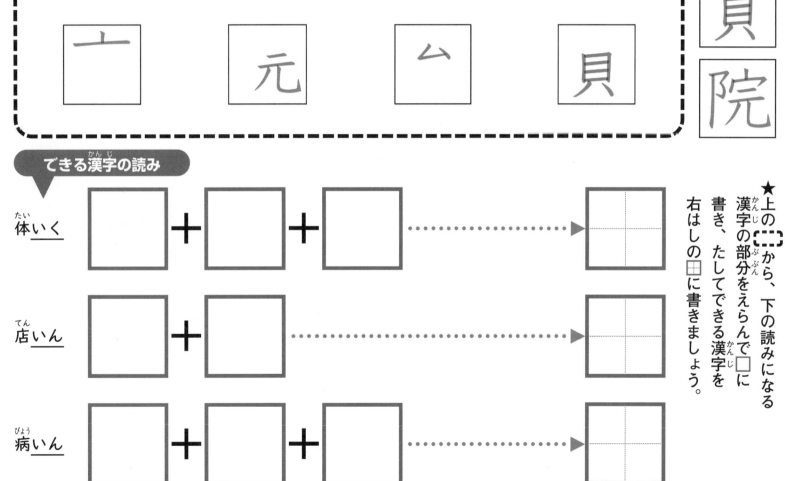

育
員
院

阝 月 口 亠
亠 元 厶 貝

名前

★上の[ ]から、下の読みになる漢字の部分をえらんで□に書き、たしてできる漢字を右はしの田に書きましょう。

できる漢字の読み

体いく　□＋□＋□ ……→ 田

店いん　□＋□ ……→ 田

病いん　□＋□＋□ ……→ 田

名前

飲
運
泳

★上の［点線の枠］から、下の読みになる漢字の部分をえらんで□に書き、たしてできる漢字を右はしの田に書きましょう。

食　氵　辶　永
車　欠　冖

できる漢字の読み

の む　□＋□ ……▶ 田

うん　□＋□＋□ ……▶ 田

えい　□＋□ ……▶ 田

日にち　／

名前

★上の[点線の枠]から、下の読みになる漢字の部分をえらんで□に書き、たしてできる漢字を右はしの□に書きましょう。

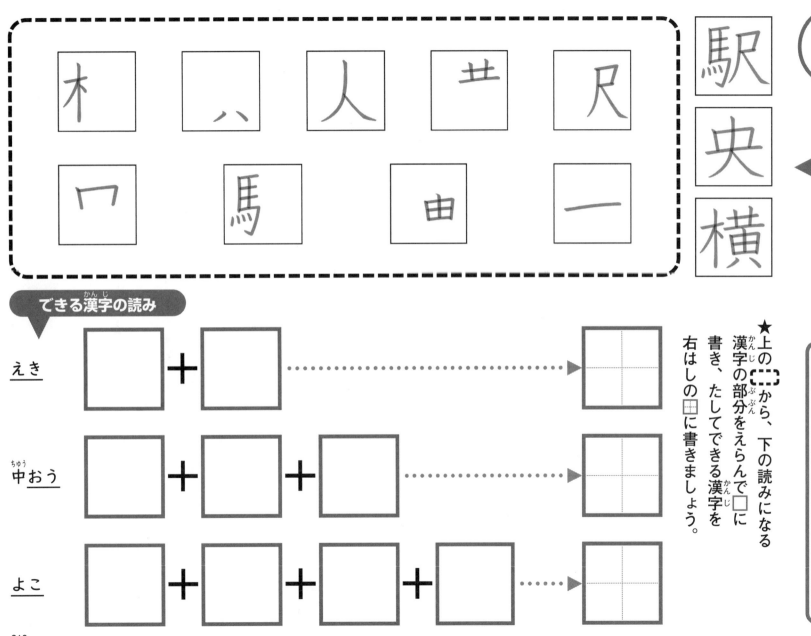

駅
央
横

木　八　人　卄　尺
冂　馬　由　一

できる漢字の読み

えき　□＋□ ……▶ □

中おう　□＋□＋□ ……▶ □

よこ　□＋□＋□＋□ ……▶ □

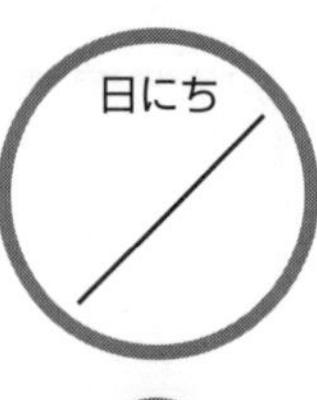

名前

屋
温
化

★上の⬚から、下の読みになる漢字の部分をえらんで□に書き、たしてできる漢字を右はしの⊞に書きましょう。

厶　皿　亻　氵　尸
匕　一　土　日

できる漢字の読み

や　□＋□＋□＋□……▶⊞

おん　□＋□＋□……▶⊞

か　□＋□……▶⊞

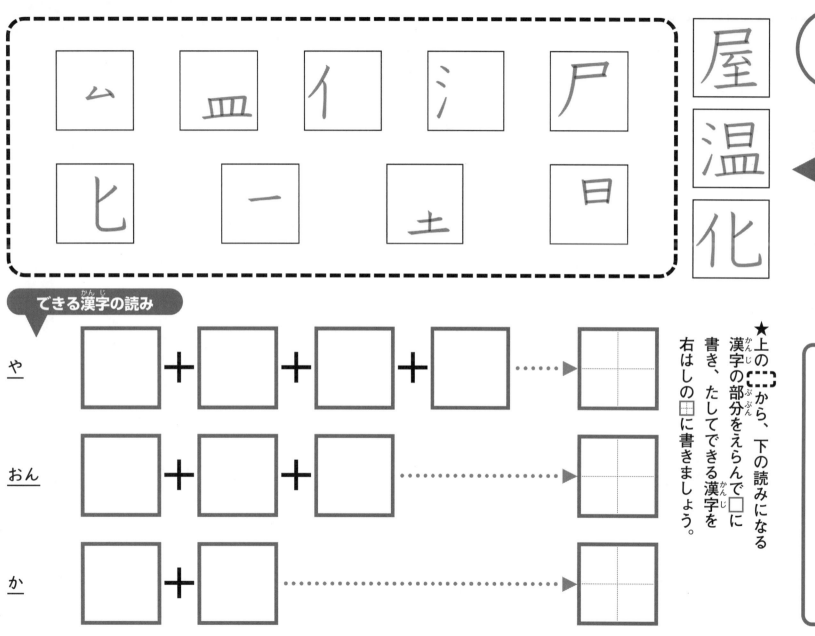

日にち

名前

部分(部品)でおぼえよう

★上の[ ]から、下の読みになる漢字の部分をえらんで□に書き、たしてできる漢字を右はしの⊞に書きましょう。

荷 界 開

田	可	𠆢	門
艹	开	亻	儿

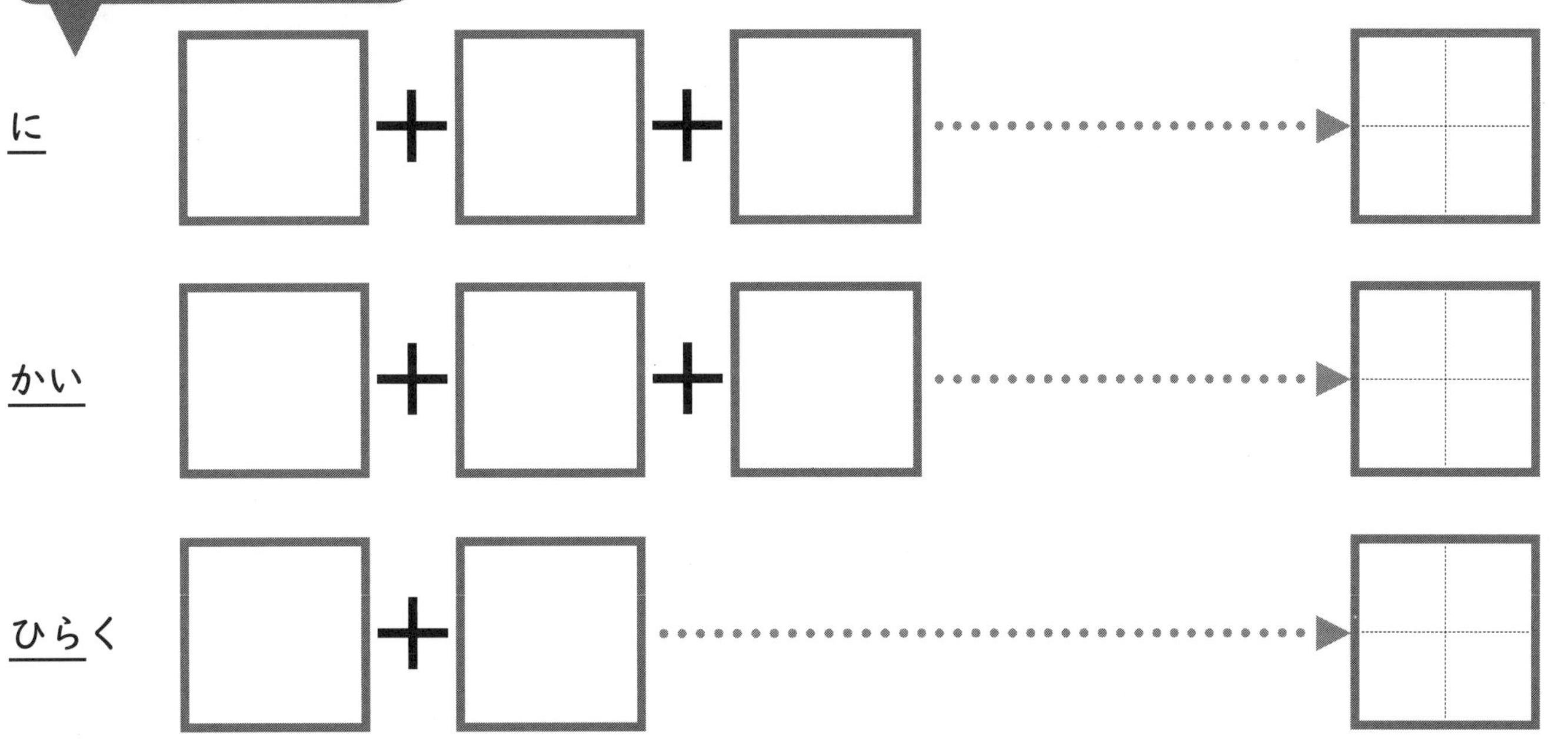

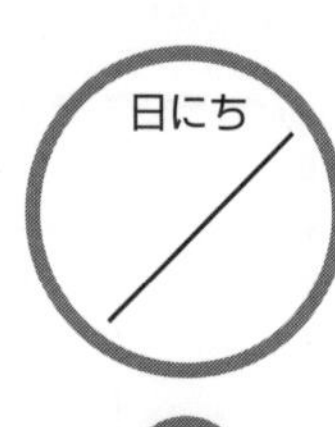

名前

★上の⬚から、下の読みになる漢字の部分をえらんで□に書き、たしてできる漢字を右はしの田に書きましょう。

階 寒 感

白 㔾 宀 阝 ⺀ 戈

井 厂 八 心 比

できる漢字の読み

かい □＋□＋□ ……▶ 田

さむい □＋□＋□＋□ ……▶ 田

かん □＋□＋□＋□ ……▶ 田

漢
館
岸

部分(部品)でおぼえよう

名前

★上の[ ]から、下の読みになる漢字の部分をえらんで□に書き、たしてできる漢字を右はしの田に書きましょう。

山　氵　㠯　夫　厂
艹　𩙿　干　口　宀

できる漢字の読み

かん字　□＋□＋□＋□ ……▶ 田

洋かん　□＋□＋□ ……▶ 田

海がん　□＋□＋□ ……▶ 田

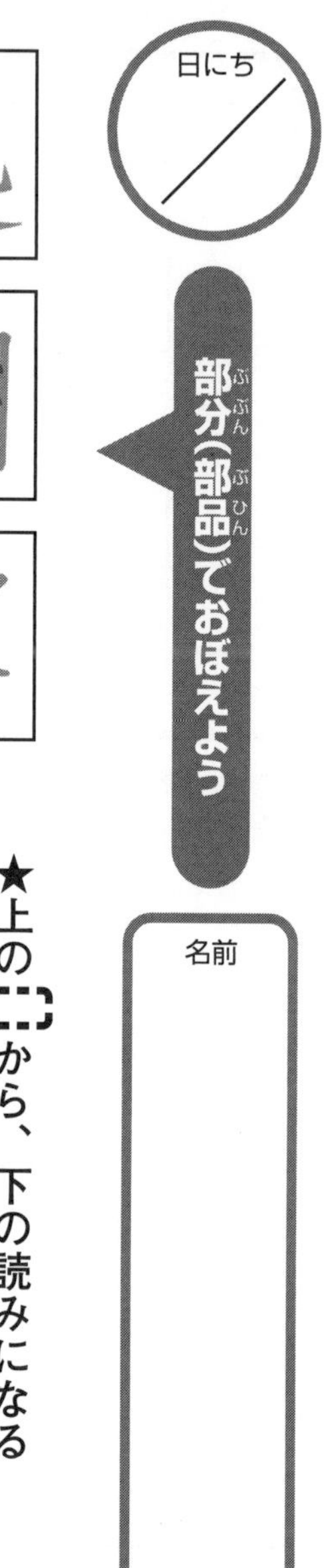

★上の[点線の枠]から、下の読みになる漢字の部分をえらんで□に書き、たしてできる漢字を右はしの田に書きましょう。

起　期　客

宀	走	月	ク	コ
甘	口	し	ハ	㇏

できる漢字の読み

おきる	□	+	□	+	□			→	田
き	□	+	□	+	□			→	田
きゃく	□	+	□	+	□	+	□	→	田

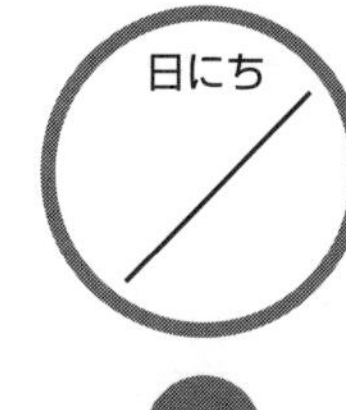

名前

究
急
級

★上の⬚から、下の読みになる漢字の部分をえらんで□に書き、たしてできる漢字を右はしの⊞に書きましょう。

糸　宀　心　乃　儿
ヨ　ノ　丶　九　⺈

できる漢字の読み

研きゅう　□＋□＋□ ……▶ ⊞

きゅう用　□＋□＋□ ……▶ ⊞

一きゅう品　□＋□＋□＋□ ……▶ ⊞

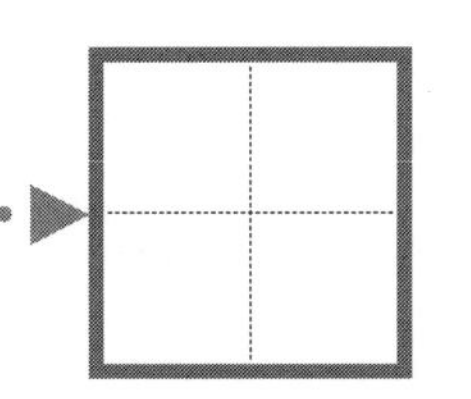

名前

宮
球
去

★上の[ ]から、下の読みになる漢字の部分をえらんで□に書き、たしてできる漢字を右はしの⊞に書きましょう。

王　厶　丶　土　口
宀　㇇　口　寸　丶

できる漢字の読み

おみや　□ ＋ □ ＋ □ ＋ □ ……▶ ⊞

きゅうぎ　□ ＋ □ ＋ □ ＋ □ ……▶ ⊞

さる　□ ＋ □ ……▶ ⊞

日にち

部分(部品)でおぼえよう

名前

橋
業
曲

★上の[ ]から、下の読みになる漢字の部分をえらんで□に書き、たしてできる漢字を右はしの□に書きましょう。

川	木	夭	冂	业
口	未	二	业	冋

できる漢字の読み

はし　□ ＋ □ ＋ □ ＋ □ ……▶ □

ぎょう　□ ＋ □ ＋ □ ……▶ □

まがる　□ ＋ □ ＋ □ ……▶ □

部分(部品)でおぼえよう

局　銀　区

★上の[点線の枠]から、下の読みになる漢字の部分をえらんで□に書き、たしてできる漢字を右はしの□に書きましょう。

フ　乚　金　尸

㐅　ㅁ　一　艮

できる漢字の読み

きょく　□＋□＋□ ……▶ □

ぎん　□＋□ ……▶ □

く切る　□＋□＋□ ……▶ □

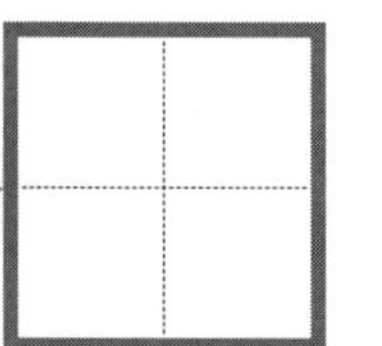

日にち

名前

部分(部品)でおぼえよう

苦
具
君

★上の[ ]から、下の読みになる漢字の部分をえらんで□に書き、たしてできる漢字を右はしの□に書きましょう。

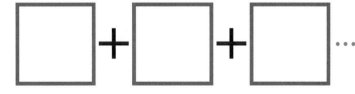

ヨ　目　口　古
艹　八　一　ノ

できる漢字の読み

く労
ぐ
くん

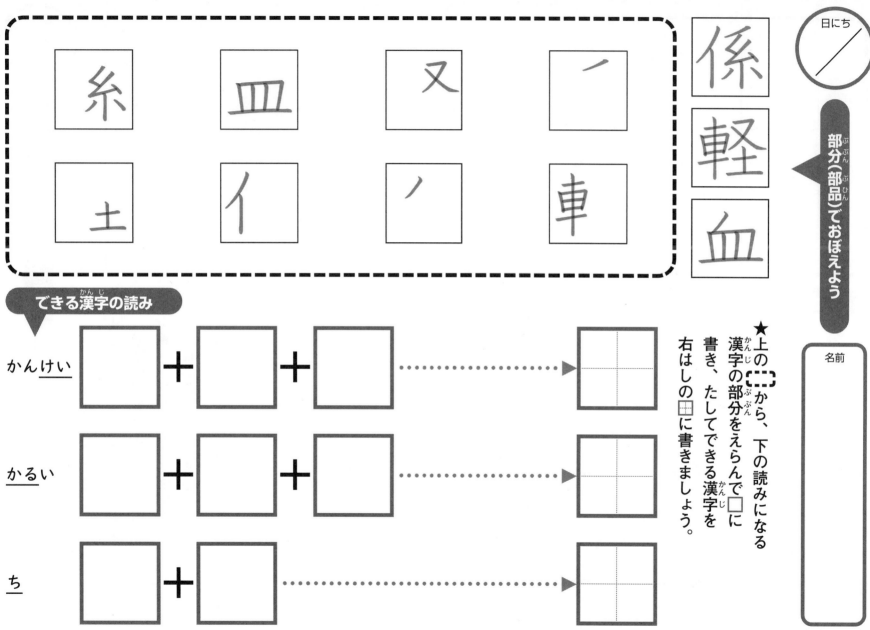

部分(部品)でおぼえよう

係　軽　血

★上の⬚から、下の読みになる漢字の部分をえらんで□に書き、たしてできる漢字を右はしの⊞に書きましょう。

糸	皿	又	一
土	イ	ノ	車

できる漢字の読み

かんけい　□ ＋ □ ＋ □ ……▶ ⊞

かるい　□ ＋ □ ＋ □ ……▶ ⊞

ち　□ ＋ □ ……▶ ⊞

名前

決 研 県

★上の┌┐から、下の読みになる漢字の部分をえらんで□に書き、たしてできる漢字を右はしの⊞に書きましょう。

⺃	氵	幵	丨
石	八	目	夬

できる漢字の読み

きめる　□＋□……▶⊞

けん究　□＋□……▶⊞

けん丁　□＋□＋□＋□……▶⊞

名前

庫 湖 向

★上の［点線の枠］から、下の読みになる漢字の部分をえらんで□に書き、たしてできる漢字を右はしの［十字入りの枠］に書きましょう。

車　冖　月　口　广

氵　丿　古　丨

できる漢字の読み

こ：□＋□ → □

みずうみ：□＋□＋□ → □

むかう：□＋□＋□＋□ → □

日にち

名前

部分(部品)でおぼえよう

★上の[ ]から、下の読みになる漢字の部分をえらんで□に書き、たしてできる漢字を右はしの田に書きましょう。

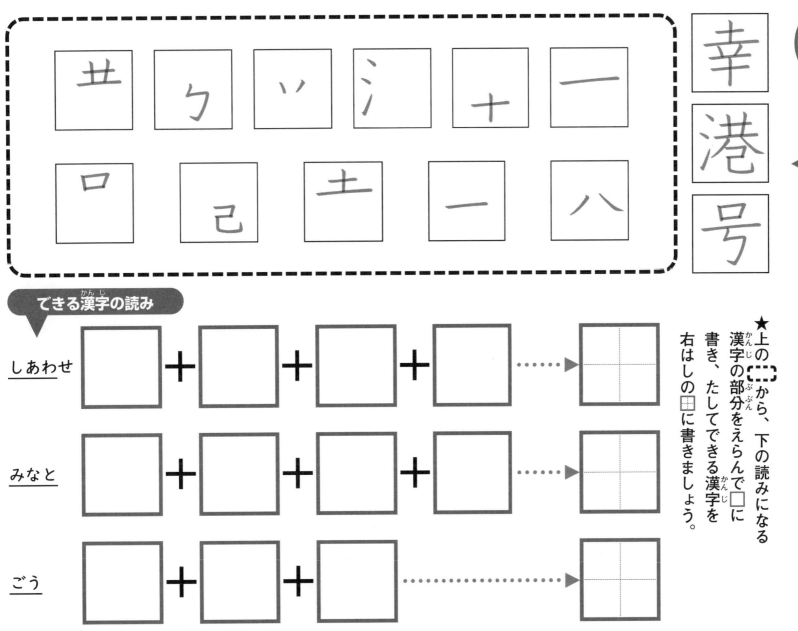

幸 港 号

廾 ㇰ ソ 氵 十 一
口 己 土 一 八

できる漢字の読み

しあわせ □+□+□+□ ……▶ 田

みなと □+□+□+□ ……▶ 田

ごう □+□+□ ……▶ 田

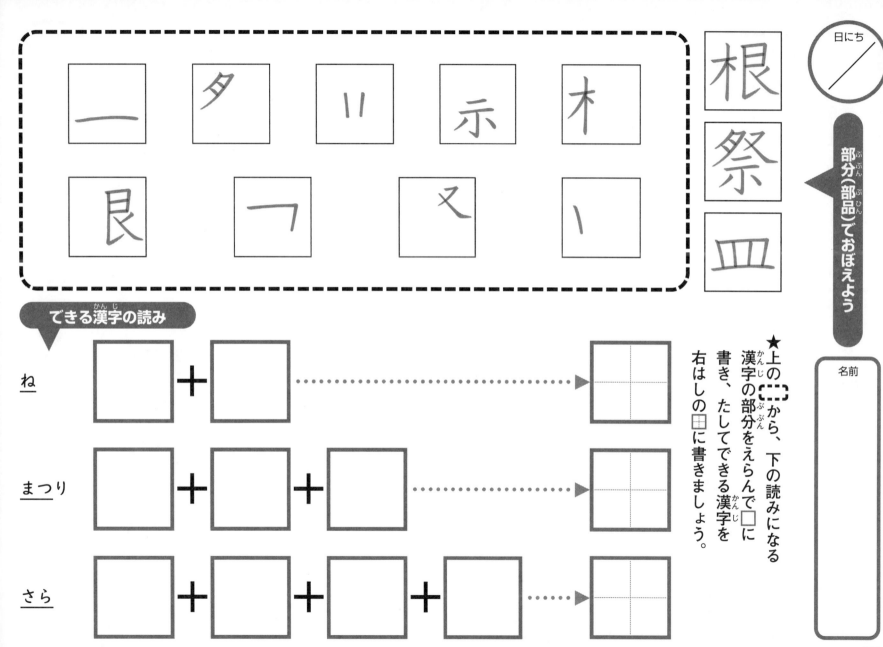

日にち

名前

部分(部品)でおぼえよう

根 祭 皿

★上の[破線の枠]から、下の読みになる漢字の部分をえらんで□に書き、たしてできる漢字を右はしの田に書きましょう。

一　夕　ㇼ　示　木

艮　フ　又　丶

できる漢字の読み

ね　□＋□ → 田

まつり　□＋□＋□ → 田

さら　□＋□＋□＋□ → 田

名前

仕　死　使

★上の▢から、下の読みになる漢字の部分をえらんで□に書き、たしてできる漢字を右はしの田に書きましょう。

士　口　夕　一　匕

亻　一　乂　亻

できる漢字の読み

し事　□＋□ → 田

しぬ　□＋□＋□ → 田

つかう　□＋□＋□＋□ → 田

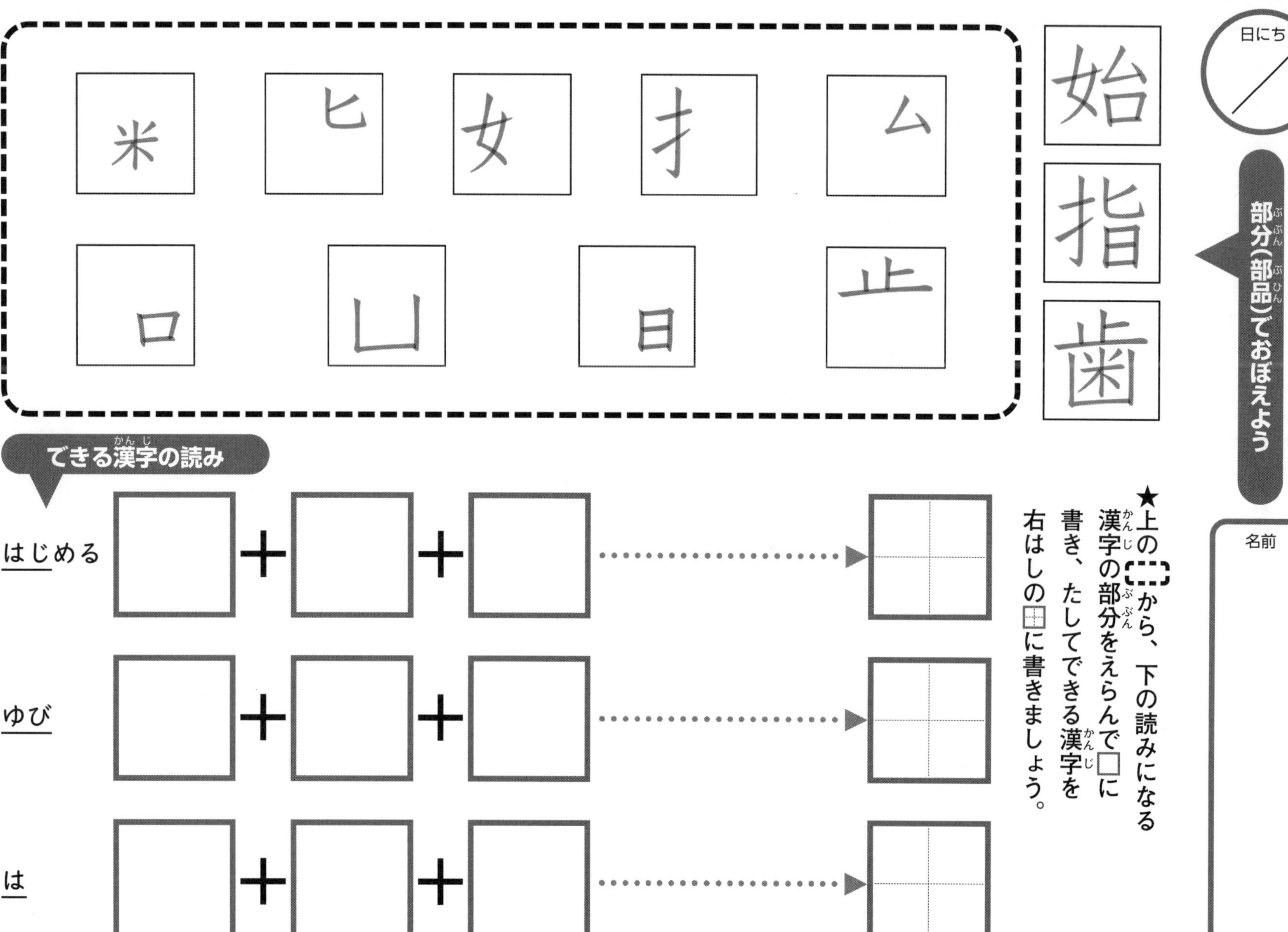
日にち
名前
部分(部品)でおぼえよう
始
指
歯
★上の から、下の読みになる漢字の部分をえらんで□に書き、たしてできる漢字を右はしの□に書きましょう。
米
匕
女
扌
厶
口
山
日
止
できる漢字の読み
はじめる
ゆび
は

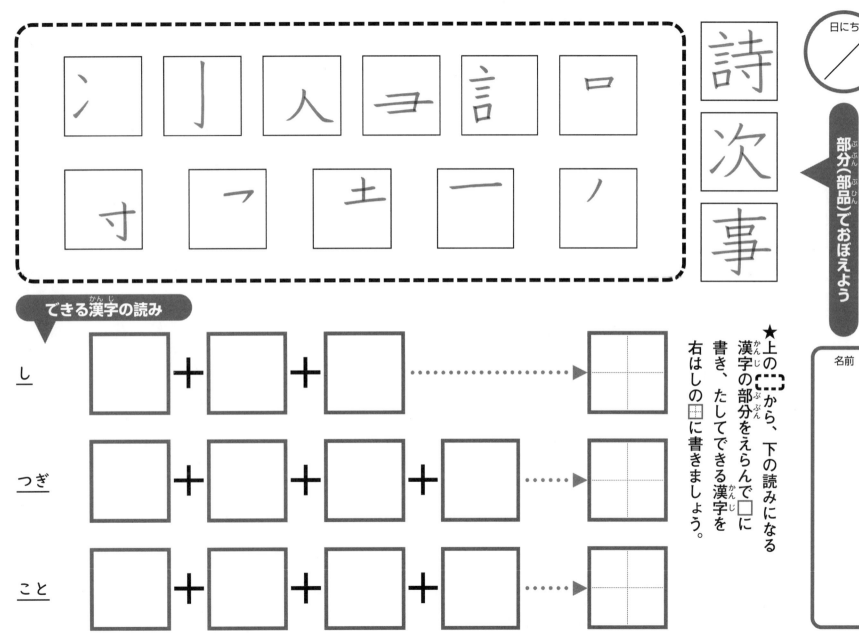

日にち

名前

★上の▭から、下の読みになる漢字の部分をえらんで□に書き、たしてできる漢字を右はしの田に書きましょう。

詩　次　事

冫　亅　人　ヨ　言　口

寸　㇇　土　一　丿

できる漢字の読み

し　□＋□＋□ ……▶ 田

つぎ　□＋□＋□＋□ ……▶ 田

こと　□＋□＋□＋□ ……▶ 田

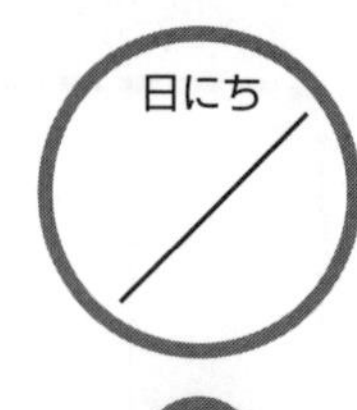

名前

★上の⬚から、下の読みになる漢字の部分をえらんで□に書き、たしてできる漢字を右はしの⊞に書きましょう。

持　式　実

丶	扌	三	㇏	土
宀	工	寸	人	一

できる漢字の読み

もつ　□ ＋ □ ＋ □ ……▶ ⊞

しき　□ ＋ □ ＋ □ ＋ □ ……▶ ⊞

み　□ ＋ □ ＋ □ ……▶ ⊞

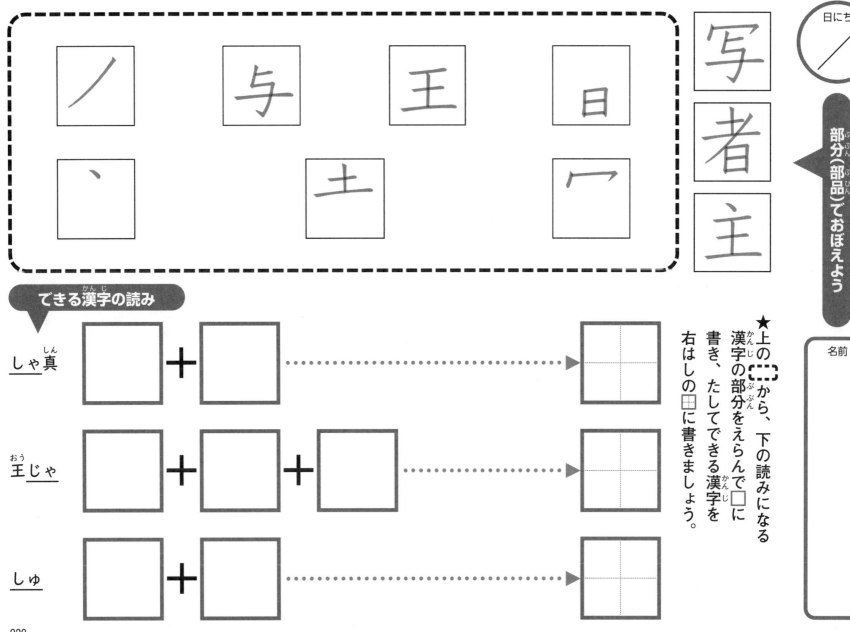

日にち

名前

部分(部品)でおぼえよう

写
者
主

★上の[破線の枠]から、下の読みになる漢字の部分をえらんで□に書き、たしてできる漢字を右はしの□に書きましょう。

ノ　与　王　日
丶　土　冖

できる漢字の読み

しゃ真（しん）　□ ＋ □ → □

王（おう）じゃ　□ ＋ □ ＋ □ → □

しゅ　□ ＋ □ → □

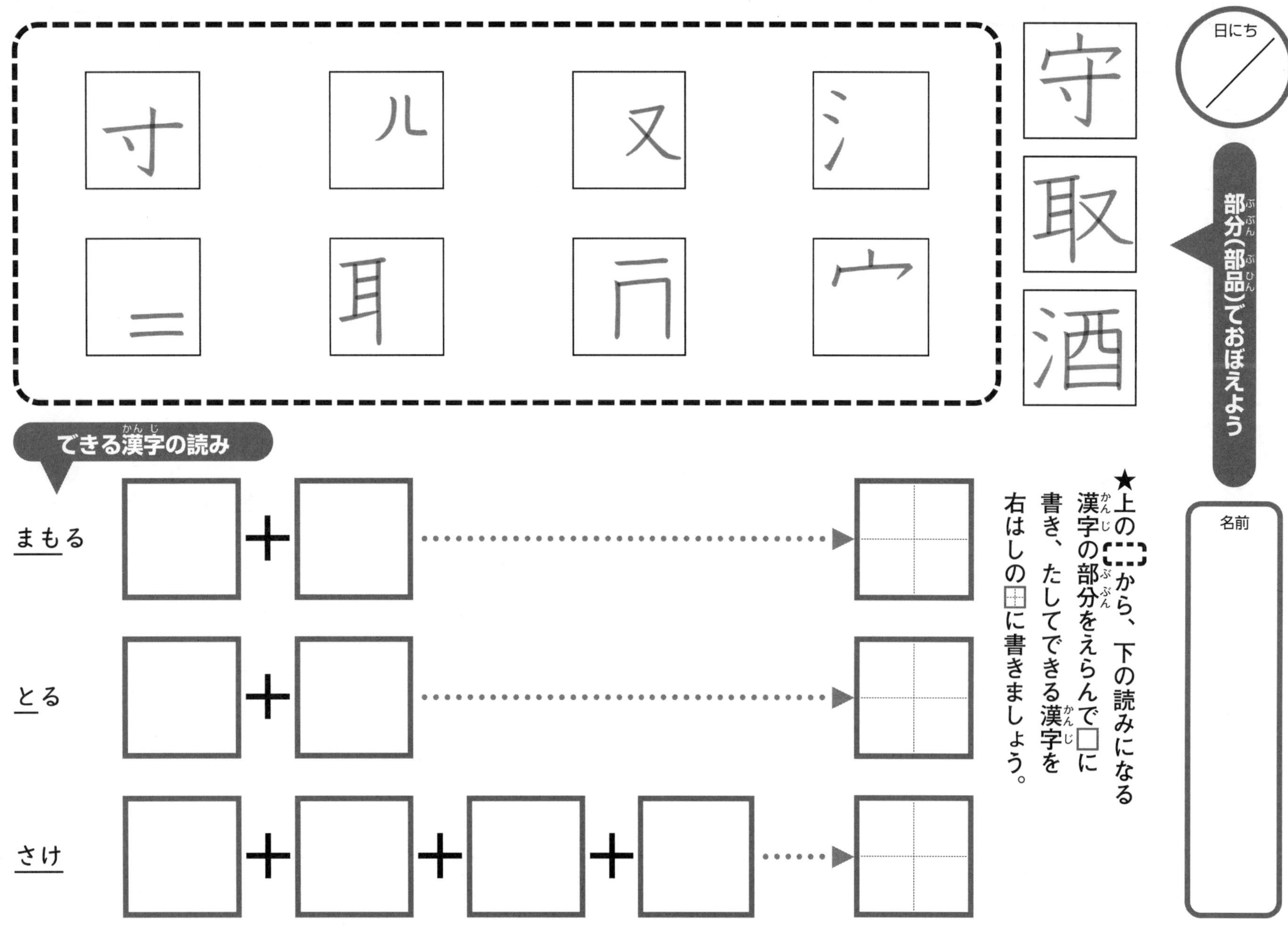

日にち
部分(部品)でおぼえよう
守
取
酒
寸
儿
又
氵
二
耳
冂
宀
名前
★上の〔　〕から、下の読みになる漢字の部分をえらんで□に書き、たしてできる漢字を右はしの⊞に書きましょう。
できる漢字の読み
まもる
とる
さけ

部分（部品）でおぼえよう

名前

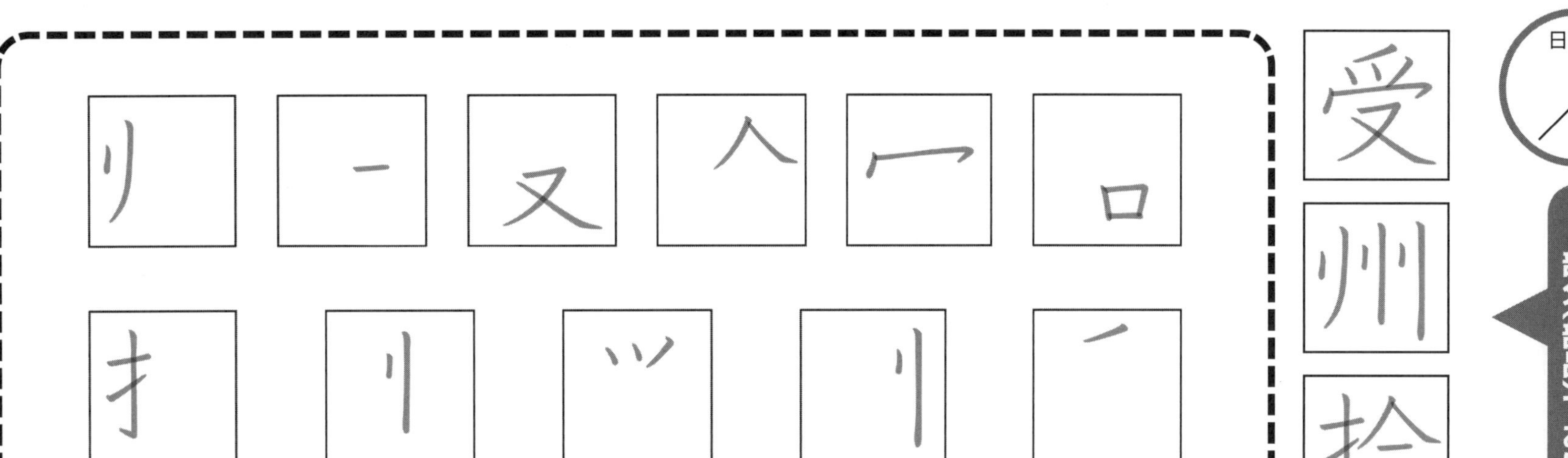

★上の[点線の枠]から、下の読みになる漢字の部分をえらんで□に書き、たしてできる漢字を右はしの□に書きましょう。

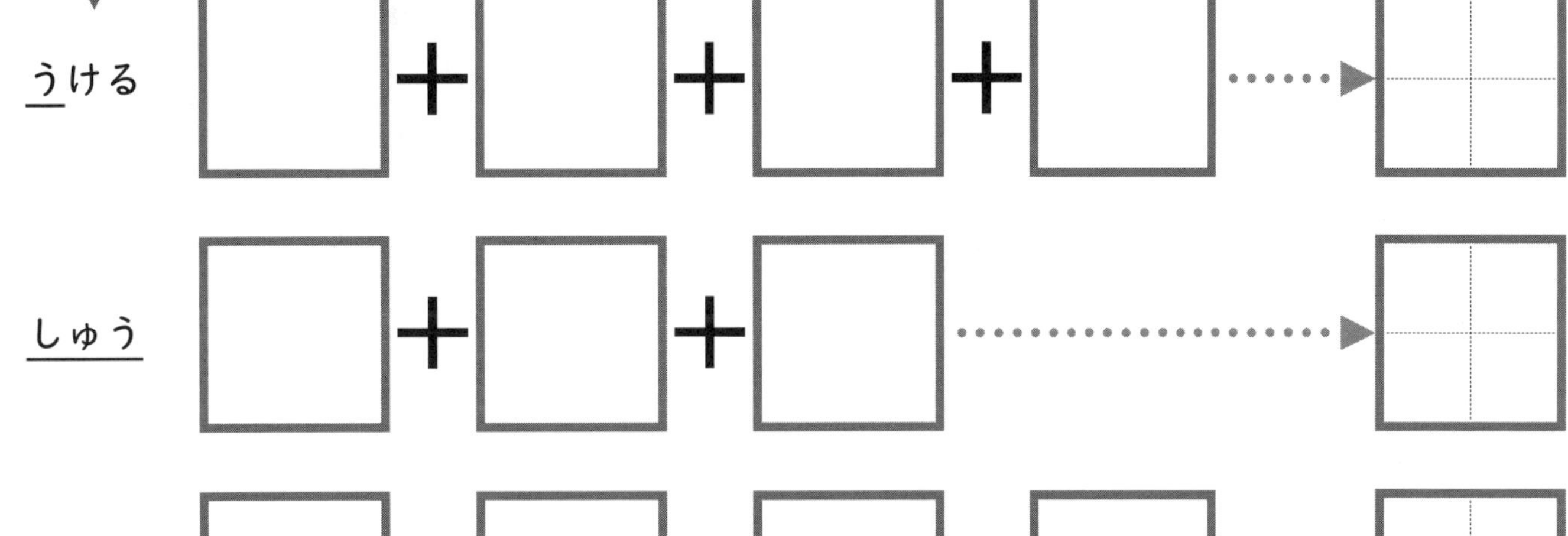

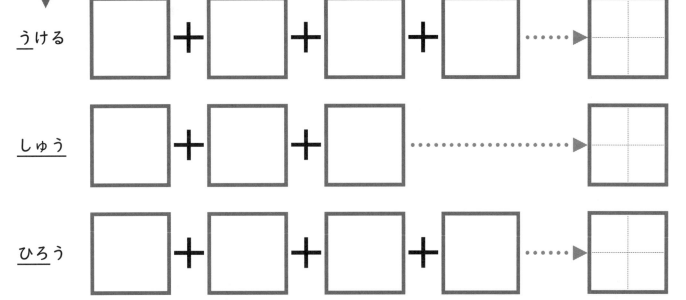

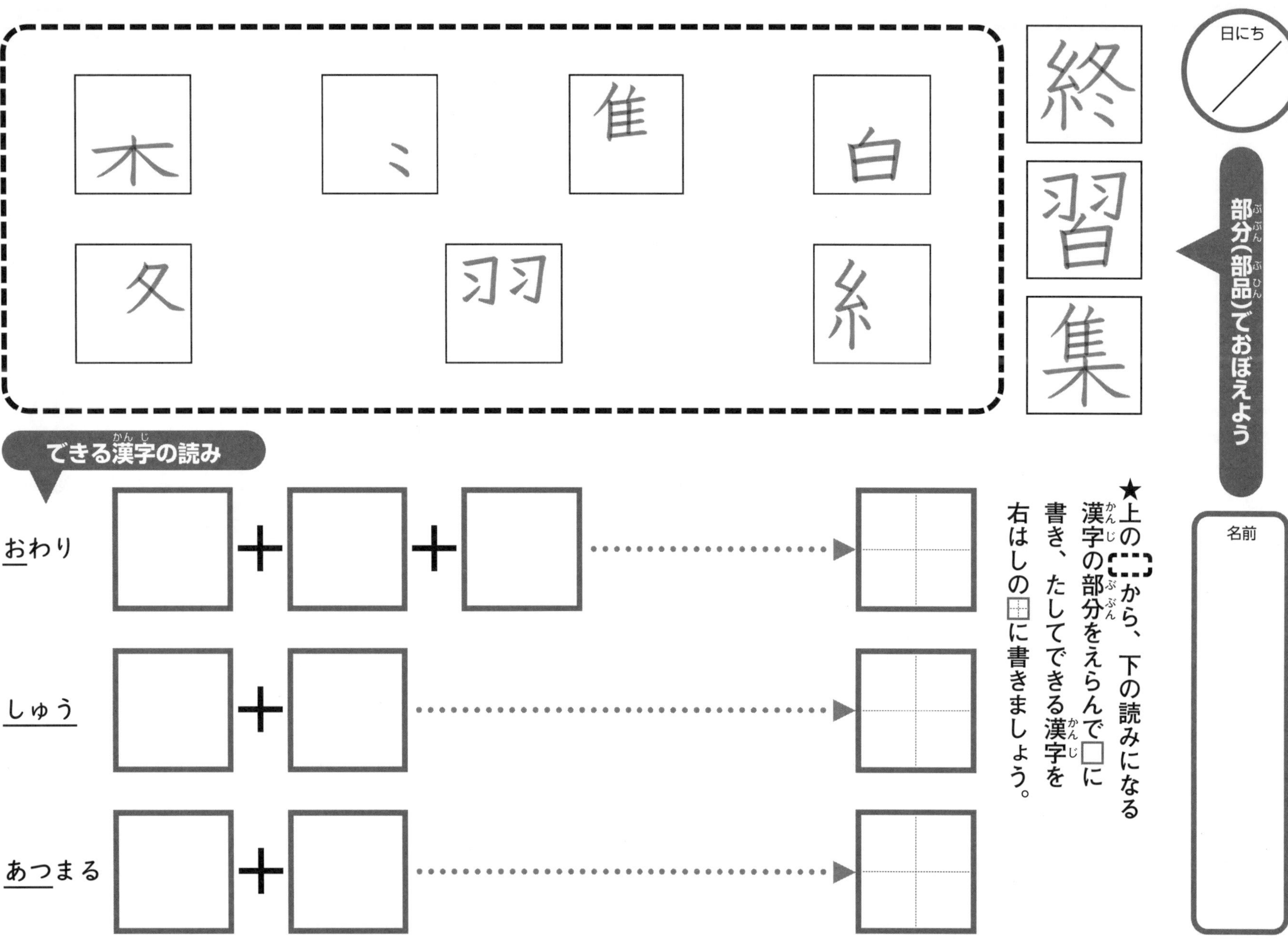

日にち
終
習
集
部分(部品)でおぼえよう
★上の[ ]から、下の読みになる漢字の部分をえらんで□に書き、たしてできる漢字を右はしの田に書きましょう。
名前
木
隹
白
夂
羽
糸
できる漢字の読み
おわり
しゅう
あつまる

日にち　／

名前

★上の⬚から、下の読みになる漢字の部分をえらんで□に書き、たしてできる漢字を右はしの⊞に書きましょう。

住　重　宿

百　丨　宀　主　二

𠆢　亻　日　亻

できる漢字の読み

すむ　□ ＋ □ ……▶ ⊞

じゅう　□ ＋ □ ＋ □ ＋ □ ……▶ ⊞

しゅく　□ ＋ □ ＋ □ ……▶ ⊞

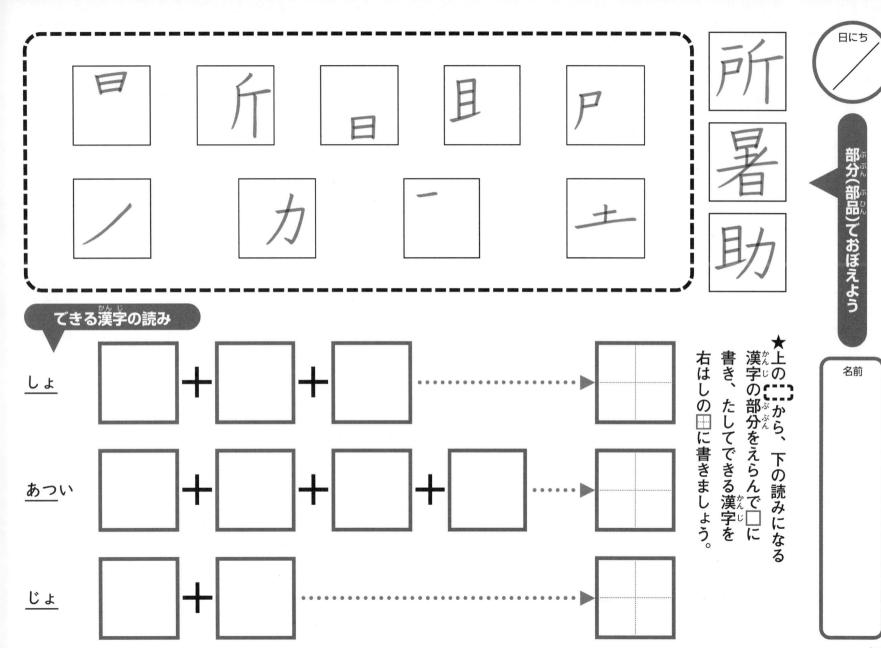

名前

所 暑 助

★上の⬚から、下の読みになる漢字の部分をえらんで□に書き、たしてできる漢字を右はしの⊞に書きましょう。

日	斤	日	且	戸
ノ	力	一	土	

できる漢字の読み

しょ　□＋□＋□ ……▶ ⊞

あつい　□＋□＋□＋□ ……▶ ⊞

じょ　□＋□ ……▶ ⊞

名前

昭
消
商

★上の[点線の枠]から、下の読みになる漢字の部分をえらんで□に書き、たしてできる漢字を右はしの□に書きましょう。

八　刀　氵　日　口
月　冂　口　⺌　亠

できる漢字の読み

しょう　□ + □ + □ ……▶ □

けす　□ + □ + □ ……▶ □

しょう店　□ + □ + □ + □ ……▶ □

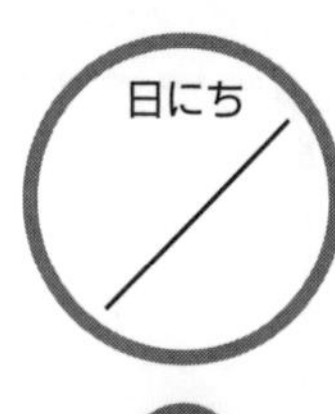

名前

章
勝
乗

日	木	ソ	二	カ	十
月	リ	立	夫	ノ	

★上の から、下の読みになる漢字の部分をえらんで□に書き、たしてできる漢字を右はしの□に書きましょう。

できる漢字の読み

校しょう □＋□＋□ ……▶ □

しょう負 □＋□＋□＋□ ……▶ □

のる □＋□＋□＋□ ……▶ □

植　申　身

名前

★上の［点線の枠］から、下の読みになる漢字の部分をえらんで□に書き、たしてできる漢字を右はしの田に書きましょう。

㇄	ノ	十	三	日
㇆	目	丨	丨	木

できる漢字の読み

うえる　□＋□＋□＋□……▶田

もうす　□＋□……▶田

しん長　□＋□＋□＋□……▶田

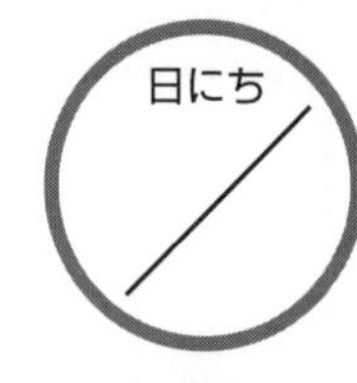

神 真 深

十 儿 八 木 ネ 目

丨 氵 日 一 冖

★上の［　］から、下の読みになる漢字の部分をえらんで□に書き、たしてできる漢字を右はしの□に書きましょう。

名前

できる漢字の読み

じん社　□＋□＋□ ……▶ □

しん実　□＋□＋□＋□ ……▶ □

ふかい　□＋□＋□＋□ ……▶ □

名前

進 世 整

★上の[ ]から、下の読みになる漢字の部分をえらんで□に書き、たしてできる漢字を右はしの□に書きましょう。

正 辶 東 一

凵 攵 乚 隹

できる漢字の読み

しん □＋□ → □

せ □＋□＋□ → □

せい □＋□＋□ → □

日にち

名前

部分(部品)でおぼえよう

昔　全　相

★上の[点線の枠]から、下の読みになる漢字の部分をえらんで□に書き、たしてできる漢字を右はしの田に書きましょう。

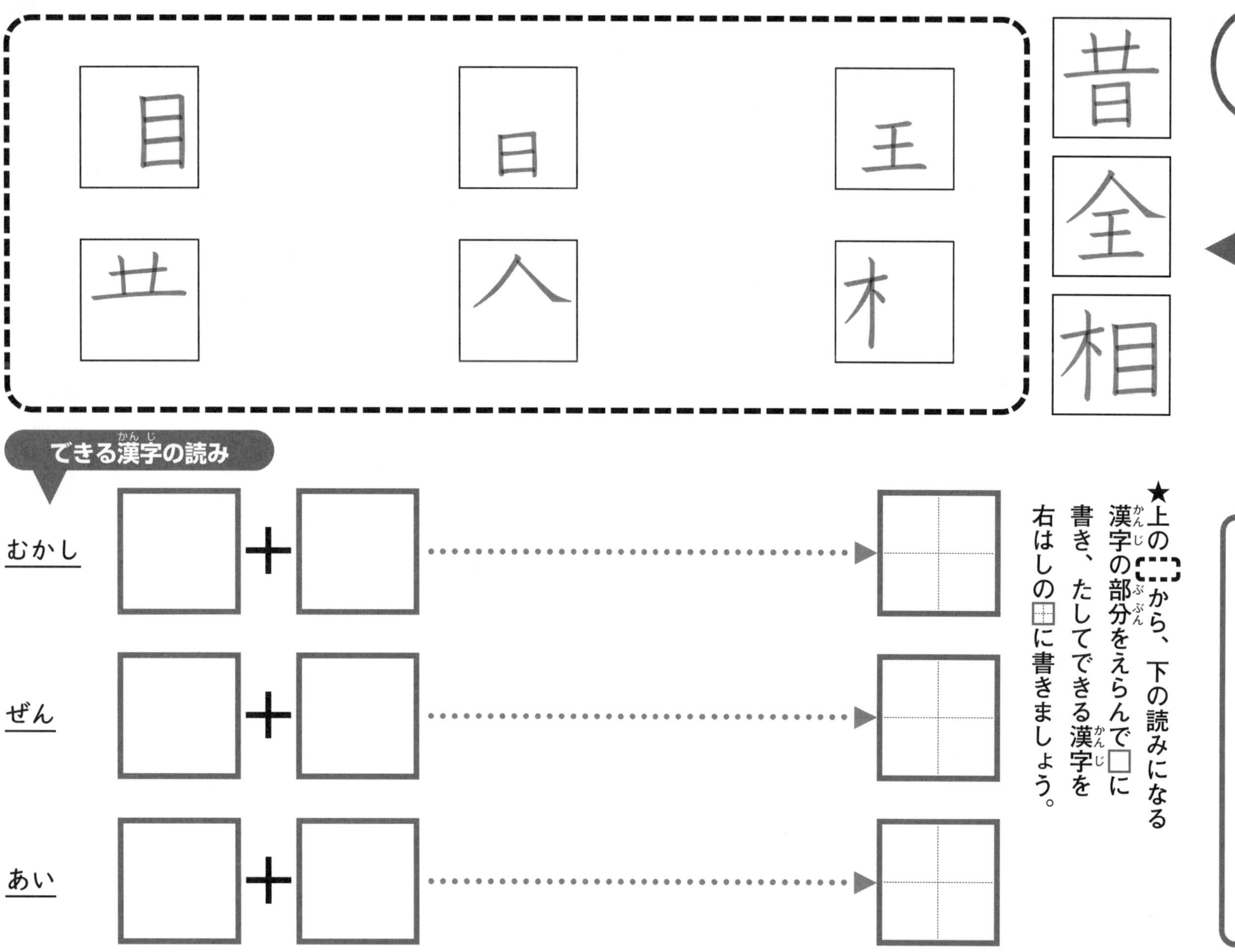

送 想 息

名前

★上の⬚から、下の読みになる漢字の部分をえらんで□に書き、たしてできる漢字を右はしの⊞に書きましょう。

心 关 木 心

目 自 辶

できる漢字の読み

おくる □ ＋ □ ……▶ ⊞

そう □ ＋ □ ＋ □ ……▶ ⊞

いき □ ＋ □ ……▶ ⊞

速 族 他

名前

★上の⬚から、下の読みになる漢字の部分をえらんで□に書き、たしてできる漢字を右はしの⊞に書きましょう。

矢	丨	方	し	辶
㇖	束	𠂉	亻	

できる漢字の読み

はやい　□＋□ ………▶ ⊞

ぞく　□＋□＋□ ………▶ ⊞

ほか　□＋□＋□＋□ ………▶ ⊞

日にち

名前

打 対 待

★上の[]から、下の読みになる漢字の部分をえらんで□に書き、たしてできる漢字を右はしの□に書きましょう。

メ 丁 亠 土
寸 彳 寸 扌

できる漢字の読み

うつ □ + □ → □

たい □ + □ + □ → □

まつ □ + □ + □ → □

名前

代 第 題

★上の⬚から、下の読みになる漢字の部分をえらんで□に書き、たしてできる漢字を右はしの⊞に書きましょう。

竹	丶	疋	ノ	貝	亻
𠃌	丨	弋	日	弓	

できる漢字の読み

交たい □ + □ + □ → ⊞

だい一に □ + □ + □ + □ → ⊞

宿だい □ + □ + □ + □ → ⊞

日にち

名前

部分（部品）でおぼえよう

炭 短 談

★上の［ ］から、下の読みになる漢字の部分をえらんで□に書き、たしてできる漢字を右はしの□に書きましょう。

厂 矢 言 火
火 山 火 豆

できる漢字の読み

すみ　□＋□＋□ → □

みじかい　□＋□ → □

だん　□＋□＋□ → □

日にち

部分(部品)でおぼえよう

着 注 柱

王　氵　⺶　丶　木

目　丶　王　ノ

★上の[ ]から、下の読みになる漢字の部分をえらんで□に書き、たしてできる漢字を右はしの田に書きましょう。

名前

できる漢字の読み

きる　□＋□＋□ ……▶ 田

ちゅう　□＋□＋□ ……▶ 田

はしら　□＋□＋□ ……▶ 田

名前

丁
帳
調

★上の[ ]から、下の読みになる漢字の部分をえらんで□に書き、たしてできる漢字を右はしの□に書きましょう。

長　ロ　｜　言　亅
冂　一　土　口

できる漢字の読み

ちょう目　□＋□ → □

手ちょう　□＋□＋□ → □

しらべる　□＋□＋□＋□ → □

追 定 庭

名前

★上の[点線の枠]から、下の読みになる漢字の部分をえらんで□に書き、たしてできる漢字を右はしの□に書きましょう。

亻	壬	人	コ	了	宀
＼	ト	辶	广	一	コ

できる漢字の読み

おう　□ ＋ □ ＋ □ ＋ □ ……▶ □

てい　□ ＋ □ ＋ □ ＋ □ ……▶ □

にわ　□ ＋ □ ＋ □ ＋ □ ……▶ □

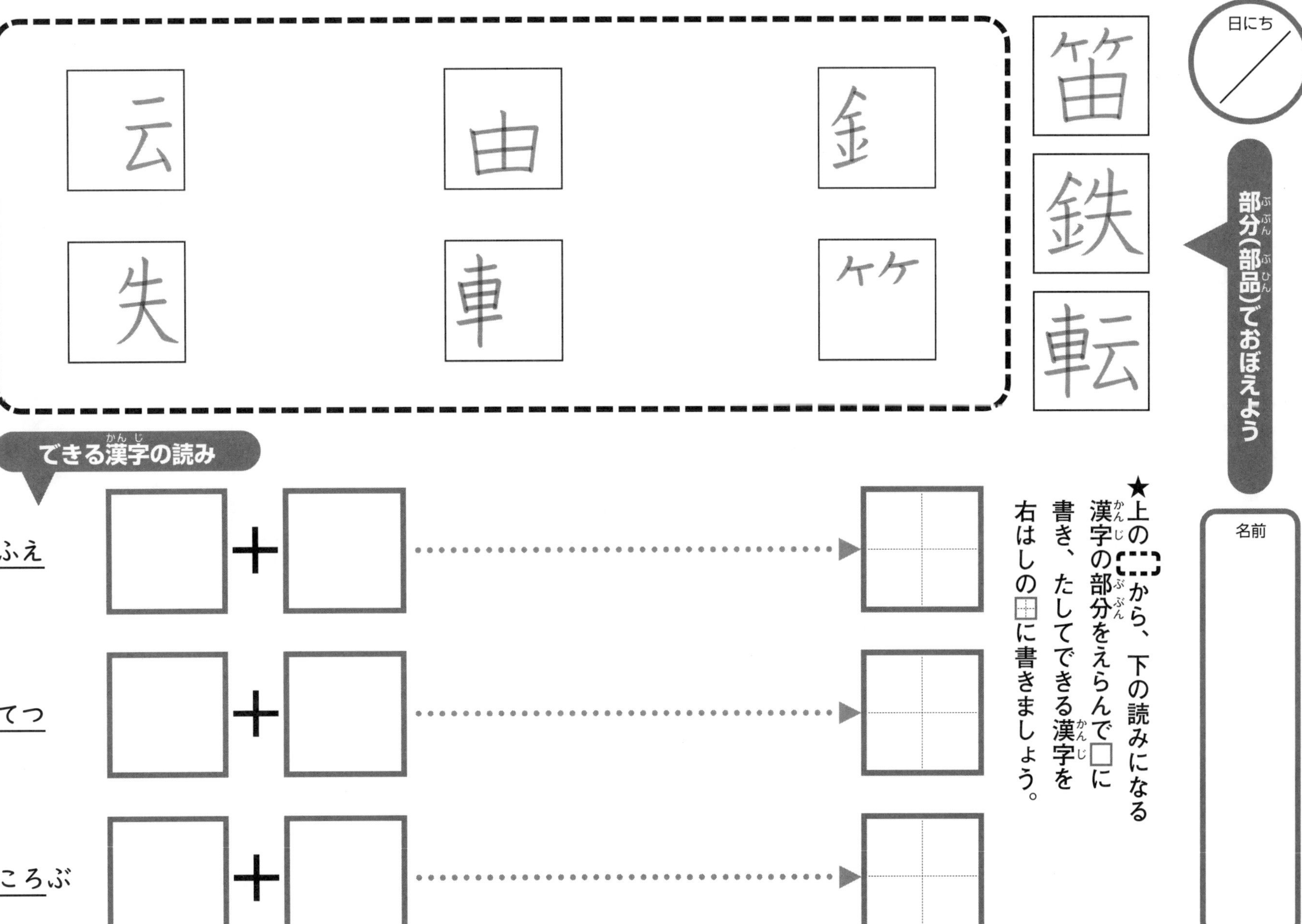

部分(部品)でおぼえよう
日にち
名前
笛
鉄
転
云
由
金
失
車
竹
★上の[ ]から、下の読みになる漢字の部分をえらんで□に書き、たしてできる漢字を右はしの□に書きましょう。
できる漢字の読み
ふえ
てつ
ころぶ

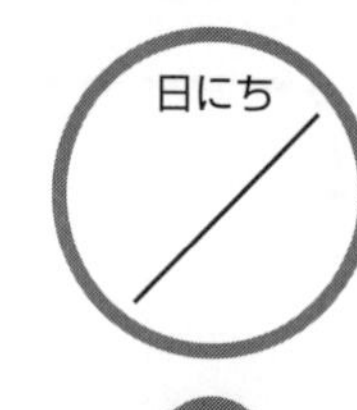

都 度 投

★上の[ ]から、下の読みになる漢字の部分をえらんで□に書き、たしてできる漢字を右はしの□に書きましょう。

名前

又	ノ	广	几	土
阝	又	日	廿	扌

できる漢字の読み

と　□＋□＋□＋□ ……▶ □

ど　□＋□＋□ ……▶ □

なげる　□＋□＋□ ……▶ □

部分(部品)でおぼえよう

名前

豆 島 湯

★上の⬚から、下の読みになる漢字の部分をえらんで□に書き、たしてできる漢字を右はしの⊞に書きましょう。

一　日　ソ　勿　一

山　口　一　鳥　氵

まめ　□＋□＋□＋□ ……▶ ⊞

しま　□＋□ ……▶ ⊞

ゆ　□＋□＋□＋□ ……▶ ⊞

日にち

名前

部分(部品)でおぼえよう

★上の[点線の枠]から、下の読みになる漢字の部分をえらんで□に書き、たしてできる漢字を右はしの[田]に書きましょう。

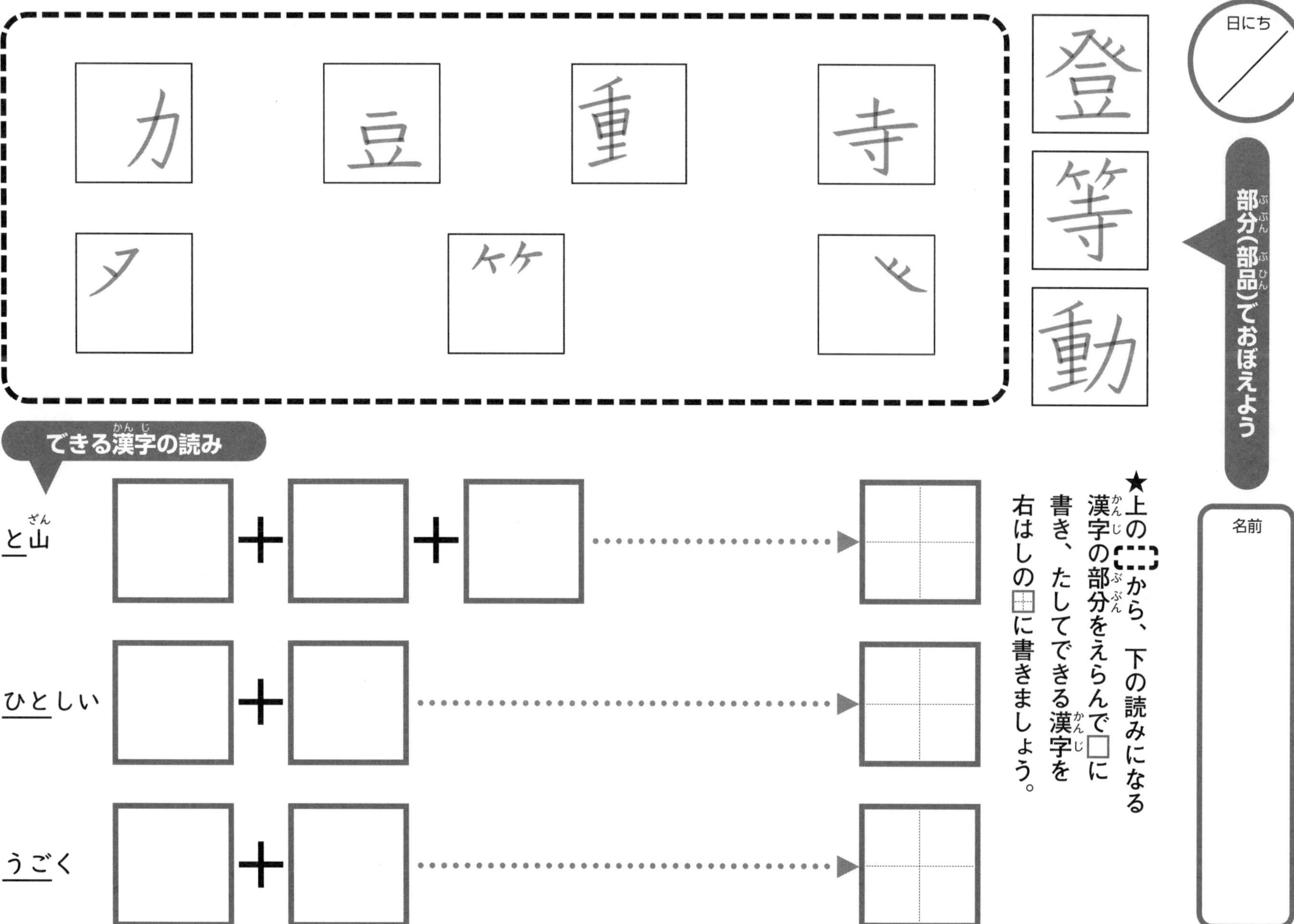

日にち　／

名前

★上の［点線の枠］から、下の読みになる漢字の部分をえらんで□に書き、たしてできる漢字を右はしの田に書きましょう。

童	農	波

𧘇	厂	曲	丨	里
又	立	氵	𠂆	

できる漢字の読み

どう話　□＋□ ……▶ 田

のう　□＋□＋□ ……▶ 田

電ぱ　□＋□＋□＋□ ……▶ 田

日にち

名前

部分(部品)でおぼえよう

★上の⬚から、下の読みになる漢字の部分をえらんで□に書き、たしてできる漢字を右はしの⊞に書きましょう。

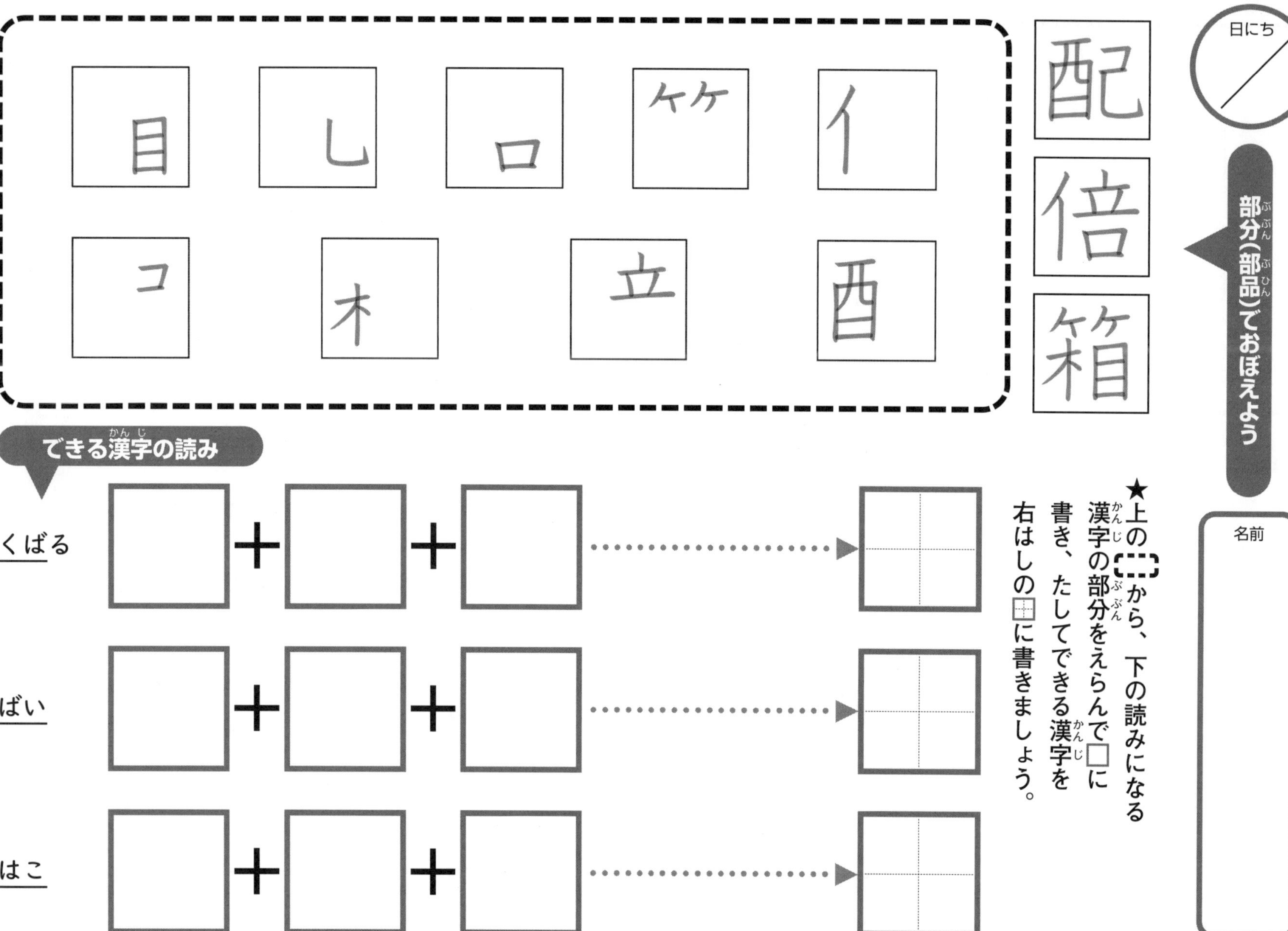

日にち

部分（部品）でおぼえよう

名前

畑
発
反

★上の[点線の枠]から、下の読みになる漢字の部分をえらんで□に書き、たしてできる漢字を右はしの□に書きましょう。

儿	厂	⺀	田
又	二	火	ヌ

できる漢字の読み

はたけ　□＋□ ……→ □

はつ　□＋□＋□＋□ ……→ □

はん　□＋□ ……→ □

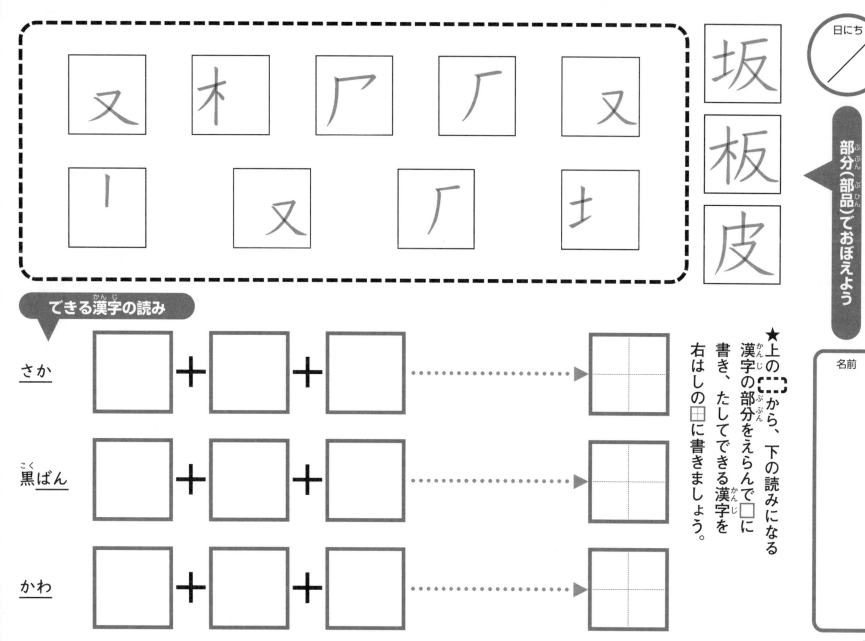

日にち ／

名前

★上の⬚から、下の読みになる漢字の部分をえらんで□に書き、たしてできる漢字を右はしの田に書きましょう。

坂 板 皮

又	木	厂	厂	又
丨	又	厂	土	

できる漢字の読み

さか　□＋□＋□ ………▶ 田

黒ばん　□＋□＋□ ………▶ 田

かわ　□＋□＋□ ………▶ 田

名前

悲　美　鼻

★上の[点線の枠]から、下の読みになる漢字の部分をえらんで□に書き、たしてできる漢字を右はしの⊞に書きましょう。

心　自　土　非　廾
大　非　田　䒑

できる漢字の読み

かなしい　□＋□＋□ ……▶ ⊞

うつくしい　□＋□＋□ ……▶ ⊞

はな　□＋□＋□ ……▶ ⊞

日にち　／

名前

★上の⬚から、下の読みになる漢字の部分をえらんで□に書き、たしてできる漢字を右はしの田に書きましょう。

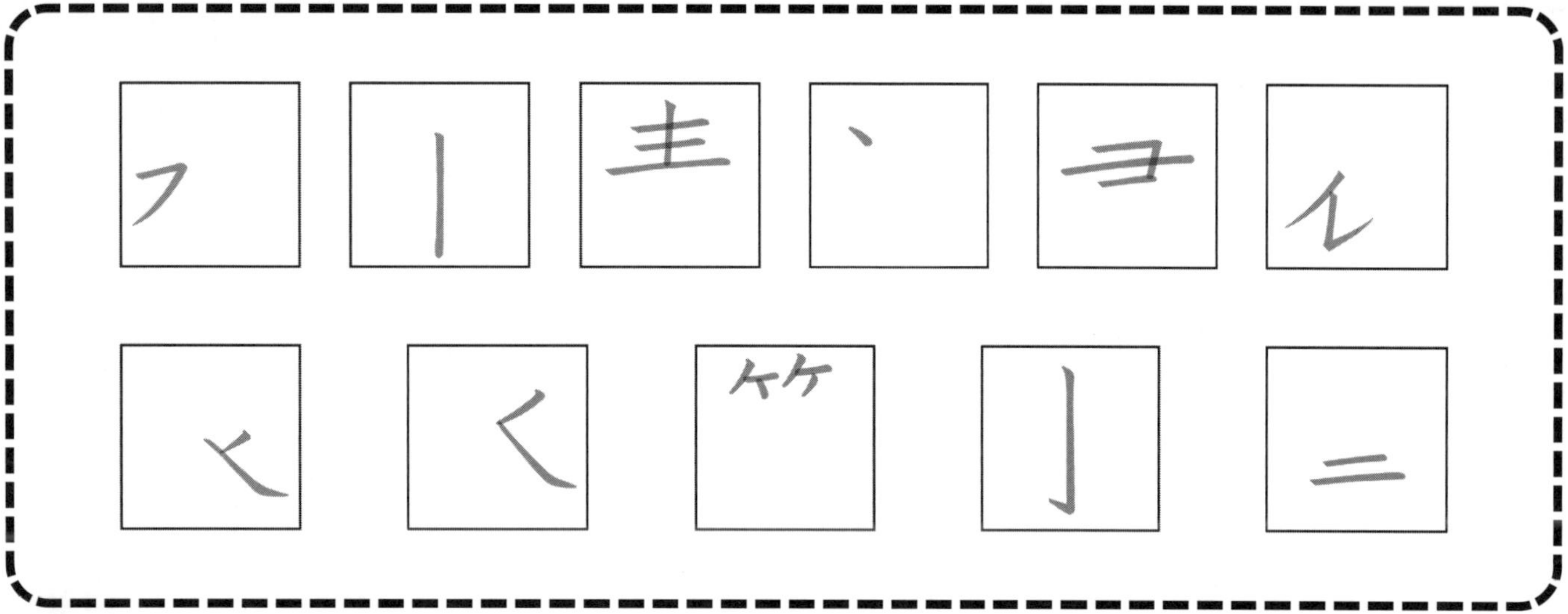

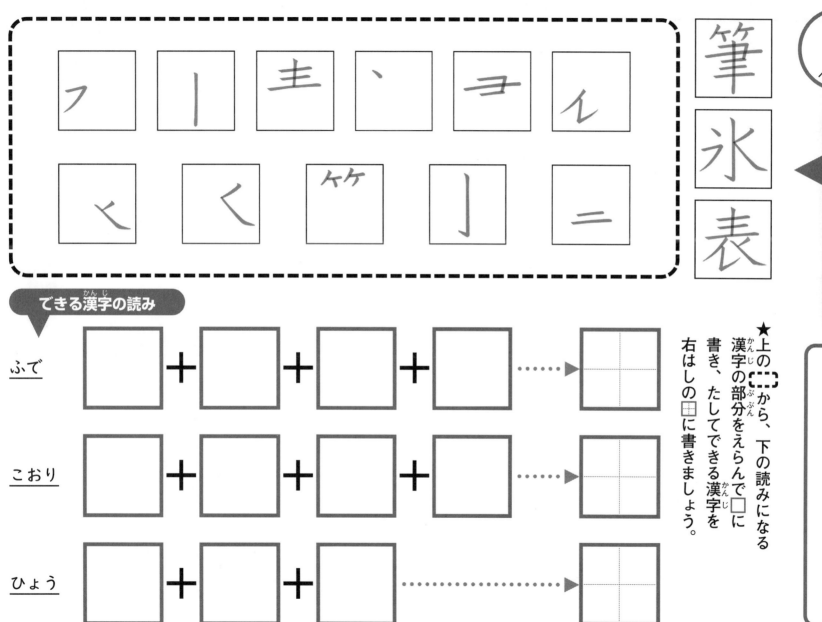

筆
氷
表

フ　丨　⺹　丶　⺕　亻
〱　く　⺮　亅　二

できる漢字の読み

ふで　□＋□＋□＋□……▶田

こおり　□＋□＋□＋□……▶田

ひょう　□＋□＋□……▶田

名前

秒
病
品

★上の[ ]から、下の読みになる漢字の部分をえらんで□に書き、たしてできる漢字を右はしの□に書きましょう。

口	少	人	口	疒
冂	口	禾	一	

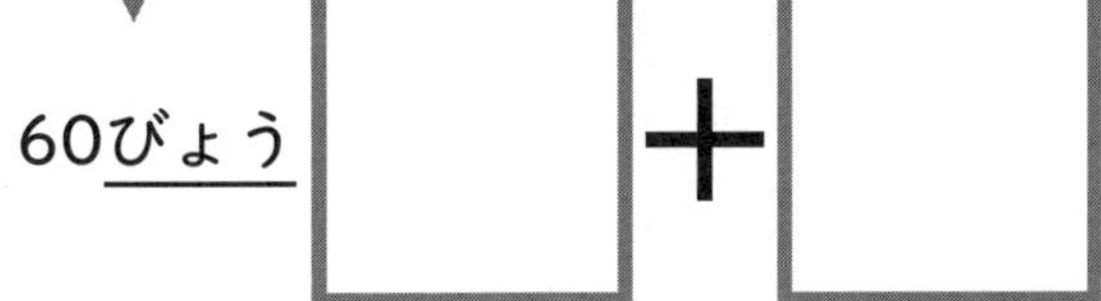

60びょう　□ ＋ □ ‥‥‥▶ □

びょう気　□ ＋ □ ＋ □ ＋ □ ‥‥‥▶ □

ひん　□ ＋ □ ＋ □ ‥‥‥▶ □

負
部
服

名前

★上の⬚から、下の読みになる漢字の部分をえらんで□に書き、たしてできる漢字を右はしの⊞に書きましょう。

口	尸	八	阝	月
目	立		又	⺈

できる漢字の読み

まける　□＋□＋□ ……▶ ⊞

ぶ　□＋□＋□ ……▶ ⊞

ふくそう　□＋□＋□ ……▶ ⊞

部分(部品)でおぼえよう

福
物
平

口 丨 勿 一 ネ
一 田 丷 牛 一

★上の から、下の読みになる漢字の部分をえらんで□に書き、たしてできる漢字を右はしの□に書きましょう。

名前

できる漢字の読み

ふく引き □＋□＋□＋□ …… ▶ □

もの □＋□ …… ▶ □

たいら □＋□＋□＋□ …… ▶ □

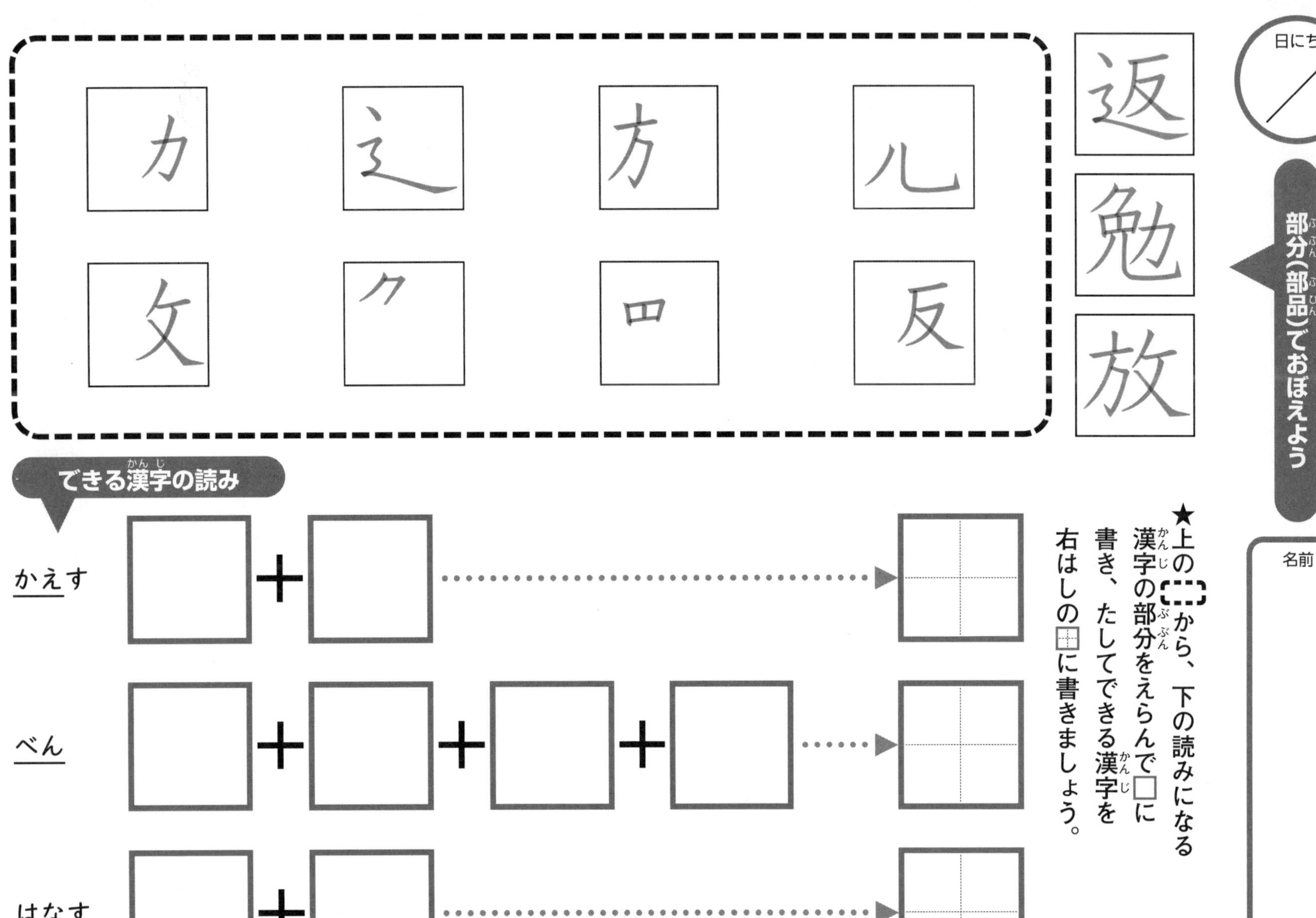

日にち
部分(部品)でおぼえよう
返
勉
放
★上の⬚から、下の読みになる漢字の部分をえらんで□に書き、たしてできる漢字を右はしの□に書きましょう。
力
辶
方
儿
攵
ク
反
できる漢字の読み
かえす
べん
はなす

名前

日にち

名前

部分（部品）でおぼえよう

★上の［　］から、下の読みになる漢字の部分をえらんで□に書き、たしてできる漢字を右はしの□に書きましょう。

口	冂	人	口	日
一	一	未	ア	卩

できる漢字の読み

あじ　□＋□ ……▶ □

いのち　□＋□＋□＋□ ……▶ □

めん　□＋□＋□＋□ ……▶ □

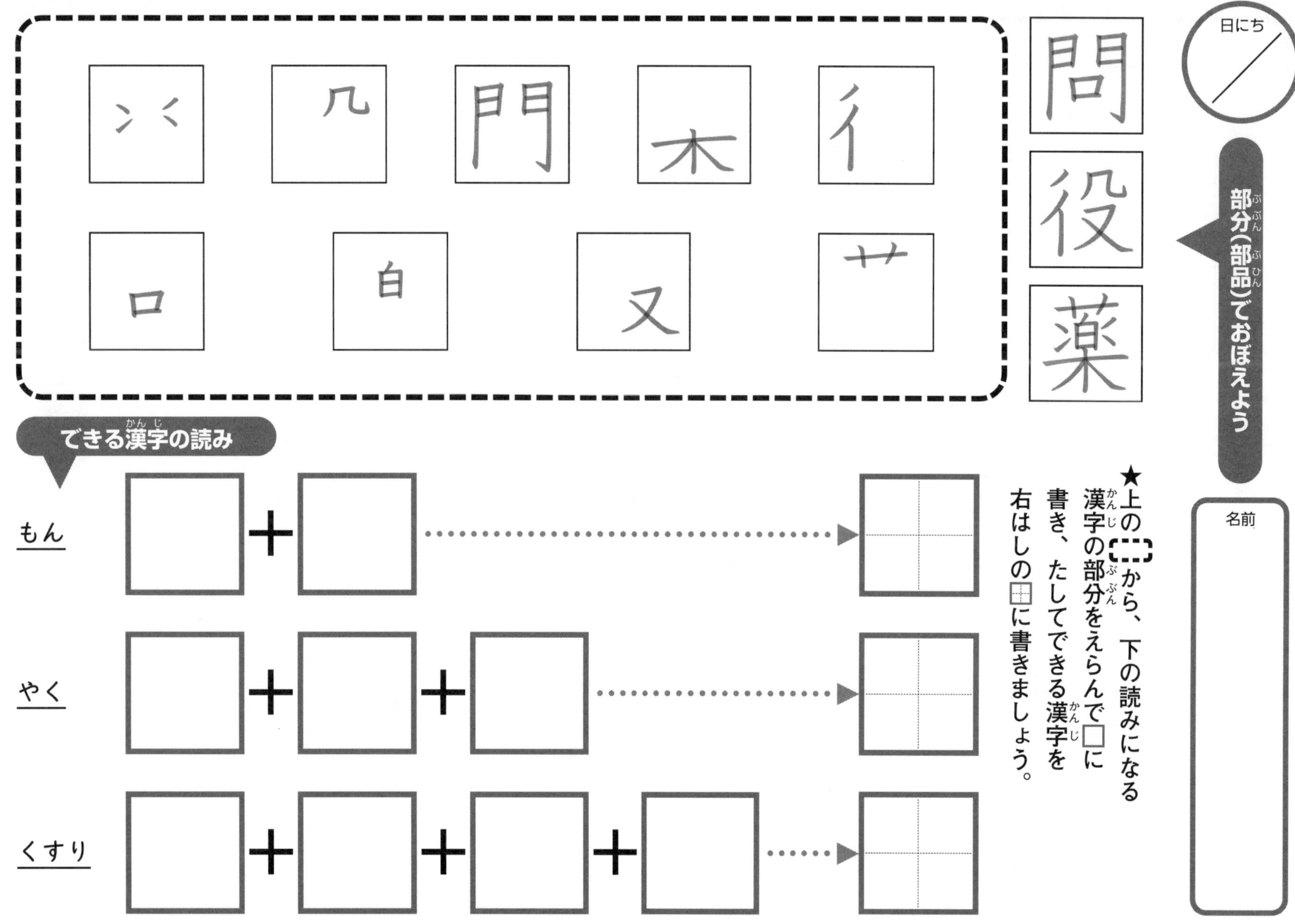
日にち
部分（部品）でおぼえよう
問
役
薬
★上の□から、下の読みになる漢字の部分をえらんで□に書き、たしてできる漢字を右はしの□に書きましょう。
名前
できる漢字の読み
もん
やく
くすり
几
門
彳
口
白
又

名前

由 油 有

丨 ノ 氵 冂 一

由 一 月 一

★上の[ ]から、下の読みになる漢字の部分をえらんで□に書き、たしてできる漢字を右はしの□に書きましょう。

できる漢字の読み

自ゆう　□＋□＋□＋□ ……▶ □

あぶら　□＋□ ……▶ □

ゆう名　□＋□＋□ ……▶ □

日にち

名前

遊

予

羊

★上の┅から、下の読みになる漢字の部分をえらんで□に書き、たしてできる漢字を右はしの田に書きましょう。

亅 辶 丷 子 乛

方 三 𠂉 マ 丨

できる漢字の読み

ゆう園地　□＋□＋□＋□……▶田

よ　□＋□＋□……▶田

ひつじ　□＋□＋□……▶田

日にち

部分(部品)でおぼえよう

洋
葉
陽

世 勿 木 羊 阝
日 氵 一 艹

★上の[ ]から、下の読みになる漢字の部分をえらんで□に書き、たしてできる漢字を右はしの□に書きましょう。

名前

できる漢字の読み

よう　□＋□ ……▶ □

は　□＋□＋□ ……▶ □

太よう　□＋□＋□＋□ ……▶ □

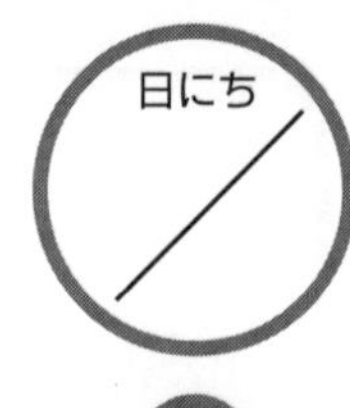

名前

樣 落 流

★上の[ ]から、下の読みになる漢字の部分をえらんで□に書き、たしてできる漢字を右はしの田に書きましょう。

氵	木	厶	口	川	䒑
亠	艹	水	氵	夂	

できる漢字の読み

ようす子　□＋□＋□ ……→ 田

おとす　□＋□＋□＋□ ……→ 田

ながれる　□＋□＋□＋□ ……→ 田

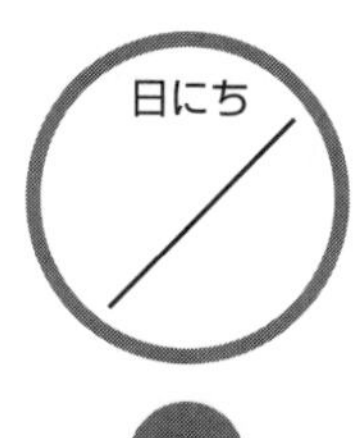

名前

★上の⬚から、下の読みになる漢字の部分をえらんで□に書き、たしてできる漢字を右はしの⊞に書きましょう。

旅
両
緑

氺 𠂉 冂 糸 方
山 ヨ 𠂉 一

できる漢字の読み

りょ行　□＋□＋□ ……▶ ⊞

りょう　□＋□＋□ ……▶ ⊞

みどり　□＋□＋□ ……▶ ⊞

日にち

名前

礼　列　練

★上の⬚から、下の読みになる漢字の部分をえらんで□に書き、たしてできる漢字を右はしの田に書きましょう。

リ　し　東

ネ　糸　歹

できる漢字の読み

れい　□＋□ ……▶ 田

れつ　□＋□ ……▶ 田

れん　□＋□ ……▶ 田

名前

路
和
練

★上の┌┐から、下の読みになる漢字の部分をえらんで□に書き、たしてできる漢字を右はしの田に書きましょう。

口　丿　東　口　糸
止　口　木　夂

できる漢字の読み

ろ　□＋□＋□＋□ ……▶ 田

わ　□＋□＋□ ……▶ 田

れん　□＋□ ……▶ 田

日にち

名前

ぐるぐる漢字(かんじ)・文作り

★漢字(かんじ)がゆがんでいます。□に正しい漢字(かんじ)を書きましょう。
★上の漢字(かんじ)を使(つか)った文を、考えて書きましょう。

〈れい〉きまりが悪(わる)い。

〈れい〉安定(あんてい)したつくり。

〈れい〉へやの中(なか)が暗(くら)い。

〈れい〉医者(いしゃ)をよぶ。

〈れい〉委員(いいん)をえらぶ。

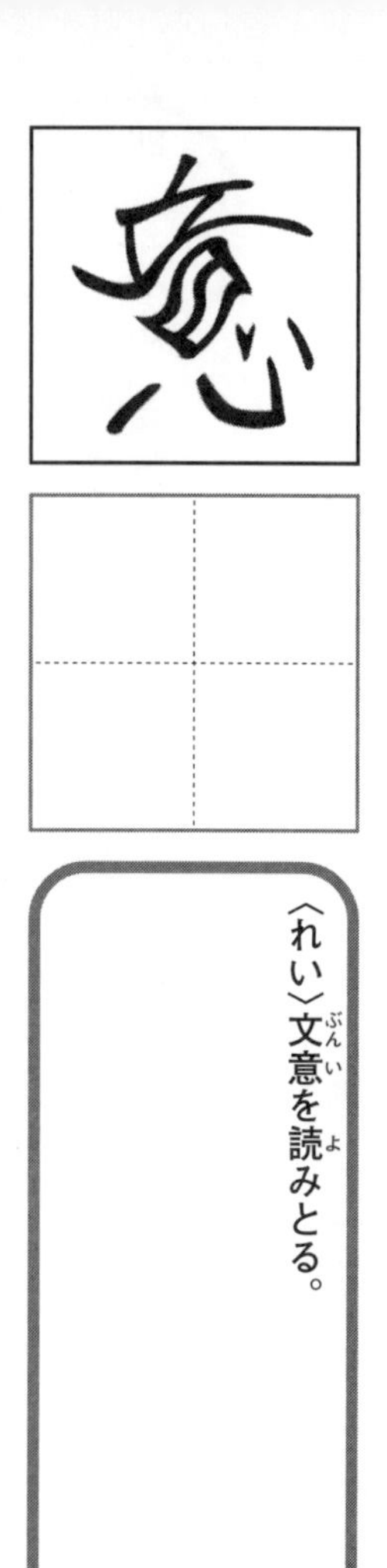

〈れい〉文意(ぶんい)を読(よ)みとる。

ぐるぐる漢字・文作り

名前

★漢字がゆがんでいます。□に正しい漢字を書きましょう。

★上の漢字を使った文を、考えて書きましょう。

〈れい〉草木が育つ。

〈れい〉全員で話し合う。

〈れい〉大きな寺院。

〈れい〉水を飲む。

〈れい〉車を運転する。

〈れい〉プールで泳ぐ。

日にち

ぐるぐる漢字・文作り

名前

★漢字がゆがんでいます。□に正しい漢字を書きましょう。
★上の漢字を使った文を、考えて書きましょう。

〈れい〉駅に集合する。

〈れい〉広場の中央。

〈れい〉横書きの文章。

〈れい〉米屋に行く。

〈れい〉温かいスープ。

〈れい〉色がへん化する。

日にち

ぐるぐる漢字(かんじ)・文作り

名前

★漢字(かんじ)がゆがんでいます。□に正しい漢字(かんじ)を書きましょう。
★上の漢字(かんじ)を使(つか)った文を、考えて書きましょう。

〈れい〉軽(かる)い荷物(にもつ)。

〈れい〉一面(いちめん)の銀世界(ぎんせかい)。

〈れい〉お店(みせ)を開(ひら)く。

〈れい〉二階(にかい)のまど。

〈れい〉寒(さむ)い朝(あさ)。

〈れい〉感想(かんそう)をまとめる。

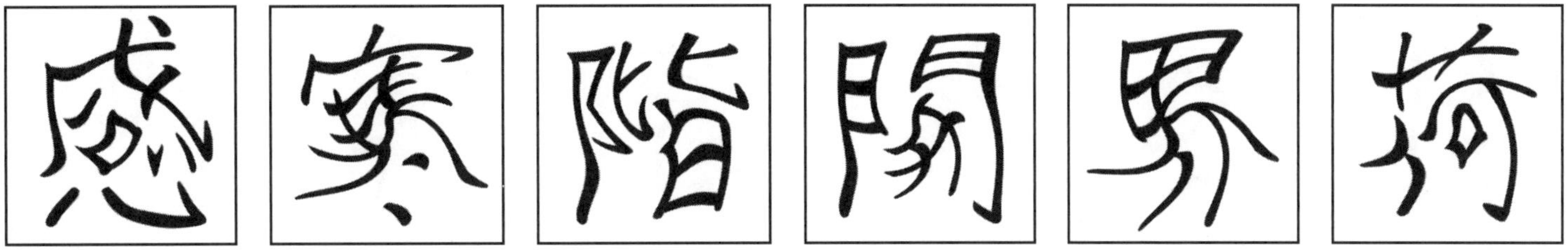

ぐるぐる漢字・文作り

日にち

名前

★漢字がゆがんでいます。□に正しい漢字を書きましょう。
★上の漢字を使った文を、考えて書きましょう。

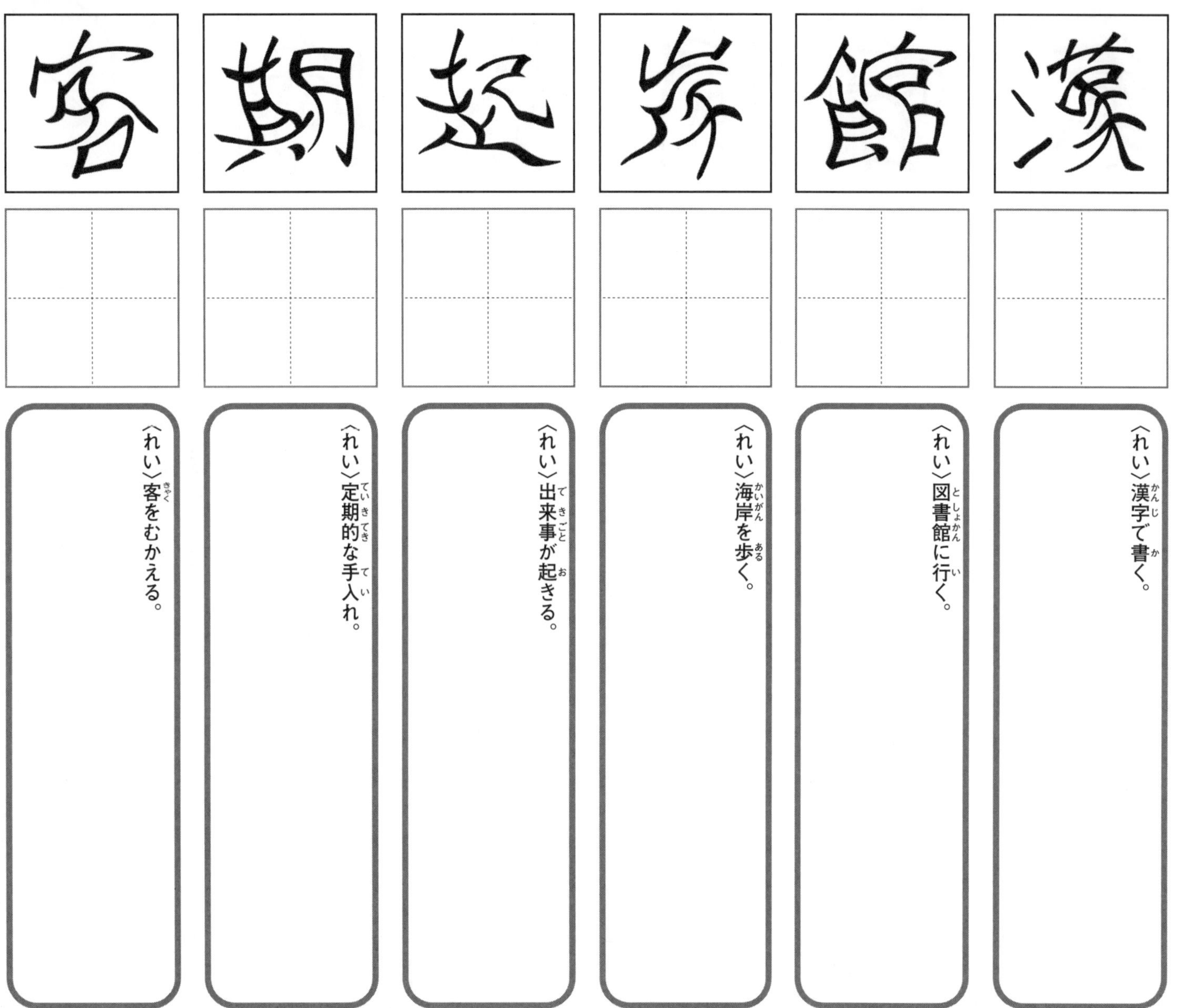

〈れい〉漢字で書く。

〈れい〉図書館に行く。

〈れい〉海岸を歩く。

〈れい〉出来事が起きる。

〈れい〉定期的な手入れ。

〈れい〉客をむかえる。

日にち

名前

ぐるぐる漢字・文作り

★漢字がゆがんでいます。□に正しい漢字を書きましょう。
★上の漢字を使った文を、考えて書きましょう。

〈れい〉研究をする。

〈れい〉急いで家を出る。

〈れい〉学級新聞を作る。

〈れい〉お宮まいりをする。

〈れい〉野球のチーム。

〈れい〉去年の春。

ぐるぐる漢字・文作り

日にち　／

名前

★漢字がゆがんでいます。□に正しい漢字を書きましょう。
★上の漢字を使った文を、考えて書きましょう。

〈れい〉橋をわたる。

〈れい〉作業を始める。

〈れい〉なだらかな曲線。

〈れい〉薬局で薬を買う。

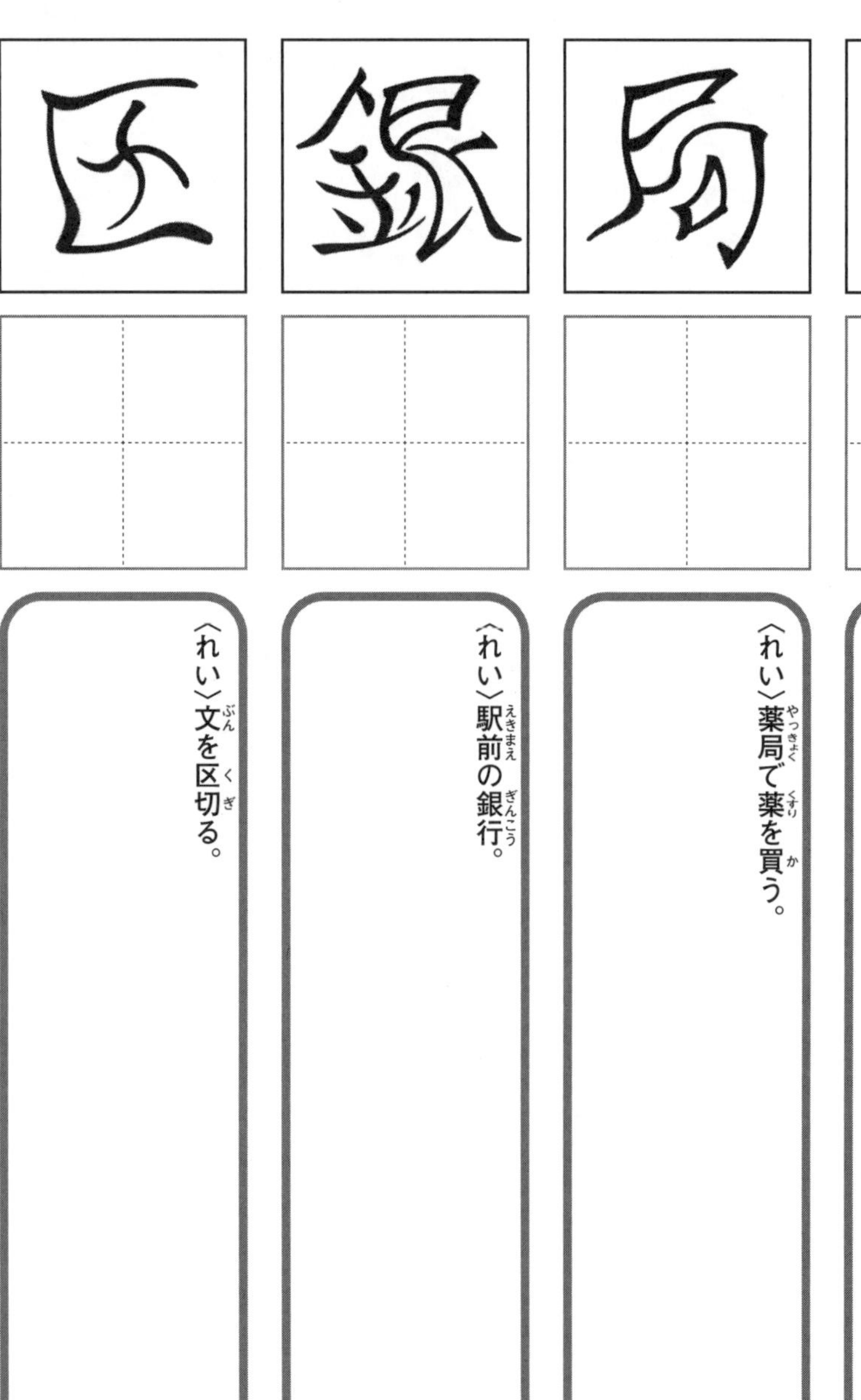

〈れい〉駅前の銀行。

〈れい〉文を区切る。

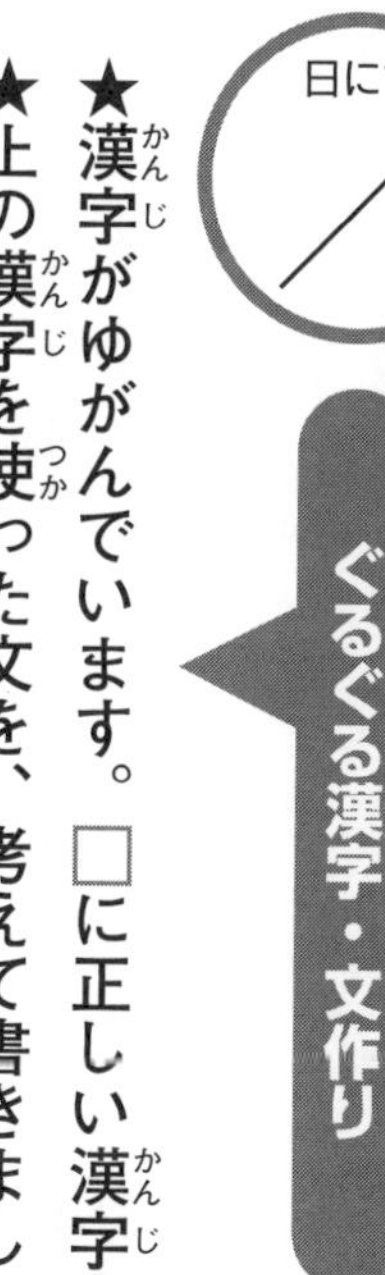

ぐるぐる漢字・文作り

日にち

名前

★漢字がゆがんでいます。□に正しい漢字を書きましょう。

★上の漢字を使った文を、考えて書きましょう。

〈れい〉楽あれば苦あり。

〈れい〉用具を使う。

〈れい〉山田君と会う。

〈れい〉親子の関係。

〈れい〉体が軽くなる。

〈れい〉足から血が出る。

日にち

名前

ぐるぐる漢字・文作り

★漢字がゆがんでいます。□に正しい漢字を書きましょう。
★上の漢字を使った文を、考えて書きましょう。

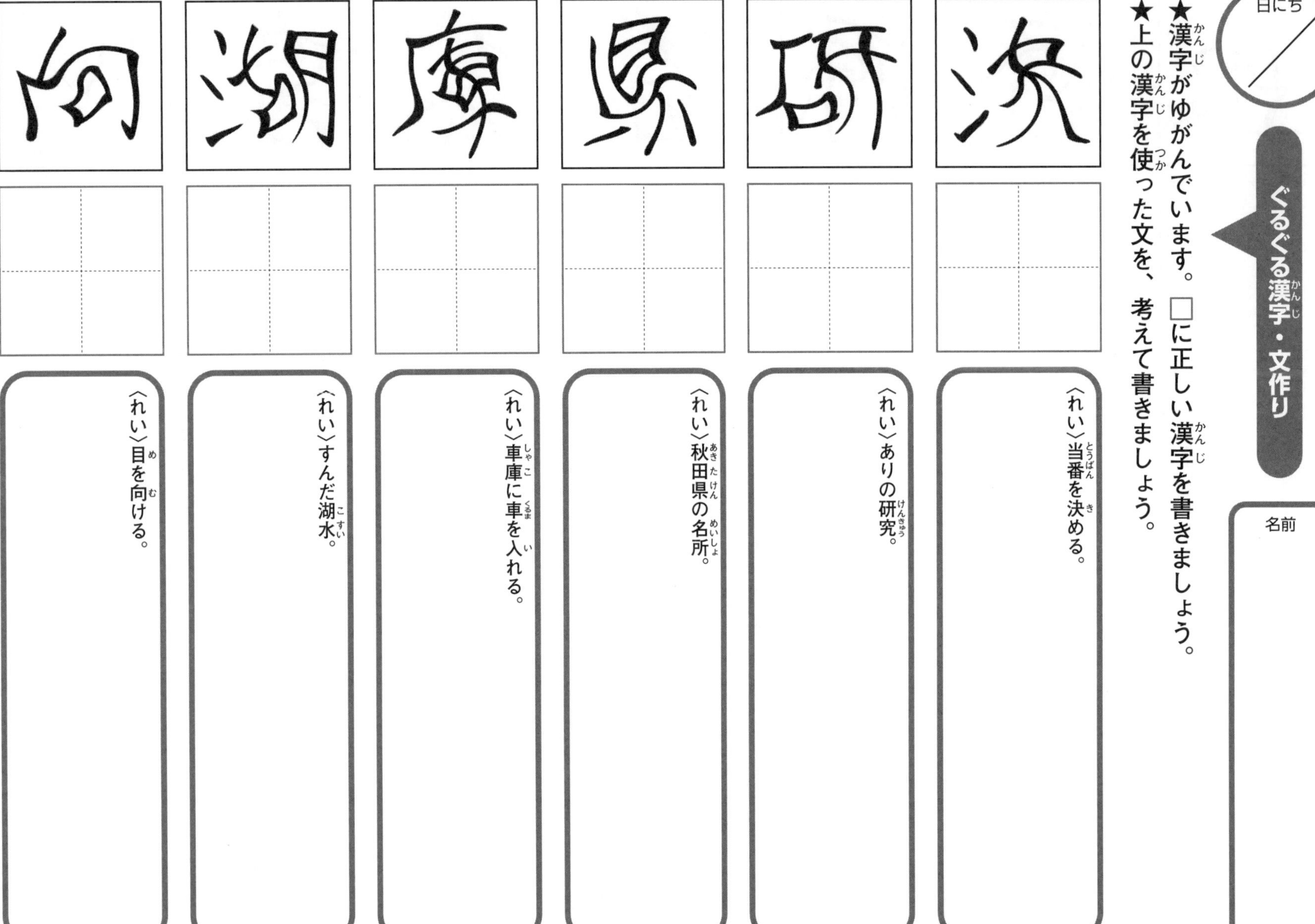

〈れい〉当番を決める。

〈れい〉ありの研究。

〈れい〉秋田県の名所。

〈れい〉車庫に車を入れる。

〈れい〉すんだ湖水。

〈れい〉目を向ける。

ぐるぐる漢字・文作り

日にち　／

名前

★漢字がゆがんでいます。□に正しい漢字を書きましょう。
★上の漢字を使った文を、考えて書きましょう。

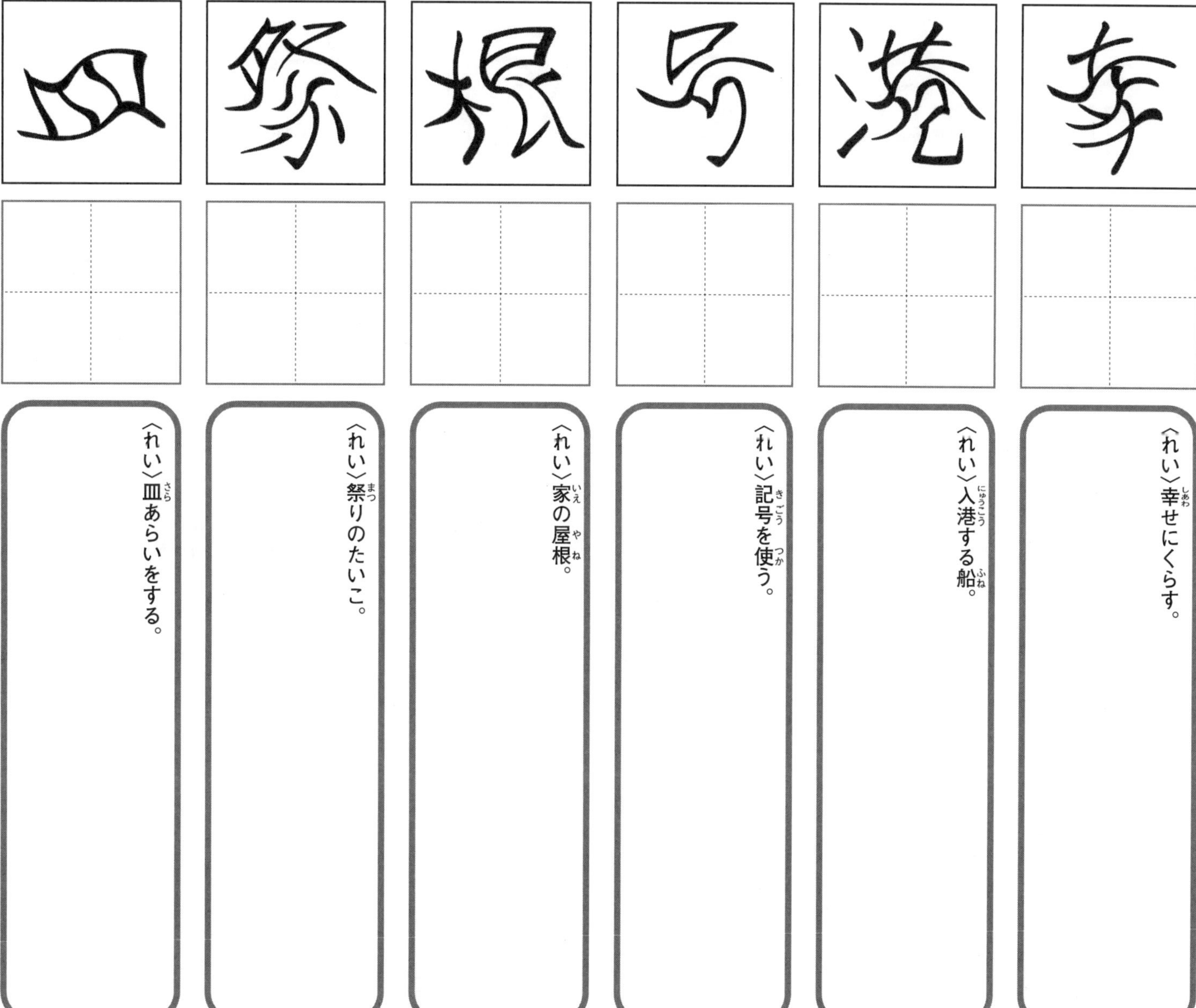

〈れい〉幸せにくらす。
〈れい〉入港する船。
〈れい〉記号を使う。
〈れい〉家の屋根。
〈れい〉祭りのたいこ。
〈れい〉皿あらいをする。

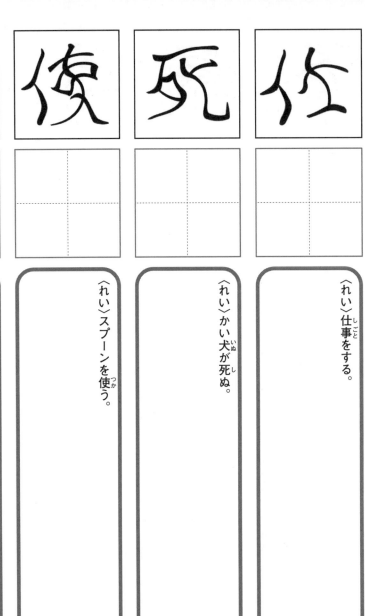

ぐるぐる漢字・文作り

日にち　／

名前

★漢字がゆがんでいます。□に正しい漢字を書きましょう。
★上の漢字を使った文を、考えて書きましょう。

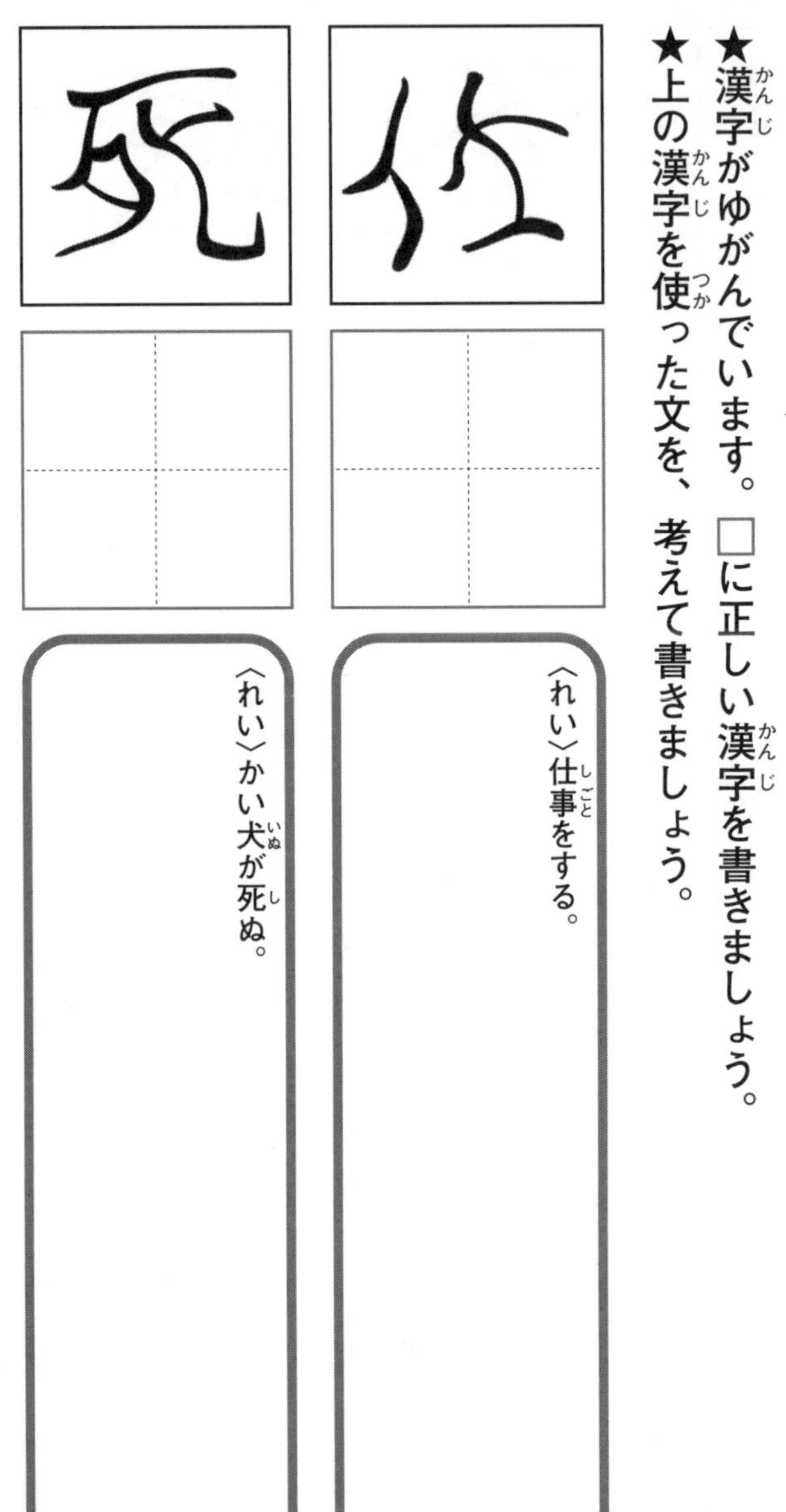

〈れい〉仕事をする。

〈れい〉かい犬が死ぬ。

〈れい〉スプーンを使う。

〈れい〉本を読み始める。

〈れい〉指でつまむ。

〈れい〉歯をみがく。

日にち

名前

ぐるぐる漢字・文作り

★漢字がゆがんでいます。□に正しい漢字を書きましょう。
★上の漢字を使った文を、考えて書きましょう。

〈れい〉詩を楽しむ。

〈れい〉次の人。

〈れい〉うれしい出来事。

〈れい〉気持ちを考える。

〈れい〉入学式に出る。

〈れい〉草の実。

ぐるぐる漢字・文作り

名前

★漢字がゆがんでいます。□に正しい漢字を書きましょう。

★上の漢字を使った文を、考えて書きましょう。

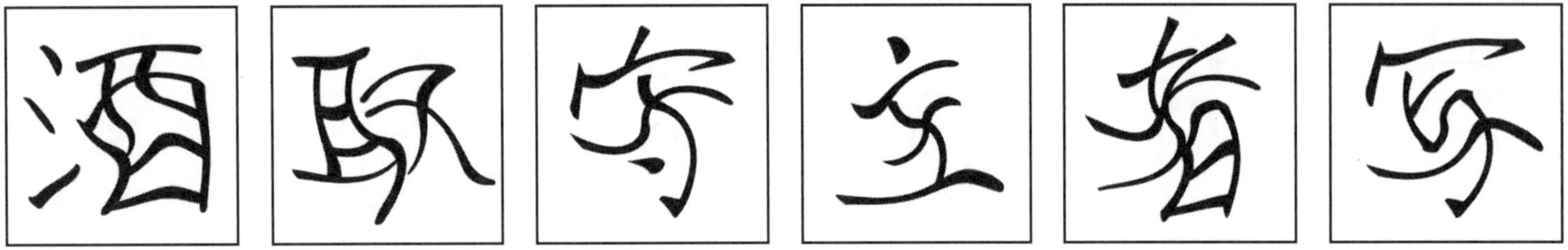

〈れい〉写真をとる。

〈れい〉文章の筆者。

〈れい〉文の主語とじゅつ語。

〈れい〉きそくを守る。

〈れい〉一部を取り出す。

〈れい〉あま酒を飲む。

ぐるぐる漢字・文作り

名前

★漢字がゆがんでいます。□に正しい漢字を書きましょう。

★上の漢字を使った文を、考えて書きましょう。

〈れい〉相談を受ける。

〈れい〉九州のおじいさん。

〈れい〉小石を拾う。

〈れい〉文章の終わり。

〈れい〉国語の学習。

〈れい〉ノートを集める。

日にち

名前

ぐるぐる漢字・文作り

★漢字がゆがんでいます。□に正しい漢字を書きましょう。
★上の漢字を使った文を、考えて書きましょう。

位
〈れい〉住所を書く。

重
〈れい〉重い石。

宿
〈れい〉小鳥が雨宿りする。

所
〈れい〉しずかな場所。

暑
〈れい〉夏の暑い日。

助
〈れい〉先生の助言。

日にち　／

ぐるぐる漢字・文作り

名前

★漢字がゆがんでいます。□に正しい漢字を書きましょう。
★上の漢字を使った文を、考えて書きましょう。

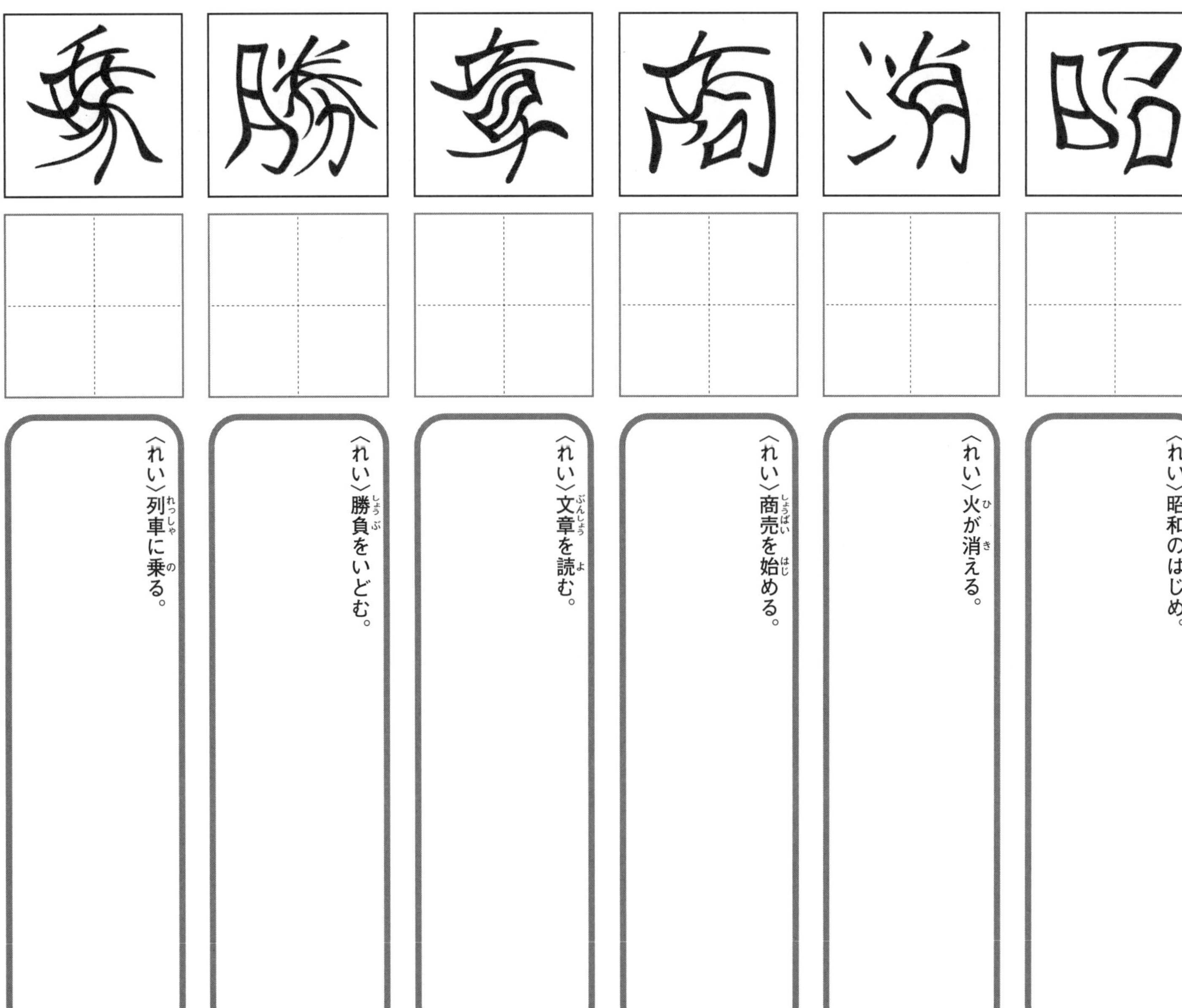

〈れい〉昭和のはじめ。

〈れい〉火が消える。

〈れい〉商売を始める。

〈れい〉文章を読む。

〈れい〉勝負をいどむ。

〈れい〉列車に乗る。

日にち

ぐるぐる漢字・文作り

名前

★漢字がゆがんでいます。□に正しい漢字を書きましょう。

★上の漢字を使った文を、考えて書きましょう。

〈れい〉植物のたね。

〈れい〉申しこみ用紙。

〈れい〉身の回りの様子。

〈れい〉山の神様。

〈れい〉真実を話す。

〈れい〉深くうなずく。

日にち

ぐるぐる漢字・文作り

名前

★漢字がゆがんでいます。□に正しい漢字を書きましょう。
★上の漢字を使った文を、考えて書きましょう。

進　世　整　昔　全　相

〈れい〉進行を考える。

〈れい〉世界の国ぐに。

〈れい〉ノートに整理する。

〈れい〉昔と今。

〈れい〉全体・全ての人。

〈れい〉相手につたえる。

日にち

名前

ぐるぐる漢字・文作り

★漢字がゆがんでいます。□に正しい漢字を書きましょう。

★上の漢字を使った文を、考えて書きましょう。

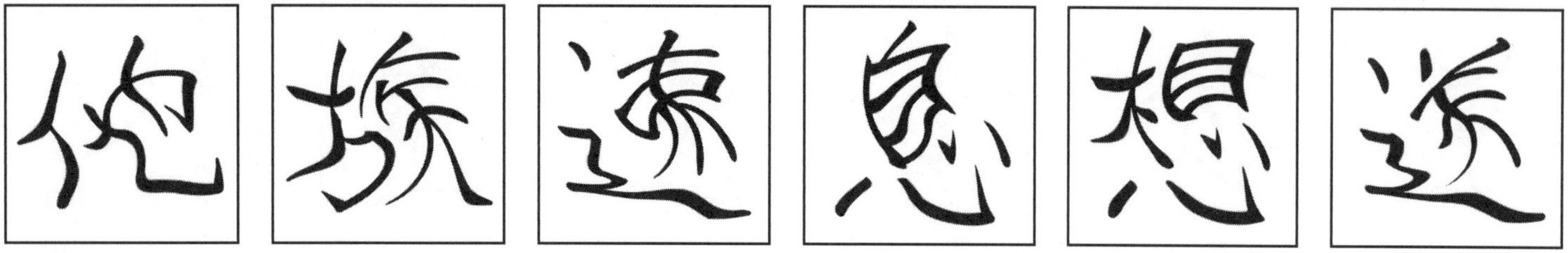

〈れい〉車で送る。

〈れい〉理想を語る。

〈れい〉ため息が出る。

〈れい〉速度を上げる。

〈れい〉野ねずみの家族。

〈れい〉他のもの。

日にち

ぐるぐる漢字・文作り

名前

★漢字がゆがんでいます。□に正しい漢字を書きましょう。
★上の漢字を使った文を、考えて書きましょう。

〈れい〉ボールを打つ。

〈れい〉対岸にわたる。

〈れい〉バスを待つ。

〈れい〉当番を代わる。

〈れい〉第一の場面。

〈れい〉むずかしい問題。

日にち

ぐるぐる漢字・文作り

名前

★漢字がゆがんでいます。□に正しい漢字を書きましょう。
★上の漢字を使った文を、考えて書きましょう。

〈れい〉石炭をもやす。

〈れい〉短い文を書く。

〈れい〉友だちに相談する。

〈れい〉シャツを着る。

〈れい〉注意して聞く。

〈れい〉電柱のかげ。

ぐるぐる漢字・文作り

名前

★漢字がゆがんでいます。□に正しい漢字を書きましょう。
★上の漢字を使った文を、考えて書きましょう。

〈れい〉一丁目一番地

〈れい〉日記帳に書く。

〈れい〉言葉を調べる。

〈れい〉犬を追いかける。

〈れい〉定休日を決める。

〈れい〉うら庭の木。

日にち

ぐるぐる漢字・文作り

名前

★漢字がゆがんでいます。□に正しい漢字を書きましょう。

★上の漢字を使った文を、考えて書きましょう。

〈れい〉口笛をふく。

〈れい〉鉄のとびら。

〈れい〉とうげで転ぶ。

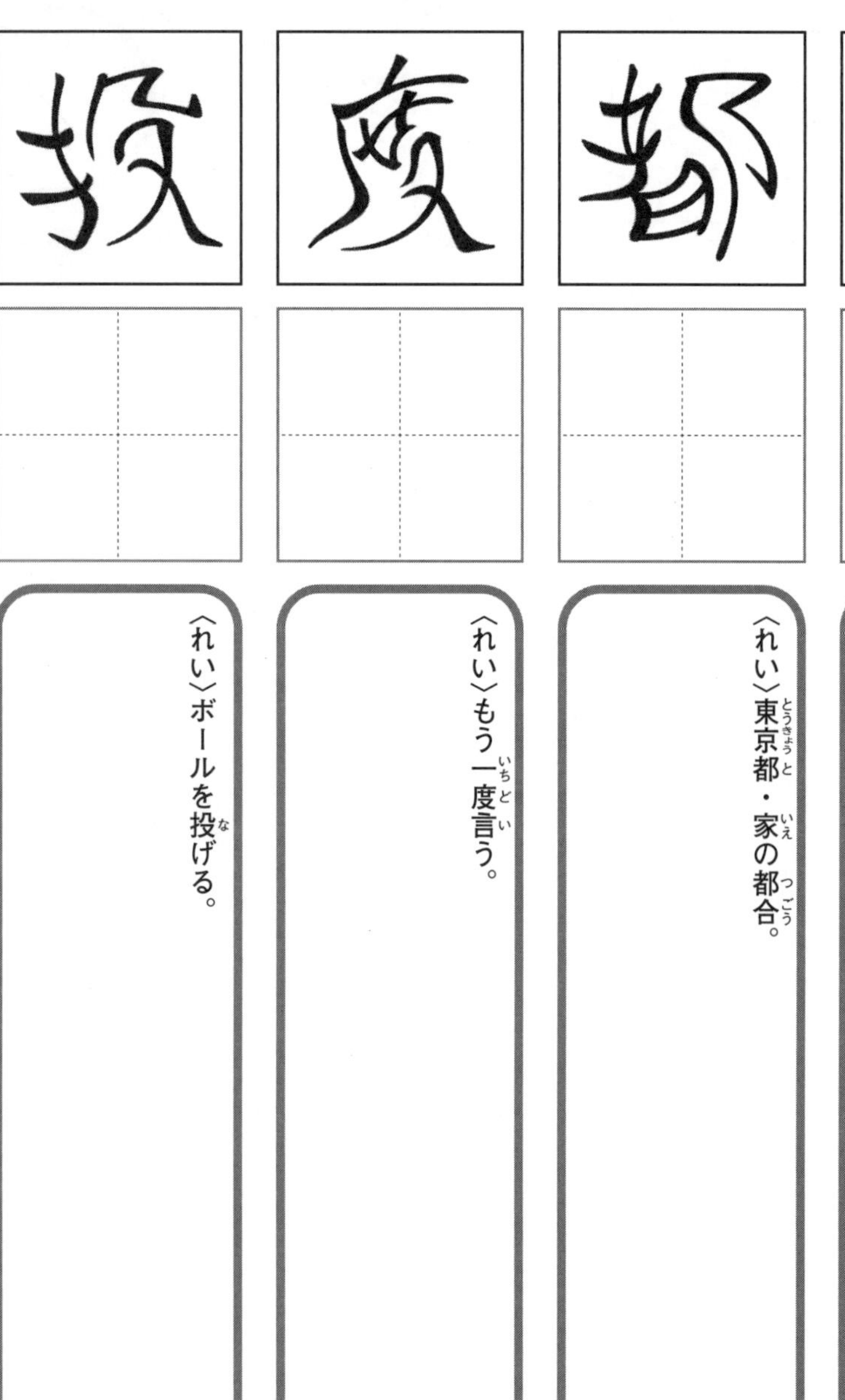

〈れい〉東京都・家の都合。

〈れい〉もう一度言う。

〈れい〉ボールを投げる。

ぐるぐる漢字・文作り

名前

★漢字がゆがんでいます。□に正しい漢字を書きましょう。

★上の漢字を使った文を、考えて書きましょう。

〈れい〉大豆をにる。

〈れい〉たから島の地図

〈れい〉湯をわかす。

〈れい〉登場人物

〈れい〉上等のケーキ。

〈れい〉電車が動く。

日にち　／

名前

ぐるぐる漢字・文作り

★漢字がゆがんでいます。□に正しい漢字を書きましょう。

★上の漢字を使った文を、考えて書きましょう。

〈れい〉児童が集まる。

〈れい〉農家のおじさん。

〈れい〉テレビの電波。

〈れい〉みんなが心配する。

〈れい〉二倍にふえる。

〈れい〉薬箱の中。

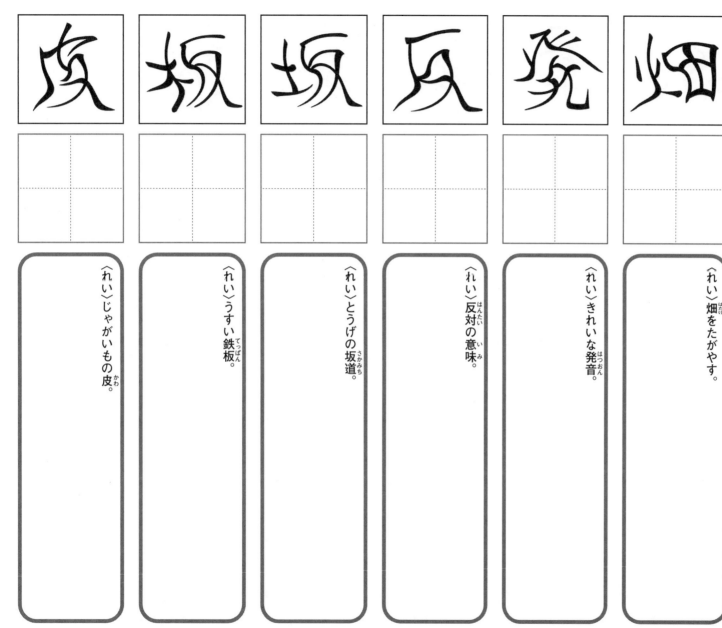

名前

ぐるぐる漢字・文作り

★漢字がゆがんでいます。□に正しい漢字を書きましょう。
★上の漢字を使った文を、考えて書きましょう。

〈れい〉畑をたがやす。

〈れい〉きれいな発音。

〈れい〉反対の意味。

〈れい〉とうげの坂道。

〈れい〉うすい鉄板。

〈れい〉じゃがいもの皮。

日にち

ぐるぐる漢字・文作り

名前

★漢字がゆがんでいます。□に正しい漢字を書きましょう。

★上の漢字を使った文を、考えて書きましょう。

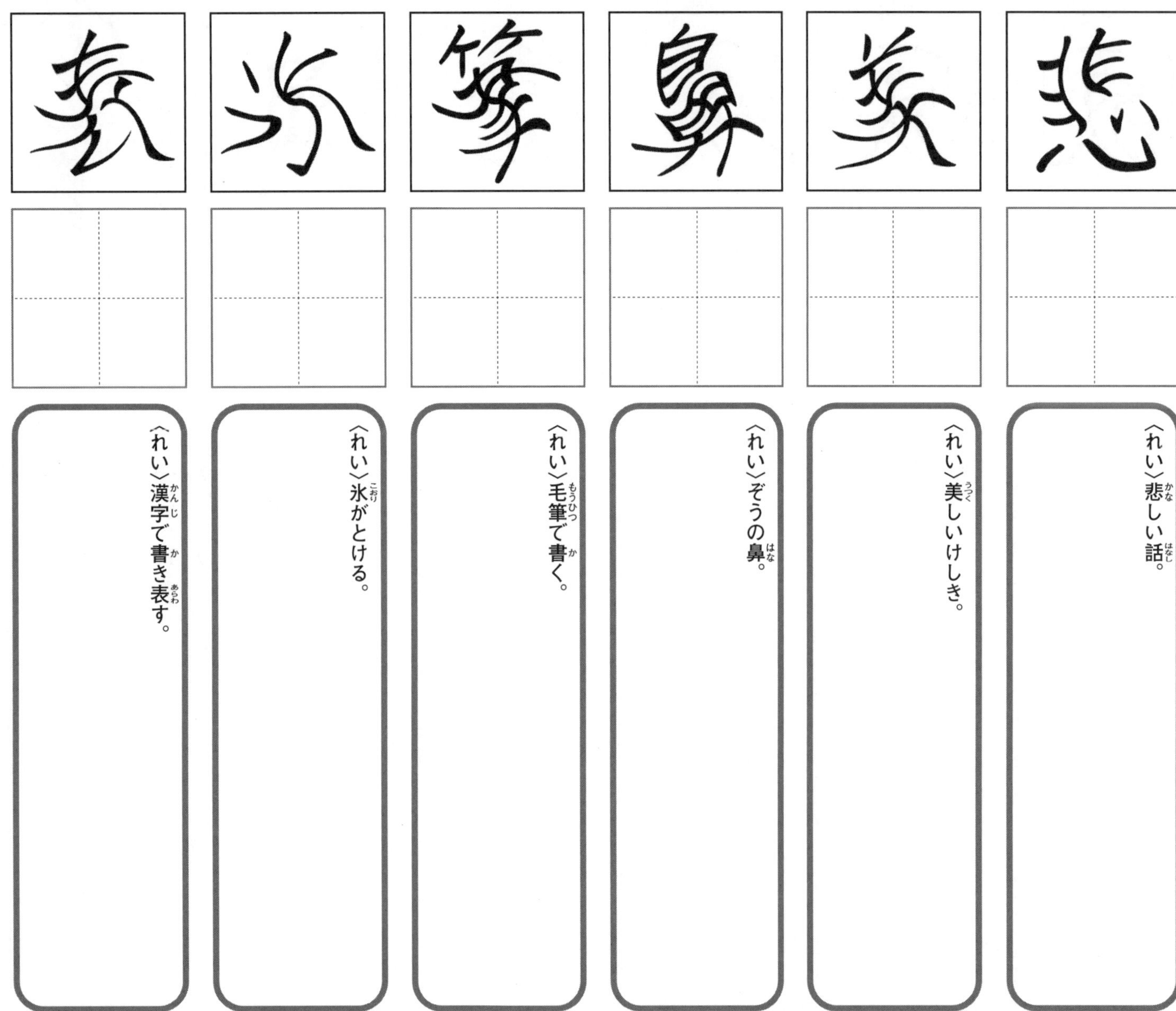

〈れい〉悲しい話。

〈れい〉美しいけしき。

〈れい〉ぞうの鼻。

〈れい〉毛筆で書く。

〈れい〉氷がとける。

〈れい〉漢字で書き表す。

日にち

名前

ぐるぐる漢字・文作り

★漢字がゆがんでいます。□に正しい漢字を書きましょう。

★上の漢字を使った文を、考えて書きましょう。

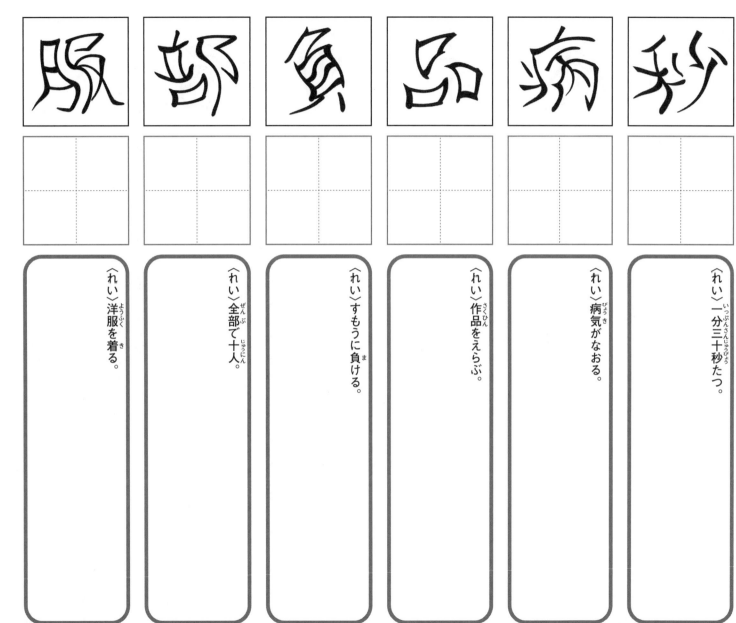

〈れい〉一分三十秒たつ。

〈れい〉病気がなおる。

〈れい〉作品をえらぶ。

〈れい〉すもうに負ける。

〈れい〉全部で十人。

〈れい〉洋服を着る。

ぐるぐる漢字・文作り

名前

★漢字がゆがんでいます。□に正しい漢字を書きましょう。
★上の漢字を使った文を、考えて書きましょう。

福
〈れい〉幸福になる。

物
〈れい〉人物画をかざる。

平
〈れい〉平らな面。

返
〈れい〉来た道をふり返る。

勉
〈れい〉勉強をする。

放
〈れい〉テレビの放送。

名前

ぐるぐる漢字・文作り

★漢字がゆがんでいます。□に正しい漢字を書きましょう。

★上の漢字を使った文を、考えて書きましょう。

〈れい〉言葉の意味。

〈れい〉命を守る。

〈れい〉場面の様子。

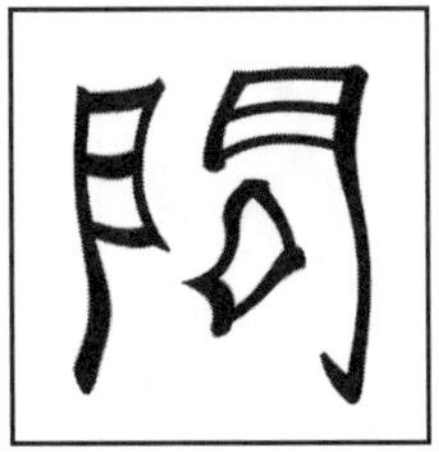

〈れい〉しつ問をする。

〈れい〉役に立つ本。

〈れい〉かぜ薬がきく。

日にち

名前

ぐるぐる漢字・文作り

★漢字がゆがんでいます。□に正しい漢字を書きましょう。

★上の漢字を使った文を、考えて書きましょう。

〈れい〉自由に話す。

〈れい〉とう油を買う。

〈れい〉有名な短歌。

〈れい〉友だちと遊ぶ。

〈れい〉予想をする。

〈れい〉ふわふわの羊毛。

日にち

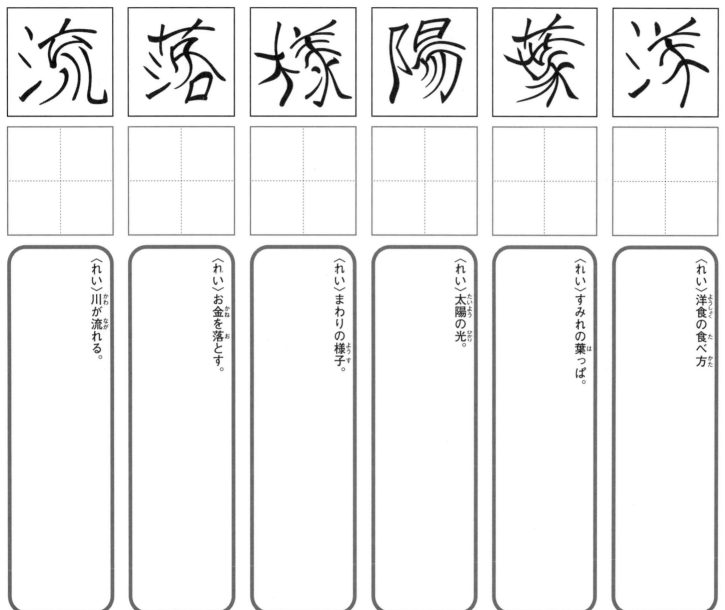

ぐるぐる漢字・文作り

名前

★漢字がゆがんでいます。□に正しい漢字を書きましょう。
★上の漢字を使った文を、考えて書きましょう。

〈れい〉洋食の食べ方

〈れい〉すみれの葉っぱ。

〈れい〉太陽の光。

〈れい〉まわりの様子。

〈れい〉お金を落とす。

〈れい〉川が流れる。

日にち

名前

ぐるぐる漢字・文作り

★漢字がゆがんでいます。□に正しい漢字を書きましょう。
★上の漢字を使った文を、考えて書きましょう。

〈れい〉海外旅行をする。

〈れい〉両手を広げる。

〈れい〉緑色にぬる。

〈れい〉お礼の手紙。

〈れい〉列車が走る。

〈れい〉ピアノの練習。

日にち　／

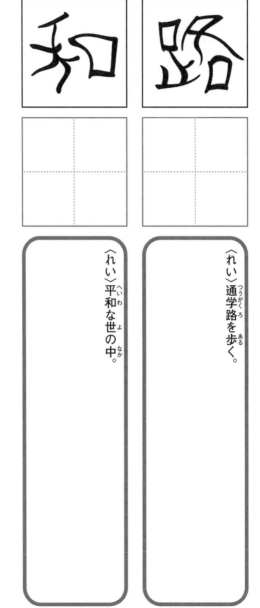

ぐるぐる漢字・文作り

名前

★漢字がゆがんでいます。□に正しい漢字を書きましょう。
★上の漢字を使った文を、考えて書きましょう。

路

〈れい〉通学路を歩く。

和

〈れい〉平和な世の中。

ご自由にお使いください

ご自由にお使いください

ご自由にお使いください

ご自由にお使いください

【監　修】

小池 敏英（こいけ・としひで）

尚絅学院大学教授。東京学芸大学名誉教授。博士（教育学）。

ＮＰＯ法人スマイル・プラネット理事（特別支援担当）。

1976年，東京学芸大学教育学部を卒業。同大学大学院教育学研究科修士課程，東北大学教育学研究科博士課程を修了。

東京学芸大学教育学部講師，助教授をへて2000年より教授に。専門はＬＤの子の認知評価と学習支援，発達障害の子や重症心身障害の子のコミュニケーション支援。読み書きが苦手な子の相談を受け，支援を実践している。ＬＤ，ディスレクシアに関する研修や講演で講師歴多数。主な書籍に『"遊び活用型" 読み書き支援プログラム 学習評価と教材作成ソフトに基づく統合的支援の展開』（図書文化社，共編著）など。

【共　著】
ＮＰＯ法人スマイル・プラネット
すべての子どもたちが，笑顔で自分らしく成長していくためには，学校教育を通して，生涯教育の基礎を身につけていくことが必要です。ＮＰＯ法人スマイル・プラネットは，特別支援が必要な児童が"学びの基礎"を身につけるサポート，また，夢・キャリア教育を通した子どもたちの学習意欲の向上や学習習慣の定着のサポートを中心に事業を展開しています。

▶認知特性別プレ漢字プリント教科書準拠版（光村・東書）
▶プレ漢字プリント標準版（１～３年）
▶読み書きスキル簡易アセスメント
などのダウンロードプリント教材を，Webサイトより無償提供。
https://www.smileplanet.net/

読み書きが苦手な子どもに漢字を楽しむ１冊を！
プレ漢字ワーク３年

2021年6月1日　第1版第1刷発行
監　修　小池敏英
共　著　ＮＰＯ法人スマイル・プラネット
発行者　長谷川知彦
発行所　株式会社　光文書院
〒102-0076　東京都千代田区五番町14
電話　03-3262-3271（代）
https://www.kobun.co.jp/
表紙デザイン　株式会社エイブルデザイン

2021 Printed in Japan ISBN978-4-7706-1128-4
＊落丁・乱丁本は，送料小社負担にて，お取り替えいたします。